蕉岭年鉴

2024

（总第32卷）

蕉岭年鉴编纂委员会　编

方志出版社
Publishing House of Local Records

图书在版编目（CIP）数据

蕉岭年鉴. 2024 / 蕉岭年鉴编纂委员会编.—北京:方志出版社，2024.10. --ISBN 978-7-5144-6344-6

Ⅰ. Z526.54

中国国家版本馆CIP数据核字第2024XZ8154号

责任编辑：刘方圆
责任校对：张玉霞
责任印制：梅中英
出 版 者：方志出版社
地　　址：北京市朝阳区潘家园东里 9 号（国家方志馆4层）
邮　　编：100021
网　　址：http://www.zgfzcb.cn
发　　行：方志出版社图书营销中心（010-67110500）
印　　刷：蕉岭县博雅印刷有限公司
开　　本：787毫米×1092毫米　1/16
印　　张：18
字　　数：435千字
版　　次：2024年10月第1版
印　　次：2024年10月第1次印刷
定　　价：185.00元

《蕉岭年鉴》编纂委员会

《蕉岭年鉴》编辑部

《蕉岭年鉴(2024)》通讯员名录

曾国钦	郑舒瑜	吴瑜瑾	温丽娟	廖伟煌	丘淑娜	何　锐	陈心仪
张玉莲	刘春玲	潘俊林	李惜梅	林祖新	陈国东	林湧钧	曾　婷
吴家熠	曾令雪	林洁文	徐倩倩	陈　敏	吴月环	钟信龙	傅伟良
卢润斌	杨雁芳	谢娟娟	江广梅	古文粤	江华丽	徐丽婷	丘思诗
肖诗雨	蕉法宣	郭　榕	赖冬梅	骆佛胜	徐均铭	古诗倩	宋苑苑
林诗欣	黄利芬	杨利红	钟明悦	祁宏达	赖彦君	黄　欢	谢雅雯
傅惠娜	陈舒婷	徐仕菲	杨凌云	王　毓	林伟洋	莫济鹏	李　延
钟新玲	赖宇民	傅　文	钟剑琴	王海彬	丘　婷	谢婷婷	邓岑晓
朱铭新	张境霖	陈伟剑	林炼标	陈梦霞	傅红娴	汤艳萍	陈　梅
凌传锋	凌慧芳	张何悦	余淑莹	曾　袒	汤静萍	黄志勇	徐　岭
刘晓婷	王荣华	丘敏华	徐庆均	徐　军	傅俊辉	肖超常	汤　敏
丘晓婧	曾艳蕻	林剑锋	刘　艳	王文龙	邓海妮	李承浩	黄斯炜
钟　卫	谢雪玲	钟福连	徐玲玲	李秀玲	林文超	丘佳琦	钟　薇
古鸿雁	温接繁	杨　波	张百方	林宣兆	李科兴	吴灿哲	薛晓华

编辑说明

一、《蕉岭年鉴》由中共蕉岭县委、县人民政府主办，蕉岭县人民政府地方志办公室组织编纂，《蕉岭年鉴》编纂委员会承编，每年出版一卷。《蕉岭年鉴（2024）》（以下简称“本年鉴”）为总第32卷。本年鉴以马克思列宁主义、毛泽东思想、邓小平理论、“三个代表”重要思想、科学发展观、习近平新时代中国特色社会主义思想为指导，坚持辩证唯物主义和历史唯物主义的立场、观点和方法，客观、全面、系统地记载2023年蕉岭县自然、政治、经济、文化、社会等方面的基本情况和发展状况。

二、本年鉴记述时限原则上为2023年1月1日至2023年12月31日，个别资料时间有适当上溯或下延。

三、本年鉴采用述、记、录、图、表等体裁，以文为主，图文结合。正文采用分类编辑法，以类目、分目、次分目、条目为层次，条目为基本记述单元，其标题以黑体字加“【 】”表示。不同层次的标题，以不同的字体、字号和版式加以区别。全书设置彩图，特辑，大事记，蕉岭概况，政治，经济，教科文卫体，社会生活，乡镇·省、市驻蕉岭单位，社会经济统计资料，表彰名录等。

四、本年鉴在保持基本框架相对稳定的前提下，对部分内容进行更新、调整、充实。在彩图专栏选取一批具有典型意义、能反映蕉岭县新貌，旨在体现时代特征、地方特色、行业特色和年度亮点、有存史价值的图片，图文并茂、形象直观地反映蕉岭县各方面的变化。

五、本年鉴的数字用法、标点符号用法分别采用国家标准《出版物上数字用法》（GB/T 15835—2011）、《标点符号用法》（GB/T 15834—2011），计量单位采用国家技术监督局1993年12月发布的《量和单位》系列国家标准，农田土地面积沿用“亩”。所用的统计数据均来自蕉岭县统计局和有关单位确定上报的数字。因统计口径等原因，年鉴供稿单位提供的个别数据与统计部门的统计数据或不一致；部分数据因四舍五入等原因，总计和分项之间存在合理范围内误差。

六、本年鉴收录科级以上单位正、副职及副局级单位正职、负责人名录，各镇党委、人大、政府领导名录，具体名单由县直各单位及各镇提供。

七、本年鉴“表彰名录”，分别按国家，省委、省政府、省厅局，以及市委、市政府的表彰顺序录入。

八、本年鉴稿件、图片由各镇、县直各单位（部门）及省、市驻蕉岭单位提供，所有照片除署名者外，均为《蕉岭年鉴》编辑部或有关单位提供。

蕉岭县地图

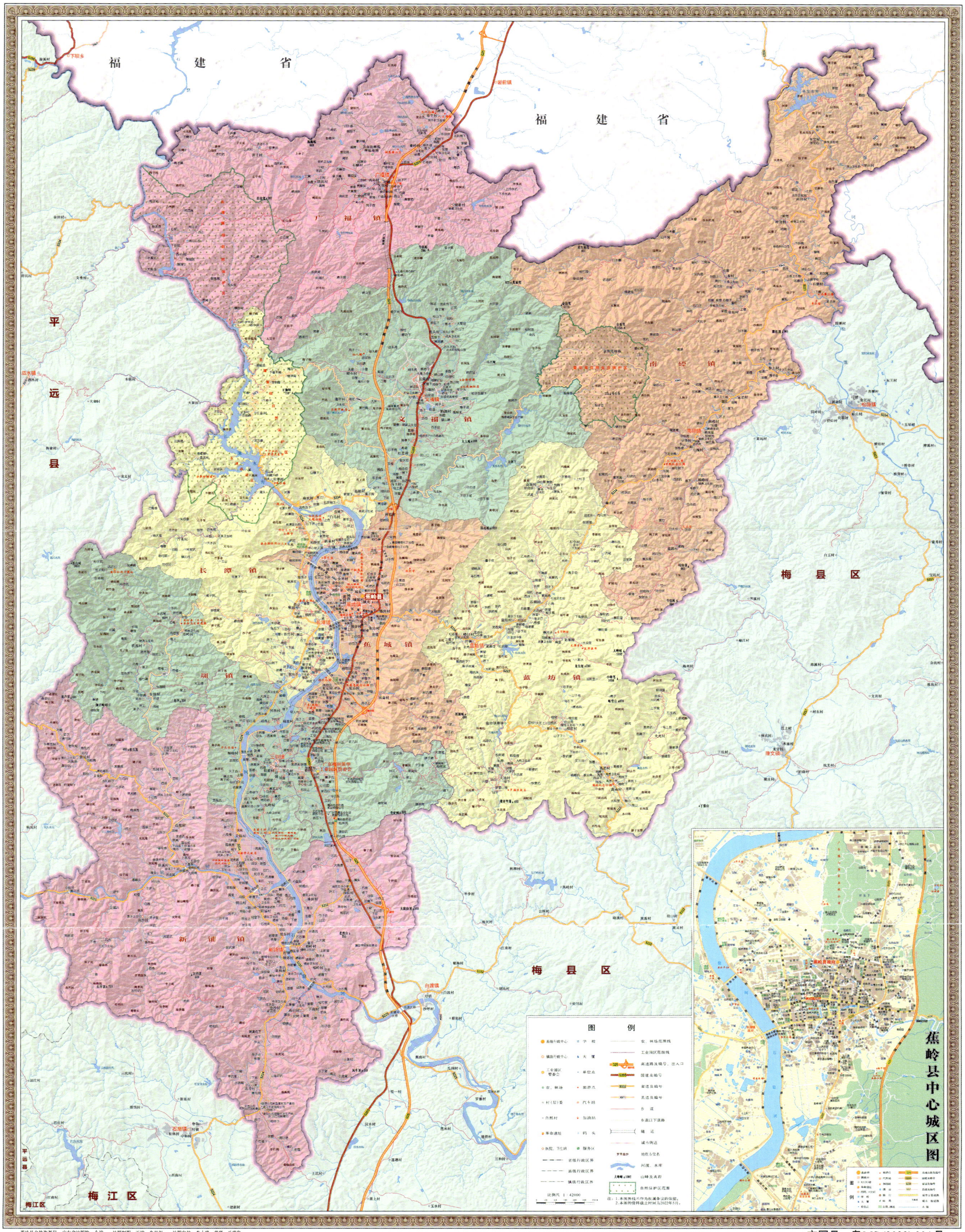

蕉岭县自然资源局　广东省地图院　合编　　地图制图：王婷　盘彬彬　　地图审核：李小雅　曾聪　丘瑞发

审图号：粤MS (2022) 004号

大事要闻

◆2023年1月11日，中国共产党蕉岭县第十四届委员会第四次全体会议在蕉城召开（丘林强 摄）

◆2023年1月12日，中国共产党蕉岭县第十四次代表大会第三次会议在蕉城召开 （汪敬淼 摄）

◆2023年1月13日，中国人民政治协商会议第十二届蕉岭县委员会第三次会议在蕉城召开 （汪敬淼 摄）

◆2023年1月14日，蕉岭县十六届人民代表大会第三次会议在蕉城召开 （徐志宝 摄）

◆2023年2月2日，中国共产党蕉岭县第十四届纪律检查委员会第三次全体会议在蕉城召开 （丘林强 摄）

◆2023年2月14日，蕉岭县高质量发展暨苏区融湾先行区综合示范窗口建设动员大会在蕉城召开

（丘林强 摄）

◆2023年2月17日，县委农村工作会议暨全面推进“百县千镇万村高质量发展工程”动员大会在蕉城召开 （汪敬淼 摄）

◆2023年6月27日，梅州市推进装配式建筑发展工作现场会在蕉城召开

（汪敬淼 摄）

◆2023年8月17日，蕉岭县2023年“中国医师节”庆祝大会在丘成桐国际会议中心举行

（汪敬淼 摄）

◆2023年8月30日，新铺镇“七月半”文化节暨圩日活动在新铺镇滨水公园举办（丘林强 摄）

◆2023年9月27日，广东梅州招商推介会·蕉岭县产业融湾专场暨新材料、新业态项目落户蕉岭签约仪式在广州番禺举行

（丘林强 摄）

◆2023年11月4日，第六届世界客商大会蕉岭县产业融湾系列活动暨国家微生物种业产业技术创新战略联盟2023年年会在蕉城举行

（汪敬淼 摄）

◆2023年11月4日，国家微生物种业产业技术创新战略联盟（世界长寿乡·蕉岭）年会暨菌种·基因·大数据与生物技术产业发展研讨会召开　（汪敬淼 摄）

◆2023年11月17日，蕉岭县高层次人才协会第一届第一次会员大会暨成立大会在丘成桐国际会议中心举行　（丘林强 摄）

◆2023年11月22日，广东梅州招商引资推进“百县千镇万村高质量发展工程”·蕉岭县（龙岩）专场活动招商引资项目签约仪式举行

（汪敬淼 摄）

产业发展

◆蕉岭县省级现代产业园（南磜竹海） （汪敬淼 摄）

◆2023年7月21日，2023年全国绿色建材下乡活动（广东·蕉岭站）暨碳酸钙产业发展大会在丘成桐国际会议中心召开 （汪敬淼 摄）

◆2023年7月26日，广福园区梅州市智航兴电子有限公司顺利投产 （丘林强 摄）

◆2023年8月2日，广东峰仙子生物有限公司　（汪敬淼 摄）

◆2023年8月2日，广东太乙崇光预制菜有限责任公司（汪敬淼 摄）

◆2023年8月2日，广东太乙崇光预制菜有限责任公司产品——蕉岭三及第　（汪敬淼 摄）

◆2023年8月2日，梅州市真庄食品有限公司在蕉华工业园投产 （汪敬淼 摄）

◆真庄系列食品 （汪敬淼 摄）

◆2023年8月15日，蕉岭县人民政府与福建明瑞科维新材料科技有限公司招商引资项目签约仪式举行

（丘林强 摄）

◆2023年9月14日，蕉华园区 （汪敬淼 摄）

◆2023年11月4日，蕉岭县“百千万工程”项目动工和投产仪式举行（汪敬淼 摄）

◆2023年 11月 4日，第六届世界客商大会蕉岭县产业融湾系列活动暨国家微生物种业产业技术创新战略联盟2023年年会招商引资项目签约仪式举行（汪敬淼 摄）

◆2023年12月30日，蕉华工业园区食品产业园一角 （丘林强 摄）

◆2023年12月31日，广东供销天业（蕉岭）冷链物流产业园正式运营 （丘林强 摄）

百千万工程

◆2023年3月17日，梅州市开展“直播带岗”暖心行招聘活动（蕉岭县专场） （汪敬淼 摄）

◆2023年5月30日，新铺镇有序推进全域土地综合整治国家级试点各项工作 （丘林强 摄）

◆2023年11月4日，蕉岭县“百千万工程”项目动工和投产仪式在广福园区举行

（汪敬淼 摄）

◆2023年12月13日，蕉岭县智慧公路建设项目入选省交通运输厅智慧公路试点项目名单

（丘林强 摄）

乡村振兴

◆2023年1月16日，广福镇广育村获评全国民主法治示范村、全国乡村治理示范村（丘林强 摄）

◆2023年1月30日，广福镇广育村黑木耳种植基地（汪敬淼 摄）

◆2023年3月30日，蓝坊镇高场村百亩白芨种植场景 （汪敬淼 摄）

◆2023年3月30日，蓝坊峰口百香果种植场景 （汪敬淼 摄）

◆2023年 5月 18日，蕉岭县丝苗米省级现代农业产业园　（丘林强 摄）

◆2023年6月6日，新铺镇金沙村西瓜种植基地　（汪敬淼 摄）

◆2023年6月21日，广福镇“客家围屋定分止争工作法”获评全国新时代“枫桥经验”先进典型。图为调解现场　（丘林强 摄）

◆2023年6月21日，新建长潭镇百美村党群服务中心 （丘林强 摄）

◆2023年6月21日，长潭镇百美村金桔标准化种植示范基地 （丘林强 摄）

◆2023年7月5日，蓝坊镇程官村树下灵芝种植基地 （汪敬淼 摄）

◆2023年7月5日，蓝坊镇程官村特色农产品展销直播平台　　（汪敬淼 摄）

◆2023年7月19日，新铺镇光伏并网（汪敬淼 摄）

◆2023年 7月 27日，广福镇叶田村黄金百香果种植基地　　（汪敬淼 摄）

◆2023年4月25日，蕉岭中学智慧图书馆投入使用　（汪敬淼 摄）

◆2023年5月24日，2023年度蕉岭“新时代好少年”发布会举行　（汪敬淼 摄）

◆2023年8月18日，完成老旧小区改造的广岭小区（汪敬淼 摄）

◆2023年9月30日，蕉岭县开展烈士纪念日活动（汪敬淼 摄）

◆2023年11月16日，蕉岭县“文明寿乡·德润万家”乡风文明建设宣传百村行（蕉城镇）活动在镇山公园举行（汪敬淼 摄）

美丽蕉岭

◆2023年2月15日，蓝坊镇高思梯田油菜花种植基地（汪敬淼 摄）

◆2023年4月13日，客家农夫户外拓展露营和鲜果采摘种植基地（丘林强 摄）

◆2023年5月8日，长潭省级自然保护区（丘林强 摄）

◆2023年 6月 20日，
培鸿香墅　（汪敬淼 摄）

◆2023年 7月 14日，
蕉城镇桂岭新区一角
（汪敬淼 摄）

◆2023年 7月 14日，
蕉城镇中华大道
（汪敬淼 摄）

◆2023年8月2日，丘成桐国际会议中心 （汪敬淼 摄）

◆2023年8月2日，醉美书院 （汪敬淼 摄）

◆2023年10月12日，李黄山若夫公园 （汪敬淼 摄）

◆2023年11月14日，长潭镇白马村美丽乡村 （汪敬淼 摄）

目　录

特　辑

大事记

蕉岭概况

政　治

经　济

基础设施建设

社会生活

民政

劳动保障·社会保险

乡镇·省、市驻蕉岭单位

乡镇概况

特 辑

责任编辑：陈 军

凝心聚力 奋发争先
全力打造梅州苏区融湾先行区综合示范窗口

——在中国共产党蕉岭县第十四次代表大会第三次会议上的报告

（2023 年 1 月 12 日）

中共蕉岭县委书记 刘鸿涛

这次会议的主要任务是，以习近平新时代中国特色社会主义思想为指导，深入贯彻党的二十大精神，传达贯彻中央经济工作会议、中央农村工作会议及省委经济工作会议精神，深入贯彻落实省委黄坤明书记来梅调研指示要求，以及省委十三届二次全会和市委八届五次、六次全会工作部署，总结 2022 年工作，部署 2023 年工作，动员全县上下进一步凝心聚力、奋发争先，以高质量发展为牵引，举全县之力建设赣闽粤原中央苏区对接融入粤港澳大湾区振兴发展先行区（蕉岭片区），全力打造梅州苏区融湾先行区综合示范窗口，奋力推动蕉岭红色苏区绿色发展。

一、2022 年工作回顾

2022 年，是党和国家历史上极为重要的一年，也是我县极不平凡的一年。过去一年，面对新冠疫情的反复袭扰和蕉岭建材支柱产业二十年未遇之困难，我们坚持以习近平新时代中国特色社会主义思想为指导，深入贯彻党的二十大精神，坚决落实“疫情要防住、经济要稳住、发展要安全”重要要求，按照省委、市委工作部署，高效统筹疫情防控和经济社会发展，统筹发展和安全，在危机中育先机、于变局中开新局，在推进老区苏区高质量发展和苏区融湾先行先试中凝心聚力、继续走在前列。

这一年，我们狠抓党建引领，基层基础更加牢固。坚持以政治建设统揽党的各项建设，纵深推进全面从严治党，严格执行省委坚决落实“两个维护”十项制度机制，忠诚拥护“两个确立”、坚决做到“两个维护”；按照“全面学习、全面把握、全面落实”的重要要求，全县动员、全员参与，持续掀起学习宣传贯彻党的二十大精神热潮。推进党建引领基层治理促乡村振兴，探索建设全科网格，实施“数字化+综治、监督、服务、积分制”工程，被省委组织部确定为梅州唯一党建引领乡村治理试点县；积极推进村级集体经济“10万+”提质增量行动，在全市率先实现所有行政村村集体经济收入10万元以上；坚持党管人才，实现县镇两级乡村振兴人才驿站全覆盖；实施“双百工程”，社工服务站、困难群众和特殊群体社工服务覆盖率均达100%。持续保持政治生态风清气正，严格落实中央八项规定及其实施细则精神，充分发挥政治巡察利剑作用，保持正风肃纪反腐高压态势，全年立案85件85人，是全市唯一没有因问题线索或在办案件超期未处置而被上级督办的县。

这一年，我们狠抓先行先试，融湾步伐更为坚实。举全县之力先行先试规划建设先行区（蕉岭片区），为中央、省、市融湾政策调研、举措出台提供路径探索。在国家出台《梅州方案》的短短几个月时间，奋发进取、日夜兼程、攻坚克难，得到市委、市政府和省直有关部门的大力支持，蕉岭被市委、市政府确定为梅州苏区融湾先行区综合示范窗口，广福园区建设初见成效：一是争取了蕉岭有史以来最大力度的建设用地批文，提供了土地要素保障；二是争取了梅州最大一笔政策性开发性金融项目基金，为园区开发提供资金支撑；三是成功入选省级特色产业园，为园区建设提供了平台支撑。

这一年，我们狠抓强链延链，实体经济更显活力。克难攻坚稳住经济大盘，预计全县实现地区生产总值104.62亿元，超额完成市下达目标任务，实现全年经济平稳发展；围绕扩园、放权、赋能，高标准建设蕉华园区，全年筹集园区建设资金近15亿元，超园区前三年累计投资总和，新建新铺油坑—蕉华园区工业长廊，积极申报省级高新区。聚焦链条升级工业经济，宏基新材、金鹏精细化工、龙腾节能减排等项目建成投产，总投资近15亿元的塔牌固废替代、皇马新型熟料等工业技改项目扎实推进；新铺“光伏小镇”项目等总投资近56亿元的新能源项目有序推进，金山、三坑抽水蓄能项目完成初步规划；全市首家工业互联网平台“广东众料联”等一批新项目落地建设；新增规上工业企业9家、高新技术企业6家。提高效能优化发展环境，全面落实一网通办、并联审批等利企惠民政策，行政审批事项“网上受理、网上办结”均实现100%，工业项目拿地即动工成效初显。

这一年，我们狠抓产业基础，乡村振兴更有支撑。保障粮食安全，全面完成市下发3亩以上撂荒耕地图斑复耕任务，复耕率100.23%，居全市前列。推动以园促产，围绕“接二连三”、联农带农，成功创建蜜蜂省级现代农业产业园、全省首个蜜蜂农业科技园区，实现“一年建一园”，省级现代农业产业园数量全市第一；推动毛竹省级现代农业产业园加快打造国内领先的活性炭生产基地，同步推进以竹代木、以竹代钢、以竹代塑，竹产业发展基地入选广东省首批林业特色产业发展基地，竹海公园入选广东省林长绿美园，获评全国康养产业可持续发展能力百强县；提升丝苗米省级现代农业产业园，大力推动农业生产托管项目，荣获广东农业生产托管南粤行争先赛二等奖。改善城乡面貌，统筹推进全域土地综合整治国家级试点、城乡融合发展省级试点及山水林田湖草沙一体化修复及保护工程，镇级农贸市场升级改造全面完成，“寿乡画廊”乡村振兴示范带提档升级，成功入围广东省“最生态碧道”主题评选决赛圈；全年投入1.1亿元分期推进城镇生活污水处理设施项目，新改建污水管网30千米，建成镇级污水处理厂7座、村级污水处理设施267个；全县建成美丽宜居村60个、特色精品村17个，获评全国村庄清洁行动先进县。

这一年，我们狠抓重点突破，基础设施更趋完善。完善交通设施，立足三省交界区位实际，建设粤港澳大湾区连通闽西南协同发展区的“桥头堡”“前哨站”，龙龙高铁武平经蕉岭至梅州段可望2023年动工，货运铁路专用线可望2023年启动；加强与上杭县对接，谋划上杭经蕉岭到梅县高速项目建设，加快实现镇镇通高速；积极争取省交通公路部门支持，205国道东移改线项目取得突破性进展，为城市提质扩容、改善道路交通环境奠定了良好基础。完善水利设施，筹集1.3亿元实施农村饮水安全巩固提升工程，打造农村集中供水2.0版本，成功创建全国小型水库管护样板县，成为全市唯一县域节水型社会达标建设县。

这一年，我们狠抓共建共享，民生服务更具品质。提升社会保障，深入实施“粤菜师傅”“南粤家政”“广东技工”三项工程，城乡居民基本医疗保险参保率达100%，入选全国法治人社示范单位候选名单。提升医疗服务，县人民医院烈性传染病区、县疾控中心建设扎实推进，镇卫生院、村卫生站全面实现标准化、规范化建设，“广东省卫生镇”实现县域全覆盖。提升教育质量，启动桂岭学校改扩建项目，完成新铺中心小学、广福学校改扩建，成功申报广东省基础教育高质量发展实验区，连续两年省对县人民政府履行教育职责评价位居北部生态区第一名。提升文化软实力，卡拉比—丘实景天象馆全面完工，丘成桐祖居文化旅游区成功创建国家AAA级旅游景区，寿乡探秘之旅入选广东乡村旅游精品线路。提升治理水平，扎实推进“喜迎二十大·忠诚保平安”专项行动，有力推动市域社会治理现代化试点、扫黑除恶常态化制度化，全年未发生较大以上安全生产事故，“六事”治理方式入选全国乡村治理典型，“一核三线三方”基层治理模式入选全省治理现代化优秀案例，广福镇广育村获评全国民主法治示范村。

一年来，县委坚持总揽全局、协调各方。加强对县人大、县政协的领导，积极发挥人大、政协重要作用。支持司法机关依法行使职权，保障司法体制改革。加强统一战线工作，为发展大局凝聚最广泛力量。做好党管武装工作，抓好“双拥”工作。发挥工会、共青团、妇联、工商联等组织联系群众作用，促进各项工作有新的发展。

这些成绩的取得，根本在于以习近平同志为核心的党中央坚强领导，在于习近平新时代中国特色社会主义思想科学指引，得益于省委省政府和市委市政府的重视关心，饱含着全县各级党组织和广大党员干部的辛勤付出，离不开社会各界的鼎力支持。在此，我代表县委，表示衷心的感谢！

二、形势与任务

党的二十大报告指出，高质量发展是全面建设社会主义现代化国家的首要任务。中央经济工作会议强调，要坚持发展是党执政兴国的第一要务，坚持稳中求进工作总基调，着力推动高质量发展。去年12月，省委黄坤明书记来梅调研指导，强调梅州要紧扣高质量发展谋划推进现代化建设，在抢抓机遇中进一步增动能、激活力、补短板；在1月3日召开的省委经济工作会议上，坤明书记强调要在高质量发展中闯出一条新路来。全县上下要立足蕉岭现代化建设长远目标，结合实际，解放思想，以最强领导、最快行动、最大力度、最实举措，将高质量发展要求贯穿于蕉岭工作全过程各方面，以改革发展实效检验贯彻落实成效。重点要做到“三个着力”。

*（一）着力探索新路径。*当前，蕉岭发

展既面临前所未有的机遇，也面临前所未有的挑战。放眼全局，蕉岭“融湾入海”的区位优势、独特丰富的资源优势、绿水青山的生态优势、“三区”叠加的政策优势越发凸显，我们必须抢抓机遇、乘势而上，切实把机遇红利优势转化为改革发展胜势。环顾周边，邻省武平、上杭发展速度日益加快，区域兄弟市县千帆竞发、百舸争流的态势更加明显，我们必须策马扬鞭、奋楫争先，不断提升蕉岭在全省全市及粤闽赣苏区发展大局中的位势。审视自身，转型升级、绿色发展的使命艰巨繁重，蕉岭经过40多年的改革开放，经济社会发展取得了长足进步，但产业结构单一等发展短板依然存在，特别是近两年受政策影响，水泥产业发展举步维艰，破解粗放型经济政策不支持、市场难拓展、效益跟不上的难题迫在眉睫。因此，我们要在全省全市发展大局中找准蕉岭发展的时代方位，不断谋划新目标、创新新路径、提升新举措，切实破解发展难题，不断开辟发展新领域新赛道、塑造发展新动能新优势，探索红色苏区绿色发展的新样板。

（二）*着力激发新动能*。在战略定位上，必须完整、准确、全面贯彻新发展理念，坚定实施“三三三五”发展战略，努力实现“打造老区苏区振兴高质量发展广东新样本”主定位。在发展目标上，必须推动经济实现质的有效提升和量的合理增长。在发展举措上，必须围绕融湾入海，坚持实体经济为本、制造业当家，坚持抓大产业、大平台、大项目、大企业、大环境，做大绿色建材、新材料两大主导产业，做优新能源、大数据两大新兴产业，做精大健康、现代农业两大特色产业，做强广福园区、蕉华园区两大工业园区。在动力支撑上，必须坚持改革关键一招，坚持科技是第一生产力、人才是第一资源、创新是第一动力，因地制宜推动新技术、新产品、新业态发展。在价值实现上，必须把促进共同富裕摆在更加突出的位置，增强均衡性和可及性。在精神力量上，必须强化危机意识、机遇意识和狠抓意识，“以我为主”、自力更生，全面激发内生动力。

（三）*着力实现新突破*。蕉岭作为苏区融湾的“策源地”“先手棋”“见证者”，政策空前利好，机遇前所未有，前景一片光明。我们务必以高度的政治自觉、强烈的使命担当、敏锐的机遇意识，将融湾入海政策红利落到具体项目、转化为发展优势，把美丽蓝图变为美好现实。要推进思想融湾。进一步解放思想、更新观念，积极走出去，广交湾区朋友、学习湾区思维、吸收湾区理念，加强政策解读和运用，把项目谋划和政策机遇紧密结合起来，把本地龙头企业和央企国企联合起来，把省对口支援单位与乡村振兴帮扶单位整合起来，努力抢占发展制高点、争夺发展主动权。要推进路径融湾。以党建为引领，突出全域融湾、全面融湾，聚焦平台、产业、交通、环境“四大重点”，围绕产业协作、交通互联、人文交融、规则衔接、资源共享、市场融合、生态共建，引进湾海的理念、管理、技术、人才、资本等发展要素，精心谋划、积极承接重大政策、重大事项、重大项目、重大平台，实现经济、科技、社会、生态、物流全面融湾。要推进作风融湾。学习湾区精神、湾区经验，以湾区的“昨天”审视蕉岭的“今天”，以湾区的“今天”展望蕉岭的“明天”，振奋“杀出一条血路”的改革精神，激扬“逢山开路、遇水架桥”的创业闯劲，倡导“闻风而动、马上就办”的工作作风，先人一步、快人一拍、胜人一筹。

三、2023年工作安排

今年工作的总体要求是：以习近平新时代中国特色社会主义思想为指导，全面贯彻党的二十大精神和中央经济工作会议部署，深入贯彻习近平总书记对广东系列重要讲话和重要指示精神，坚持稳中求进工作总基调，完整、准确、全面贯彻新发展理念，认真落实省委、市委工作部署，聚焦融湾入海，坚持高质量发展，狠抓发展第一要务，全面激发内生动力，牢牢扭住实体经济、乡村振兴两大重点，举全县之力建设先行区（蕉岭片区），全力打造梅州苏区融湾先行区综合示范窗口，奋力推动蕉岭红色苏区绿色发展，为蕉岭全面建设社会主义现代化开好局起好步。

今年全县发展目标是：地区生产总值增长6.5%，固定资产投资增长12%，一般公共预算收入增长7%，城乡居民人均可支配收入增速与经济增速基本同步。我们要注重统筹兼顾，抓住关键环节，重点抓好八个方面工作。

（一）扎实推进先行区（蕉岭片区）建设。把先行区建设作为“一把手”工程，集中资源要素推进先行区建设，牵引带动全县高质量发展。一要狠抓政策落地。目前国家出台了总体方案，省、市将相应出台若干措施和实施方案，对先行区中长期建设的目标、任务、举措等进行全面部署。要梳理最迫切、最需要、最有利的事项，争取列入国家发改委和省2023年年度工作要点，并向省市争取更多改革类、发展类试点以及融湾示范政策在蕉岭落地实施。要迅速制定我县具体行动方案，明确时间表、线路图，力促国家和省市县确定的任务清单一一落实到位。二要狠抓项目建设。抓好重大项目、重大平台的谋划，形成总项目库和年度重大项目清单，特别是要筛选若干现代化基础设施项目和产业项目，争取列入今年国家和省市的重大项目“盘子”。把2023年定为交通建设年，按照“三年工程瞄准两年干”的要求，全力攻坚“双龙”高铁梅州至福建武平段、货运铁路专用线、长深高速蕉岭文福段塔牌互通立交、梅县经蕉岭至永定（上杭）高速、平蕉大高速、205国道东移改线等重大交通基础设施建设，形成更多实物工作量。三要狠抓招商引资。把招商引资作为“一把手”工程，领导干部亲自招、带头招，坚持以商引商、以链引商、以侨引商、联合招商，探索“以投代引”资本招商模式。高密度、多频次外出招商，常态化赴珠三角、京津冀、长三角、厦漳泉等重点区域开展招商引资，通过召开专场推介会、举办“走出去”重要投资促进活动、走访目标企业等方式，力争引进一批大项目好项目，特别是先进制造业项目。

（二）扎实推进实体经济发展。坚持制造业当家，强化项目为王，紧抓产业项目、工业投资、产业平台等重点，不断壮大实体经济。一要建设大平台。在广福园区，一方面，以获批省特色产业园为契机，进一步完善广福园区空间规划和产业布局，加快推进基础设施配套和标准化厂房建设，积极争取省产业转移基金、政策性开发性金融工具等项目资金，高起点高标准建设绿色建材循环经济产业园、新型绿色化工产业园；另一方面，依托资源禀赋，打造国内最具特色的重质碳酸钙绿色循环经济产业园，并以此为支点吸引大型央企国企、头部企业投资新能源、新材料、货运铁路、抽水蓄能等项目建设，全力抓住、全力推进超过200亿元的项目投资，努力成为市委、市政府推动融湾入海的桥头堡。在蕉华园区，结合全域土地综合整治国家级试点，加快推动蕉华园区提质扩园，积极申报设立省级经济特别合作区，创建省级高新区。在飞地建设，主动对接省市场监管局、省建工集团、中国移动广东分公司等省对口支援单位和广州南沙区，积极争取与大湾区城市建设“飞地园区”“反向飞地”。二要发展大产业。主打新材料，大力发展装配式建筑产业，全力争取大型央企国企在蕉岭建立建筑业总部基地，规划建设装配式建筑产业集聚园区。以广福石峰大理岩矿区开发利用为突破口，大力推动碳酸钙应用、大理岩矿产等资源经济强链延链。主攻新能源，加快新铺“光伏小镇”等项目建成并网，着力建设光伏装备制造产业园；扎实推进金山、三坑抽水蓄能电站项目，延伸发展电力装备制造等上下游产业，形成全链条、集群式发展格局。主育大数据，积极承接省政务大数据中心灾备中心（梅州分中心）建设，用好“众料联”工业互联网创新发展平台，做实“数字+工业”经济基础，打造“蕉岭智谷”。三要狠抓大项目。加快推进首期投资10亿元的长江精工装配式集成建筑产业基地建设，扎实推进塔牌固废替代、皇马新型熟料、中润环保锂电池研发等项目，提升产业基础能力和产业链供应链现代化水平。四要引育大企业。实施“个转企、小升规、规改股、股上市”市场主体培育计划，加大单项冠军企业和专精特新企业培育力度，力争培育10家工业企业上规，新增专精特新企业3家、省级高新技术企业5家、科技型中小企业15家。五要优化大环境。实施对标大湾区营商环境优化提升行动，探索与大湾区城市实现高频政务服务事项“跨市通办”，加快推进“放管服”、数字政府、工程建设项目审批等改革事项，持续推行政务服务“一窗通办”“一网通办”、工业项目拿地即开工，在惠企政策兑现、项目审批、办证服务等方面展现“蕉岭速度”。推广“一起益企”服务企业机制，建立企业诉求快速响应机制，为企业实打实精准解决融资、用工、土地等方面的要素制约难题，真正让企业看得见、信得过、真满意。

（三）扎实推进乡村振兴。深入实施“百县千镇万村高质量发展工程”，坚定不移走乡村振兴高质量发展之路，一体推进县镇村发展，建设强富绿美新县域。一方面，要以产业为重推进乡村振兴。守牢粮食安全和不发生规模性返贫两条底线，全域推进农房管控和乡村风貌提升。突出以工业思维发展生态低碳农业，抓好丝苗米、毛竹、蜜蜂省级现代农业产业园建设，全力申报食用菌、预制菜、米酒产业园，进一步深化与广药集团等大型企业的对接合作，大力发展食品工业、生物医药等大健康产业，探索建设大健康功能微生物区域创新中心、南药集散综合交易中心和精深加工基地、国家级美丽乡村干部培训学院，推动省林博会、国家乡村振兴博览会等平台落户蕉岭，建设乡村产业振兴示范带，加快打造产业社区，构建“一县多园、一镇一业、多村一品”乡村产业，实现乡村由表及里、形神兼备的全面提升。另一方面，要以县城为重推进新型城镇化。推进以县城为重要载体的新型城镇化，发展壮大县域经济，实施县域产业提升工程，做强根植于本地的特色产业，推进产业园区提质增效，推动产业高端化集聚、城市品质化提升。持续深化城乡融合发展省级试点，全力创建全国县级文明城市，用“绣花”功夫做好城市精细化治理。统筹中心镇、专业镇、特色镇、建制镇建设，建设美丽圩镇、美丽小城镇，深化镇街体制改革，推进规划建设、基础设施、要素配置、生态环保、基本公共服务一体化，把乡镇打造成为乡村治理中心、农村服务中心、乡村经济中心。

（四）扎实推进改革开放。紧紧围绕融湾入海，主动对接、主动服务、主动融入新发展格局，推动湾海双向开放，加速“苏区+湾区”“苏区+海西区”同频发展，合作模式更具体、产业承接更精准、交流交往更深入。一方面，要善于向“湾”借力。主动对接大湾区，深化发展跨区域合作模式，推进大健康高科技产业园等省级产业发展载体建设，优化提升承接合作区科技成果落地和产业梯度转移的集聚平台；加强与湾区高层次乡贤人才和省科学院、省微生物研究所、粤港澳国家应用数学中心等权威科研院所的沟通互动，着力引进一批高质量、带项目的科研团队和急需紧缺人才。主动对接广东自贸实验区梅州联动发展区，积极探索与大湾区建立生态产品交易市场，推动富硒米、水、茶、蜜等优质绿色食品全面对接大湾区消费市场，让苏区所有变湾区所需。主动对接广州南沙区，探索建立更紧密、更有效的对口帮扶工作机制，发展“飞地经济”、园区共建，力争把南沙自贸区政策延伸到蕉岭，推动产业共建项目向蕉岭集中。另一方面，要挖掘入“海”潜力。联动闽西，加强与福建武平、上杭宽领域合作，加快先进制造业、建筑业、商贸物流、红色旅游和现代农业主动补链接链，对接其产业分工体系，实施点到点、链对链精准招商。探索协同发展、共同融湾新机制，谋划建设蕉岭—武平—上杭产业合作园区，打造跨省合作平台，实现产业功能整合、互补错位发展。依托中央苏区红色旅游联盟，整合提升蕉平寻革命根据地红色旅游资源，打造原中央苏区区域红色旅游圈。联动蕉台，依托蕉岭全国重点台乡、海峡两岸交流基地等优势，加强对台交流合作、经贸合作、情感文化认同，积极探索海峡两岸共赢发展新路。

（五）扎实推进绿美蕉岭生态建设。落实省委深入推进绿美广东生态建设的部署，在推动高质量发展中实现高水平保护，积极创建“绿山青山就是金山银山”实践创新基地和国家生态文明建设示范县，全力建设绿美蕉岭。一要扩大绿量。大力推进林分改造和林相改善，扎实推进山水林田湖草沙一体化保护和修复工程，打造生态修复蕉岭样板。推进土地、石灰石等自然资源节约集约高效利用，持续实施矿山生态治理修复工程，持续探索推动矿山复绿返绿机制。抓好中央环保督察反馈问题整改，推进县级国家森林城市和万里碧道建设，开展绿色建筑、节约型机关、绿色学校、绿色医院、绿色出行创建行动。二要提高绿质。积极推进碳达峰碳中和，完成主要污染物减排目标，创新“生态+”发展模式，壮大节能环保、清洁生产和清洁能源产业，着力打造县域绿色产业示范基地、生态工业园区和循环经济园区。严格落实“三线一单”分区管控，持续深入打好蓝天、碧水、净土保卫战，补齐城乡环保设施短板。鼓励智能光伏与绿色建筑融合创新发展，建立城乡生活垃圾分类收运系统，抓好工业固废、建筑垃圾治理，建设“无废城市”。三要增强绿效。推进森林小镇全覆盖创建、绿美古树乡村示范创建，引育林业龙头企业和林下经济示范基地，重点推动食用菌、蜜蜂、竹木、南药、白及、木蜡等特色产业精深加工，推动绿美经济产业化发展。扎实开展林业碳汇“先行先试”试点工作，挖掘增汇潜力，探索林业生态产品价值实现机制。大力推进植树造林与林业产业相融合，推动森林资源资产化价值化转变。活化利用丰富的森林康养资源和历史人文资源，发展生态文化产业，探索建设高品质的自然教育基地，打造一批森林旅游文化产品、“南粤森林人家”。

（六）扎实推进重点民生改善。突出均衡性可及性，提升城乡基本公共服务一体化水平，夯实共同富裕基础，在高质量发展中不断创造高品质生活。一要提高社会保障水平。全面落实就业优先政策，千方百计稳定和扩大就业，力争实现全县城镇新增就业1400人以上，完成职业技能培训1000人次以上。深化社会保障制度改革，做实做细养老、医疗、失业、工伤、社会救助、住房保障等工作。二要坚持教育优先发展。借力大湾区优质教育资源，大力发展“研学+”产业，谋划建设融湾教育研学基地、粤港澳数学与交叉学科科普基地，吸引更多学术会议、研究项目在蕉岭落地，打造苏区融湾教育研学科普目的地。推动教育基础设施优化升级，积极推进桂岭学校改扩建，抓好小区配套幼儿园建设，规划新建1所九年一贯制学校。三要推进健康蕉岭建设。围绕“保健康、防重症”目标，做好新阶段疫情防控工作。推动蕉岭县人民医院与广东医科大学深度合作，打造国家级特色康复中心。促进中医药传承创新发展，深入开展紧密型县域中医医共体建设，全力创建全国基层中医药工作先进单位。加快推进蕉华社区医院医养结合、县疾控中心迁建等项目，打造高端康养康复医学基地。四要推动文化繁荣发展。提升县图书馆、档案馆、博物馆档次功能，新建一批乡村公共文化服务设施和体育设施。大力挖掘、活化红色资源和本土历史文化资源，加强文物保护利用和非物质文化遗产传承发展，扶持培育文化名人名家。依托“卡拉比—丘”数学小镇等文旅融合新平台，探索“生态观光+养生保健+休闲研学”模式，争创全国全域旅游示范县。

（七）扎实推进平安蕉岭法治蕉岭建设。坚定不移贯彻总体国家安全观，持续打造全国最安全稳定、最公平公正、法治环境最好的地区之一，以新安全格局保障新发展格局。一要持续抓好平安建设。统筹发展和安全，深入开展维护政治安全、经济安全、社会安全、公共安全、意识形态安全等专项行动，深入推进矛盾纠纷排查和信访积案化解工作，保持对违法犯罪行为的严打高压态势，常态化开展扫黑除恶斗争，以平时平安确保长治久安。二要持续抓好安全生产。完善应急管理体系，健全应急救援保障机制，扎实谋划推进绿色粮食仓储和应急物资仓库，以及省应急救援（蕉岭）综合基地及配套航空救援通用机场建设。三要持续抓好基层治理。以推动党建引领乡村治理试点工作为契机，拓展优化“六事”乡村治理方式，创新网格管理、数字赋能，大力实施“数字化+综治、监督、服务、积分制”工程，推行“网格管理+基层党建+积分管理”模式，实现农村基层在党建引领下数字化赋能、精准化服务。四要持续抓好法治建设。加快法治政府建设，深化司法体制综合配套改革，健全公共法律服务体系，开展“八五”普法，提高全面依法治县水平。

（八）扎实推进全面从严治党。坚定不移加强党的全面领导和党的建设，全面落实新时代党的建设总要求，深化自我革命、全面从严治党，努力把全县各级党组织锻造得更加坚强有力。一要加强政治建设。以党的政治建设为统领，严格执行省委坚决落实“两个维护”十项制度机制，忠诚拥护“两个确立”、坚决做到“两个维护”。严明政治纪律和政治规矩，牢记“五个必须”，杜绝“七个有之”，做到“三个决不允许”，持续优化政治生态。深化落实第一议题、常设议题制度，坚持用习近平新时代中国特色社会主义思想凝心铸魂。严肃党内政治生活，全面贯彻民主集中制，发展积极健康的党内政治文化。严格落实意识形态工作责任制，健全敏感信息闭环反馈机制，把牢舆论阵地的领导权、管理权、话语权。二要建强基层组织。建立农村党组织、党组织书记和党员“三积分制”，将增强党组织政治功能和组织功能指标化，定量评价农村党组织、党组织书记和党员作用发挥情况，全面建强农村党组织。深化模范机关创建，稳步推进中小学校党组织领导的行政领导人负责制，提升两新组织和新就业群体“两个覆盖”的针对性和有效性。健全基层党组织对各类基层组织的领导体制，扎实推进县域共青团基层组织改革工作，做好“党建+”文章。三要锻造过硬队伍。坚持新时代好干部标准，持续选优配强各级领导班子，打造堪当苏区振兴发展重任的过硬队伍。组织实施亮诺亮绩亮牌行动，推动全县各级领导干部比学赶超。严格落实“三个区分开来”，推动干部能上能下、能进能出，激发干部担当作为、干事创业的精气神。紧抓国家支持梅州建设新时代赣闽粤原中央苏区人才振兴发展试点的机遇，加强人才体制机制改革，探索建立对接粤港澳大湾区、符合苏区定位、适应蕉岭振兴发展所需的人才服务管理体制机制，全方位培养、引进、用好学科领军人才、骨干人才和高技能人才。四要持续正风肃纪。持之以恒加固中央八项规定精神堤坝，深入整治形式主义官僚主义和不担当不作为问题。突出加强对一把手和领导班子的监督，破除特权思想和特权行为。发挥巡察综合监督作用，深入推进巡察监督与纪检监察监督统筹衔接，加强巡察监督与组织、政法、审计、财政等监督协作配合。保持严的主基调，一体推进不敢腐、不能腐、不想腐。加强新时代廉洁文化建设和家庭家教家风建设，推动形成常态化开展警示教育长效机制。

同志们，让我们更加紧密地团结在以习近平同志为核心的党中央周围，全面贯彻习近平新时代中国特色社会主义思想，坚定信心、团结奋斗，凝心聚力、奋发争先，举全县之力建设先行区（蕉岭片区），全力打造梅州苏区融湾先行区综合示范窗口，奋力推动蕉岭红色苏区绿色发展，为梅州苏区加快振兴、共同富裕，为广东在新征程中走在全国前列、创造新的辉煌，为全面建设社会主义现代化国家、全面推进中华民族伟大复兴贡献蕉岭智慧、蕉岭力量！

政府工作报告

——在蕉岭县第十六届人民代表大会第四次会议上

蕉岭县人民政府县长　刘裕君

一、2023年工作回顾

2023年，县政府坚持以习近平新时代中国特色社会主义思想为指导，深入学习贯彻党的二十大、二十届二中全会精神，以及习近平总书记视察广东重要讲话、重要指示精神，在县委的坚强领导下，顺利完成县十六届人大三次会议确定的目标任务。全县生产总值实现114.3亿元，同比增长7.6%，居全市第二；固定资产投资同比增长41%，居全市第一；一般公共预算收入同比增长12.6%，居全市第三。城乡居民人均可支配收入比增6.5%，居全市第二。

过去的一年，我们重点做了如下工作：

一年奋进，开局起步顺利推进。我们统筹县的优势、镇的特色、村的资源，以头号工程、头号力度，深入实施“百千万工程”，入选全省“百千万工程”首批典型县，1个镇6个村入选典型镇村，3个镇入选市“百千万工程”破题攻坚行动示范镇。县域经济有新发展。新增“四上”企业46家，无“四上”企业镇全部清零。“寿乡画廊”乡村振兴示范带建设有序推进，2个乡村产业社区初具规模，14名产业村长“走马上任”，强村公司实现镇域全覆盖，在全市率先实现所有行政村集体经济收入稳定在10万元以上，超15万元的村突破六成。我们全力打造梅州苏区融湾先行区综合示范窗口，在全市率先出台县《实施方案》，项目化推进16项重点任务，向上提请重大事项30多个，承接省市下放职权50多项，建设省市重点项目30个。广福园区列入省级承接产业有序转移主平台，蕉岭宣传视频成功上线广州地铁、广州公交。纵向帮扶、横向支援，以及驻镇帮镇扶村等取得新进展。

一年实干，实体经济加快发展。园区建设有新成效。投入超14亿元推进广福、蕉华两大产业园区建设。广福园区标准厂房一期主体封顶，污水处理项目全面竣工，进园大道、地下管线等基础设施项目有序推进，新增建设用地1600多亩，可承载年产值75亿元的新产业项目。蕉华园区智慧产业平台项目动工建设，标准厂房二期项目加快推进，盘活低效、闲置用地147亩，创建省级高新区的步伐加快。工业经济有新发展。彭飞建材、盛塔包装、富久新材料等15个项目建成投产，皇马新型熟料、塔牌固废替代、健态竹制品、阿农山蜂蜜饮料等项目扎实推进，福坤环保、华鸿生物等项目动工建设，培育“小升规”企业11家、高新技术企业5家。规上工业增加值与上年基本持平，工业投资增速居全市第二。深入实施招商引资“一把手”工程，世界客商大会、大湾区和龙岩地区招商推介会、广东移动产业链头部企业招商对接会等活动取得实效，签约动工项目34个、计划总投资超61亿元，其中亿元以上项目16个。建筑业有新突破。出台建筑业高质量发展激励措施，成立县建筑业协会，支持建筑龙头企业拓展市场。与省建工集团共同成立建工桂岭公司，合力推动建筑业高质量发展。培育建筑业“四上”企业6家，建筑业总产值比增48.6%，居全市第一。粮食安全得到加强。改造提升高标准农田7800亩，垦造水田1142亩，获评全省“田长制”先行县综合评价一等奖。投入1.7亿元加快推进丝苗米、毛竹、蜜蜂三大农业产业园建设，大力培育食用菌、鹰嘴桃、辣椒等特色农业，蕉岭猴头菇入选名特优新农产品。文旅产业有新成绩。获评2023年“中国天然氧吧”、全国“深呼吸生态旅游魅力名县”，醉美书院入选全国甲级旅游民宿，寿乡画廊体验之旅获评“岭南赏秋——广东秋季自驾精品线路”。成功入选县域商业建设行动省级示范县。2023年全年接待游客71.3万人次，旅游收入5.1亿元。

一年耕耘，城乡建设富有成效。城市品质有新提升。桂岭新区扩容提质，城央壹品、世纪悦府等房地产项目开工建设，百佳苑等10个老旧小区动工改造，县城基础设施及电路改造、户内燃气设施改造一期等项目全面完工，桂岭新区医院生命通道项目基本完成。溪峰东路、长兴路等10条街道完成“三化”提升，新增城区污水管网25千米、5G基站126个、智慧停车场7个、立体停车位266个。镇村建设取得实效。美丽圩镇“七个一”建设扎实推进，动工建设6个小城镇品质提升项目，建成7座镇级生活污水处理设施，完成304个自然村生活污水治理、5宗病险水库除险加固，新建成美丽宜居村23个。获评省级水旱灾害防御体系标准化试点县、农村供水“三同五化”省级示范县。全域土地综合整治深入推进，“同福模式”得到复制和推广。绿美蕉岭底色更浓。开展全民义务植树系列活动，镇村“见缝插绿”种植乔木2.1万株，完成森林抚育3万亩、林分优化2.5万亩，打造绿美广东生态建设示范点3个。荣获“绿美梅州生态建设比学打擂”第二名，林长制考核获评市级优秀。全年空气优良天数达标率为100%，综合指数保持在全市前列。全市河长制考核连续三年获评优秀，国省断面和全县饮用水水源地水质稳定达标，成为全市首个国家级节水型社会建设达标县。交通基础设施加快推进。梅武高铁蕉岭段启动征地拆迁工作，货运铁路项目被纳入省规划“盘子”，蕉岭将迈进“高铁时代”。智慧公路项目列入省级示范试点，国道205线樟坑至蕉华段改线、省道223线隘罗坪至步上段改建等项目稳步推进，提升改造90多千米“四好农村路”，以及黄沙桥等6座危桥。入选全国城乡交通运输一体化示范县创建单位。

一年聚力，民生福祉持续增进。全面完成十件民生实事，民生支出占一般公共预算支出的八成以上。社会保障有质有量。全面落实纾困稳岗政策，城镇新增就业1503人，“三项工程”培训1133人次，新增省农村乡土专家18人、“乡村工匠”12人。养老、医疗、工伤、失业、生育保险扩面提标，低保、孤儿、残疾人、特困人员补贴标准全面提升。社会事业有声有色。省级基础教育高质量发展实验区创建稳步推进，蕉岭中学桂岭校区建成启用，新增初中学位1500多个。改造提升桂岭学校上村校区等12所学校，农村义务教育标准化覆盖率100%。连续3年省对县政府履行教育职责评价“优秀”。紧密型县域医共体建设扎实推进，县中医医院慢性病管理中心投入运营，县疾控中心迁建项目基本完工，基本公共卫生服务管理率实现“三个100%”。2022年度公共文化服务评价，位居粤东西北县域第一。社会治理有力有效。全年无刑事警情天数199天，居全市前列。新创建无信访村（社区）60个，信访总量比降24%。“六事”治理模式全面推广，“定分止争客家围屋工作法”获评全国新时代“枫桥经验”先进典型，获评民主法治示范村（社区）国家级1个、省级2个，5个村入选“幸福家园”村社互助工程省级试点。稳妥防范化解问题楼盘、涉众金融等重点领域风险隐患，有效防御台风、洪涝等自然灾害，全年未发生较大及以上安全生产事故，2022年度安全生产责任制、消防工作获市级“优秀”。

一年笃行，政府效能不断提高。深入开展主题教育，弘扬“四下基层”优良作风，政府系统作风建设全面深化。加强法治政府建设，自觉接受人大、政协和各方面监督，高质量办理人大代表议案建议14件、政协委员提案12件，办结率、满意率均达100%。坚决扛起全面从严治党主体责任，严格落实中央八项规定及其实施细则精神，抓好审计监督、统计监督，推进政务公开，加强财政资金、公共资源交易等监督，坚持常态化“过紧日子”。主动接受、全力配合省委巡视工作。县人社局获评全国“法治人社建设优秀单位”，县林业局获评“全国森林草原防火工作先进单位”“全国松材线虫病疫情防控攻坚行动先进单位”，县自然资源局获评省“第三次全国国土调查先进集体”。与此同时，国防动员和双拥共建深入开展，第五次全国经济普查扎实推进，退役军人事务、共青团、妇女儿童、民族宗教、外事侨务、台港澳工作有新进展，发改、人防、供销、气象、档案、方志、残联等工作取得新成绩。

各位代表！回顾过去一年，我们在困难中突破，在压力中前行，取得了新的工作业绩。这些成绩的取得，根本在于习近平新时代中国特色社会主义思想的科学指引，是上级党委政府和县委坚强领导的结果，是县人大、县政协和社会各界监督支持的结果，更是全县人民团结拼搏、合力共进的结果。在此，我代表县人民政府，向全县广大干部群众，向各位人大代表、政协委员和离退休老同志，向驻蕉部队和武警官兵、省市驻蕉单位，向关心支持蕉岭发展的帮扶单位和各界人士，表示衷心的感谢和崇高的敬意！

各位代表！在看到实绩的同时，我们也清醒认识到，发展中还面临不少问题。一是产业结构“一枝独大”问题依然突出；二是园区的优质项目储备不足，承载力和综合竞争力还不强；三是要素资源保障趋紧，一定程度上制约着招商引资项目的落地；四是一些干部担当意识不强，“蕉岭速度”“蕉岭服务”还有较大提升空间。对此，我们将采取有力的措施，加以解决。

二、2024年工作安排

2024年是蕉岭新征程中大有可为的一年。我们面临着经济回升向好的发展态势，拥有梅州苏区融湾先行区综合示范窗口、“百千万工程”首批典型县、梅龙高铁通车等有利发展条件。我们要辩证认识到，机遇是共同的，但各地的特色不同、特点不同，只要我们扬长避短、以进促稳、先立后破、行稳致远，蕉岭高质量发展的宏伟蓝图，一定会变为美好现实。

今年政府工作的总体思路是：以习近平新时代中国特色社会主义思想为指导，全面贯彻落实党的二十大、二十届二中全会和中央经济工作会议精神，深入贯彻落实习近平总书记视察广东重要讲话、重要指示精神，全面落实省委“1310”具体部署和省委十三届四次全会暨省委经济工作会议、市委八届八次全会暨市委经济工作会议精神，以及县第十四次党代会第四次会议暨县委经济工作会议精神，坚持稳中求进工作总基调，完整、准确、全面贯彻新发展理念，以“百千万工程”为统领，扎实推进融湾窗口建设、工业经济再造、乡村产业示范、绿美生态提质、改革攻坚破题、重点民生改善，统筹抓好高质量发展、高品质保护、高水平安全，以头号力度打造“百千万工程”典型县，奋力在高质量发展、城乡区域协调发展、老区苏区振兴发展中走在前列。

今年全县经济社会发展主要预期目标是：地区生产总值增长6%左右；固定资产投资增长10%；一般公共预算收入增长7%；社会消费品零售总额增长7%；全体居民人均可支配收入增速与经济增速基本同步。为实现上述目标，重点抓好九个方面工作：

（一）全力在打造典型示范上争先奋进。

纵深推进“百千万工程”。坚持规划先行，编制好“百千万工程”总体规划，以及8镇97村的特色规划。实施重点区域攻坚行动，打造长深高速蕉岭段、新铺镇、龙安村等示范路段、示范区域，带动县域风貌整体提升。坚持产业为要，突出县域经济龙头引领，做强绿色建材、资源经济、大健康等根植性产业。紧扣“四上”企业培育，落实“百校联百县”、建筑企业结对帮扶等行动，大力发展文旅康养、食品工业等特色产业，高质量打造石窟河沿岸经济带、全省乡村振兴示范带、“百千万工程”产业高质量发展示范带。坚持联城带村，统筹推进交通、能源、水利等基础设施项目，优化教育、医疗、农贸市场等公共服务配套，打造美丽圩镇省级示范样板、市级示范项目。纵深推进“融湾入海”和“苏区振兴”两大战略。用好国家《梅州方案》、省《若干措施》、市《实施方案》，建立2024年融湾工作要点，抓好重大政策、重大事项、重大项目落地。加大“跑省进京、跑局进厅”力度，推动更多项目纳入国家和省工作范畴。借力对口帮扶协作，建立番禺蕉岭“镇街一对一”帮扶机制，依托蕉岭（番禺）产品展销服务中心，加快打造“反向飞地”。整合省市场监管局、广州番禺区帮扶资源，依托蕉华园区，大力推动食品工业园建设，争创省食品工业培育试点县。深化与福建武平、上杭等地区交流合作，打造省际交界苏区融湾先行区综合示范窗口。

（二）全力在做强县域经济上争先奋进。巩固主导产业基础。实施主导产业重塑工程，支持建材骨干企业增资扩产、转型升级，重点推进皇马新型熟料、华鸿生物、福坤环保等总投资22亿元的续建项目，加快推动麦利信、明瑞科维、首华新能源等总投资26亿元的新开工项目建设。发展矿产资源经济，全力推动石峰大理岩采矿权出让，引进产业链上下游企业，打造绿色重钙循环经济产业集群。支持彭飞建筑、富久新材料等10家企业上规，形成新的增长点。大力发展装配式建筑，积极培育建筑企业总部经济，力争引育3个二级资质企业。发展新质生产力。培育数字经济，助力众料联、飞翔云等企业发展壮大，打造1~2家数字化转型升级标杆企业，建设一批数字车间、智能工厂，积极融入“数字湾区”。发展新能源，重点推进屋顶光伏、分布式光伏等能源项目建设，争取金山、三坑抽水蓄能电站项目纳入国家和省的规划。打造更多消费场景。擦亮世界长寿乡品牌，加强文旅康养产业的策划、营销推广，加快推进特色民宿、精品酒店、蕉华社区医院医养结合等项目建设，打造一批接地气、聚人气、生财气的文旅康养项目。大力发展赛事经济、节会经济、电商经济，承办好2024年全省航海、航模锦标赛，举办“梅品惠”、赴圩节、购房节等活动，让蕉岭有更多的人进来、有更多的货出去。谋划高铁经济，打造集交通、住宿、餐饮、购物等为一体的特色商业圈。

（三）全力在夯实发展基础上争先奋进。提升园区承载力。坚持建设与运营并举，扎实推进广福园区新材料特色循环经济产业园，以及基础设施配套等总投资70亿元的项目，加快完善园区道路、供水保障等“五通一平”；完善人财物保障机制，全力承接项目入园，力促园区实体化运作。坚持“亩均论英雄”，持续开展蕉华园区闲置低效厂房、土地清理，提升工业容积率和亩均效益；扎实推进通用标准厂房二期三期、智慧产业平台等总投资27亿元的项目建设，全力创建省级高新区。同时，力争两个园区常年保持500亩储备用地，今年规上工业产值超60亿元。提升招商竞争力。实施“招商引资攻坚年”行动，制定完善招商引资计划、优惠政策清单，开展资源招商、平台招商、以商引商，力争全年引进总投资超亿元项目7个、超10亿元项目1个。建立招商项目全流程跟进服务机制，让项目引得进、能落地。加快推动骏豪物流、锋华创业、云栖谷、猫眼科技等项目落地，全力做好招商“后半篇文章”。提升要素保障力。树牢发展思维、产出思维，落实领导挂点服务、“一起益企”等制度，始终把资源要素用于“打粮食”项目上。大力实施“标准地”、工建审批等改革，推动惠企政策直达快享，实现“交地即交证、拿地即开工”，全力打响蕉岭“好地方，事好办”的营商品牌。提升投资拉动力。狠抓总投资318亿元的51个固投项目，完成固定资产投资增长10%以上。紧盯国家万亿国债投向，谋划实施一批中央预算内投资、政策性开发性金融工具、债券资金等项目，做深做实前期工作，确保更多项目纳入国家和省的“盘子”。

（四）全力在提升县城品质上争先奋进。推进城市更新。实施总投资23.5亿元的城市新区建设项目，推进老旧小区改造、城镇生活污水处理设施提质增效、供水管网及供水设施改造、智慧灯杆建设等项目，推动桂岭新区医院生命通道二期项目开工，实施河堤路和国道205线穿城段排涝防水整治、长寿新城排水管网建设等项目，整治4个城区内涝点，提升改造西街、新东路等一批街道。突出微改造、微提升，提升县城的温度。全力创建全国县级文明城市。推进基建赋能。全力做好梅武高铁蕉岭段征地拆迁、要素保障、协调服务等工作，加快实现蕉岭人民的高铁梦，让蕉岭山不再高，路不再遥远，早日融湾入海。狠抓总投资10亿元的交通基础设施建设，推动货运铁路、长深高速文福段塔牌互通立交等项目实现新进展，加快实施国道205线樟坑至蕉华段东移改线、智慧公路，以及省道223线隘罗坪至步上段、省道334线步上至蕉城段改建等项目，动工改造中华大桥、长潭大桥等一批桥梁。狠抓总投资9亿元的21个水利项目，实施石窟河沿岸灌（排）渠系和2宗灌区改造，推进农村供水巩固提升四期工程、乐干河生态小流域治理工程、万里碧道等项目建设。新改建充电桩10个、5G基站120个。投入1.3亿元开展电网整线（成片）改造，着力提升乡村电气化水平。

（五）全力在建设和美乡村上争先奋进。守护粮食安全。落实最严格的耕地保护制度，巩固撂荒耕地复耕复种成果，新建和提升高标准农田8000亩以上，完善粮食冷链仓储物流体系，严格落实田长制，确保块块农田有田长、粮食安全有保障，粮食种植面积稳定在16万亩以上。壮大乡村产业。持续抓好丝苗米、毛竹省级现代农业产业园建设，管护好15万亩毛竹林，发展以竹代塑、以竹代钢等深加工产业，打造国内领先的活性炭生产基地。推进蜜蜂“补改投”省级现代农业产业园创建，建设蜜蜂产业园健康食品生产基地。做好“土特产”文章，实施新铺“国家级辣椒产业示范区”、三圳食用菌产业示范园等项目，培育市级以上农业龙头企业2个，新增大湾区“菜篮子”基地2个，提高特色农产品附加值。做大强村公司，持续推进产业社区建设，新聘一批产业村长，创新联农带农机制，力争所有村集体经济收入达15万元以上。推进乡村建设。深入实施农村人居环境整治提升五年行动，扎实推进美丽圩镇“七个一”建设，实施61千米“四好农村路”改造提升、新铺镇规模化供水整合等项目，巩固垃圾、污水治理和厕所革命成果。加强特色民居和传统村落保护利用，借力星海音乐学院等帮扶资源，推动文化赋能、艺术赋能，建设一批文化乡村、艺术乡村。强化乡村治理。深化创新“六事”治理模式、“定分止争客家围屋工作法”，推行全科网格管理，创建一批无信访村、民主法治示范村、乡村治理示范样板，推动乡村治理继续走在全省全国前列。

（六）全力在厚植绿美底色上争先奋进。塑造绿美生态样板。推进绿美蕉岭“十大突破”行动，突出“四旁”“五边”，种好十里树、栽好十里花，做好林分优化1.7万亩、森林抚育2.2万亩，打造“一河两带、三区四线”生态景观长廊。做好绿效文章，积极引育林业龙头企业，推动赤松茸、白及、木蜡等特色产业精深加工，大力发展森林康养产业，探索林业生态产品价值实现机制，提升生态含绿量、含金量。狠抓污染防治攻坚。巩固山水林田湖草沙一体化保护和修复成果，打好蓝天、碧水、净土保卫战。持续改善空气环境质量，确保空气质量优良率保持在全市前列。全面落实河长制，推进生态清洁小流域综合治理、入河排污口整治、水塘河道清淤工程，确保国省考断面、饮用水水源地水质达标率“两个100%”。深化“无废城市”建设，抓好土壤、固体废物等污染防治。完成中央和省环保督察整改任务，做好国家重点生态功能区保护及考核工作，全力创建“两山”实践创新基地、国家生态文明建设示范县。推动绿色低碳发展。落实能耗“双控”要求，推进制造业绿色化升级，引导企业开展循环化、清洁化改造。加快工业、建筑等领域低碳转型，确保完成“减碳量”任务。全面推行绿色生活，开展节约型机关、绿色出行等创建行动，营造绿色低碳新风尚。

（七）全力在深化改革创新上争先奋进。打造优质营商环境。坚持“用户思维”，设路标、不设路障，持续提升“蕉岭服务”“蕉岭速度”。深化“放管服”和数字政府改革，巩固“两个100%”工作成果，降低市场主体制度性交易成本。落实国家和省促进民营经济发展政策，加强全生命周期跟踪服务，助推企业做大做强。持续推进重点改革。落实“扩权强县和强县扩权”改革，全力承接省市下放事项，提升行政效能、拓宽发展空间。以更大力度推进全域土地综合整治，提升“四田”“四地”工作法，实施耕地集中连片整治、规模化集约流转，推动建设规模腾挪、建设用地增减挂钩，加快实现小田变大田、大田变良田。同时，扎实推进集体经营性建设用地入市、城乡融合发展、田长制等试点，形成更多蕉岭模式、蕉岭经验。以更实举措推进县属国企市场化改革，支持引导桂岭控股布局重大基础设施、重大项目融资、矿产资源开发等领域，拓展经营业务和市场，力争今年在综合能力和效益上取得“双突破”。深化财税金融改革。以“省直管县”财政体制改革为契机，加强预算绩效管理，发挥财政资金“四两拨千斤”的作用，把财政资源优先配置给产出效益高的行业和部门，为经济高质量发展“通经活络”。强化税源培植、税收征管，以及非税收入精细管理，提高县级财政收入的可持续性。优化金融服务，加大金融支持实体经济发展力度。加强科技创新赋能。坚持把产业科技创新作为主攻方向，借助对口帮扶资源力量，持续推进“反向科技孵化载体”建设，新增“专精特新”企业2家、高新技术企业5家、科技型中小企业20家。

（八）全力在改善社会民生上争先奋进。织密保障网络。加大企业稳岗扩岗支持力度，深入实施“三项工程”，力争实现城镇新增就业1400人以上，完成职业技能培训1000人次以上。提高低保、特困人员、孤儿基本生活补贴，以及残疾人两项补贴标准，扎实开展未成年人、妇女儿童等群体关爱行动。办好托育服务，健全县镇村三级养老服务体系。加强退役军人服务保障，争创省级第十二届双拥模范县。办好人民满意教育。优化义务教育学校布局，推动创建城乡教育共同体。规划新建一所九年一贯制学校，实施华侨中学饭堂宿舍改扩建，以及晋元中学、广福学校等体育场改造提升项目，提高镇级中心幼儿园、中心小学、公办寄宿制学校的办学水平，全力创建全国义务教育优质均衡发展县、广东省基础教育高质量发展实验区。提升医疗卫生水平。扎实推进2个县域医共体建设，推动优质医疗资源向基层延伸。抓好县人民医院提标扩能等项目建设，推进10%的村卫生站设置“中医阁”，争创全国基层中医药工作示范县。深入开展爱国卫生运动，创建“国家卫生乡镇”。促进文体事业发展。加强历史文化保护，推进文保单位、革命遗址保护利用。深入实施文艺作品质量提升工程、文化惠民工程，打造更多蕉岭特色的精品力作。做好村级综合性文化服务中心提质增效，确保达标率在75%以上。广泛开展群众性文体活动，建设全民健身中心、工人文化宫。守住安全稳定底线。坚定不移贯彻总体国家安全观，更好统筹发展和安全，扎实推进质量强县建设，建设更高水平的平安蕉岭、法治蕉岭。常态化开展扫黑除恶斗争，严厉打击电信网络诈骗、非法集资等违法行为，全力做好信访工作，巩固提升群众安全感、满意度。落实安全生产责任制，持续深化开展危化品、非煤矿山、道路运输、消防等领域隐患排查整治，坚决防范较大以上事故发生。全力办好民生实事。根据省市十件民生实事安排，结合蕉岭实际，我们拟定了2024年县十件民生实事候选项目，包括基础教育、社会保障等11项，今年继续实行人大代表票决制，请大家审议。我们将以务实举措，全力把民生实事办到百姓家门口、群众心坎上，让发展更有温度、幸福更有质感。与此同时，支持工会、共青团、妇联、残联等群团组织发挥更大作用，做好国防动员和教育、民兵征集、台港澳、外事侨务、民族、宗教、档案、地方志等工作。

（九）全力在加强政府建设上争先奋进。坚定信念忠诚有为。始终把党的政治建设摆在首位，深入学习贯彻习近平新时代中国特色社会主义思想，深化主题教育成果，不断提升政治判断力、政治领悟力、政治执行力。依法行政担当有为。深化法治政府建设，严格执行民主集中制，落实全过程人民民主，依法接受县人大及其常委会监督，自觉接受政协民主监督，提高人大代表建议和政协提案办理水平。深入实施“八五”普法，全面推进严格规范公正文明执法，加大事关群众切身利益领域的执法力度，防范意识形态风险。雷厉风行高效有为。弘扬“四下基层”、求真务实的优良作风，持续推进精文减会，坚决摒弃“谋而不动、议而不决”。强化执行激励考核和容错纠错机制，引导干部担当作为、竞标争先、笃行实干，以制度刚性倒逼效能提升。坚守底线廉洁有为。严格落实中央八项规定精神，持续深化纠治“四风”问题，推动政府系统党风廉政建设和反腐败工作向纵深发展。坚持习惯“过紧日子”，严控一般性支出，兜牢“三保”底线，防范化解政府债务风险。全面落实省委巡视要求，从严从实抓好巡视问题整改，制订政府系统整改方案，立行立改、对账销号，确保巡视整改成果取信于民。

各位代表，新的任务已经明确，新的征途已经开启，新的胜利正在前方。让我们更加紧密团结在以习近平同志为核心的党中央周围，在省委省政府、市委市政府以及县委的坚强领导下，坚定信心，真抓实干，务实重干，为我县奋力打造梅州苏区融湾先行区综合示范窗口而不懈奋斗！

名词解释

“百千万工程”：广东“百县千镇万村高质量发展工程”促进城乡区域协调发展的简称。

“四上”：规模以上工业企业、有资质的建筑业企业和有开发经营活动的房地产开发经营企业、限额以上批发零售企业和住宿餐饮企业、规模以上服务业企业。

“小升规”：小微企业向规模以上企业转型升级。

“三化”：绿化、美化、亮化。

“七个一”：一个美丽乡镇入口通道、一个示范主街、一个房屋外立面提升样板、一个美丽圩镇客厅、一个干净整洁农贸市场、一个美丽河道、一个绿美生态小公园。

“三同五化”：城乡供水同标准、同质量、同服务，规模化发展、标准化建设、一体化管理、专业化运作、智慧化服务。

“三项工程”：“粤菜师傅”“广东技

工”“南粤家政”。

“六事”：一个支部管事、一张清单明事、一套机制议事、一个地方说事、一种方法评事、一个模式强事。

“四下基层”：宣传党的路线、方针、政策下基层，调查研究下基层，信访接待下基层，现场办公下基层。

“百校联百县”：广东省内百家高校院所与109个涉农县（市、区）结对，在县域产业发展、城乡建设规划、集体经济发展、基本公共服务、人才培养和改革创新等领域加强共建。

“反向飞地”：欠发达地区主动到发达城市去集聚所需的人才和资源，实现产业“孵化在外地，转化在当地”，从而畅通创新资源流通渠道，促进产业协同发展。

“五通一平”：指通水、通电、通路、通讯、通气，以及土地平整。

“补改投”：创建省级现代农业产业园投入的财政资金，由原来奖补形式改为投资形式。

“十大突破”：指绿美森林提质、绿美城乡建设、绿美保护地提升、绿美资源管护、绿美经济增量、绿美品牌示范、绿美生态增益、绿美文化挖掘、绿美成果共享、绿美治理水平均实现新突破。

“四旁”“五边”：“四旁”指宅旁、村旁、路旁、水旁，“五边”指山边、水边、路边、镇村边、景区边。

“一河两带、三区四线”：“一河”指石窟河，“两带”寿乡画廊乡村振兴示范带、“长寿乡中乡”精品游线，“三区”指工业园区、生活小区、商业街区，“四线”指高速、国道、省道、县道沿线。

“无废城市”：推进固体废物源头减量和资源化利用，最大限度减少填埋量，将固体废物环境影响降至最低的城市发展模式。

“双控”：指能源消费总量和强度双控。

大事记

责任编辑：李幸欣　郭佳怡

1月

4日　逢甲大桥维修加固工程全面完工并恢复全线通车。

11日　省水利厅党组成员、副厅长陈仁著率调研组到蕉岭调研城乡供水工作。

同日　国家林业和草原局下发表彰决定，蕉岭县林业局被授予“2019—2021年度全国森林草原防火工作先进单位”称号，是广东省唯一获此表彰的县级林业局。

12日　中国共产党蕉岭县第十四次代表大会第三次会议在丘成桐国际会议中心召开。

13日　蕉岭县第十六届人民代表大会第三次会议在丘成桐国际会议中心召开。

16日　市委常委、统战部部长崔毅到蕉岭县华侨农场慰问困难归侨侨眷。市侨联主席汤志平陪同参加慰问活动。

同日　副市长谢钦文到蕉岭县调研现代农业产业园和供水保障工作，并开展节前疫情防控、安全生产检查工作。

19日　市委常委、市纪委书记、市监委主任蒋万军、副市长蒋鲲率队到蕉岭县检查安全生产和调研纾困惠企政策落实以及乡村振兴等工作。

同日　省个体私营企业党委专职副书记李培忠率省市场监督管理局慰问组到蕉岭县开展春节前帮扶和走访慰问活动。

31日　蕉岭县举办共青团系统学习宣传贯彻党的二十大精神宣讲报告会暨蕉岭县2023年“青马工程”培训班。

2月

2日　广东医科大学、广东医科大学附属医院到蕉岭开展学习交流活动。

6日　县委召开议军会议暨党管武装述职会，以习近平新时代中国特色社会主义思想为指导，习近平强军思想，推动全县党管武装工作高质量发展。

9日　县委人才工作推进会召开，县委常委、组织部部长谢伟传参加会议。

14日　省文化和旅游厅公共服务处副处长丁萍率广东省第七次全国县级以上公共图书馆实地评估专家组到蕉岭开展评估验收工作。

15—16 日 全国政协委员、台盟广东省委员会专职副主委高洁率调研组到蕉岭调研乡村振兴工作。

17 日 县委农村工作会议暨全面推进“百县千镇万村高质量发展工程”动员大会在丘成桐国际会议中心召开。

20 日 省工信厅发布 2022 年广东省重点行业“能效领跑者”名单，广东塔牌集团股份有限公司蕉岭分公司获评广东省水泥行业的“能效领跑者”。

同日 菲律宾粤商会会长林翰率考察团到蕉岭参观考察。

28 日 广州市科学技术协会党组书记、副主席徐柳率队到蕉岭调研乡村振兴驻镇帮镇扶村工作。

3 月

3 日 珠海市委统战部常务副部长邹桦率队到蕉岭县开展学习交流活动。

7 日 省委统战部副部长、省侨办主任庞国梅率队到蕉岭县调研侨务工作。市委常委、统战部部长崔毅陪同调研。

8 日 大湾区科学论坛集团副总经理林罗荣率队到蕉岭县考察。

同日 省市场监管局二级巡视员傅铁笔率省食药安办工作组到蕉岭县开展创建省级食品安全示范县评价验收工作。

10 日 创维汽车副总裁王君宇率考察团到蕉岭考察。

14 日 市委书记马正勇到蕉岭县围绕深入学习贯彻党的二十大和二十届二中全会、全国两会精神，认真贯彻落实省委“百县千镇万村高质量发展工程”等工作进行调研。

同日 番禺区对口支援办常务副主任、区农业农村局局长黄春雷到蕉岭开展对接对口帮扶协作工作。

18 日 香港玉清慈善基金“白内障复明工程”签约仪式在县人民医院举行。

23 日 市委副书记王庆利到蕉岭调研基层治理、乡村振兴和圩镇建设工作。

29 日 乌干达共和国驻广州总领事馆总领事朱蒂斯·桑巴贝拉一行到蕉岭考察访问。

4 月

3 日 国家林业和草原局森林资源管理司司长徐济德率调研组到蕉岭调研森林资源管理和林长制工作。

10 日 华南农业大学农学院副教授、系副主任王兰率省政府发展研究中心调研组到蕉岭调研现代农业产业园和新型村集体发展情况。

17 日 市委副书记、市长王晖，副市长蒋鲲率队到蕉岭，围绕经济运行、招商引资、营商环境等工作开展调研。

18 日 市委书记马正勇到蕉岭县围绕深入学习贯彻习近平总书记视察广东重要讲话重要指示精神，贯彻落实省委工作部署，高质量推进绿美梅州生态建设工作进行专题调研。

同日 市委常委、副市长陈金銮率队到蕉岭检查督导非煤矿山安全生产和防汛安全等工作。

19 日 番禺区人大常委会党组书记、主任徐永到蕉岭开展对口帮扶协作工作。

20 日 武平县政府副县长、中山河流域河长马永彬率队到蕉岭磋商两省交界断面水质提升联防联治工作。

25 日 市人大常委会副主任张达宏率队到蕉岭调研梅州市省级自然保护区核心区、缓冲区内小水电站退出或整改工作进展情况。

26 日 市委加强作风建设工作领导小组办公室督导组到蕉岭督导加强作风建设工作。

5月

11日 市人大常委会党组副书记、副主任蓝伟东，副主任黄立强率队到蕉岭县调研人大代表联络站、立法联系点建设情况。

同日 省老促会会长陈开枝一行到蕉岭调研“百县千镇万村高质量发展工程”工作。

同日 副市长谢钦文到蕉岭调研乡村产业发展、乡村建设和红火蚁防治等工作。

16日 市委书记马正勇到蕉岭调研实施“百县千镇万村高质量发展工程”，推进全域土地综合整治试点工作。

19日 市委加强作风建设工作领导小组办公室督导组到蕉岭督导加强作风建设工作。

20日 香港玉清慈善基金顾问及晶苑国际集团主席罗乐风先生，梅州市荣誉市民、慈善家李有权博士一行率队到蕉岭调研。

22日 省水利厅党组成员、副厅长孟帆率省调研组到蕉岭县调研农村水利水电工作。

24日 2023年度蕉岭“新时代好少年”发布会召开，表彰10位“新时代好少年”。

同日 广东移动副总经理葛磊一行到蕉岭调研，县委副书记、县长、蕉华工业园区管委会主任刘裕君陪同调研。

30日 广州大学乡村振兴研究院蕉岭工作站在广福镇广育村学宿山居民宿挂牌成立。

同日 2023年度“邵逸夫奖”得奖者名单公布，蕉岭杰出乡贤、国际著名数学家、菲尔兹奖首位华人得主、清华大学讲席教授丘成桐院士获得2023年度邵逸夫奖数学科学奖。

同日 中国科协、教育部、科技部等7个部门联合发布2023年度科学家精神教育基地认定名单，丘成桐国际会议中心名列其中，是梅州市唯一入选单位。

30—31日 省全面推行林长制和绿美广东生态建设挂点督导组到蕉岭督导蕉岭县全面推行林长制和绿美广东生态建设工作。

31日 县招商和企业服务中心与中岭沥青（广东）有限公司签订总投资1.7亿元的中岭沥青项目落户蕉岭县新铺镇。

6月

2日 省生态环境厅公布2023年“广东省最美基层环保人”“广东省最美生态文明传播者”“广东省最美生态环保志愿者”等名单，蕉岭县曾子嘉入选“广东省最美生态环保志愿者”称号。

4日 省河长办副主任、省水利厅副厅长陈仁著率队到蕉岭调研幸福河湖建设工作。

7日 梅州市技术工人疗休养基地在蕉岭县三圳镇培鸿乡墅举行揭牌仪式。

同日 省委宣传部精神文明创建处处长高景海率队到蕉岭调研文明城市创建工作。

9日 省市场监督管理局联合梅州市政府在蕉岭县举办“质量认证服务‘百县千镇万村高质量发展’”主题宣传活动，标志着2023年世界认可日宣传暨质量认证下乡活动正式启动。

同日 省对口帮扶调研组一行到蕉岭调研推进定点联系涉农县和对口支援老区苏区工作。

12日 市委书记马正勇率队到蕉岭县调研推动实体经济高质量发展和“四上”企业培育工作。

同日 市政协副主席陈元星率调研组到蕉岭开展“深入实施绿美梅州生态建设，推动生态优势转化为发展优势”专题议政调研。

13日 全市人大代表联络站“三化”建设推进会在蕉岭召开。

同日 市委加强作风建设工作领导小组办公室督导组到蕉岭督导加强作风建设工作。

14日 保利物业粤湾公司与梅州市鲜绿田园现代农业有限公司在蓝坊镇高思梯田举行农产品供应生产合作签约仪式。

15日 市检查组到蕉岭督导预防学生溺水工作。

17日 蕉岭县人力资源和社会保障局被人力资源和社会保障部评为“法治人社建设优秀单位”，是梅州市唯一获此殊荣的单位。

19日 中国林业科学研究院林产化学工业研究所教授王成章一行实地考察调研蕉岭县野漆树产业发展情况。

20日 全市全域土地综合整治工作现场会在蕉岭召开。

同日 市督导组到蕉岭督导2023年上半年重点项目和固定资产投资工作。

21日 市双拥办副主任、梅州军分区政治工作处主任张银峰率市调研督导组到蕉岭督导第十二届广东省双拥模范县创建工作。

同日 “弘扬传统文化 助力乡村振兴”——梅州市第二十一次（蕉岭）百人诗会暨首届“仓海诗廊杯”诗词大赛颁奖大会在丘成桐国际会议中心举行。

22日 中国侨联副主席、香港侨界社团联会首席主席、香港华侨华人总会永远荣誉会长、梅州市侨联荣誉主席、香港裕华国货公司董事长余国春率考察组到蕉岭县考察。

同日 市金融工作局党组书记、局长凌挥明，市农村商业银行系统党委书记卓仲宇一行到蕉岭调研“百千万工程”开展情况。

26日 市委加强作风建设工作领导小组办公室督导组到蕉岭督导加强作风建设工作。

27日 全市推进装配式建筑发展工作现场会在蕉岭召开。

28日 梅州皇马水泥有限公司与中国中材国际工程股份有限公司正式签订工程总承包合同，推进总投资8亿元的4600吨/日新型干法水泥熟料生产线及余热发电技改项目建设。

29日 县第十六届人大常委会举行第十五次会议。县人大常委会主任张伟杰为新任命人员颁发任命书。

同日 市应急管理局党委书记局长温勇登率队到蕉岭开展重大事故隐患排查整治2023行动宣传解读和帮扶指导服务。

30日 团县委联合星海音乐学院大学生“百千万工程”突击队举办“立德铸魂育人助力乡村振兴”红色主题音乐会。

同日 蕉岭县举行2023年“6·30”助力乡村振兴活动仪式。

7月

3日 番禺区对口支援办常务副主任、区农业农村局局长黄春雷率队到蕉岭开展产业帮扶协作。

同日 全国质量监管重点产品检验方法标准化技术委员会主任委员武津生一行到蕉岭调研。

同日 广州大学与广州市派驻蕉岭县广福镇驻镇帮镇扶村工作队在蕉岭县南沙体育馆联合举办长寿蕉岭·乡音美韵“高雅艺术进乡村”文艺晚会。

4日 广州市派驻广福镇驻镇帮镇扶村工作队组团单位和蕉岭团县委、蕉岭县教育局共建及捐赠签约仪式在蕉岭举行。

5日 广东移动产业链头部企业考察团到蕉岭考察并召开招商推介会。

7日 省河长办副主任、省水利厅副厅长陈仁著率考察组到蕉岭考察。

8日 四季文旅考察组到蕉岭调研考察。

10日 中国共产党蕉岭县第十四届委员会举行第五次全体会议。县委书记、蕉华工业园区党委书记刘鸿涛代表县委常委会作报告。

同日 市人大常委会党组副书记、副主任蓝伟东率队到蕉岭调研《畜牧品种改良议案》实施情况。

12日 县人大常委会组织在蕉岭县的省、市人大代表对蕉岭县深入实施绿美梅州生态建设情况进行专题视察并召开座谈会。

同日 由省应急管理厅副厅长卢华友任

组长的省安委办重大事故隐患专项排查整治督导检查和专家指导服务第二组到蕉岭，督导检查重大事故隐患专项排查整治2023行动部署开展情况。

13日 武平县人大常委会党组书记、主任刘演昌率队到蕉岭考察学习。

15日 2023年广东省航海模型锦标赛在桂岭学校开幕。

同日 广东省作家协会在蕉岭开展“文学服务群众”志愿活动。

同日 共青团蕉岭县委员会和共青团广东药科大学医药商学院委员会签订《青春赋能“百千万工程”》合作协议。

16日 蕉岭县青少年中华魂教育基地和蕉岭开放大学文福镇学习中心揭牌仪式在仓海诗廊举行。

17日 国家矿山安全监察局广东局监察组到蕉岭开展非煤矿山安全监察工作。

18日 中国农业发展银行广东省分行党委书记、行长吴飚到蕉岭调研经济社会发展情况。

同日 星海音乐学院党委副书记陈平率调研组到蕉岭调研乡村振兴工作。

20日 市政协副主席曾祥海率队到蕉岭对2022年相关重点系列提案办理开展“回头看”调研。

21日 2023年全国绿色建材下乡活动（广东·蕉岭站）暨碳酸钙产业发展大会在蕉岭县丘成桐国际会议中心举行。

同日 市人大常委会副主任黄立强率队到蕉岭开展定点联系乡镇、挂点服务企业及重点项目的调研督导。

26日 市政府副市长、秘书长陈亮率队到蕉岭督导检查防台风工作。

27日 南方农村报社调研组到蕉岭调研“百千万工程”实施推进情况。

同日 县委书记、蕉华工业园区党委书记刘鸿涛，县委副书记、县长、蕉华工业园区管委会主任刘裕君率慰问组到梅州军分区开展八一建军节拥军慰问活动。

同日 县委书记、蕉华工业园区党委书记刘鸿涛，县委副书记、县长、蕉华工业园区管理委员会主任刘裕君等分别率八一建军节拥军慰问团，走访慰问县人武部、武警梅州支队执勤一大队、县武警中队、驻梅某部队、县消防救援大队。

31日 县委全面依法治县委员会第六次会议召开。

同日 县委加强作风建设工作领导小组会议召开。

8月

1日 共青团梅州市委员会、市红十字会、市志愿者联合会共同在县少年宫举办“全民学急救·守护你我他”2023年梅州市红十字救护员培训班。

2日 广州市番禺区委书记黄彪率代表团到蕉岭调研考察对口帮扶协作工作。

3日 县委书记、蕉华工业园区党委书记刘鸿涛率队到佛山市和茂名市，考察学习广东四季文旅控股有限责任公司旗下的优秀文旅案例项目。

同日 市人大常委会副主任、市总工会主席张达宏组织部分常委会组成人员和市人大代表，调研蕉岭县推进农业规模化机械化生产情况。

4日 由中国健康管理协会植物营养与健康分会主办，广东梅岭泉生态食品有限公司承办的第一届益生元营养论坛学术交流会在蕉岭举行。

7日 省人大常委会副主任黄宁生率调研组到蕉岭开展定点联系和牵头服务大项目工作。

8日 市妇联、市精神文明建设委员会以及广东省雁洋公益基金会发文，中国仓海诗廊被命名为第四批梅州市家教家风实践基地。

同日 市委常委、统战部部长崔毅到蕉岭开展党外代表人士队伍建设专题调研。

9日 市政协副主席蔡雪嫦到蕉岭围绕挂点服务“四上”企业，定点联系县、镇工作等开展调研督导。

11日 由市委宣传部、市委宣传部讲师团指导，县委宣传部主办，县文化广电旅游体育局、县融媒体中心、梅州市建丰粮业发展有限公司协办的“理响寿乡·学习贯彻习近平总书记视察广东重要讲话重要指示精神，推进蕉岭高质量发展”宣讲活动在县丝苗米省级现代农业产业园举行。

同日 原国家质检总局科技司巡视员、第一批国家知识产权领军人才裴晓颖率队到蕉岭调研地理标志工作。

同日 广州地铁、广州轨道交通产业联盟调研组到蕉岭调研。

15日 蕉岭县人民政府与福建明瑞科维新材料科技有限公司举行招商引资项目签约仪式。

同日 蕉岭县举行2023年扶助困难学子上大学助学金发放仪式，为考上大学的26位家庭困难学生发放助学金。

16日 省妇联举办广东省巾帼志愿服务工作推进会，通报2023年广东省十大最美巾帼志愿者名单。蕉岭县阳光爱心协会执行会长吴清兰获评“广东省十大最美巾帼志愿者”。

同日 市委加强作风建设工作领导小组办公室督导组到蕉岭督导加强作风建设工作。

同日 省政府办公厅二级巡视员黄保德率调研组到蕉岭调研经济发展情况。

20日 由蕉岭县委台港澳办主办、侨港蕉岭同乡会协办的“同心筑梦·共创未来”香港青少年交流团一行50人到梅州交流考察。

同日 市政协副主席陈元星率市政协文化和文史资料委员会部分委员到蕉岭，就仓海诗廊建设和名人故（旧）居保护利用情况开展专题视察。

同日 番禺区委常委、统战部部长、区政协党组副书记邓耀棋率番禺区委统战部、工商联、团区委、青联到蕉岭调研考察。

同日 省气象局党组成员、副局长谭浩波率队到蕉岭调研指导气象高质量发展工作。

28日 广东省总工会2023年“送健康体检”活动到蕉岭，蕉岭县为900多名新业态及产业工人提供免费健康体检。

29日 县人大常委会组织蕉岭县2023年十件民生实事项目建设视察活动。

31日 蕉岭县领导干部党章党规党纪教育培训班在丘成桐国际会议中心举行。

9月

5日 广州地铁集团党委书记、董事长丁建隆率调研组到蕉岭调研驻镇帮镇扶村工作。

7日 市政协机关二级巡视员孙秋珍率调研组到蕉岭围绕重点提案的办理落实开展调研。

8日 全国政协委员，民盟中央委员、民盟广东省委会副主委刘思德率民盟省委会调研组到蕉岭调研乡村振兴工作。

11日 “广东省摄影大篷车走进蕉岭活动”暨“千年古镇·魅力新铺”摄影大赛开镜仪式在新铺镇举行。

15日 蕉岭县2023年下半年预定新兵役前训练总结暨新兵入伍宣布命令大会在县国防教育训练基地举行。

同日 蕉岭县友邦小学获评“全国国防教育示范学校”。

19日 由省科协指导、市科普工作联席会议主办、县政府协办的2023年全国科普日梅州市主场活动暨梅州科普嘉年华活动启动仪式在蕉岭县丘成桐国际会议中心举行。活动现场还举行“2023年度科学家精神教育基地”和蕉岭县科技馆挂牌仪式。

同日 副市长蒋鲲率队到蕉岭检查食品安全“两个责任”落实情况及调研产业园区、

重点项目建设工作情况。

21日 蕉岭县学习贯彻习近平新时代中国特色社会主义思想主题教育动员部署会议在丘成桐国际会议中心召开。

22日 2023世界粤商大会开幕大会在广州市举行，广东塔牌集团股份有限公司被评为“2023广东省制造业民营企业100强榜单”。

同日 由县委宣传部、县文明办主办的梅州市人民检察院与蕉岭县新时代文明实践中心结对共建签约暨“文明寿乡·德润万家”乡风文明建设宣传百村行活动正式启动。

同日 省发展改革委、省交通运输厅、中国铁路广州局集团等有关单位负责人和专家组一行到蕉岭调研蕉岭至丙村铁路站点工作。

27日 省社科联“广东省社会科学普及基地”、省慈善总会孝廉慈善基金“爱党爱国建家风实践基地”、市“家教家风实践基地”、文福镇长隆村“幸福家园互助会”系列挂牌活动在文福镇仓海诗廊举行。

同日 广东梅州招商推介会·蕉岭县产业融湾专场暨新材料、新业态项目落户蕉岭签约仪式在广州市番禺区举行。

28日 县政协主席钟梅芬主持召开十二届县政协常委会第七次会议暨“深入实施绿美蕉岭生态建设，推动蕉岭高质量发展”专题议政会。

同日 蕉岭县举行2023年“红色引擎”赋能村集体经济发展擂台赛现场竞演活动。

10月

6日 梅州市著名侨领、美国国际日报报业集团董事长熊德龙到蕉岭参观考察。

8日 市政协副主席、农工党梅州市委会主委李利平率队到蕉岭开展“百县千镇万村高质量发展工程”民主监督工作。

11日 蕉岭县举行2022—2023年度蕉岭县少先队先进集体和个人表彰仪式。活动为蕉岭县少先队校外实践营地（基地）授牌、为受表彰的先进集体和个人颁发荣誉证书。

同日 水利部公布第六批节水型社会建设达标县（区）名单，蕉岭县上榜，为梅州首个入选县。

13日 由县委宣传部指导，团县委、县文化广电旅游体育局主办的“童心永向党 筑梦向未来”文艺展演在蕉城举行。

16日 全国人大常委会委员、省政协副主席、台盟省委会主委张嘉极率队到蕉岭调研产业发展工作。

17日 全国调解工作会议在北京召开，蕉岭县广福镇人民调解委员会调解员张志敏被授予“全国模范人民调解员”称号。

同日 广州市派驻广福镇驻镇帮镇扶村工作队组团单位到蕉岭调研乡村振兴工作，并举行广福镇文体广场提升改造竣工活动、航天辣椒联合实验种植基地签约和广东乡村地域系统野外科学观测研究站梅州蕉岭分站揭牌仪式。

19日 市委常委会到蕉岭调研并召开会议，同时套开市“百千万工程”指挥部会议。

同日 省河长办率队到蕉岭调研幸福河湖建设工作。

20日 蕉岭县第十六届人大常委会举行第十八次会议。会议决定任命钟剑平为蕉岭县人民政府副县长、公安局局长。

24日 中国科学院院士、美国科学院外籍院士蒲慕明率调研考察组一行到蕉岭调研。

25日 番禺区副区长杨少华率调研组到蕉岭调研文旅融合发展工作。

同日 2023广东500强企业发展大会在广州举行，发布“2023广东企业500强”榜单，广东塔牌集团股份有限公司上榜。

29日 省人大常委会副主任黄宁生率调研组到蕉岭开展定点联系工作。

30日 蕉岭县“充‘植’家园，点‘绿’寿乡”全民爱绿植绿护绿系列活动启动仪式在三圳镇举行。

31 日 省农业农村厅厅长刘棕会率调研组到蕉岭调研农业农村、乡村振兴工作。

11 月

1 日 蕉岭县十大“寿乡优品”农产品发布推介会召开，发布蕉岭县十大“寿乡优品”农产品名单，对获评蕉岭县十大“寿乡优品”农产品企业颁发荣誉牌匾。

同日 省政协原副主席、省老年大学协会会长温兰子率队到蕉岭调研指导老干部（老年）大学工作。

3 日 国家微生物种业产业技术创新战略联盟（世界长寿乡·蕉岭）年会暨菌种·基因·大数据与生物技术产业发展研讨会在蕉岭召开。

同日 蕉岭在龙门广场举行“寿乡客韵”文艺晚会。

4 日 第六届世界客商大会蕉岭县产业融湾系列活动暨国家微生物种业产业技术创新战略联盟 2023 年年会开幕。

同日 台湾苗栗县县长钟东锦带领 35 位来自台湾苗栗县的钟氏宗亲到新铺镇龟形村，开展寻根问祖访亲活动。

5 日 广福园区举行“百千万工程”项目动工和投产仪式。

6 日 由广东省商务厅、广东省财政厅组织开展的新一批县域商业建设行动示范县评选公布最终结果，蕉岭县入选省级县域商业建设行动示范县名单。

8 日 中央政法委在全国范围内评选出 104 个“枫桥式工作法”单位，蕉岭县广福镇入选。

9 日 县委书记、蕉华工业园区党委书记刘鸿涛在丘成桐国际会议中心为党员领导干部讲授主题教育专题党课。

10 日 蕉岭县举行 2023 年消防宣传月暨全县教育系统消防宣传活动启动仪式。

同日 市人大常委会调研组到蕉岭开展 2023 年市政府十件民生实事办理情况调研活动。

13 日 蕉岭县召开新时代乡村电气化建设和整线（成片）标准化治理专项工作会议。

14 日 广州市科学技术局党组书记弓鸿午率调研组到蕉岭调研乡村振兴驻镇帮镇扶村工作。

15 日 由广州市委宣传部、广州市协作办共同组织举办的中央、省、市主流媒体采访团采风活动到蕉岭开展采风活动。

同日 市人大常委会党组成员、副主任黄立强到挂钩联系的三圳镇九岭村开展宣讲、调研和走访群众等工作。

16 日 蕉岭县召开表彰会，对荣获 2023 年“蕉岭县文明家庭”称号的文明家庭进行表彰。

17 日 县第十六届人大常委会举行第二十次会议，会议决定任命钟光庆为蕉岭县人民政府副县长。

同日 县高层次人才协会第一届第一次会员大会暨成立大会举行。县委常委、组织部部长谢伟传参加会议，并为“蕉岭县高层次人才协会”揭牌。

同日 市委常委、副市长赵东到蕉岭调研全域旅游发展、“四上”企业培育和推进实施“百千万工程”工作。

19 日 清华大学国际关系学系师生到蕉岭开展研学活动。

同日 市“百千万工程”指挥部印发《梅州市“百千万工程”破题攻坚行动示范镇揭榜名单》。蕉岭县新铺镇、三圳镇、广福镇上榜。

22 日 广东梅州招商引资推进“百县千镇万村高质量发展工程”·蕉岭县（龙岩）专场活动在福建省龙岩市举行。梅州市委常委、秘书长曾永祥出席活动。

23 日 县委全面深化改革委员会第六次

会议召开。

25日 省科技厅厅长王月琴率队到蕉岭调研经济建设情况。

同日 广东省研学旅行协会常务副秘书长黄汉祥率队到蕉岭开展乡村研学考察调研。

27日 副市长蒋鲲到蕉岭就推动蕉岭经济社会高质量发展开展调研。

12月

1日 由省交通运输厅二级巡视员劳潮惠任组长的省林长制和绿美广东生态建设现地核查组到蕉岭，对蕉岭县林长制和绿美广东生态建设开展现地核查。

同日 市知联会会长、市中医医院院长王锦率队到蕉岭开展同心汇智，助力“百千万工程”专题调研。

5日 蕉岭县第十六届人大常委会举行第二十一次会议。会议决定任命周锐明为蕉岭县人民政府副县长。

6日 梅州市组织2023年梅州市学雷锋志愿服务先进典型宣传推选活动。蕉岭县曾子嘉、徐剑获评梅州市最美志愿者，蕉岭县新时代文明实践“消防救援服务”志愿者服务队、蕉岭县文化馆文化志愿者服务队获评梅州市最佳志愿服务组织，周末哪里去一起做公益——关爱乡村青少年乡村振兴专项志愿服务项目获评梅州市最佳志愿服务项目。

同日 市委副书记、市长王晖到蕉岭调研“百县千镇万村高质量发展工程”。

同日 梅州市生态环境局到蕉岭调研并召开党组（扩大）会。

7日 蕉岭县在石窟河畔举行长潭碧道珞珈段樱花种植动工仪式。

同日 市人大常委会党组成员、副主任黄立强到定点联系的蕉岭县和三圳镇，调研督导“百千万工程”推进情况。

8日 市政协副主席蔡雪嫦率队到蕉岭调研督导“百千万工程”推进情况。

11日 蕉岭县习近平法治思想学习宣传基地授牌揭幕仪式在县委党校举行。

12日 全国政协港澳台侨委员会副主任，广东省政协原党组书记、主席王荣率由部分全国政协委员、省政协委员组成的考察团到蕉岭，围绕“汇聚港澳台同胞力量，同心助力乡村振兴”主题开展考察。

同日 省发展改革委（省大湾区办）交流协作处处长吴育刚率调研组到蕉岭调研典型县高质量发展工作情况。

同日 市委办、市府办通报2023年第三季度重点项目和前三季度招商引资“红旗项目”“蜗牛项目”。蕉岭县三个项目上榜“红旗项目”。

13日 广东省建筑工程集团控股有限公司党委书记、董事长张育民率调研组到蕉岭调研“百千万工程”工作。

同日 市委副书记、梅江区委书记陈金銮到蕉岭调研“百千万工程”工作。

同日 “广州·梅州—番禺·蕉岭”对口帮扶协作融湾系列活动暨首届电商人才培训班在蕉岭县举行。

15日 台北梅州同乡会理事长汤富龙率领的台北同乡会参访团一行到蕉岭县参观访问。

18日 省交通运输厅公布广东省智慧公路试点项目名单（2023年），蕉岭县公路事务中心智慧公路建设项目上榜。

19日 2023年第三季度“梅州好人”名单正式公布，蕉岭县诚实守信好人张念权、孝老爱亲好人丘春英2人上榜。

同日 农业农村部农产品质量安全中心公布2023年第三批全国名特优新农产品名录，蕉岭猴头菇上榜。

21日 省自然资源厅党组书记、厅长胡建斌率队到蕉岭调研园区建设和全域土地综合整治国家试点情况。

22日 广东省政府参事室（文史研究

馆）调研组到蕉岭开展“苏区红色文化遗产保护与利用”课题调研。省政府参事室（文史研究馆）党组成员、一级巡视员杨敏，省政府文史研究馆馆员、南方日报社原社长杨兴锋参加调研。

25 日 爱国诗人、教育家、抗日保台志士丘逢甲之孙，香港商务及经济发展局局长丘应桦一行到蕉岭探亲。

28 日 市委农村工作办公室印发《梅州市农村重点领域改革破题攻坚行动试点镇揭榜名单》，蕉岭县新铺镇上榜。

同日 市人大常委会组织在梅的全国、省人大代表到蕉岭县开展视察活动。

29 日 政协第十二届蕉岭县委员会常务委员会第八次会议暨做大做强毛竹产业助推“百千万工程”专题座谈会召开。

蕉岭概况

责任编辑：古文粤

基本地情

【建置沿革】 明崇祯六年（1633），设置镇平县，1月，在怀仁里（原平远县属地，今蕉城）建县城。崇祯七年（1634），接管平远划割的石窟第一图、石窟第二图和程乡（今梅县）划割的龟浆第二图、松源第二图共4图完成镇平县建制，隶属潮州府。民国3年（1914），因河南省已先有镇平县而改称蕉岭县。1952年8月，蕉岭与平远合县，称蕉平县。1954年3月，蕉平分县，恢复蕉岭县建置。1958年12月，蕉岭县与梅县合并，称梅县。1961年3月，蕉梅分县，恢复蕉岭县建置。

【位置、面积】 蕉岭县位于广东省东北部，韩江上游，地跨北纬24°25′~24°53′，东经116°01′~116°22′。西界平远县，东南与梅县区接壤，北与福建省武平县、上杭县相连。205国道、国家高速公路网络主干线天汕高速公路南北贯穿，全县总面积960平方千米，其中山地7.47万公顷，耕地0.7433万公顷。

【地质地貌】 蕉岭县地质构造比较复杂，岩石类主要有砂页岩、侵入岩、石灰岩、变质岩等。这些岩类构成山地、丘陵、盆地等地貌。县境四面环山，地势由北向南倾斜。山地、丘陵、盆地的比例为6:3:1。境内山系排列有序，山脉走向有东—西走向和东北—西南走向两类。共有五列山脉，这些山脉是蕉岭县众多溪河的分水岭，河谷低地也大致分布在这些山脉之间。海拔千米以上的山峰有金山笔（1170米）、铁山嶂（1164米）、皇佑笔（1150米）、大峰嶂（1092米）、小峰笔（1057米）、樟坑崇（1020米）6座。境内河流属韩江水系，主要河流韩江二级支流石窟河在县境内长61.4千米，集水面积728.2平方千米，石窟河流域（含其支流高陂河、柚树河、石扇河、广福河、溪峰河）是蕉岭县较大的盆地和主要耕作区，耕地约10万亩。其他河流还有高思河、南礤河、北礤河，亦分别冲积成山间小盆谷。

【气候特征】 县境属亚热带地区海洋性季风气候，夏长冬短，光照充足，雨季长，雨量充沛。由于南岭山脉的屏障作用，使冷空气影响减弱，所以冬季并不十分寒冷。历史年降水量最多2488.6毫米，出现在1983年；最少1063.9毫米，出现在1991年。历史年平均气温最高 22.1℃，出现在 1998 年；最低 20.4℃，出现在 1976 年和 1984 年。历史年平均最大风速 24.0 米/秒，出现在 1953 年 10 月 8 日。

【自然资源】 矿产资源主要有石灰石、锰、铁、铝、钨、铜、铅、锌、锡、煤、大理石、花岗岩、石英砂、稀土等。尤以石灰石居多，资源储量约 23 亿吨。花岗岩储量约 2700 万吨。水力资源 10 万千瓦以上。森林覆盖率 79.02%，活立木蓄积量 697.66 万立方米。野生动植物资源丰富，药用植物有 288 个种类，分隶 95 个科。旅游资源主要有国家 AAAA 级旅游景区长潭旅游风景区、镇山国家森林公园，全国重点文物保护单位丘逢甲故居、谢晋元故居，省级文物保护单位石磜土楼，“广东省十大美丽乡村”三圳镇九岭村，丘成桐祖居被列入广东省文化和旅游厅首批乡村精品游山水名人之旅线路。

【人文资源】 清代状元吴鸿督学广东时曾盛赞镇平“嘉应之为州也，人文为岭南之冠。州之属四，镇平为冠。邑虽小，以余所评，文章之事莫能过也”。北宋元祐三年（1088），蓝奎中进士，是梅州（嘉应）境内“首纪科名录者”，晚年回乡讲学，人称“蓝夫子”。后人为纪念他，就把他的家乡命名为蓝坊乡。晚清黄香铁（1787—1853）是著名诗人、教育家、方志学家，被称为“粤东七子”和“梅诗三家”之一。《石窟一征》是他私著本县（镇平）的地方志书，独具文史价值。蕉城镇下黄村黄香铁故居铁耕楼被列为省级文物保护单位。近代杰出的爱国志士、卓越的教育家和著名诗人丘逢甲（1864—1912），在台湾和大陆都很有声望，在 2004 年 3 月十届全国人大二次会议记者招待会上，时任国务院总理温家宝曾吟诵丘逢甲《春愁》诗句，表达大陆人民和台湾同胞的骨肉之情。文福镇淡定村丘逢甲故居被列为全国重点文物保护单位。民国初的爱国志士罗福星（1886—1914）是孙中山时期的同盟会员，为抗日复台英勇不屈而壮烈牺牲。蓝坊镇罗福星故居被列为省级文物保护单位。抗日战争中在上海坚守四行仓库阵地的谢晋元（1905—1941）将军，威震海内外。新铺镇尖坑村谢晋元故居被列为全国重点文物保护单位。当代世界著名数学家丘成桐，曾获得国际数学最高奖项“菲尔兹奖”和“沃尔夫数学奖”等。他是美国国家科学院院士，中国科学院外籍院士，香港科技大学、中文大学荣誉博士，受聘为清华大学数学科学中心掌门人。文福镇羊岃村丘成桐祖居福寿堂被列为市级文物保护单位。羊岃村被称为“院士村”。丘成桐祖居文化旅游区被评为国家 AAA 级旅游景区，成为当地一个旅游打卡点。

经济社会发展概况

【经济指标】 根据梅州市地区生产总值核算结果，2023 年，蕉岭县地区生产总值为 114.37 亿元，比上年增长 7.6%。其中，第一产业增加值为 18.78 亿元，增长 6.0%；第二产业增加值为 51.26 亿元，增长 10.7%；第三产业增加值为 44.33 亿元，增长 4.9%。从总量看，经济总量在 2020 年突破百亿元大关，是 2012 年 50.71 亿元的 2.3 倍，占全市经济比重由 2012 年的 6.9%提高到 8.1%。

【农业】 2023 年，蕉岭县实现农业总产值 30.00 亿元，比上年增长 6.7 %。粮食作物播种面积 162506 亩，比上年增长 1.1%；谷物种植面积 141581 亩，增长 1.1%；油料种植面积 33306 亩，增长 6.9%；蔬菜种植面积 94106 亩，增长 2.8%；中草药种植面积 11878 亩，增长 11.3%。全年粮食产量 68043 吨，比上年增长 0.05%；谷物产量 64733 吨，增长 0.18%；油料产量 5756 吨，增长 10.3%；蔬菜产量 152692 吨，增长 5.9%；园林水果产量 65024 吨，增长 6.02%；茶叶产量 3490 吨，增长 6.11%。

全年猪牛羊禽肉产量 21774 吨，比上年增长 4.3%。其中，猪肉产量 14231 吨，增长 7.93%；禽肉产量 6199 吨，增长 3.38%。年末生猪存栏 68829 头，下降 5.1%；生猪出栏 176189 头，增长 7%。

全年水产品产量 6640 吨，比上年增长 2%。其中，淡水养殖产品 5371 吨，增长 2.85%。

【工业和建筑业】 全年全县工业增加值实现 32.39 亿元，比上年增长 0.5%。规模以上工业增加值实现 22.01 亿元，比上年下降 0.7%。分门类看，采矿业下降 6.9%，制造业增长 1.7%，电力、热力、燃气及水生产和供应业下降 57.1%；分轻重工业看，轻工业增长 4.5%，重工业下降 1.0%；分企业规模看，大中型企业增长 4.8%。从工业效益看，全年全县规模以上工业企业实现营业收入 67.73 亿元，比上年下降 7.3%；利润总额盈利 2.92 亿元，比上年下降 1737.1%。

从蕉华产业转移园看，全年蕉华产业转移园（含集聚区）完成规模以上工业增加值 18.81 亿元，比上年下降 0.5%，占全县规模以上工业增加值比重 85.5%。

从工业用电量看，全年全社会用电量 14.35 亿千瓦时，比上年下降 2.2%。全县工业用电量 11.35 亿千瓦时，下降 3.9%。全县规模以上工业用电量（含余热发电自发自用）13.25 亿千瓦时，下降 6.1%。

从民营企业看，规模以上民营工业企业累计完成工业增加值 21.59 亿元，比上年增长 3.0%，占全县规模以上工业增加值的 98.1%。

2023 年，全年全社会建筑业增加值 18.89 亿元，比上年增长 43.3%。全年具有资质等级的总承包和专业承包建筑企业 19 个，增长 35.7%；总承包和专业承包完成建筑业总产值 30.05 亿元，增长 48.6%；实现利润总额 2588 万元，利税总额 11111 万元。建筑施工企业房屋建筑施工面积 38.2 万平方米，下降 7.6%，房屋竣工面积 11.7 万平方米，增长 155.1%。

【固定资产投资】 全年全县固定资产投资额比上年增长 40.9%。分产业上看，第一产业完成投资额比上年下降 100.0%；第二产业完成投资额比上年增长 84.8%；第三产业完成投资额比上年增长 22.0%。分投资主体看，国有经济投资比上年增长 42.3%，民间投资比上年增长 38.5%。民间投资占全县固定资产投资的比重为 35.7%。

【服务业】 全年全县实现服务业增加值 44.33 亿元，比上年增长 4.9%，其中，批发和零售业增加值 4.63 亿元，增长 9.9%；住宿和餐饮业增加值 1.20 亿元，增长 11.0%；金融业增加值 5.82 亿元，增长 7.2%；房地产业增加值 5.00 亿元，增长 2.8%；交通运输、仓储和邮政业增加值 2.61 亿元，增长 8.1%。全年规模以上服务业企业实现营业收入 18116.5 万元，比上年下降 36.5%；利润总额 734.9 万元，下降 30.6%。

全县已投入 50 辆新能源公交车；开通 23 条城乡公交线路，实现 8 个镇全覆盖，全县 97 个行政村均已开通了公交线路，覆盖率达 100%。

全年公路运输方式完成货运周转量 132318 万吨千米，比上年增长 7.4%；公路客运周转量 2097 万人千米，比上年增长 148.7%。

年末公路通车里程 1247.46 千米，同比增长 0.4%。其中，四好公路里程 1247.46 千米，每百平方千米公路密度 1.30 千米。年末全县民用汽车拥有量达到 3.5 万辆，比上年增长 2.9%，其中私人汽车 3.16 万辆，增长 3.1%。民用轿车保有量 1.66 万辆，增长 3.1%，其中私人轿车 1.66 万辆，增长 2.4%。

全年完成邮电通信主营业务收入 25648 万元，比上年增长 58.2%。其中，中国移动公司增长 48.7%，电信下降 10.0%，联通增长 7.7%。年末固定电话用户 22532 户，比上年下降 8.9%；移动电话用户 266835 户，比上年增长 8.0%，其中 4G 用户 138696 户，比上年下降 2.1%，5G 用户 128139 户，比上年增长 8.4%，5G 用户占移动电话用户比重 48.02%。当年新增移动电话用户 46158 户。年末互联网宽带接入用户 145713 户，其中宽带（固定）43395 户，移动宽带 102318 户。

【国内贸易和对外经济】 全县实现社会消费品零售总额 40.23 亿元，同比增长 4.5%。从消费形态看：商品零售额 36.07 亿元，同比增长 4.4%；餐饮收入 4.17 亿元，同比增长 5.4%。按经营地统计：城镇消费品零售额 24.67 亿元，同比增长 4.5%；乡村消费品零售额 15.56 亿元，同比增长 4.6%。全年全县进出口贸易企业的进出口总额 1411.91 万美元，比上年下降 9.5%；贸易出口总额 1281.08 万美元，比上年下降 16.9%，其中，“三资”企业出口 249.84 万美元，比上年下降 38.0%；私营企业出口 1031.23 万美元，比上年下降 9.5%。

【金融和保险业】 2023 年，金融机构本外币存款余额 151.35 亿元，同比增长 13.5%；金融机构本外币贷款余额 77.27 亿元，同比增长 11.7%。贷存比 51.1%，贷存比比上年同期下降 0.8 个百分点。

全年财产、人寿等实现保险费收入 23197 万元，比上年增长 0.4%，其中，财产保险费收入 13830 万元，比上年增长 2.6%；人寿保险费收入 9367 万元，比上年下降 2.6%。财产和人寿已决赔款 8243 万元，比上年增长 6.3%，其中财产保险已决赔款 4861 万元，比上年增长 4.5%；人寿保险已决赔款 3382 万元，比上年增长 8.9%。

【科技、教育、文化、卫生和体育】 全县有普通高中 2 所，在校学生 3915 人；初级中学 13 所，在校学生 7232 人；小学 22 间，在校学生人数 14705 人；幼儿园 48 家，在园幼儿数 5790 人。适龄儿童入学率 100%；小学生升学率 100%；初中学生升学率 100%；高中学生升学率 100%，九年义务教育巩固率 100%，高中阶段教育毛入学率 65.3%。考上大专以上的人数 1209 人，其中本科 652 人。

全年专利授权量98件，其中发明20件、实用新型65件、外观设计13件。全年共有76家企业获得专利授权76件。全县高新技术产业企业19家，实现高新技术企业的工业总产值58658.1万元，比上年下降26.0%。

年末黄桂清图书馆有藏书47.50万册，比上年增长12.5%。法刚博物馆馆藏物品8653件。积极组织文化“三下乡”活动，全年共组织送戏下乡34场，送电影下乡1170场，送书下乡5860册，受教育达33.00万人次。广播电视业不断发展，全县有300瓦立体声调频广播电台1座，有线电视用户1.68万户，城乡入户率94.18%，电视覆盖率88.45%。

全县接待游客71.35万人次，比上年增长142.9%，其中接待过夜游客15.62万人次，增长73.1%。国内外旅游总收入5.10亿元，比上年增长160.4%，其中国内旅游收入5.03亿元，增长157.4%。

年末全县共有各种卫生机构165个。全县拥有病床床位1104张，其中，县人民医院320张、中医院200张、妇幼保健院100张；平均每万人拥有病床61张。卫生专业技术人员有1442人，其中，执业医师385人、助理执业医师145人、注册护士584人。平均每万人拥有医生29.32人。

全县共有各类体育场、馆1193个，其中标准运动场9个；共举办各大中型运动会5场，参加3320人次。

【环境和人民生活】 全年全县水资源总量约8.13亿立方米，比上年下降3.0%；年末全县大型水库蓄水总量11022万立方米，比上年增长6.4%。全县城乡共建成生活污水处理厂8座，城市污水处理能力达到2万吨/日，城市生活污水集中处理率达到98.85%，城市生活垃圾无害化处理率达到100%。

全年平均降水量1687.1毫米，比上年下降8.3%；全年平均气温22.1℃；全年平均湿度76.0%；全年日照时间1765.4小时。

全年规模以上工业综合能源消费量138.58万吨标准煤，同比下降8.6%；单位GDP能耗比上年下降11.4%；规模以上工业单位增加值能耗同比下降7.6%；单位GDP电耗同比下降9.1%。全社会用电量14.35亿千瓦时，同比下降2.2%，其中工业用电量11.35亿千瓦时，同比下降3.9%。

年末全县共有环境监测站1个。全县环境质量保持稳定良好，蕉岭城区空气质量综合指数为2.38，优良率100.0%；主要江河水质达到功能区水质要求，主要饮用水水源水质达标率为100%；区域噪声、道路交通噪声保持稳定，城市声环境质量较好，各功能区噪声达标率为100%。

2023年，蕉岭县活力木蓄积量（初步数据）720.40万立方米，森林覆盖率79.05%。全县设立县级以上自然保护区1个，自然保护区面积18954.61公顷。全年森林抚育面积1056公顷，年末已建成生态公益林3.79万公顷，林木采伐量2.32万立方米。

全年全县常住居民人均可支配收入为30136元，同比增长6.5%。按常住地分，全县常住城镇居民人均可支配收入为34578元，同比增长4.7%；全县常住农村居民人均可支配收入为24394元，同比增长9.6%。农村增速比城镇高4.9个百分点。

全年城镇新增就业1503人，年末城镇登记人口失业人员1126人，通过各种途径安置失业人员实现再就业（公益性岗位安置）5人，就业困难人员实现再就业132人。

全年全市居民消费价格总指数为99.0%（上年为100%），上升了1.0个百分点，主要八类价格指数呈“五升三降”的态势。其中，“五升”即食品烟酒类、衣着类、教育文化和娱乐类、医疗保健类、其他用品和服务类指数分别上涨0.6%、2.4%、1.7%、1.0%、2.1%。“三降”即居住类、生活用品及服务类、交通通信类指数分别下降1.4%、0.7%、2.3%。工业生产者出厂价格指数96.5%，同比下降2.3%。

年末，全县城镇职工养老保险参保人数（含企业离退休人员）有5.51万人，比上年末增长3.0%；参加工伤保险的有2.88万人，比上年末下降1.1%；参加职工基本医疗保险的有3.02万人，比上年末增长11.6%；参加职工失业保险的有2.19万人，比上年增长1.1%；参加生育保险的有2.70万人，比上年增长0.2%。参加城乡居民养老保险的有5.82万人，比上年下降1.6%；参加城乡居民医疗保险的有15.55万人，比上年下降3.4%。

全县有各类型社会福利院10间，床位613张，收养329人。全县得到各级政府救济5085人次；全年共发放救济金额3181万元。享受低保救济的困难群众3041人，其中城镇201人，农村2840人，发放低保救济金额1429万元。城乡社区服务机构和设施441个，其中综合性社区服务中心110个。年末拥有社会组织数量为272个。注册志愿者达32114人，注册志愿者人均参与志愿服务时数累计为42.1小时。

政 治

责任编辑：黄卫锦 廖勖

县领导机关

中共蕉岭县委员会

县委主要会议、决策、活动

【中国共产党蕉岭县第十四届委员会第四次全体会议】 2023年1月11日，中国共产党蕉岭县第十四届委员会第四次全体会议在蕉城召开。县委常委会主持会议。传达中央经济工作会议、中央农村工作会议、省委十三届二次全会、省委经济工作会议和市委八届五次、六次全会精神；听取刘鸿涛代表县委常委会就全面深入学习贯彻党的二十大精神所作的专题讲话；研究中国共产党蕉岭县第十四次代表大会第三次会议召开时间和会议议程。

全会审议并通过有关文稿；听取县委常委会2022年传达学习贯彻落实习近平总书记重要讲话和重要指示批示精神情况；表决通过全会决议。

【中国共产党蕉岭县第十四次代表大会第三次会议】 2023年1月12日，中国共产党蕉岭县第十四次代表大会第三次会议在蕉城召开。大会由县委常委会主持。大会以习近平新时代中国特色社会主义思想为指导，深入贯彻党的二十大精神，传达贯彻上级有关会议精神及工作部署，深入贯彻落实省委书记黄坤明到梅州调研指示要求，总结2022年工作，部署2023年工作。大会听取刘鸿涛代表县委常委会所作的报告，书面报告县委常委会2022年抓党建工作情况、全县经济工作情况，书面审查县纪委工作报告及全县2022年党费收缴、使用和管理情况报告。

【蕉岭县高质量发展暨苏区融湾先行区综合示范窗口建设动员大会】 2023年2月14日，蕉岭县高质量发展暨苏区融湾先行区综合示范窗口建设动员大会召开。县委书记、蕉华工业园区党委书记刘鸿涛出席会议并讲话。县委副书记、县长、蕉华工业园区管委会主任刘裕君主持会议并部署融湾先行区综合示范窗口建设工作。会议传达省市高质量发展大会精神；对《蕉岭县全力打造梅州苏区融湾先行区综合示范窗口建设方案（讨论稿）》作说明；总结上年全县人才工作，解读市、县人才新政策，部署2023年人才工作；解读蕉岭县招商引资相关文件，通报并部署招商引资工作。各镇、县直有关部门、招商队、企业家代表作大会发言。

【蕉岭县委农村工作会议暨全面推进“百县千镇万村高质量发展工程”动员大会】 2023年2月17日，蕉岭县委农村工作会议暨全面推进“百县千镇万村高质量发展工程”动员大会在丘成桐国际会议中心召开。会议深入贯彻党的二十大精神，认真落实上级会议精神，总结全县“三农”工作，部署全面推进乡村振兴工作和“百县千镇万村高质量发展工程”，在新起点上着力建设农业强县、促进城乡区域协调发展，全力打造苏区融湾先行区综合示范窗口。县委书记、蕉华工业园区党委书记刘鸿涛出席会议并讲话，县委副书记、县长、蕉华工业园区管委会主任刘裕君主持会议。

会上传达上级有关会议精神，总结部署全县农业农村和实施乡村振兴战略工作，相关单位、企业代表作发言。县委、县政府与各镇签订2023年推进乡村振兴重点工作责任书。

会议以综治视联网平台直播形式开至各镇。

【蕉岭县贯彻落实全市传达贯彻习近平总书记重要讲话精神暨全国两会精神干部大会精神会议】 2023年3月16日，在收听收看全市传达贯彻习近平总书记重要讲话精神暨全国两会精神干部大会后，蕉岭县随即召开会议贯彻落实大会精神。会议强调，要认真学习贯彻两会精神，抢抓机遇主动作为，全力打造梅州苏区融湾先行区综合示范窗口，推动蕉岭苏区振兴高质量发展。县委书记、蕉华工业园区党委书记刘鸿涛主持会议并讲话。县委副书记、县长、蕉华工业园区管委会主任刘裕君出席会议。

县委、县人大常委会、县政府、县政协全体领导，在蕉城居住的正处级老干部，县法院院长、县检察院检察长等参加会议。

【蕉岭县实施赋能工程推动基层党建争先创优暨加强作风建设优化营商环境工作会议】 2023年3月17日，蕉岭县实施赋能工程推动基层党建争先创优暨加强作风建设优化营商环境工作会议召开。会议坚持以习近平新时代中国特色社会主义思想为指导，全面贯彻党的二十大精神，认真落实全市实施赋能工程推动基层党建争先创优、招商引资暨加强作风建设优化营商环境工作部署，动员全县上下实干担当、奋发争先，以党建赋能工程为总抓手，争创营商环境新优势，推动蕉岭高质量发展实现新的突破。县委书记、蕉华工业园区党委书记刘鸿涛出席会议并讲话，县委副书记、县长、蕉华工业园区管委会主任刘裕君主持会议。县相关领导参加会议。有关镇、村及单位作交流发言。

会议以综治视联网平台直播形式开至各镇。

【2023年蕉岭县文明委全体会议暨创建全国县级文明城市工作推进会】 2023年3月31日，2023年蕉岭县文明委全体会议暨创建全国县级文明城市工作推进会在丘成桐国际会议中心召开，对2023年创建全国县级文明城市工作再部署、再推进，动员全县上下以背水一战、奋起直追的精神，全力以赴争创全国县级文明城市。县委书记、蕉华工业园区党委书记刘鸿涛出席会议并讲话，县委副书记、县长、蕉华工业园区管委会主任刘裕君主持会议，市委宣传部副部长、市文明办主任张爱芳到会指导。县城综局、县公安局、蕉城镇、三圳镇九岭村作表态发言。

【蕉岭县传达学习贯彻习近平总书记视察广东重要讲话重要指示精神干部大会】 2023年4月19日，全县干部大会召开，传达学习贯彻习近平总书记视察广东重要讲话重要指示精神，对全县学习宣传贯彻工作进行全面动员部署。县委书记、蕉华工业园区党委书记刘鸿涛主持会议并讲话，县委副书记、县长、蕉华工业园区管委会主任刘裕君出席会议。

会议传达习近平总书记视察广东重要讲话重要指示精神以及全省全市干部大会精神。会议以综治视联网平台直播形式开至各镇。县委、县人大常委会、县政府、县政协全体领导，在蕉城居住的副处职以上老干部，县法院院长、县检察院检察长、县纪委副书记、监委副主任，各镇党委书记、镇长等参加会议。

【绿美蕉岭生态建设暨国家森林城市建设工作推进会】 2023 年 5 月 11 日，绿美蕉岭生态建设暨国家森林城市建设工作推进会召开，传达学习省委主要领导对当前绿美广东生态建设工作的指示批示精神和市委主要领导到蕉岭调研指示精神，听取蕉岭县绿美蕉岭生态建设和创建全国森林城市工作情况汇报，研究部署下一步工作。县委书记、蕉华工业园区党委书记刘鸿涛主持会议并讲话。

【蕉岭县召开 2023 年“中国医师节”庆祝大会】 2023 年 8 月 17 日上午，蕉岭县召开 2023 年“中国医师节”庆祝大会，旨在大力弘扬优良医学传统，营造全社会尊医重卫的良好氛围，全力建设“健康蕉岭”。

县委书记、蕉华工业园区党委书记刘鸿涛，县委副书记、县长、蕉华工业园区管委会主任刘裕君，县政协主席钟梅芬，市卫生健康局副局长李涛，县人大常委会副主任江运洪，副县长陈春妮出席大会。

大会为获评“先进科室”“优秀护理集体”“优秀基层卫生院”“蕉岭好医生”“蕉岭好村医”“蕉岭优秀护士”的优秀集体和先进个人颁奖。获奖代表发表获奖感言。大会向全县广大医务人员致以节日的问候，向受到表彰的优秀集体和先进个人表示热烈的祝贺。

【蕉岭县领导干部党章党规党纪教育培训班举行】 2023 年 8 月 31 日，蕉岭县领导干部党章党规党纪教育培训班在丘成桐国际会议中心举行。蕉岭县委书记、蕉华工业园区党委书记刘鸿涛出席培训班并讲话，县委副书记、县长、蕉华工业园区管委会主任刘裕君传达全省、全市领导干部党章党规党纪教育培训班精神，县委常委、县纪委书记、蕉华工业园区纪委书记黄鹏主持培训班。

会上，与会人员集中观看作风建设教育片和警示教育片。蕉岭县委、县人大常委会、县政府、县政协全体领导，县法院院长、县检察院检察长，县纪委副书记、县监委副主任，各镇党政主要负责人和各镇纪委书记，县直副局以上和省、市属驻蕉各单位主要负责人，县纪委常委、县监委委员等参加培训班。

【蕉岭县学习贯彻习近平新时代中国特色社会主义思想主题教育动员部署会议】 2023 年 9 月 21 日，蕉岭县学习贯彻习近平新时代中国特色社会主义思想主题教育动员部署会议在丘成桐国际会议中心召开。县委书记、蕉华工业园区党委书记、县委主题教育领导小组组长刘鸿涛出席会议并讲话，省委第八巡回督导组副组长袁长清到会指导并讲话，县委副书记、县长、蕉华工业园区管委会主任、县委主题教育领导小组副组长刘裕君主持会议。

省委第八巡回督导组成员，市委主题教育办成员，县委、县人大常委会、县政府、县政协全体领导，县人民法院院长、县人民检察院检察长、县纪委副书记、监委副主任，县委各部门、县直副局以上单位主要负责人，蕉华园区党委委员、各部室主要负责人，各镇党委书记、镇长、人大主席、组织委员、宣传委员、纪委书记，县委主题教育领导小组成员及办公室负责人等参加会议。

【市委常委会在蕉岭县调研并召开会议】 2023 年 10 月 19 日，结合开展主题教育，市委常委会在蕉岭县调研并召开会议，同时套开市“百千万工程”指挥部会议，深入学习贯彻党的二十大精神和习近平总书记视察广东重要讲话、重要指示精神，认真落实省委“1310”具体部署和省委书记黄坤明、省长王伟中到梅州调研指示要求，阶段总结“百县千镇万村高质量发展工程”推进情况，协调解决工作推进过程中存在的困难问题，全力推动县域高质量差异化发展。市委书记马正勇主持会议并讲话，市委副书记、市长王晖出席会议。

市委常委会听取蕉岭县有关工作情况汇报，与会人员作交流发言，提出意见建议。市人大常委会、市政府、市政协有关领导，各县（市、区）党政主要负责人，市直有关部门主要负责同志，蕉岭县有关负责人，蕉岭县各镇主要负责人等参加调研或列席会议。

【蕉岭县“充‘植’家园，点‘绿’寿乡”全民爱绿植绿护绿系列活动启动】 2023年10月30日，蕉岭县“充‘植’家园，点‘绿’寿乡”全民爱绿植绿护绿系列活动启动仪式在三圳镇举行。县委书记、蕉华工业园区党委书记刘鸿涛，县委副书记、县长、蕉华工业园区管委会主任刘裕君出席活动。

启动仪式上，学生代表朗读全民爱绿植绿护绿倡议书，号召大家争做绿美蕉岭建设者；企业代表、参会领导现场捐资，带头以实际行动激发广大群众对绿美蕉岭生态建设的参与感，掀起全民共建共享新高潮，共同建设天更蓝、地更绿、水更清、景更美的美丽家园。

【第六届世界客商大会蕉岭县产业融湾系列活动暨国家微生物种业产业技术创新战略联盟2023年年会开幕】 2023年11月4日上午，第六届世界客商大会蕉岭县产业融湾系列活动暨国家微生物种业产业技术创新战略联盟2023年年会开幕。

会上，与会院士、嘉宾代表，蒋鲲、刘鸿涛分别致辞或讲话。会议还举行项目签约仪式。

本次大会的主题是“商聚世界寿乡、助推振兴发展”，旨在促进客商精神与科学家精神深度融合，科技智慧和经济智慧有机结合，推动原中央苏区、客属地区和全球客商携手，建设梅州苏区融湾先行区综合示范窗口，实现开放创新、合作共赢。

来自马来西亚、印度尼西亚、英国等国家的旅外侨胞，北京、上海、大连、新疆、珠三角等地的商会乡贤，全国各知名院校、研究所、食品和微生物学领域的专家学者、企业家，省市有关部门、对口帮扶单位、央企国企和福建上杭、武平等兄弟县的领导，以及蕉岭县四套班子全体领导和相关单位负责人等参加会议。

【省发展改革委（省大湾区办）调研组到蕉岭县调研】 2023年12月12日，省发展改革委（省大湾区办）交流协作处处长吴育刚率调研组到蕉岭县，就典型县高质量发展工作进行调研，合力推动“百千万工程”见行见效。蕉岭县委书记、蕉华工业园区党委书记刘鸿涛陪同调研。

调研组一行先后前往广福园区建设指挥部、龙安滨水公园、新铺镇同福村、广东健态实业有限公司，通过实地调研和召开座谈会，详细了解蕉岭县县域经济、园区建设、特色产业发展和招商引资等情况，协调解决项目推进过程中遇到的困难和问题。

县领导林文建、胡班、丘文慈陪同调研或参加座谈。

【王荣到蕉岭开展“汇聚港澳台同胞力量，同心助力乡村振兴”考察】 2023年12月12日至13日，全国政协港澳台侨委员会副主任，广东省政协原党组书记、主席王荣率部分全国政协委员、省政协委员组成的考察团到蕉岭，围绕“汇聚港澳台同胞力量，同心助力乡村振兴”主题开展考察。

考察团到丘成桐国际会议中心，认真听

取蕉岭县保护传承客家文化、历史文化和城市发展规划以及蕉岭县经济社会发展情况介绍。随后到长潭镇白马村考察“寿乡画廊”乡村振兴示范带和产业社区建设情况，到广东健态实业有限公司了解企业生产经营和毛竹省级现代农业产业园建设情况，到新铺镇同福村了解全域土地综合整治国家级试点工作开展情况。

市委副书记、市长王晖会见考察团一行，市委副书记陈金銮，市政协副主席蔡雪嫦，蕉岭县委书记、蕉华工业园区党委书记刘鸿涛，县委副书记、县长、蕉华工业园区管委会主任刘裕君，县政协主席钟梅芬等陪同考察。

（曾国钦）

2023 年中共蕉岭县委员会领导名录

书　记：刘鸿涛

副书记：刘裕君　林文建

官键晖（11 月任职）

常务委员会委员：刘鸿涛　刘裕君　林文建

官键晖（11 月任职）

胡　班

曾文渊（任至 2 月）

杨红军

林伟胜（任至 7 月）

丘文慈　陈　丽　徐永岭

谢伟传

黄　鹏（2 月任职）

中共蕉岭县委办公室

【概况】　2023 年，中共蕉岭县委办公室聚焦“百千万工程”，着力提升党建工作质量，发挥信息调研、办文办会、督察督办、机要保密、后勤保障、新闻宣传、档案党史等职能，围绕苏区融湾入海，不断开创办公室“三服务”工作新局面，全力服务打造梅州苏区融湾先行区综合示范窗口。

【信息调研】　2023 年，中共蕉岭县委办公室始终站在大局的高度、领导的角度，着重出思路、出观点、出真招，谋划改革发展稳定的大事，全年起草县委报告、领导发言、会议材料等各类文稿 800 多篇。总结提炼全域土地综合整治、集体经营性建设用地入市等 2 个国家级试点，以及田长制、城乡融合发展、党建引领乡村治理等 3 个省级试点改革特色经验，全年上报信息 130 多条，“六事”治理方式入选全国乡村治理典型案例。结合开展党史学习教育和学习贯彻习近平新时代中国特色社会主义思想主题教育，坚持问题导向、目标导向和结果导向，深入开展“大学习、深调研、真落实”，运用“四不两直”调研、“解剖麻雀式”调研、蹲点调研等方式到基层听实话、摸实情，深入乡镇农村、产业园区、重点企业和在建项目开展调研，全年开展建言献策活动 3 场次，收集群众诉求、建议 9 条，助力蕉岭发展找准问题、明确方向、提质增效。

【办文办会】　2023 年，中共蕉岭县委办公室强化发文源头管控，围绕规范文书运转体系，建立文印工作制度、节假日轮班制度、痕迹化管理制度，规范文件管理，处理各级来文、撰写拟办意见，实现工作零差错。2023 年，全县发文 185 件，比上年减少 27%。强化办会能力水平，完成县委十四届五次全会、第六届世界客商大会暨蕉岭县产业融湾系列活动等会议活动，在工作中坚持方案严把关，服务精细化。提倡“少开会、开短会、开管用的会”，对中央、省和市直接开到县、镇的视频会议，一般不再层层开会；工作部署类会议，需各镇因地制宜再部署的，一般开到镇级，有效压减会议数量。全年召开全县性会议 173 场，比上年下降 4.3%。

【督查督办】　2023年，中共蕉岭县委办公室严格编制年度督查检查考核计划，在增加“百千万工程”工作考核、绿美广东生态建设工作考核等6项督检考事项的情况下，通过采取联合督查、合并事项督查等手段，保持与上一年持平，仍为23项。强化党委督查牵头抓总作用，成立县委大督查领导小组，以“四不两直”方式为主要督查手段，紧盯“百千万工程”、苏区融湾、绿美生态建设、市县重点项目建设、省委书记黄坤明到梅州调研讲话精神重点工作任务、县第十四次党代会第三次会议报告重点工作任务、规模以上企业挂点服务、政治要件、森林防火、安全生产、创文等重点工作和领导指示批示，开展督导检查50多批次，编制督查通报20期，督查快报3期。创新实施县委常委会会议工作部署事项交办督查15期，做到一站式部署、交办、反馈。

【深化改革】　2023年，蕉岭县召开县委全面深化改革委员会会议2次，系统部署10个专项小组91项具体工作，审议通过《蕉岭县推进县域经济高质量发展体制机制改革实施方案》，听取有关方面主要负责人抓改革落实专题汇报10余次。发挥县委改革办的协调推进作用，推进全域土地综合整治、农村集体经营性建设用地入市两个国家级试点和城乡融合发展、田长制两个省级试点“2+2”改革。“客家围屋定分止争工作法”获评全国新时代“枫桥经验”先进典型，蕉岭县代表在人民大会堂受到习近平总书记的接见；广福镇广育村获评全国民主法治示范村、全国乡村治理示范村；首创“双田长”巡田机制，被省自然资源厅作为典型案例推广，田长制先行县综合评价获全省一等奖。

【机要保密】　2023年，中共蕉岭县委办公室抓好重点涉密人员管理，遵守各项保密工作制度，严格按制度办事，把保密制度变成日常工作的行动。抓好关键环节的管理，坚持关口、积极防范，及时发现和解决苗头性、倾向性问题。抓好计算机网络的安全管理，对重要会议和重大活动，以及公文的制发、运转、存档、销毁实行全方位管理，规范电报存档登记手续，2022—2023年县委机要局连续两年被评为全市业务考核优秀单位。抓好意识形态工作，对网络意识形态工作、网络安全工作进行研究部署和研判分析，有序开展网络安全工作，全年未发生网络安全事件。

【新闻宣传】　2023年，中共蕉岭县委办公室坚持内容为王、守正创新，组织协调中央、省、市媒体及时报道全县大事、要事、新鲜事。全年随行拍摄服务500多次，为各级媒体、县内各单位、蕉岭画册、长寿期刊、年鉴、乡音等刊物提供风光、人文、纪实等照片上千张。在省、市级媒体推送蕉岭相关稿件2835篇次，向外界宣传推广蕉岭经济社会发展和改革创新发展的举措、成效与亮点。在《南方日报》《梅州日报》设立“壮大实体经济 点燃发展引擎”“聚蕉融湾 竞逐入海”“学习贯彻党的二十大精神 新时代新征程新伟业”“‘百千万工程’蕉岭行动”等专题栏目13个，策划实体经济发展、苏区融湾、“百千万工程”、“绿美生态建设”等专题报道94版次。

【值班值守】　2023年，中共蕉岭县委办公室抓好值班值守，落实24小时值班制度，做好与市级值班室、县直各单位和乡镇的沟通联系和值班衔接工作，确保信息及时收集、准确上报。在处理各类自然灾害、事故灾难、公共卫生、社会安全等紧急突发事件中，迅速收集情况，认真分析整理，及时处理上报。做好省、市领导批示件处理工作，及时跟进了解并做好情况落实上报。全年向市委值班室、市政府总值班室报送突发事件信息专报29期，办理省、市领导批示件71份。（曾国钦）

2023 年中共蕉岭县委办公室负责人名录

主　任：丘文慈

常务副主任：王　标

副主任：涂建强　周贵业（6 月任职）

2023 年中共蕉岭县党群系统党委负责人名录

书　记：丘文慈

副书记：曾文媛

2023 年县委政策研究室负责人名录

主　任：王　标

蕉岭县人民代表大会

【概况】 2023 年，蕉岭县人民代表大会常务委员会坚持以习近平新时代中国特色社会主义思想为指导，学习贯彻党的二十大、二十届二中全会精神和习近平总书记考察广东重要讲话、重要指示精神，在县委的坚强领导和市人大常委会指导下，围绕打造"百千万工程"典型县、加快建设梅州苏区融湾先行区综合示范窗口，依法履职尽责、主动担当作为。

【党的领导】

开展主题教育　2023 年，蕉岭县人民代表大会常务委员会开展学习贯彻习近平新时代中国特色社会主义思想主题教育，把教育学习与党的创新理论学习结合起来、把履行法定职责与推动问题整改结合起来、把服务经济社会高质量发展与开创人大工作新局面结合起来，以主题教育引领政治建设。始终把习近平总书记重要讲话、重要指示批示精神作为"第一议题"来学习、"第一遵循"来贯彻、"第一政治要件"来落实。

全面落实县委部署　2023 年，蕉岭县人民代表大会常务委员会围绕县委重大决策、重要部署、重点工作，发挥人大职能作用，开展各项视察、调研、监督活动，坚持县委中心工作推动到哪里，人大工作就跟进到哪里，确保人大与县委目标同向、思路同轨、行动同步。突出监督重点，提高监督实效，把实施"百千万工程"、打造苏区融湾先行区综合示范窗口、开展绿美蕉岭行动等作为监督主攻方向，以人大有力监督推动县委部署要求落细落实。

【依法监督】

强化重点工作督查调研　2023 年，蕉岭县人民代表大会常务委员会聚焦"百千万工程"，促进强县促镇带村，开展矿产资源经济、蜜蜂省级现代农业产业园建设、农业规模化机械化等视察调研，提出加快石峰大理岩矿产资源开发、积极发展食品工业、攻坚全域土地综合整治、加快"四上"企业培育等意见建议，助力"百千万工程"破题攻坚。聚焦加快建设苏区融湾先行区综合示范窗口，组织人大代表对蕉岭县融湾综合示范窗口工作、制造业高质量发展及企业国有资产管理开展专题调研，提出大力开展招商引资、加快园区平台建设、加强项目谋划、延长产业链条、优化营商环境等意见建议，助力融湾入海取得新成效。

加强计划财政工作监督　2023 年，蕉岭县人民代表大会常务委员会常态化听取和审议计划、预算执行、决算报告以及国有资产管理情况报告等，助推全县经济稳中求进；组织人大代表对蕉岭县国有企业经营管理、企业营商环境进行专项监督，助力县域经济高质量发展；加强审计工作报告监督和审计查出问题整改监督，从严从实做好审计整改"后半篇文章"。

推动民生领域事业发展　2023 年，蕉岭县人民代表大会常务委员会坚持以人民为中心的发展思想，对 2023 年县十件民生实事项目推进情况加大督查、协调力度，推动惠民利民政策落地落实；听取和审议蕉岭县提供优质基础教育、基本医疗保障、环境状况和环境保护目标完成情况等报告，对群众在教育、医疗、环保等方面的急难愁盼问题进行跟踪问效，把监督过程转化为守护人民群众对美好生活期盼的具体行动和工作成效。

推进民主法治建设　2023 年，蕉岭县人民代表大会常务委员会听取和审议蕉岭县人民检察院开展国家司法救助工作情况报告，促进司法公正。开展《中华人民共和国食品安全法》执法检查，促进法律法规的贯彻实施。创新“代表联络站+基层立法联系点”站点互融模式，充分发挥基层立法联系点吸纳民意、汇集民智的作用。深入开展规范性文件备案审查，修订《规范性文件备案审查实施办法》，备案审查规范性文件 6 件。

【选举任免】　2023 年，蕉岭县人民代表大会常务委员会贯彻县委意图，坚持党管干部与依法选举任免有机统一。2023 年，召开县人大常委会会议 12 次，依法任免“一府一委两院”工作人员 22 人，依法补选和另行选举县十六届人大代表 9 名。

【代表工作】

激发代表履职活力　2023 年，蕉岭县人民代表大会常务委员会在全市率先建成覆盖镇、村两级人大代表联络站体系，组织代表进站 5096 人次，接待选民群众 2162 人次，收集意见建议 692 条，解决 647 条，建议办结率达 93.5%，较好地发挥联络站倾听群众呼声、回应群众关切的“民意窗”“连心桥”作用。全市人大代表联络站“三化”建设现场推进会在蕉岭县召开，与会人员实地观摩蕉城镇人大代表中心联络站、三圳镇招福片区农旅人大代表联络站，蕉岭县经验做法得到市人大常委会及兄弟县市区人大常委会的肯定。

推进智慧人大建设　2023 年，蕉岭县人民代表大会常务委员会主动把握“互联网+”时代特点，在全市率先探索建立代表工作智慧信息服务体系“蕉岭人大在线”，以数字科技赋能代表联络站建设，着力打造网上代表联络站，实现代表履职由“线下”向“线下+线上+掌上”转变，为全市提供可推广可复制的做法和经验。2023 年，人大代表在网上接收到群众反映意见信息 185 条，答复信息 185 条，解决群众关注的热点难点问题 114 条。

监督代表建议落实　2023 年，蕉岭县人民代表大会常务委员会坚持代表建议“内容高质量，办理高质量”，及时交办、认真督办代表提出的建议。专题召开建议办理工作推进会，加强建议办理闭环管理，持续跟踪提升代表建议办理实效。听取和审议县政府关于县十六届人大三次会议代表建议办理工作情况的报告，14 条建议全部办理完毕，代表对答复的满意、基本满意率达 100%。

服务保障代表履职　2023 年，蕉岭县人民代表大会常务委员会举办县人大代表履职培训班，组织代表学习党的二十大精神及法律法规和人大工作知识，组织代表赴福建武平等地学习考察，夯实履职基础。扩大代表对县人大常委会工作的参与，完善代表列席人大常委会会议、参加人大活动等机制，全年共邀请 36 名代表列席人大常委会会议，组织代表参加视察调研、执法检查、庭审听证、行风评议等活动 198 人次，提高代表履职能力和履职实效。

【自身建设】

加强思想政治建设　2023 年，蕉岭县人民代表大会常务委员会完善县人大常委会党组理论学习中心组学习制度，深入学习习近平新时代中国特色社会主义思想，坚持读原著、学原文、悟原理，不断提高领导干部政治判断力、政治领悟力、政治执行力。开展主题教育，把握“学思想、强党性、重实践、建新功”的总要求，一体推进理论学习、调查研究、推动发展、检视整改，将主题教育成效转化为推动发展的具体行动。

改进机关工作作风　2023 年，蕉岭县人民代表大会常务委员会结合主题教育和“四下基层”，切实转变作风，提高工作实效。深入开展调查研究，确立“数字赋能人大工作创新发展、矿山生态修复、推进医共体建设、劳动者权益保障、农业产业化、制造业高质量发展、优化营商环境”等调研课题，由县人大常委会领导分别牵头负责，相关工委组织协调，县直有关单位和人大代表参与配合，到县内、县外、省内、省外实地调研和考察，形成 7 篇调研报告，为县委、政府破解发展难题提供方法路径建议。做好挂钩重点项目、直接联系企业、直接联系镇村等工作，坚持到一线掌握实情，到一线加强监督，到一线解决矛盾。

强化组织纪律建设　2023 年，蕉岭县人民代表大会常务委员会执行民主集中制、重大问题请示报告制度，常态化开展纪律教育、警示教育和谈话提醒活动，落实中央八项规定及其实施细则精神，加强党员干部教育管理，将严的要求、严的措施落实到具体工作中，打造忠诚干净担当的高素质人大干部队伍，营造干事创业的氛围。（郑舒瑜）

蕉岭县第十六届人民代表大会常务委员会主任、副主任、委员名录

主　任：张伟杰

副主任：饶森健　江运洪　陈苑娜（女）
　　　　古育辉　张　卫　丘志铭

委　员：（排名不分先后）
　　　　王　志　王　标　邓小强　丘佐平
　　　　丘柏松　阮东凤　何伟东
　　　　张　利（女）　张晋悦　林国良
　　　　罗晓霞（女）　夏新明　徐　艾
　　　　徐晓楠（女）　徐誌杨　涂永平
　　　　傅学秀（女）　温淑芬（女）
　　　　游志富　赖玉梅（女）

2023 年蕉岭县人民代表大会常务委员会领导班子名录

党组书记、主任：张伟杰

党组副书记、副主任：江运洪

副主任：饶森健

党组成员、副主任：陈苑娜　古育辉
　　　　　　　　　张　卫　丘志铭

党组成员、办公室主任：王　志

2023 年蕉岭县人民代表大会常务委员会办公室负责人名录

主　任：王　志

副主任：叶国荣

蕉岭县人民政府

【政府工作报告】　2024 年 1 月 25 日，县长刘裕君向县十六届人大四次会议作《政府工作报告》（以下简称《报告》）。《报告》分为两个部分，第一部分是 2023 年工作回顾；第二部分是 2024 年工作安排。《报告》提出 2024 年政府工作的总体思路是：以习近平新时代中国特色社会主义思想为指导，全面贯彻落实党的二十大、二十届二中全会和中央经济工作会议精神，深入贯彻落实习近平总书记视察广东重要讲话、重要指示精神，全面落实省委“1310”具体部署和省委十三届四次全会暨省委经济工作会议、市委八届八次全会暨市委经济工作会议精神，以及县第十四次党代会第四次会议暨县委经济工作会议精神，坚持稳中求进工作总基调，完整、准确、全面贯彻新发展理念，以“百千万工程”为统领，扎实推进融湾窗口建设、工业经济再造、乡村产业示范、绿美生态提质、改革攻坚破题、重点民生改善，统筹抓好高质量发展、高品质保护、高水平安全，以头号力度打造“百千万工程”典型县，奋力在高质量发展、城乡区域协调发展、老区苏区振兴发展中走在前列。

【政府常务会议和县长办公会议】　2023年，县政府共召开政府常务会议19次、县长办公会议5次。讨论研究经济工作、安全生产、乡村振兴、依法行政、生态环境保护、本级财政预算方案、2023年十大民生实事、研究启用赣闽粤原中央苏区对接融入粤港澳大湾区振兴发展先行区（蕉岭片区）广福园区控制性详细规划（修编）成果、启动成立蕉岭县蓝图开发有限公司、建设蕉岭县工人文化宫、实施蕉岭县华侨中学改扩建（饭堂宿舍）项目等事宜。研究《蕉岭县全力打造梅州苏区融湾先行区综合示范窗口建设方案》《蕉岭县2023年促进与珠三角等重点区域对口招商工作方案》《蕉岭县承接产业有序转移实施方案》《蕉岭县深化农村集体经营性建设用地入市试点工作推进方案》《关于盘活闲置资产实施"免费蕉岭"促招商引资及创业行动的实施方案》《蕉岭县创建广东省基础教育高质量发展实验区实施方案（2023—2025年）》等工作方案。研究《蕉岭县"百县千镇万村高质量发展工程"总体规划（2023—2025年）》《蕉岭县推动建筑业高质量发展的激励措施》《蕉岭县国土空间总体规划（2021—2035年）》《蕉岭县人民政府工作规则》《蕉岭县关于深入实施"百县千镇万村高质量发展工程"推进强村（社区）公司壮大村集体经济的指导意见》等规范性规划制度。

【重点项目建设】　2023年，蕉岭县省市重点建设项目30个（含省重点项目1个），全年完成投资32.85亿元。蕉岭县县城基础设施及电路改造、皇马水泥4600吨/天新型干法水泥熟料生产线及余热发电技改项目、中润环保科技动力锂电池循环再生综合利用生产研发项目、蕉华社区医院医养结合建设项目、蕉华产业转移工业园通用标准厂房二期建设及配套基础设施项目、塔牌30万吨/年水泥窑硅铝铁质固废替代原（燃）料资源综合利用技改项目、桂岭新区医院生命通道基础设施建设项目、疾病预防控制中心迁建项目、供销冷链物流产业园项目、顺裕新材、健态实业竹制品深加工项目、黄竹坪东联灌区改造工程、桂岭新区扩容提质工程、全域土地综合整治项目、蕉华工业园区北部发展区基础设施配套和标准化厂房建设项目、桂岭学校改扩建（中学）项目、广福镇供水保障工程、智慧公路建设项目、新铺镇光伏建设项目、农村供水巩固提升工程、蕉华工业园基础设施及智慧产业平台建设项目、城镇生活污水处理设施提质增效建设项目、恒塔混凝土年产200万吨机制砂石骨料生产线建设技改项目、富久新材料建设项目、福坤环保新型建材原料项目、华鸿生物健康建设项目、阿农山蜂蜜水饮品加工项目、寿乡画廊乡村振兴示范带、蕉城镇老旧小区及周边配套基础设施提升改造项目进展顺利。

【主要民生实事】　2023年，蕉岭县着力提供优质基础教育，优化生育支持政策，实施疾病预防控制中心迁建工程，提高低保户、特困人员、孤儿基本生活补贴和残疾人两项补贴保障水平，推进"四好农村路"建设，开展病险水库除险加固攻坚战，加大食品药品安全监督检测力度，深入实施"粤菜师傅""广东技工""南粤家政"三项工程，实施生活污水处理设施提质增效工程，深入实施农业生产社会化服务等十件民生实事。完成桂岭学校改扩建（中学）项目，新增初中学位1500个；公办幼儿园在园幼儿人数占比达54.47%，公办和普惠性民办幼儿园在园幼儿人数占比达85.91%；学前教育生均拨款不低于每人每学年500元。免费"两癌"筛查2481人，完成率100%，完成筛查任务；免费孕妇地中海贫血初筛（血常规）1276、唐氏综合征筛查891人、严重致死致残结构畸形筛查885人，完成率达到100%。完成疾病预防控制中心迁建工程。完成2023年低保、特困人员提标工作。城乡低保最低标准分别从每人每月828元、580元提高到858元、601元，人均补差水平分别从653元、312元提高到676元、318元；城乡特困供养标准分别从每人每月1325元、930元提高到1373元、962元；从2023年1月起，集中供养孤儿、散居孤儿基本生活最低养育标准水平分别从每人每月1949元、1313元提高到2017元、1359元；事实无人抚养儿童基本生活补贴标准参照散居孤儿基本生活养育标准执行；从2023年1月起，困难残疾人生活补贴、重度残疾人护理补贴标准，分别从每人每月188元、252元提高到195元、261元。完成黄沙桥、小岭桥、磜上桥、高桥、圆梦桥5座危桥改造工程，完成年度计划总工程量的100%；完成和平村—长隆、淋泉坝—上合、蓝源村—下村、蕉岭大桥—上村神岗、下南桥—堑垣等“单改双”工程项目共13千米，完成年度计划总工程量的100%。完成蕉下岩水库、矮岭三口（2）水库、鼠子挖仓水库、杨梅坑水库、矮岭山口水库主体建设工程。完成生活污水处理设施提质增效主体工程。开展食品抽检1015批次，完成农产品快检11400批次，开展药品监督抽样20批次，完成全年任务的100%。实施“粤菜师傅”“广东技工”“南粤家政”三项工程，开展各类职业技能培训1133人次，实现城镇新增就业1402人。

【出台的主要文件】 2023年，蕉岭县政府出台的主要文件有《关于印发蕉岭县“金融生态奖”评选奖励暂行办法（修订版）的通知》《关于公布蕉岭县2022年城镇国有建设用地基准地价更新项目成果的通知》《关于公布蕉岭县2022年城镇国有建设用地标定地价更新项目成果的通知》《关于印发〈蕉岭县创建广东省基础教育高质量发展实验区实施方案（2023—2025年）〉的通知》《关于印发〈蕉岭县促进先进制造业招商引资工作实施办法（2023年修订版）〉的通知》《关于印发蕉岭县生态保护修复规划（2021—2025年）的通知》等。（吴瑜瑾）

2023年蕉岭县人民政府党组成员名录

党组书记：刘裕君

党组副书记：胡　班

党组成员：林伟胜（任至8月）　徐永岭
吴东海（任至10月）　李杜强
陈春妮　钟剑平（10月任职）
钟光庆（11月任职）
周锐明（8月任职）　丘建安
张艳辉　刘文龙

2023年蕉岭县人民政府负责人名录

县　长：刘裕君

副县长：胡　班　林伟胜（任至8月）
徐永岭　吴东海（任至10月）
张　慧　李杜强　陈春妮
钟剑平（10月任职）
钟光庆（11月任职）
周锐明（12月任职）

蕉岭县人民政府办公室

【概述】 2023年，蕉岭县人民政府办公室围绕“百千万工程”、绿美广东生态建设、苏区融湾全县等中心工作，讲政治、善担当、求实效，做到参谋有道、协调有方、督查有力，以高质量“三服务”工作助推全县经济社会高质量发展。

【政务服务】

规范办文　2023年，蕉岭县人民政府办

公室将公文流转作为重中之重，通过运用“OA”系统、信息共享、互相监督等方式，提高流转速度，文件签发控制在 3 个工作日内，省市电子收文 3 个工作日内完成拟办呈送。坚持主要领导亲自审核，分管领导齐抓共管，确保行文质量。2023 年，共编发县政府、县府办正式文件 35 份，函件 194 份，会议纪要、明传电报 55 份，请示报告 41 份，办理各类来文 8000 多件。

严谨办会　2023 年，蕉岭县人民政府办公室落实中央八项规定精神，控制会议次数和规模，精简、压减各类会议，提倡开短会、并会。坚持从大处着眼，从小处着手，做好会前通知、会中服务、会后情况收集上报，优化会议流程，保障会议质量。2023 年，共召开县政府党组会议 15 次、县政府常务会议 19 次、重点调度会议 230 余次、高质量办好大湾区、龙岩地区招商推介会以及世界客商大会等重大会议。

信息调研　2023 年，蕉岭县人民政府办公室结合县委、县政府中心工作、重点工作，深入各镇、各企业了解县情、民情，全年共计开展调查研究 300 多次，完成工业经济形势、城乡建设、安全生产、农村工作、交通工作等各类综合文稿 600 多份，形成有关汇报材料 400 多份，为改进工作锚定方向，为县委、县政府把握全局、正确决策提供准确可行的建议。政务信息上台阶。结合县委县政府中心工作，在政府网站开设“百千万工程”专栏，宣传“百千万工程”工作实施情况，总结工作经验。将政务信息报送作为反映基层痛点的重要媒介，通过实地走访、座谈交流等方式采集信息、把握下情，发动全员参与信息报送，实行定期通报制度，确保每篇约稿按时保质完成。

高效协调　2023 年，蕉岭县人民政府办公室发挥政府办公室运转中枢作用，加强对重点项目、重大活动、重要工作的协调调度，做好上下沟通、左右联系、各方协调工作，主动向县委、县政府领导请示汇报，及时掌握全县工作大局和部署要求，确保政府日常工作有序开展。

【督办工作】　2023 年，蕉岭县人民政府办公室聚焦县委、县政府重大决策以及县领导的指示批示，通过常态化开展督促检查，逐个跟踪问效，推动各项工作部署落到实处。严督重点工作项目，按照“每月一督查，每月一通报”的要求，统筹合并开展决策督查、专项督查、调研督查和批件督办。2023 年，对全县 64 项重点工作、十件民生实事、经济运行等工作，通过现场查看、查阅资料、电话督查等形式督查 80 多次，编发通报 48 期，提出工作建议 160 多条。紧盯领导交办事项，对每一次政府重要会议精神、每一件领导批示件的贯彻执行，强化督办落实，推行限时办结制度，及时把督办情况反馈给主要领导和分管领导，确保各项工作见行见效。狠抓代表委员提案，做好人大代表建议和政协委员提案的交办、督办、协调工作，确保落实见效，答复到位。2023 年，共办理 14 件县人大代表建议、12 件县政协委员提案，办复率、满意率均达到 100%。

【后勤保障】

强化值班值守　2023 年，蕉岭县人民政府办公室把第一时间报送重大自然灾害、公共卫生事件、社会热点敏感问题等情况列入主责主业范围，做好值班值守工作。研究制定《县政府总值班室工作制度》《值班人员交接班工作制度》，细化值班值守工作措施，明确值班带班、请示报告流程等工作任务和流程，确保第一时间收集突发事件情况，并第一时间上报处置。每逢节假日，主要领导以身作则、以上率下、带头值班，强化值班力量。2023 年，共接收上报各类紧急信息 30 条，并及时妥善处置上报。

强化信访担当　2023 年，蕉岭县人民政府办公室高度重视信访工作，坚持依法接访、依法办信，全面抓好涉访信件登记、呈阅、转办、督办等工作，确保信访案件处理及时、落实跟踪到位、督促办理到位，营造稳定和谐的经济社会发展环境。（吴瑜瑾）

2023 年蕉岭县人民政府办公室党组成员名录

党组书记：刘文龙
党组成员：王城庆　谢海婴
　　戴春华（任至 12 月）
　　梁海锋（12 月任职）　曾祥志
　　江萍英　杨　庭

2023 年蕉岭县人民政府办公室负责人名录

主　任：刘文龙
副主任：王城庆　谢海婴
　　戴春华（任至 12 月）
　　梁海锋（12 月任职）

2023 年中共蕉岭县政府系统党委负责人名录

书　记：刘文龙
副书记：谢永忠

中国人民政治协商会议蕉岭县委员会

【十二届三次会议】　中国人民政治协商会议第十二届蕉岭县委员会第三次会议于 2023 年 1 月 13 日至 14 日在蕉城召开，大会听取和审议钟梅芬主席代表政协第十二届蕉岭县委员会常务委员会所作的工作报告，听取和审议肖培彬副主席所作的提案工作情况报告，听取和讨论刘裕君县长所作的《政府工作报告》及其他报告；审议通过政协第十二届蕉岭县委员会第三次会议决议。

【民主监督】　2023 年，中国人民政治协商会议蕉岭县委员会贯彻民主协商、平等议事、求同存异、体谅包容的原则，加强与党派团体的合作，邀请民主党派、工商联、无党派人士、人民团体参加政协的调研、座谈、视察、协商、民主监督等活动，让党派团体在政协组织履职有平台、建言有渠道、工作有作为，各党派团体提交提案 5 件，反映社情民意信息 92 条，撰写大会发言 14 篇，充分发挥党派团体在政协履职中的重要作用。

【提案工作】　2023 年，中国人民政治协商会议蕉岭县委员会提案工作遵循“围绕中心、服务大局、提高质量、讲求时效”的要求，中国人民政治协商会议蕉岭县委员会第十二届三次会议期间，收到提案 12 件，其中涉及市政交通方面 2 件、科教文卫体方面 1 件、农业农村方面 2 件、经济旅游环境保护方面 5 件、综合类 2 件。提案办复率和委员满意率均为 100%。

【助推发展】　2023 年，中国人民政治协商会议蕉岭县委员会聚焦“打造‘百千万工程’典型县”、绿美蕉岭生态建设和招商引资等重要工作、重点项目进行深度调研、协商议政，提出“抢抓苏区融湾发展机遇、立足资源优势，在广福园区全力打造碳酸钙精深加工百亿产业集群，打造蕉岭经济发展新的增长点”“狠抓试点培育、大抓产业壮大、紧抓绿美生态、牢抓乡村振兴、深抓三胞优势”等意见建议。围绕“做大做强毛竹产业，助推‘百千万工程’”，深入南礤镇、蓝坊镇进行调研。响应“我为蕉岭添片绿”倡议，发动委员捐资 280 多万元植树护绿。开展“提升行政服务效能，持续优化营商环境”专题调研，助力招商引资。以“听心声，促履职，谋发展”为主题开展走访委员活动，推介蕉岭招商引资政策和发展优势。

【助力民生】　2023 年，中国人民政治协商会议蕉岭县委员会紧扣教育、医疗、就业、社保等群众关注重点，开展“蕉岭县山区寄宿制学校建设”“发展文化旅游，助推乡村振兴”“推进蕉岭县医护人才队伍建设”“蕉岭县新型农业经营主体发展”等专题调研，围绕主题提出有针对性的意见和建议，呈报县委、县政府作决策参考。

【文史工作】　2023 年，中国人民政治协商会议蕉岭县委员会发挥文史资料“存史、资政、团结、育人”作用，整理编辑《蕉岭文史》第三十辑——寿乡·蕉岭。开展“高质量发展·文化助力行”系列活动，深入工业园区、美丽乡村、文旅线路等开展多场采风采访、调研视察，用文化的力量助力蕉岭县打造梅州苏区融湾先行区综合示范窗口，助力经济社会高质量发展。　（温丽娟）

2023 年中国人民政治协商会议蕉岭县委员会领导班子及常务委员、办公室正副主任名录

党组书记、主席：钟梅芬（女）

副主席：彭　刚　古芹花（女）

　　汤超宏

党组成员、副主席：肖培彬　朱发庆

党组成员：徐　文　陈建新

秘书长：黄　玲（女）

常务委员：（排名不分先后）

马修勇　刘冬梅（女）　刘应华

江县良　汤　凯　汤维彬

巫志勇　李　斌　杨燕春（女）

吴绍锋　邹　志　张荣收

陈　辉　陈　锋　陈伟雄

钟铎民　徐　鹏　徐如初

徐志锋　徐国平　黄近芳（女）

黄茂龙　黄苑琼（女）　傅凌华

曾志强　温崇文

办公室主任：陈建新

中共蕉岭县纪律检查委员会
蕉岭县监察委员会

【概况】　2023 年，中共蕉岭县纪律检查委员会、蕉岭县监察委员会坚持以习近平新时代中国特色社会主义思想为指导，全面贯彻党的二十大精神，深入贯彻落实习近平总书记视察广东重要讲话、重要指示精神，深刻领悟“两个确立”的决定性意义，增强“四个意识”、坚定“四个自信”、做到“两个维护”，坚决打好党风廉政建设和反腐败斗争攻坚战、持久战，全县纪检监察工作呈现高质量发展良好态势，为蕉岭全力打造梅州苏区融湾先行区综合示范窗口提供坚强的政治保障。

【主要会议召开情况】　1 月 12 日，中国共产党蕉岭县第十四次代表大会第三次会议在蕉城召开。大会审查、批准中共蕉岭县纪律检查委员会向大会书面提交的工作报告。

2 月 3 日，中国共产党蕉岭县第十四届纪律检查委员会第三次全体会议在蕉城召开。县委书记、蕉华工业园区党委书记刘鸿涛出席全会并讲话，县委副书记、县长、蕉华工业园区管委会主任刘裕君传达学习中央纪委、省纪委和市纪委全会精神。全会审议通过县委常委、县纪委书记曾文渊代表县纪委常委会所作的《深入学习贯彻党的二十大精神，奋力推进纪检监察工作高质量发展，为蕉岭全力打造梅州苏区融湾先行区综合示范窗口提供坚强的政治保障》工作报告。全会审议通过《中国共产党蕉岭县第十四届纪律检查委员会第三次全体会议决议》。

【主题教育和教育整顿】　2023 年，中共蕉岭县纪律检查委员会、蕉岭县监察委员会发挥带学领学促学作用，组织“第一议题”学习 27

次、理论学习中心组学习13次，教育引导纪检监察干部学深悟透习近平新时代中国特色社会主义思想。建立健全“双周学习”等推进机制，采用听廉政报告、党小组集体学习等形式，督促干部主动接受革命性锻造和精神洗礼。对照“六个是否”，开展3轮自查自纠；高质量全覆盖做好“触初心、促说清”谈心谈话活动，促使1名干部主动交代问题；建立健全内控机制，修订完善财务管理、外出授课等制度12项。县纪委践行“四下基层”，主要负责人带领启动9项重点课题调研，将党的创新理论转化为推动工作的强大力量。全面落实党建工作责任，常态化开展涉网风险隐患排查等意识形态工作。深化全员培训和实战训练，开展典型案件“一案一总结”，举办专班学习，参加以案代训，让干部在办案中学习办案、在实践中增长才干。建立干部选育管理使用全链条机制，坚持在一线考察识别干部，制定关心关爱干部职工若干举措，持续防治“灯下黑”，深入整治重复举报化解不力等突出问题，推动主题教育、教育整顿与业务工作协同抓、队伍建设融合做。

【政治监督】 2023年，中共蕉岭县纪律检查委员会、蕉岭县监察委员会围绕习近平总书记重要讲话重要指示批示精神和党的二十大战略部署，细化清单、列明任务，推动全县各级党组织坚决做到“两个维护”。紧盯生态环境保护，深入纠治中央生态环境保护督察整改落实和乱砍滥伐背后的不正之风，党纪政务处分6人。抓好“百千万工程”落实情况监督，以推动省专项督察发现问题整改落实为抓手，向镇村派出专班贴身监督，推动完成整改问题123个、跟踪督办问题33个。紧盯统筹发展和安全，压紧压实意识形态责任落实，协同宣传、网信部门开展舆情监督；与市纪委监委上下联动督促职能部门排查安全生产隐患，推动整改问题55个，追责处分3人。

【反腐败斗争】 2023年，中共蕉岭县纪律检查委员会、蕉岭县监察委员会全县纪检监察机关立案93件，其中科级干部13人；重点案件突破明显，采取留置措施5人，移送检察机关依法审查起诉3人，审查调查中追缴违纪违法款875万元。持续强化不敢腐的震慑氛围，推进行政执法和医药领域腐败问题专项治理，查处县中医医院原党委书记范发君严重违纪违法案。做实做细以案促改工作，梳理案件暴露出来的漏洞，推动监管部门及时健全权力运行监督机制。有针对性地开展党性党风党纪教育和警示教育，协助县委开展领导班子警示教育、举办全县领导干部党章党规党纪教育培训班；坚持用身边事教育身边人，督促案发单位第一时间召开警示教育专题民主生活会；拍摄《白袍染墨》等警示教育片，教育引导党员干部以“片中人”为鉴。深化新时代廉洁文化建设，联合文联等开展廉洁文化作品征集，与妇联共同开展“弘扬廉洁家风、共筑廉政防线”主题活动。落实好“三个区分开来”，综合运用监督执纪“四种形态”教育帮助和处理214人次，第一、二种形态占比94.9%，将“惩前毖后、治病救人”方针贯穿于执纪执法全过程各环节。

【正风肃纪】 2023年，中共蕉岭县纪律检查委员会、蕉岭县监察委员会整治在落实党中央决策部署、推动蕉岭经济社会发展过程中的形式主义、官僚主义问题，处理工作中不作为、乱作为现象，查处形式主义、官僚主义问题4个，党纪政务处分11人。严防享乐主义、奢靡之风问题反弹回潮、隐形变异，强化节点监督模式，深挖彻查由风及腐、风腐一体现象，查纠享乐主义、奢靡之风问题13个，党纪政务处分8人。紧扣县委加强作风建设部署，大力整治“吃拿卡要”问题，对7名不收手、不收敛的干部职工从严从重处置。及时跟进监督“阳光升学”工作，查处3名弄虚作假、乱作为公职人员。推进1

项地方性专项整治、9项行业性专项整治，用好惠民信息平台大数据资源，主动筛查危房改造、异地搬迁、小型工程建设等异常数据，查处11名失职失责干部，追缴涉案款42万余元。常态化推进“两个100%”专项监督，分级约谈工作推进排名靠后单位，倒逼各单位提供优质政务服务。以三圳镇及芳心、东岭2个村为试点，探索开展农村集体“三资”提级监督，督促相关部门完善农村集体经济组织财务管理等制度，不断规范基层小微权力运行。查处群众身边腐败和作风问题39个，处分35人。

【政治巡察】 2023年，中共蕉岭县纪律检查委员会、蕉岭县监察委员会十四届县委共对13个县直单位、2个镇、27个村和5个股级单位开展巡察，发现问题356个，移交问题线索23件，制发巡察建议3份。探索将部分镇卫生院、小学等纳入巡察范畴并实现巡中立案2人，推动巡察向下延伸。发挥巡察“政治体检”和审计“经济体检”监督优势，联合进驻镇平中学，积极为全县深入推进基层治理积累经验。注重做好巡察“后半篇文章”，紧扣县委书记点人点事的78个重点问题，压紧压实被巡察党组织和职能部门责任，以点带面，推动落实整改。协助县委研究出台《县委巡察整改工作指引（试行）》《蕉岭县委巡察工作责任清单（试行）》，把整改情况与干部评先评优、单位绩效等挂钩，对整改达不到要求的，采取领导约谈、通报批评、写入廉政意见回复等措施推动落实，有效增强巡察严肃性、权威性。2023年，下沉督察29个单位，发出督办函20份，整改提醒函7份。（廖伟煌）

2023年中共蕉岭县纪律检查委员会正、副书记，常委、办公室主任名录

书　记：曾文渊（任至2月）
　　　　黄　鹏（2月任职）
副书记：陈运华　汤维彬
常　委：曾文渊（任至2月）
　　　　黄　鹏（2月任职）　陈运华
　　　　汤维彬　卢　汕　丘应奋　陈广文
　　　　汤霖攀
办公室主任：汤霖攀

2023年蕉岭县监察委员会正、副主任，委员、办公室主任名录

主　任：曾文渊（任至2月）
　　　　黄　鹏（2月任代理主任）
副主任：陈运华　汤维彬
委　员：曾文渊（任至2月）
　　　　黄　鹏（2月任职）　陈运华
　　　　汤维彬　丘应奋　陈广文
　　　　杨　文　温国常
办公室主任：汤霖攀

民主党派

中国农工民主党广东省蕉岭县委员会

【概况】 2023年，中国农工民主党广东省蕉岭县委员会下设机关、教育一、教育二、人民医院、卫生、退休6个支部。截至2023年年底，共有农工党员76人，其中在职党员46人，退休党员30人。

【强化引领，凝聚共识】 2023年，中国农工民主党广东省蕉岭县委员会坚持把强化政治引领摆在党派工作的首要位置，深化理论学习，加强思想政治工作，开展“凝心铸魂强根基、团结奋进新征程”主题教育，通过召开专题学习会议、发放书籍资料等多种形式学习贯彻中共二十大、二十届二中全会精神及农工党十七大精神，深学笃行习近平新时代中国特色社会主义思想等，组织农工党员到惠州市、平远县红色教育基地和农工党党史教育基地邓演达纪念园开展党性教育，推动广大农工党员更加深刻领悟“两个确立”的决定性意义，更加自觉增强“四个意识”、坚定“四个自信”、做到“两个维护”，进一步凝聚思想政治共识，汇聚团结奋进力量。

【围绕中心，扎实履职】 2023年，中国农工民主党广东省蕉岭县委员会坚持围绕中心、服务大局，不断增强履职能力，提升履职成效，扎实参政履职，增进民生福祉。聚焦蕉岭县打造梅州苏区融湾先行区综合示范窗口、推进“百千万工程”等重点任务，联合县“百千万工程”指挥办赴汕头市濠江区考察学习推进“百千万工程”先进经验做法，深入县发改局、县住建局等部门走访调研蕉岭县推进“百千万工程”现状，并引导农工党员中的人大代表、政协委员协商议政，开展民主监督。在县两会期间，提交1件集体提案、4件党员个人提案和建议。1件集体提案和1件党员个人提案获得县政协优秀提案表彰，1件提案建议被农工党梅州市委会采纳，1件社情民意信息被农工党广东省委会采纳。联合县妇幼保健院赴广福镇开展义诊活动，服务群众近300人次，筹集1万元经费支持县创文工作，累计支持经费6万元。

【强基固本，抓实党建】 2023年，中国农工民主党广东省蕉岭县委员会完善党员之家建设，农工党省委会主委阎武、原主委马光瑜等领导到党员之家调研指导并给予充分肯定。推动并协助农工党广东省委会在广东（蕉岭）美丽乡村培训学院举办农工党全省内部监督专题培训班。发展3名新党员，截至2023年年底，全县共有农工党员76人，其中中高级职称占67%。多名农工党员参加农工党广东省委会、县人大、县政协和县委统战部组织的多类型培训学习，履职能力得到增强。加强与到蕉岭调研的农工党汕头市委会和珠海市各民主党派进行党务交流。4名农工党员分别获得国家、省、市、县级奖项，2名农工党员撰写的论文在国家级期刊刊登发表。 （丘淑娜）

2023年中国农工民主党广东省蕉岭县委员会负责人名录

主　委：汤超宏
专职副主委：游志富
副主委：黄近芳（女）
委　员：钟森炎　余新跃　黄穗明

群众团体

蕉岭县总工会

【概况】　2023年，蕉岭县总工会坚持以习近平新时代中国特色社会主义思想为指导，贯彻落实习近平总书记关于工人阶级和工会工作的重要论述与中国工会十八大精神，聚焦“百县千镇万村”高质量发展工程、建立健全工会制度体系，推动“县级工会加强年”专项工作，保护、调动、发展广大职工的积极性、主动性、创造性，为蕉岭奋力打造苏区融湾先行区综合示范窗口贡献工会力量。

【创新活动抓队伍】

开展党课进园区，提升思想文化素质　2023年，蕉岭县总工会组织广大职工学习贯彻党的二十大精神，加强职工思想政治引领，邀请县委党校教师深入蕉华工业园区、广福工业园区、蕉城工业园区开展以“永远跟党走，奋进新征程”为主题的“党课进园区”活动3场，团结引领一线产业工人筑牢思想根基，投身高质量发展。

依托试点单位，提升身体心理素质　2023年，蕉岭县总工会针对产业工人队伍建设改革中的深层次矛盾问题，深入基层一线开展专题调研，选定梅州蕉岭供电局蕉华供电所、广东粤电长潭发电有限责任公司水工水务班、广福建材（蕉岭）精化有限公司为试点单位，通过发挥试点地区和企业先行先试的作用，形成一批可复制、可推广的经验做法，推动产业工人队伍建设改革走深走实。邀请第三人民医院心理卫生中心主任深入基层开展心理团辅。组织25名产业工人前往武平县开展三天两夜疗休养活动，缓解产业工人工作压力。为904名来自各单位一线产业工人免费体检，包括身体健康体检和心理健康体检两部分，价值1100元/人，提升一线产业工人的身体心理素质，体现“娘家人”的关心关爱。

创新培训模式，提升劳动技能素质　2023年，蕉岭县总工会联合县人社局在企业开展8场产业工人技能培训，内容涵盖应急救护、用电安全、企业设备操作等，通过专业老师手把手传授一线职工相关知识，提升一线产业工人的劳动技能素质。联合平远县总工会、梅县区总工会组建梅州市水泥业劳模工匠技术交流队，组成人员主要为各级劳模、五一劳动奖章获得者，以及历届全国、省、市工匠，在蕉岭县塔牌文体中心开展“劳模工匠助企行”、推进产业工人队伍建设改革工作系列主题交流会、“名师带徒·匠心传承”等活动共3场，帮助蕉岭县制造业企业职工提升技能水平。

【服务职工增福祉】

维护职工劳动权益　2023年，蕉岭县总工会持续开展集体合同和工资集体协商工作，以推动新就业形态劳动者权益协商协调机制建设为重点，引导职工与企业因地制宜、因企制宜地开展集体协商，促进全县劳动关系和谐稳定，蕉岭县总工会参加梅州市集体协商竞赛获全市第一名。2023年，蕉岭县累计签订工资集体协议63份，涵盖企业70家、职工6233人，其中行业性、区域性集体协议3份，职工1751人。做实做好互助保障工作，

2023年互助保障参保14177人次，参保金额合计135.454万元，报销人数为673人，报销金额116.7779万元。对10名困难职工开展医疗帮扶救助，慰问金额合计5万元。

精准发力服务职工　2023年，蕉岭县总工会“四送”服务累计支出99万元，其中开展春节送温暖，慰问受疫情影响困难企业14家，慰问金34万元；慰问困难职工252人，慰问金24.14万元；开展“三八”妇女节慰问活动，慰问单亲困难女职工53人，慰问金额合计2.65万元；开展“六一”慰问活动，走访慰问困难职工子女，慰问困难职工子女80人，慰问金额合计3.2万元；开展基层一线职工夏季防暑降温“送清凉”慰问活动，累计慰问6165人，慰问物品金额累计11.72万元；开展金秋助学活动，累计资助贫困大学生46人，资助金额共计23.15万元。

丰富职工文化活动　2023年，蕉岭县总工会全面加强工会新媒体矩阵建设，截至2023年年底，“粤工惠”新增实名会员2064人，新增实名企业25家，“粤工惠”实名认证会员数共计11064人，实名认证率达80%。利用“粤工惠”App持续开展新修订《中华人民共和国工会法》的学习，对工会维护职工合法权益等内容进行重点讲解，增强职工尊法、学法、守法、用法意识；配合省、市总工会做好“粤工惠”App推广工作，到4家重点企业对业务骨干进行培训，参训人员达103人。依托“粤工惠”App开展职工福利活动累计13场次，其中举办太极拳培训班2期、声乐培训班2期、职工暑假爱心托管班1期，送电影票等福利8次，惠及1126人次。

【劳模工作促发展】　2023年，蕉岭县总工会为王锦阳劳模创新工作室、袁正文劳模创新工作室、陈先淼劳模创新工作室、丘新明劳模创新工作室累计提供20余万元资金支持，袁正文劳模创新工作室荣获广东省劳模和工匠人才创新工作室称号。发挥劳模、工匠、技术能手、业务骨干的示范带头作用，通过现场讲、项目带等多种形式，依托劳模、骨干自身技术优势，对企业和班组的优秀人才进行言传身教，带队比赛，培养优秀产业工人，助推蕉岭县高质量发展。2023年，蕉岭县总工会开展广东省五一劳动奖状基和奖章评选工作，经层层筛选评比，广东桂岭蜂业科技股份公司荣获广东省五一劳动奖状、梅州皇马水泥有限公司发电部荣获广东省工人先锋号。

【新业态群体添温暖】　2023年，蕉岭县总工会每月不定期下沉企业指导开展工作，到美团、饿了么、中天物流有限公司等深入开展新就业形态劳动者建会入会工作，重点攻坚全县新就业形态劳动者建会入会薄弱行业、难点企业。2023年，新组建新业态行业工会12家，发展新业态会员825人，使新业态从业人员找到工会“大家庭”，增强职工归属感。2023年，新建10家户外劳动者爱心驿站，驿站内配有空调、饮用水、微波炉、休息桌椅、卫生间、报纸杂志等设施，为户外劳动者提供“渴可喝水、热可纳凉、冷可取暖、累可歇脚”的服务。实施先服务后建会，面向新业态就业群体开展“夏送清凉”、免费送体检活动，为货车司机、快递人员、外卖骑手等新业态劳动者送上价值1.39万元的清凉大礼包，打通服务职工的“最后一公里”，使工会干部真正成为职工之友，工会成为职工之家。

【中心工作有成效】　2023年，蕉岭县总工会完善工作机制，增强维护劳动领域政治安全的紧迫感。2023年，召开政治安全领域专题会议2场，重点交流各相关单位在维护劳动领域和重点企业政治安全专项行动中的工作情况、存在问题及建议，制订一系列处置预案、方案，完善各种应急情况处置机制和处置流程。牢固树立“安全发展观”，发挥蕉岭县安委会成员单位职能作用，参与全县安全生产隐患排查、整治和安全生产检查活动，取得明显成效。开展安康杯竞赛活动，2023年，参与安康杯竞赛企业数24家，职工合计1821人。聚焦“百县千镇万村”高质量发展工程，做好消费扶贫工作，联合蕉岭县乡村振兴局印发《关于持续开展消费帮扶工作的通知》，延长消费帮扶至2025年底；举办涉农领域职工技能竞赛，选树农业劳动模范，培养返乡农民工创业创新。

【党建引领提效能】 2023年，蕉岭县总工会加强作风建设，把作风突出问题专项整治与以案促改等工作紧密结合，增强党员干部的政治思想和行动自觉，把为职工群众服务、增进职工福祉的工作做深做实做细，以作风建设新成效助推巩固工会工作提质增效。落实意识形态工作，加强工会引导劳动领域思想动态工作，探索建立矛盾纠纷排查化解工作机制，参与推进市域社会治理现代化建设和平安创建活动。强化网上舆论引导，用好职工维权服务热线平台等载体，引导职工群众依法理性有序表达利益诉求。加强工会干部队伍建设，加大教育培训和基层工会兼挂职干部工作力度，抓好工会干部队伍理想信念教育、作风转变、专业素质和专业能力提高。 （何 锐）

2023年蕉岭县总工会负责人名录

县人大常委会副主任、蕉岭县总工会党组书记、主席：陈苑娜
党组副书记、常务副主席：林敦权
党组成员、副主席：黄君玲
党组成员、二级主任科员：刘 智 陈 拥
二级主任科员：徐 鹏

中国共产主义青年团蕉岭县委员会

【概况】 2023年，中国共产主义青年团蕉岭县委员会坚持以“围绕中心、服务大局”为工作主线，以县域共青团基层组织改革为抓手，县委主要负责人挂帅编辑出版百年团志，县域改革中期评估为优秀，团县委获评国家级“节约型机关”，为助力打造“百千万工程”典型县和梅州苏区融湾先行区综合示范窗口注入蓬勃青春力量。

【思想引领】 2023年，中国共产主义青年团蕉岭县委员会编撰发布《蕉岭县共青团志(1986—2021)》，系统记述1986年至2021年蕉岭县共青团组织建设和工作情况，完成县域共青团的百年历史记载与传承。举行共青团系统学习宣传贯彻党的二十大精神宣讲报告会，将学习贯彻党的二十大精神融入青年火热实践。召开共青团蕉岭县第十二届委员会第六次全体（扩大）会议，引领动员广大团员青年深入学习宣传贯彻党的二十大精神。联合县教育局举办“十八而志担使命 踔厉奋发向未来”成人礼活动。举行2023年蕉岭县离队入团示范仪式暨“14周岁集体生日”活动，1039名年满14周岁的少先队员光荣离队，告别童年，步入青春年华。以“理论+实践”结合模式举办2023年蕉岭县“青马工程”培训班，激励团员青年不断提升服务全县发展大局的能力。邀请全国优秀共青团员钟玉平、全国优秀人民警察宋思泉、“广东好人”卢洁贞等先进模范，与青少年面对面交流，打造“我与榜样面对面”励志公益活动品牌，引导青少年树立积极健康向上的学习生活态度。

【“百千万工程”】 2023年，中国共产主义青年团蕉岭县委员会实施广东高校毕业生志愿

服务乡村振兴行动，举办2023年蕉岭县志愿服务乡村振兴行动志愿者培训班，54名高校毕业生到基层开展志愿服务，发挥志愿服务在乡村治理、基层工作等方面的积极作用。推进广东省青年大学生“百千万工程”突击队行动，实施广东青年大学生“百千万工程”突击队项目12个，聚焦特色农业等领域需求，实现精准对接。联合全县各党政机关、企事业单位、基层组织发布127个大学生社会实践岗位。举办“农村电商”技能人才培训班，大力培育有文化、懂技术、会经营的农村电商人。开展“春暖梅州”蕉岭现场招聘活动、人才政策宣传活动等。

【绿美广东】 2023年，中国共产主义青年团蕉岭县委员会组织基层团组织参加“青年林”建设，全年种植12片青年林，占地面积39亩。联合各公益组织开展以“保护母亲河，争当河小青”为主题的志愿服务活动，呼吁广大群众共同参与到绿色环境建设中。在桂岭学校开展“绿美广东，红领巾在行动”科普活动，在少年儿童心中埋下“科学种子”，树立环保意识，共同助力绿美广东建设。

2023年2月13日，团县委组织开展“绿美广东·青年先行”志愿服务活动（团县委提供）

【实体经济】 2023年，中国共产主义青年团蕉岭县委员会组织前往福建省武平县、上杭县，广州市番禺区和韶关市曲江区开展调研学习。联合相关单位举办蕉岭县创新创业联盟沙龙活动，搭建交流合作平台，深化选树一批县级创新创业示范性企业，孵化培育一批创新创业成长型企业，全面支持本土青年返乡兴乡。面向广大青年发布《助力招商引资·展现青年风采》倡议书，精心做好10余家企业对接服务，大力为蕉岭县经济发展牵线搭桥。开展青年安全生产岗位建功行动，评选3个安全生产工作先进集体，为推动蕉岭绿色振兴、赶超发展创造良好生产环境。

【志愿服务】 2023年，中国共产主义青年团蕉岭县委员会组织志愿者500人次在第六届世界客商大会蕉岭县产业融湾系列活动暨国家微生物种业产业技术创新战略联盟年会、2023年广东省航海模型锦标赛、广东省航空模型锦标赛、新铺镇“七月半”文化节暨“圩日”等各类活动中提供随车指引、酒店驻点服务、高速出口服务、报到接待等志愿服务活动。实施“青春情暖慰问行动”“蕉岭县学雷锋全民志愿服务行动月活动”“文明交通指引志愿服务活动”“高考护考服务活动”等志愿项目，为蕉岭县创建全国文明城市贡献青春力量。引进香港玉清慈善基金白内障复明希望工程，帮助200户困难家庭的白内障患者重见光明。截至2023年12月，全县注册志愿者人数达3.22万人，注册志愿服务组织及团体256个，累计发布及开展志愿活动数1.71万个，累计服务时长超过137.39万小时。

【服务青年】 2023年，中国共产主义青年团蕉岭县委员会召开第三次县级中长期青年发展规划联席会议，落实青年民生实事47项，推动青年发展规划实施工作不断引向深入。联合开展“缘起富美寿乡——良辰‘梅’景·‘岭’人心动”蕉岭、梅县青年联谊交友活动。举行2023年扶助困难学子上大学助学金发放仪式，为26位品学兼优、家庭困难学生每人发放6000元助学金。聘任26名“益心为公”检察云平台志愿者，深化“团干部+检察干部+社会工作者+志愿者”联动帮扶机制。依托同心社工、未成年人心理健康辅导站等力量建立预防青少年违法犯罪工作阵地。开展“童心永向党 筑梦向未来”蕉岭县少年宫文艺展演活动，引导广大青少年厚植爱党、爱国、爱社会主义的情感，唱响青春与理想的主旋律。联合公益组织举办插花艺术公益课、关爱留守儿童心理健康教育等特色活动。联合各基层团队组织、公益组织开展蕉岭县2023年学生安全教育志愿服务活动，防止溺水、性侵、校园欺凌等事故发生，推动全方位构筑未成年人保护屏障。

【县域共青团基层组织改革】 2023年，中国共产主义青年团蕉岭县委员会成立由县委主要负责人任组长的县域改革领导小组，以县委办名义印发《蕉岭县县域共青团基层组织改革实施方案》。县委常委会多次专题研究改革工作，县委定期听取共青团和少先队工作汇报。将党建带团建、队建工作纳入党组织书记抓党建述职内容和党建考核体系，纳入县委巡察监督内容。抓实“四个建设”，构建“四大体系”，有效强化共青团的政治功能和形成社会功能，成为梅州市唯一被团省委在县域共青团基层组织改革中期评估为“好”的县。

【少先队工作】 2023年，中国共产主义青年团蕉岭县委员会印发《蕉岭县少先队分批入队、分段教育、分级激励工作指导意见》《关于加强全县中小学少先队活动的通知》，推动党团队一体化发展。选树命名蕉岭县新时代文明实践中心等25家单位为第一批梅州市蕉岭县少先队校外实践教育营地（基地），推动符合条件的乡镇、村（社区）成立少工委17个，镇级少工委建设率达到100%。举办2023年蕉岭县少先队鼓号队培训班，全县各中小学共34名辅导员参加培训。组建由县级少先队总辅导员、县少先队辅导员导师团成员、县少先队名师工作室成员、青年教师等各领域优秀少先队工作者担任成员的蕉岭县红领巾巡讲团，发挥红领巾巡讲团工作优势，夯实少先队组织基础，推动构建少先队社会化工作体系。（陈心仪）

2023年中国共产主义青年团蕉岭县委员会负责人名录

书记：何伟东
专职副书记：陈俊亮
　　　　　　吴琪琪（女，3月任职）
挂职副书记：汪英巧（女，6月任职）
兼职副书记：马　跃（任至10月）
　　　　　　杨　扬（任至12月）

蕉岭县妇女联合会

【概况】 2023年，蕉岭县妇女联合会坚持以习近平新时代中国特色社会主义思想为指导，学习贯彻党的二十大精神，全面贯彻落实习近平总书记关于妇女儿童和妇联工作重要论述、中国妇女十三大精神，围绕县委县政府中心工作，找准切入点，在思想政治引领、服从服务大局、做好家庭工作、依法维护权益、深化妇联改革等方面聚力用功，推动妇联各项工作全面发展。

【思想引领强根基】 2023年，蕉岭县妇女联合会发动全县各级妇联开展党的二十大、中国妇女十三大精神学习宣传宣讲活动，发放《习近平关于妇女儿童和妇联工作论述摘编》《习近平走进百姓家》等书籍共140余份至各级妇联，举办“好书悟情怀 习语润寿乡”“客都女儿心向党 巾帼建功新征程”等系列宣传教育活动40余场次，推动习近平总书记关于妇女儿童和妇联工作重要论述深入妇女人心。推荐获评全国维护妇女儿童权益先进集体1个，推荐参评省、市三八红旗手8名、集体5个，引领寿乡妇女建功新时代。

【凝心聚力谋发展】 2023年，蕉岭县妇女联合会紧扣“百县千镇万村高质量发展工程”，紧跟蕉岭县“寿乡画廊”乡村振兴示范带建设步伐，重点打造“美丽庭院”，2023年创建省级“美丽庭院”11户、市级“美丽庭院”10户，着力为“寿乡画廊”增色添彩。开展精农学院培训、农村电商、母婴护理、居家保洁、果树修剪、虫害防治等实用技能培训47场，选派优秀女企业家参加女致富带头人、省农业经理人巾帼培训班等104人次，提升巾帼就业技能，2023年创建“广东省巾帼创业基地”1个。召开女企业家座谈会，强化妇联组织、女企业家之间的联系沟通，促进信息互动、共同发展，激发广大妇女就业创业热情。

【家庭教育树新风】 2023年，蕉岭县妇女联合会成功创建文福镇中国仓海诗廊为梅州市第四批家教家风实践基地，发挥基地的“传帮带”作用，举办全县家庭文明建设工作推进会，邀请湖南大学教育科学研究院教授、博士李兵作家庭教育专题讲座，激励更多的基层阵地开展弘扬好家教好家风工作。邀请嘉应学院教授周英华、县家庭教育讲师团成员陈梅锋等人作家庭教育专题授课，开设“智慧家长班”线上家庭教育公益课程，开展“益家学堂”巡讲活动等，为广大家长提供家庭教育指导服务。举办“携手向未来 亲子共成长”亲子共建活动，线上线下相结合开展传承好家教好家风、廉洁家风文化作品征集、全民阅读等家庭文明建设主题活动90余场次，弘扬优良家风，促进未成年人健康成长，调动广大妇女参与文明乡风建设热情。发动各级妇联通过设立宣传摊位、入户宣传等形式，开展山塘水库和危险水域巡查以及儿童假期安全、防溺水、防拐、防性侵、消防安全、游泳安全等宣传教育100余场次，涉水域巡查396场次，受益群众达1万余人次。

【维权关爱促和谐】 2023年，蕉岭县妇女联合会建好用好维权站，调处来信来电来访67宗（其中反映家庭暴力案件17宗），组建县级妇儿维权志愿服务队伍，更好地为妇女儿童提供维权关爱服务；开展各类维权关爱宣传活动100余场次，参与蕉岭县社会治安综合治理、平安建设等工作。多方筹措善款近20万元走访帮扶慰问困境妇女儿童、散居孤儿等320余人次（其中“两癌”妇女18人）。关注“三有”老年妇女群体，发挥她们参与乡村振兴、基层社会治理、家庭教育、志愿服务等工作的“余热”，助力建设寿乡蕉岭。成功创建广东省儿童友好城市建设系列示范点1个、梅州市儿童友好示范镇1个、梅州市儿童友好基地2个，推动儿童友好成为全社会共同理念与行动。关心妇女健康，为1名符合条件的低收入妇女“两癌”救助对象申报获得2023年度中央专项彩票公益金救助；推动妇女“两癌”保险工作，为符合条件的8950名妇女赠送“两癌”健康保险，提高妇女抵御疾病伤害能力；协助实施农村适龄妇女免费“两癌”检查项目，开展防治知识宣传、义诊活动15场，2481名农村妇女享受免费筛查；开展适龄女生免费接种HPV宣传，为1095名适龄女生免费接种HPV。

【自身建设增实效】 2023年，蕉岭县妇女联合会开展主题教育，制订工作计划、学习计划，一体推进理论学习、调查研究、检视整改与推动发展等各项工作，引导党员干部切实把习近平新时代中国特色社会主义思想转化为坚定理想、锤炼党性、指导实践、推动工作的强大力量。落实新时代党的建设总要求，落实“第一议题”制度，努力建设学习奋进型、服务温暖型、忠诚勤廉型妇联组织，提升新时期履职能力。 （张玉莲）

2023 年蕉岭县妇女联合会负责人名录

党组书记、主　席：赖玉梅（女）

党组成员、副主席：杨淑云（女）

徐华丽（女）

蕉岭县科学技术协会

【概况】　2023 年，蕉岭县科学技术协会坚持以习近平新时代中国特色社会主义思想为指导,紧扣科学技术协会的职责定位和目标任务，打造“科学大普及”品牌，助力蕉岭建设梅州苏区融湾先行区综合示范窗口，为推进中国式现代化的蕉岭实践提供科技和人才支撑。

【思想政治建设】

保持正确的政治方向　2023 年，蕉岭县科学技术协会以习近平新时代中国特色社会主义思想为指导，党的二十大精神，特别是习近平总书记考察广东重要讲话、重要指示精神，引领广大科技工作者切实提高政治站位。

开展主题教育　2023 年，蕉岭县科学技术协会坚持用党的创新理论武装党组织，结合科学技术协会基层组织调研、科技助力“百千万工程”等活动，在科技工作者集中的卫健系统、气象应急单位、水务部门和农业龙头企业，通过多种形式进行宣讲 6 场次，召开座谈会广泛听取意见建议，搭好党和政府与科技工作者的连心桥，科普覆盖率不断提高、科普群体不断增多，促进科学技术协会各项工作高质量发展。推进作风建设。学习讨论关于作风建设方面的论述 3 次，围绕“为科技工作者服务、为创新驱动发展服务、为提高全民科学素养服务、为党和政府决策服务”的职能，加强科普能力学习，不断提高干部职工的履职服务能力。深入基层科协技术协会开展“民情大走访”，及时纠正不当行为、消除影响，不断提高服务水平，提升群众满意率。

【全民科学素质提升】　2023 年，蕉岭县科学技术协会围绕营造热爱科学、崇尚创新的社会氛围，开展宣传活动。打造社会化协同、智慧化传播、规范化建设、产业化推动、部门间深度合作的科学素质建设生态，开展宣传活动 7 次，参与部门 8 个共 84 人次。针对重点人群，开展科学素质提升行动。围绕农产品改良和食品安全、种植养殖、应急安全、气象与地震学、突发公共应急事件、老龄健康、人工智能与大数据、数理天下等内容举办科普讲座、科普展览、科普体验、青少年科技创新大赛等活动 45 场次，参与 4.8 万多人次。

【科普活动】　2023 年，蕉岭县科学技术协会开展形式多样的科普活动。2023 年度全国科普日梅州主场活动在蕉岭丘成桐国际会议中心举办。活动围绕卫生健康、数字素养、食品安全、气象应急、消防安全、水科学等公众普遍关注的热点问题开展科普展览、体验等形式多样的科普宣传活动,活动吸引蕉岭学生、农业专业户、公职人员等共 500 多人参加，达到市民乐享科技魅力，科普服务整个社会的发展，持续提升公民的科学素质的目的。在“世界气象日”，组织镇平小学师生到县气象观测站体验“天气气候水，代代向未来”的气象科普活动。与县水务局在县水利科普馆联合开展水利科普活动，现场进行相关专业设备的演示操作；联合县中医医院开展中老年人健康知识科学普及活动，普及中老年人保健、预防、治疗相关知识，为群众开展免费体检；组织学校参加市青少年创意思维编程网络学习竞赛、第四届广东省全民科学素质大赛，收看第二届院士专家广东校园行网络直播宣讲，提高学生们的科学素质水平；与县中医学会联合桂岭学校举办主题为“端午艾草香，关注眼健康”的中医药进校园活动，科普防控青少年近视眼的医学知识，现场举行耳穴压豆、做中药香囊的互动体验活动，助力学生们拥有光明的未来。

【亮点工作】 2023年，蕉岭县科学技术协会抓特色工作，打造“科学大普及”工作品牌。与县教育局联合举办蕉岭县第38届青少年科技创新大赛，活动收到各类学校参赛作品300余件，选送部分优秀作品参加梅州市第38届青少年科技创新大赛暨第8届创客创作大赛，获得市级奖励44项。丘成桐国际会议中心被中国科学技术协会等单位授予“科学家精神教育基地”称号。在丘成桐国际会议中心数学馆设立蕉岭县科学技术馆，为实现科普资源合理配置、高效利用，服务均衡化、广覆盖，提供坚实的科普基础设施。 （刘春玲）

2023年蕉岭县科学技术协会负责人名录

主　席：谢广宁

专职副主席：刘仁方　徐洪杰

蕉岭县归国华侨联合会

【概况】 2023年，蕉岭县归国华侨联合会以习近平新时代中国特色社会主义思想为指导，全面贯彻落实党的二十大精神，深入学习贯彻习近平总书记系列重要讲话和重要指示批示精神，坚持“以人为本、为侨服务”的宗旨，积极履行职责，主动担当作为，为助力“百千万工程”和蕉岭苏区融湾先行区建设作出侨联努力。

【主题教育】 2023年，蕉岭县归国华侨联合会落实党中央决策部署，把握“学思想、强党性、重实践、建新功”的总要求，持续在以学铸魂、以学增智、以学正风、以学促干上下功夫，从严从实抓好理论学习、调查研究、为民办事、整改落实等环节，党员、干部的理论素养进一步提升，落实能力进一步提高，工作作风进一步转变，推动主题教育深入开展。

【侨界宣传】 2023年，蕉岭县归国华侨联合会开展“精神·思想入侨界”系列活动，举办侨界代表学术座谈会、“凝聚同心力、共绘同心圆”侨界文艺会演，通过侨代会代表宣讲，到镇进村入户、海外沟通联系等形式进行宣传，实现精神进侨界、入侨心。

2023年3月2日，三圳镇举办“客侨文化传承梦想”美食风情文化活动（县归国华侨联合会提供）

【联情联谊】 2023年，蕉岭县归国华侨联合会加强与海外社团、海外侨胞的密切联系，深入归侨侨眷、留梅侨胞、侨企侨商之中，通过参加出访活动、开展专题调研、组织侨界活动、做好接待服务等形式，加深与侨界的情谊。在随蕉岭外事访问团出访期间，拜会众多海外乡亲和重要侨领，与他们共叙乡情侨情，共谋家乡发展。组织举行客·侨文化交流活动，协助开展归侨口述史调研、归侨侨眷代表有关活动等，接待海外社团、海外侨胞200多人次。

【侨界实事】 2023年，蕉岭县归国华侨联合会以改善侨界民生为目标，用心用情为侨界办实事、做好事、解难事。争取上级侨联和侨界人士支持，实施志明综合服务广场、侨兴中学“侨胞之家”建设，举行侨界助困助学、“法律入侨界”活动，开展困难归侨侨眷走访慰问活动，做好侨界群众的来信来访等工作。抓实2023年度省困难归侨救助补助资金的发放工作，为308户困难归侨发放补助资金共73万元，缓解部分困难归侨侨眷的实际问题。

【开展经贸合作】　2023年，蕉岭县归国华侨联合会聚焦服务于蕉岭招商引资大局，加强海外宣传推介，把蕉岭优良的营商环境、优质的投资项目向海外侨胞尤其是侨商进行推介。配合县委开展海外出访活动，成功签约新加坡睿诚控股公司投资项目，做好侨商拟投资项目的对接服务工作。高质量地做好第六届世界客商大会回梅参会侨商的接待服务工作，开展为侨企服务、为到蕉岭侨商服务等活动，发挥侨联优势，助力对外经贸合作。

（潘俊林）

2023年蕉岭县归国华侨联合会负责人名录

主　席：林晓红（女）

专职副主席：徐　瑜

专职副主席：陈巧芳（女，任至10月）

潘俊林（女，10月任职）

蕉岭县工商业联合会（总商会）

【概况】　2023年，蕉岭县工商业联合会（总商会）设有蕉城、新铺、广福、长潭4个乡镇基层商会，日什百货行业、水电行业2个行业商会和福建商会1个异地商会，会员516人，执行委员会人数63人。执委中担任各级人大代表、政协委员的有21人。2023年，被全国工商联和广东省工商联评为2022—2023年度全国和广东省“五好”县级工商联，秘书长钟满兰被广东省人力资源和社会保障厅、广东省工商业联合会授予“全省工商联系统先进工作者”称号。

【思想政治引领】　2023年，蕉岭县工商业联合会（总商会）以习近平新时代中国特色社会主义思想为指导，全面贯彻党的二十大精神，持续深化理想信念教育，注重对民营经济人士的思想政治引领。会同县委宣传部在龙腾旋窑水泥有限公司举办“蕉岭县2023年习近平新时代中国特色社会主义思想进企业”活动。组织企业家参加“坚定信心决心 汇聚强企力量”党的二十大精神宣讲活动、党的二十大和中央经济工作会议精神网络培训班等，提振全县民营企业发展信心，促进民营经济健康发展。

【主题教育】　2023年，蕉岭县工商业联合会（总商会）开展学习贯彻习近平新时代中国特色社会主义思想主题教育，围绕“学思想、强党性、重实践、建新功”总要求，通过党组会议、中心组学习会、支部会议等形式开展主题教育理论研讨学习。指导非公党委下辖的3个非公企业党支部制订学习计划和工作计划，开展思想理论学习，引导机关干部和民营经济人士汲取习近平新时代中国特色社会主义思想的理论营养，打牢主题教育的思想基础和理论基础。

【基层组织建设】　2023年，蕉岭县工商业联合会（总商会）福建商会举行第三届理监事会选举大会，选举产生理事会成员14名和第三届监事会监事长1名，郑树枝当选为第三届蕉岭县工商业联合会（总商会）福建商会会长。

【履职服务】　2023年，蕉岭县工商业联合会（总商会）开展“千名干部挂千企”活动，派遣4名机关干部挂钩联系48家执委企业，结合“3+5”服务专项行动，累计对接服务企业58家次。组织20多名企业家到福建武平、长汀、上杭企业考察学习。组织企业家参加市工商联组织的赴江浙学习考察团，学习先进经验、深化联系合作、共谋高质量发展。引导水电行业商会协助完成8间电站清退、152间电站清理整改和生态流量监测安装工作，保障电站的生产安全和下游水源供给。联合相关部门开展“走进2023蕉岭电商讲座”，来自现代产业园、传统品牌制造业、新兴产业等近80家民营企业代表互动沟通，传递民营企业经营者的真实心声。引导金融机构加大融资支持力度，各商业银行银税互动贷款合计放贷70多笔，金额5000多万元。配合县委组织部选取10家具有一定代表性且意愿强烈的企业作为县直机关驻企体验服务的第一批企业，反映解决企业经营发展中的困难问题，推动民企振兴发展。

【非公有制经济组织党委建设】 2023年，蕉岭县非公有制经济组织党委召开第二届党委换届选举大会，选举产生新一届党委班子成员。2023年春节、“七一”、重阳节期间，开展走访慰问活动，发放慰问金、慰问品合计人民币8500元。结合文明单位创建，在龙腾旋窑水泥有限公司电气部开展以“强化技能岗位培训提升员工业务水平”为主题的蕉岭县2023年非公有制经济组织文明单位创建系列培训活动。指导顺龙新型环保建材党支部参加2023年度党员教育优秀电视片评选活动。

【百县千镇万村高质量发展工程】 2023年，蕉岭县工商业联合会（总商会）聚焦乡村振兴事业，推进“百千万工程”建设，实施“千企帮千镇、万企兴万村”提升行动，组织会员企业填报“万企兴万村”行动台账信息管理系统，收集、录入企业、商会共计32家。增选17家健康、较有活力的企业加入“千企帮千镇、万企兴万村”工作，完成帮镇兴村企业帮扶对接数量较2022年增加20%以上的目标任务。蕉岭县工商业联合会（总商会）主席所在单位塔牌集团与文福镇、新铺镇相关村实现结对帮扶。2023年，塔牌集团捐赠“百千万工程”建设资金合计730万元。在梅州市2023年“6·30”助力乡村振兴活动仪式上，塔牌集团荣获“梅州扶贫济困”金奖龙腾旋窑水泥有限公司荣获“梅州扶贫济困”铜奖。

【法律宣传服务】 2023年，蕉岭县工商业联合会（总商会）与县法院联合举办护航民企共话发展——《合同管理的法律风险及审核实务》专题讲座，共20余名企业家代表参加座谈会。开展以法律暖企行动、民法典集中学习宣传活动、民法典进企业为主要内容的“美好生活·民法典相伴”主题宣传活动。

【履行社会责任】 2023年，蕉岭县工商业联合会（总商会）组织民营企业家携手县心连心义工协会加入“助学1+1”项目，开展扶贫助学结对帮教活动，资助中小学生、高中生以及大学生共140人，发放助学金共10万多元。新铺商会、教育促进会自2019年立会以来累计发放奖教奖学金、贫困大学生助学金、贫困残疾留守儿童慰问金等87万元，帮助贫困家庭解决子女就学问题。蕉岭县华源贸易有限公司、新铺商会等会员企业家、乡贤响应“绿美蕉岭 民企行动”的号召，开展植树造林等相关活动3场，参与人数为120人，认捐310万元用于绿美蕉岭生态建设。筹措资金8000元，支持挂钩村绿美生态建设；引导各基层商会筹措资金支持创文工作，出资1万元助力文明创建工作。

【招商引资】 2023年，蕉岭县工商业联合会（总商会）落实招商引资工作，加强对企业的走访，鼓励乡贤返乡办企业，引导服务外商实地考察蕉岭。由蕉岭县工商业联合会（总商会)、广福镇共同引荐的深圳市阳明快捷电路科技有限公司落户蕉岭，企业投资总额为2亿元。参与第六届世界客商大会暨蕉岭县产业融湾系列活动筹办工作，负责联络邀请嘉宾共28名，配合接待嘉宾37名。（李惜梅）

2023年蕉岭县工商业联合会（总商会）负责人名录

主席（会长）：何坤皇

党组书记、常务副主席：徐如初

党组成员、专职副主席（副会长）：古利红（女，任至2月）　邓程群（3月任职）

副主席：徐国平　钟庆明　徐永信　郭月亮　林文贵　李　斌　陈永坚　吴鑫隆　廖志强　温淑芬（女）　刘浩渊　杨荣辉　汤志勇

副会长：郭月亮　涂　永（女）　江富友　古德明　黄茂龙　陈广雄　徐裕新　李宇东　刘丽美（女）

蕉岭县文学艺术界联合会

【概况】　2023年，蕉岭县文学艺术界联合会是中共蕉岭县委领导下的人民团体，是蕉岭县委、县政府联系广大文艺工作者的桥梁和纽带。加强对各文艺家协会规范化建设，持续强化对各文艺家协会文艺活动、文艺阵地、文艺评奖和蕉岭县文学艺术界联合会所属新媒体的管理，对文艺宣传工作落实“三审三校”责任制，加强文艺活动管理。

【文艺志愿服务活动和文艺惠民活动】　2023年，蕉岭县文学艺术界联合会发挥县文艺家协会红色文艺轻骑兵、文艺志愿服务队作用，深入乡村、社区，开展书法、写作、摄影、戏曲、美术文化文艺志愿服务活动，践行和弘扬社会主义核心价值观。联合蕉岭县文化广电旅游体育局先后举办蕉岭县2023年“我们的节日”传统文化系列活动4场次，在活动中开展送春联、诗词朗诵等活动，举行文化文艺志愿服务系列活动“书写新时代雷锋故事”硬笔书法公益培训、少儿舞蹈公益培训，举办“强国复兴有我”主题活动，“迎中秋·庆国庆”群众文艺汇演。联合蕉岭县书法家协会到蕉城镇湖谷村开展蕉岭县2023年“我们的中国梦·文化进万家”文艺志愿服务——“春联墨香送万家”活动，深入蕉岭开放大学开展蕉岭县2023年文化文艺志愿服务系列活动“书写新时代雷锋故事”书法公益培训，到蕉岭县实验中学举行“翰墨润心田，儒雅育新人”书法进校园活动，到蕉岭县老干部（老年）大学举行蕉岭县2023年文化文艺志愿服务系列活动“书写新时代雷锋故事”书法公益培训。联合蕉岭县摄影家协会到长潭镇堑垣村开展2023年“我们的节日·春节——拍全家福，过团圆年”文化文艺志愿服务活动。联合蕉岭县博艺汉剧协会前往长潭镇幸福养老中心开展“书写新时代雷锋故事”戏曲进乡村文艺演出。联合中共蕉岭县委宣传部、县文化广电旅游体育局、县教育局、蕉岭县书法家协会深入蕉岭县友邦小学，共同开展蕉岭县2023年中华优秀传统文化教育活动——“戏曲进校园，经典共传承”。联合蕉岭县作家协会举办蕉岭县2023年文化文艺志愿服务系列活动——“书写新时代雷锋故事”新时代文艺创作公益培训。

【文艺创作和展览】　2023年，蕉岭县文学艺术界联合会联合中共蕉岭县纪委、蕉岭县妇联，在全县范围内开展廉洁家风文化作品征集活动。联合蕉岭县文明办、县教育局在蕉岭县田家炳实验中学举办蕉岭县2023年中华优秀传统文化教育之书法进校园活动——“儒雅教育，逐梦成长”。联合蕉岭县文化馆举办短视频制作专题培训。联合梅州市摄影家协会在新铺镇众创中心举行“广东省摄影大篷车走进蕉岭活动”暨“千年古镇 魅力新铺”摄影大赛开镜仪式。联合蕉岭县文化广电旅游体育局举办蕉岭县名家公益讲堂——“花开富贵”（牡丹花的画法）。联合县文化广电旅游体育局举办2023“影像寿乡·精彩非遗”摄影图片展。（林祖新）

2023年蕉岭县文学艺术界联合会负责人名录

主　席：赖勇波

专职副主席：黄小文　钟靖荣

蕉岭县残疾人联合会

【概况】 2023年，蕉岭县残疾人联合会在县委、县政府正确领导和上级残联的精心指导下，以党的二十大精神为指引，围绕年初制订的工作计划和上级下达的各项工作任务，着力抓好落实，各项工作卓有成效。

【主题教育】 2023年，蕉岭县残疾人联合会发挥党组的领导作用，始终坚持正确的理想信念和政治方向，以学习贯彻习近平新时代中国特色社会主义思想主题教育为契机，提高党员干部责任感使命感，从主题教育学习与各项学习紧密结合、把握正确导向、做好氛围营造，让党员领导学有所思、学有所悟、学有所得。继续落实中央八项规定和省实施办法精神，改进工作作风，增强服务意识，提高服务水平。

【残疾人康复工作】 2023年，蕉岭县残疾人联合会以县级民康医院为平台、各乡镇康园中心为网络，加大力度为残疾人提供康复服务。累计完成白内障复明手术40人，偏瘫康复8人，成人脑瘫康复10人，0~7周岁脑瘫儿童康复7名，0~7周岁智残儿童康复15名，其他肢体残疾康复3名，精神病服药康复95人次，住院治疗192人，接受居家康复23人。在横到边、纵到底的康复服务网络支撑下，全县5700多名不同类型的持证残疾人享有基本的康复服务，形成“政府搭台，财政配套，残联实施，残患受益”的康复工作机制。

【残疾人生产生活保障工作】 2023年，蕉岭县残疾人联合会贯彻落实习近平总书记关于“全面建成小康社会，残疾人一个也不能少”的重要讲话精神，通过实施有关残疾人的养老、就医、就学、就业等系列性民生政策，保障无劳动能力的弱势群体基本生活：为全县16至59岁的精神、智力及重度残疾人缴交养老保险费65.78万元；为全县5334名（跨年度缴交）重度残疾人缴交城乡医疗保险费共186.6万元。配合民政部门审核发放领取重度残疾人护理补贴和困难残疾人津贴；推进残疾人就业保障工作，按比例安排残疾人就业197人，3个福利企业为58名残疾人提供集中型就业；举办4场灵芝、木耳种植等农村实用技术培训班，培训残疾人120名，提高残疾人就业率。

【惠残利残政策】 2023年，蕉岭县残疾人联合会举行辅具发放活动，为30名肢体残疾人免费发放轮椅、坐厕椅、助行架、拐杖等一批辅具共144件。提供床前送医活动，与民康医院联合，定期安排医生到有康复希望的残疾人家中，提供理疗、推拿等康复服务，进行居家康复救治。对病情缓解、在家精神病残疾人定期回访，送医送药。为23名重度肢体残疾人提供上门康复服务，上门式的贴心服务让居家生活的残疾人不用出门上医院就能得到专业的康复治疗，康复效果明显，残疾人及家属反响良好。实现评残无障碍，为方便残疾人办证，开拓绿色通道，争取省残联等上级部门的支持，将蕉岭民康医院确认为“评残单位”之一，组织该院医生对卧床不起的重度患者进行上门评残，2023年，下乡评残320人。全省统一在粤省事App开通残疾人证网上申报，残疾人可在网上上传残疾人办证资料，残疾人证办理逐步实现全过程网络化。持续开展残疾人家庭无障碍改造工作，深入残疾人家中，对20户符合条件的对象残疾人住所进行房门、坡道、扶手、卫生间马桶等设施的无障碍改造，方便他们居家生活和走出家门，改善他们的生活质量，受到广大群众的好评。联合梅州市华南康复医院到新铺镇、广福镇、南礤镇、三圳镇筛查320名白内障患者，为40名符合手术条件的患者施行白内障复明手术。（陈国东）

2023年蕉岭县残疾人联合会负责人名录

理事长：陈汉铭（任至10月）

何思燕（10月任职）

副理事长：曾海明　刘森辉

军　事

人民武装

【概况】 2023年，蕉岭县人民武装部党委坚持以习近平新时代中国特色社会主义思想为指导，深入学习贯彻党的二十大精神和习近平强军思想，聚焦备战打仗，聚力破题解难，推进各项工作，完成各项任务，推动蕉岭县人民武装工作高质量发展。

【思想政治建设】 2023年，蕉岭县人民武装部持续用习近平新时代中国特色社会主义思想教育引领部队，学习贯彻党的二十大精神和习近平主席系列重要讲话精神，落实党委“第一议题”和理论学习中心组理论学习制度。精心举办主题教育培训班，深化人员爱岗敬业和牺牲奉献精神。贯彻落实军委主席负责制，抓好习近平主席指示批示和“三项机制”落实，提纯“维护核心、保持一致”政治素养。做好形势政策教育，常态做好预防犯罪、防间保密工作，保持部队高度集中统一和纯洁巩固。

【战备训练工作】 2023年，蕉岭县人民武装部紧盯应对强敌、紧贴专项任务、紧抓专攻精练，不断正规战备训练秩序，严格日常战备值班制度，突出抓好值班执勤，始终保持正规战备秩序和良好戒备状态。补充配置一批军用器材、野营物资等，战备基础进一步完善。军地合力落实民兵潜力和国防动员潜力调查核查，完成民兵队伍、专业分队整合分组。严实训练演练，依次组织轻舟技能集训、民兵骨干集训、民兵应急连集训、民兵专业分队集训和任务民兵分队“专攻精练”，全面提高训练水平和遂行任务能力。

【党管武装工作】 2023年，蕉岭县人民武装部常态化落实县委常委议军会、乡镇党管武装工作述职、国动委例会、党政领导过“军事日”、定期到军事机关现场办公等制度，将驻军战备训练、基础设施建设纳入市政重点项目推进。推动民兵预建党组织建设，将民兵应急力量建设纳入政府应急管理体系统筹，军地合力不断增强。在2023年梅州市党管武装考核中排名全市第三。

【全民国防教育】 2023年，蕉岭县人民武装部深入推进全民国防教育，把国防教育纳入地方党委理论学习中心组学习和党校培训必修课，国防教育“六个进入”有效落地。协调蕉岭县委县政府将国防教育纳入县委理论学习中心组理论学习、纳入行政学院干部培训课程、纳入普法宣传，推动国防观念不断深入。开展国防教育宣传月活动，组织蕉岭中学、华侨中学2所学校2700余名学生军训。联合城东学校开展“爱我中华 强我国防”国防教育暨学生军训体验活动；联合县委宣传部、县教育局组织全县5所中小学校校长召开国防教育座谈会，开展全民国防教育日活动；结合学生军训开设“国防讲堂”，结合征兵宣传开展“心系国防，有你有我”国防教育进校园活动，开展“新时代爱国千军谱新篇”全民国防教育月系列主题活动，不断推动学校国防教育工作走深走实。应县委党校邀请，给中青年干部作“增强战略思维，做好动员准备”辅导授课，增强中青年干部国防意识；开放荣誉室供烟草局干部职工参观见学，提升全民国防意识。

【征兵工作】 2023年，蕉岭县人民武装部针对大学毕业生兵员征集难的实际，主动适应征兵政策调整变化，县委、县政府制定出台带编入伍、定向招录、完善奖励机制等优待激励政策，突出大学毕业生、理工类专业征集重点，建立县镇村三级骨干联络网，遴选征兵业务骨干、优秀退伍军人、国防教育讲师成立工作专班，走村入户“点对点、面对面”精准发动宣传，完成年度新兵征集任务，全市征兵“五率”量化考核总评第一。连续5年被评为梅州市征兵先进单位。

【双拥工作】 2023年，蕉岭县人民武装部开展脱贫攻坚衔接乡村振兴、抢险救灾、志愿服务等双拥共建活动。宣传双拥模范人物和“最美退役军人”先进事迹，营造尊崇军人的良好氛围。支持“创文”、“两美”、植绿治污、城乡环境大清洁志愿服务活动，理顺协调机制、融洽军地关系。开展“拥政爱民献爱心”捐款活动。“一对一”帮扶贫困学生，春节、“七一”、八一期间组织慰问优抚对象，帮助解决实际困难，为6户贫困户修缮危房，扶助贫困学生3名。 （林湧钧）

退役军人事务管理

【概况】 2023年，蕉岭县退役军人事务局坚持以习近平新时代中国特色社会主义思想为指导，深入贯彻落实党的二十大精神，准确把握新时期退役军人事务工作的定位和方向，坚持以退役军人为中心的服务理念，推进退役军人事务各项工作，为全力打造梅州苏区融湾先行区综合示范窗口贡献退役军人力量。

【双拥工作】 2023年，蕉岭县退役军人事务局做好广东省第十二届双拥模范县创建工作。围绕争创省级双拥模范县目标，按照上级考评细则，对标对表做细做实各项工作，完善充实台账资料，高质量完成双拥考评任务。加大宣传力度，设立户外双拥宣传牌和网站、媒体等平台，全方位、多层次开展国防和双拥宣传教育。利用县镇山公园的红色元素，打造双拥主题公园，分板块、多角度宣传展示双拥文化，着力营造双拥创建氛围。推进拥军工作，举行拥军优抚合作协议签约仪式，与蕉岭县太乙崇光农业科技有限公司等6家企业签订拥军优抚合作协议，向相关企业颁发“爱国拥军模范企业”牌匾。支持部队设施建设，投入357万元，实施国防教育训练基地建设项目，对现有场地进行提升改造。开展双拥共建活动。春节、八一期间，县委、县政府主要领导带队慰问驻梅州和驻蕉岭部队，召开军地座谈会16场，送去慰问物品；会同蕉岭县爱促会到蕉岭县国防教育训练基地，慰问梅州市民兵应急营集训队。开展军地共建活动，到武警蕉岭中队开展送法进军营活动、到驻梅州某部队开展“弘扬双拥传统、军民共筑长城”主题党日活动、举办“军民同乐庆八一、共叙浓浓鱼水情”座谈慰问活动等，不断深化军地融合发展，着力推动双拥创建工作。开展拥政爱民活动。驻蕉部队积极参与抢险救灾等急难险重任务，开展学生军训、国防教育、助学帮扶等活动。

【服务保障体系建设】　2023年，蕉岭县退役军人事务局开展走访慰问活动。在春节、八一等重要节日期间，走访慰问退役军人和其他优抚对象5000多人次。开展精细服务活动。聚焦退役军人返乡报到、关系转接、就业服务、优抚安置等热点，提供各项精细服务。健全常态化联系退役军人制度，联系152名困难退役军人，解决服务需求事项；开展退役军人党员结对帮扶工作，共完成结对帮扶125人次。开展志愿服务活动。发挥蕉岭县退役军人红梅志愿服务协会作用，开展各项志愿服务活动。全年累计开展各种志愿活动30多次，参加人员60多人次。开展帮扶对接工作。与广州市番禺区退役军人事务局联系对接，制订新型帮扶协作方案，争取对方在服务体系建设、就业创业扶持、项目资金支持等方面对蕉岭进行帮扶，确保工作取得实效。

【优抚安置工作】　2023年，蕉岭县退役军人事务局足额发放抚恤补助。按时按标准社会化足额发放各类优抚对象抚恤补助金，抚恤补助标准均达到或超过省标准，各项优待政策100%落实，全年发放各类优抚对象优抚金850万元。落实优抚对象医疗补助，“一站式”结算支出医疗补助费用1.3万元，拨付临时医疗救助金10.1万元。用足用活应急救助政策。对重病、重残、重大家庭变故的退役军人，积极引导其申报应急救助资金，全年申报办结5例，核拨6.5万元。做好优待证发放工作。完成全县优待证申领工作，申领率达100%，从2023年6月起全县重点优抚对象优抚金过渡到优待证关联银行账户发放。落实移交安置措施。接收安置符合政府安排工作的退役士兵，及时对接做好社会保险和生活补助工作；核准发放军休干部待遇、军休遗属补助、困难企业军转干部生活困难补助、自主择业军转干部、自主就业退役士兵一次性经济补助金等政策性待遇358.51万元。

【就业创业工作】　2023年，蕉岭县退役军人事务局推进短期职业技能培训。协调、指导承训方县桂岭培训学校，推进自主就业退役军人短期就业创业技能培训（中级电工班）。拓宽退役军人就业渠道。联合县人社等有关部门，举办退役军人及随军家属专场网络招聘会，与企业沟通，优先招用退役军人，助力退役军人就业。宣传落实就业创业政策。全年累计为符合条件的退役军人发放一次性创业资助15人共15万元，发放创业租金补贴15人（次）共8万元，发放创业担保贷款1人共30万元。

【烈士纪念设施修缮工作】　2023年，蕉岭县退役军人事务局投入323万元完成一至三期修缮工程，依托县革命烈士纪念碑等红色资源将镇山公园打造为双拥主题公园，提升烈士纪念设施的宣传教育功能。将13座零散烈士墓迁移至蕉岭县樟坑村公墓山军人墓区集中管理。

（曾　婷）

2023年蕉岭县退役军人事务局负责人名录

党组书记、局长：谢志鸿（任职至9月）
曾向君（9月任职）
党组成员、副局长：陈卫东　陈森荣

组织·人事

中共蕉岭县委组织部

【党员干部思想政治建设】 2023年，中共蕉岭县委组织部开展主题教育，组织学习贯彻习近平新时代中国特色社会主义思想主题教育，把理论学习作为主题教育首要任务，定期组织开展集中学习、专题研讨，成立青年理论学习小组加强自学，不断强化党员干部理论武装。搭建学习载体，依托全县26处省红色革命遗址，用好市党员教育基地、市级镇街党校示范点等载体，探索现场教学、体验式教学，丰富学习培训形式。开展“党课开讲啦·人人做主讲”活动，组织摄制党员教育电视片25部，其中1部获市二等奖，2部获市优秀奖；挖掘培育星级党课讲师5人。抓实党员教育培训。实施党员教育培训“1235”工程，举办干部培训19期1842人次，组织500余名镇村干部前往高校开展培训，依托县镇党校培训干部总计5000多人次。推进“百万党员进党校”，与广州大学联合举办村（社区）党组织书记培训班，分片举办村（社区）“两委”干部示范培训班和优秀普通党员示范培训班等，锤炼基层党员7000余人。

【干部队伍建设】 2023年，中共蕉岭县委组织部严把政治关，选准用好政治过硬的干部。突出政治标准、坚持人事相宜，把政治审查贯穿干部考察、选任工作全过程，建立干部常态化分析研判机制，通过发放干部政治素质正反双向评议表、谈心谈话等方式，加强对各级领导班子运行情况和党员干部履职情况的分析研判，全年组织个别谈话306人次。严格做到“凡提四必”，坚决守好干部选拔任用党风廉政审查关口。2023年，提拔（重用）任用45人。严把能力关，选准用好实绩突出的干部，注重在实践中锻炼干部，把重点项目、中心工作、乡镇基层作为培养选拔干部的重要平台，有针对性地选派优秀年轻干部、专业型干部参与实体经济、招商引资等重点工作一线，抽调一批骨干参与广福园区建设工作，选派4名优秀年轻干部到乡镇挂职服务“百千万工程”。树立实绩实干用人导向，重点对在“百千万工程”、融湾先行区建设、实体经济、乡村振兴等工作中表现优秀的干部给予优先提拔晋升。严把管理关，选准用好清正廉洁的干部，坚持以严的基调狠抓干部监督工作，用好延伸考察、巡察、审计等办法，严格执行领导干部个人事项报告、年度考核、述职述廉等相关规定。加强全县在编在职干部人事档案专项审核，坚持落实干部人事档案双重审核，确保“凡提必审”落实到位。严把激励关，选准用好担当作为的干部。贯彻落实《推进领导干部能上能下规定》，持续健全激励党员干部担当作为机制。建立“班子带头示范、部门争先创优”的工作机制，通过“亮诺亮绩亮牌”“比武打擂”等措施，推动各级领导干部抓好工作落实。落实“三个区分开来”容错纠错机制，用好职级并行和事业单位管理岗位等级晋升、专业技术人员岗位等级晋升等措施，激励干部担当作为。

【各领域基层党组织建设】 2023年，中共蕉岭县委组织部统筹抓好村级党员干部队伍建设。实施“头雁”工程，完成449名党组织书记精准“画像”工作，开展村级班子届中分析工作和两年未发展党员村“清零”行动，为下一次换届打牢基础。统筹抓好软弱涣散村、集体经济薄弱村第一书记选派和后备干部队伍选育工作，选拔 217 名优秀青年党员进入村干部后备队伍，组织 88 名现任村干部就读村干部学历提升大专班，培育 320 名党员致富带头人，打造 105 个党员创业带富基地。搭建党员发挥作用平台。深化“我为群众办实事”“立足岗位做贡献”等活动，完善党员到社区“双报到”“平急转换”机制，让党组织和党员活跃在绿美蕉岭生态建设、乡村振兴、文明城市建设等前线和民情网格里。实施农村党组织、党组织书记和党员“三积分制”，将增强党组织政治功能和组织功能指标化，推动农村党组织、党组织书记和党员进一步发挥战斗堡垒和先锋模范作用。抓好党建引领基层治理，实施县镇村“书记领航项目”232 个，打造 16 个“六事”乡村治理示范村，形成三圳镇“三同治理”、南礤镇“群众议事日”、蓝坊镇峰口村“一网三联”等典型案例；广福镇“客家围屋工作法”入选全国“枫桥式工作法”，获评广东省基层党建创新案例。引导拓展“三积分制”应用领域和覆盖范围，推动蕉城镇龙安村、广福镇广育村、文福镇乌土村试点推广“积分制”运用。提升党建服务经济发展效能，深化抓党建促乡村振兴示范县创建，依托丝苗米、毛竹、蜜蜂 3 个省级现代农业产业园，大力培育 120 家在库“四上”企业，提速建设 2 个乡村产业社区试点，首批 14 名“产业村长”正式上岗。持续推行“村党组织+基地+合作社+农户”模式，因地制宜发展乡村特色产业，在全市率先实现所有行政村集体经济年收入稳定在 10 万元以上，其中 66 个村达到 15 万元以上，7 个村达到 50 万元以上。对重点企业全覆盖选派党建工作指导员，探索机关联基层、企业联农村、湾区联寿乡等党建共建模式，健全县镇领导干部直接联系服务企业制度，选派首批 10 名机关党员干部驻企体验服务，帮助企业解决实际问题。

【人才工作】　2023 年，中共蕉岭县委组织部建立健全人才工作机制。成立人才发展专责小组，通过实施桂岭英才“十大行动”和支持县域实体经济引育人才“5+3”措施，编制《蕉岭县教育卫生类急需紧缺人才高校（紧缺专业）目录》《2023 年度县域实体经济引进人才支持企业名单》，为各类人才释放发展活力提供制度政策保障。坚持引育并重激发人才活力，创新开创编制周转池制度，聚焦“百千万工程”，实施县镇事业单位急需紧缺人才招聘 1 场，开展高等院校校园专场招聘 6 场，引进急需紧缺人才 33 人。聚焦广东省毛竹现代农业产业园建设，与中国林科院亚热带林业研究所合作引进 1 支创新创业团队。面向社会招募 20 名“三支一扶”志愿者、27 名乡村振兴志愿者服务基层。聘请 14 名懂产业、懂技术、懂市场的企业负责人、产业能人担任“产业村长”。实施特色农民技能提升项目，全年培训乡村工匠 8 人、高素质农民 90 人、农村电商人才 98 人、农民技术人员 212 人，助推镇村转型升级。打造人才发展平台，成立高层次人才协会，发展首批会员 73 人。用好县镇人才驿站，构建“1+8”全维度人才服务体系，建站以来累计签订长期进站专家 38 人。落实各项人才优惠政策和关爱措施，2023 年累计发放人才生活补贴 144 万元，落实创业人才政策 90 人，受理各类补贴 127.6 万元，为企业和个人担保贷款 170 万元。

【事业单位人事管理】　2023 年，中共蕉岭县委组织部推进事业单位管理岗位职员等级晋升工作，重点对在基层一线、招商引资、梅州苏区融湾先行区综合示范窗口建设、实体经济、乡村振兴等大战大考中表现突出的事业干部进行晋升。2023 年，晋升 3 名管理岗位职员、18 名专业技术人员，有效激励担当作为。完成 1 批次 9 人事业单位改革人员经费性质过渡笔试、测评工作，解决干部后顾之忧。完成 2022 年公开招聘事业单位工作人员

（综合类）面试、体检、考察、公示等相关工作，为全县事业单位补充92名年轻干部。

【老干部服务管理】 2023年，中共蕉岭县委组织部抓好老干部对习近平新时代中国特色社会主义思想和党的二十大精神的学习贯彻，制定《蕉岭县关于加强新时代离退休干部党的建设工作的实施方案》，选派优秀退休干部党员到社区党委担任兼职委员和两新组织党组织党建指导员。持续深化离休干部“一人一策”精细精准服务，打造健全“医心向党，优质服务”巡诊品牌，建立老干部健康档案，落实生日卡、体检等服务，组建志愿服务团队，开展精神慰藉、防诈骗宣传等结对联系服务，累计走访慰问老干部200多人次。与市老干部大学联合蕉岭县仓海诗廊创建“适龄乐园”，探索建设镇级“五老工作室”，持续引导老干部发挥余热，支持蕉岭县经济社会发展。（吴家熠）

2023年中共蕉岭县委组织部负责人名录

县委常委、组织部部长，县委党校校长，县直属机关工作委员会书记：谢伟传
常务副部长、县公务员局局长：涂永平
副部长、县委两新工委书记：黄苑琼
副部长、县老干部局局长：黄远志（副部长任至11月）
副部长、县委编办主任：刘　华
副部长：范政宜

机构编制工作

【概况】 2023年，中共蕉岭县委机构编制委员会办公室坚持以习近平新时代中国特色社会主义思想为指导，找准新时代机构编制工作的战略定位、目标任务、职责使命和实践要求，高标准做好蕉岭机构编制工作，为蕉岭县高质量发展、城乡区域协调发展、老区苏区振兴发展提供体制机制和机构编制保障。

【机构职能完善】 2023年，中共蕉岭县委机构编制委员会办公室按照广东省的统一部署，以蕉岭县人民防空办公室为基础调整组建蕉岭县国防动员办公室，在蕉岭县发展和改革局挂牌，夯实国防动员工作力量。落实中央信访督查和广东省委巡视交办问题整改要求以及梅州市委工作要求，将蕉岭县信访局由原挂牌设置调整为单独设置，加强基层信访机构建设。整合蕉岭县疾病预防控制中心、蕉岭县卫生监督所重新组建蕉岭县疾病预防控制中心（蕉岭县卫生监督所），优化蕉岭县公共卫生资源配置。将蕉岭县“120”急救指挥中心在蕉岭县人民医院挂牌调整为独立设置，提升蕉岭县紧急医疗救援能力。根据“供销合作社要健全监事会机构设置”的要求，增设蕉岭县供销合作社联合社监事会主任1名（副科级），增设监事会办公室，完善“三会”制度建设。根据上级有关规定，印发《关于配备蕉岭县中小学校（幼儿园）党组织领导职数的批复》，建立蕉岭县中小学校（幼儿园）党组织领导的校（园）长负责制，加强党对中小学校（幼儿园）的领导。

【机构编制资源优化】 2023年，中共蕉岭县委机构编制委员会办公室服务保障蕉岭县“百县千镇万村高质量发展工程”，完善指挥架构，在中共蕉岭县委全面深化改革委员会办公室设置蕉岭县“百县千镇万村高质量发展工程”指挥部办公室秘书股，设立蕉岭县“百县千镇万村高质量发展工程”服务中心，为蕉岭县“百县千镇万村高质量发展工程”高质量发展提供机构编制保障。

2023年，中共蕉岭县委机构编制委员会办公室服务保障经济社会功能配套建设，设立蕉岭县金融服务中心、蕉岭县民营企业联络服务中心、蕉岭县职工服务中心、蕉岭县

应急救援保障基地、蕉岭县科学技术馆、蕉岭县未成年人救助保护中心，在蕉岭县中小企业服务中心加挂蕉岭县生产力促进中心牌子和在蕉岭县林长制事务中心加挂蕉岭县自然保护地管理中心牌子，加强金融经济、企业服务、职工保障等经济社会功能配套建设，积极培育高质量发展的内生动力。贯彻落实《中国共产党统一战线工作条例》，将蕉岭县宗教事务中心更名为蕉岭县统战工作联络交流中心，加挂蕉岭县宗教事务中心牌子。加强学校管理，整合蕉岭县广福中学、蕉岭县广福镇中心小学，设立蕉岭县广福学校为九年一贯制学校。

2023 年，中共蕉岭县委机构编制委员会办公室服务保障民生编制资源，完善编制周转池使用机制，将金融经济、农业农村、工业和信息化领域急需紧缺人才引进列入蕉岭县“急需紧缺人才用编周转池”编制保障范畴。根据蕉岭县政府机关服务中心、蕉岭县环境卫生管理所、蕉岭县城市监管综合服务中心、蕉岭县人民医院、蕉岭县中医医院、蕉岭县妇幼保健院、蕉岭县供水服务中心、蕉岭县工人文化宫等 13 家单位的岗位职责情况，收回上述单位事业编制共 20 名，将 20 名编制统筹调配至金融经济、职工服务保障、医疗、民生保障等相关领域的单位，为打造高质量人才队伍提供编制资源保障。加强蕉岭县少年宫和蕉岭县志愿服务工作，增设蕉岭县少年宫副主任领导职数 1 名。加强城区的环境卫生质量管理，增设蕉岭县环境卫生管理所副所长领导职数 1 名。

【机构编制监督管理】　2023 年，中共蕉岭县委机构编制委员会办公室做好机构撤销、设立、更名、编制调整和人员信息更新等维护工作，更新信息 6126 条，更新台账数据 150 条。开展卫生、教育领域自主招聘用编意向摸底工作，批准蕉岭县教育局使用“中小学校教师编制周转池”35 名，办理蕉岭县机关事业单位 2023 年、2024 年公开招（录）聘人员用编审核 72 宗，合计批准使用编制 171 名。办理蕉岭县机关事业单位 2022 年、2023 年新招（录）聘人员入编手续 173 宗。印发《蕉岭县机关事业单位机构编制审核和编制卡管理的规定》，加强对蕉岭县机关事业单位的机构编制管理，办理用编审核 201 宗，编制卡 561 宗，出编备案 349 宗，通过调整编制、自然减员、转岗消化等方式统筹整改政策性超编问题 14 条。2023 年，中共蕉岭县委机构编制委员会办公室印发《关于严格控制全县机关事业单位编外人员的通知》，加强编外人员规范管理工作的组织领导，进一步明确规范管理要求。做好后勤服务人员的管理工作，完善后勤服务人员相关台账管理信息，完成办理后勤服务人员聘用（续聘）审批 12 宗。

【事业单位登记管理】　2023 年，中共蕉岭县委机构编制委员会办公室做好事业单位日常登记管理和年度报告工作，办理变更登记 102 件，设立登记 2 件，注销登记 8 件，拟注销公告 4 件。对蕉岭县镇平小学、蕉岭县南礤镇卫生院等 5 家事业单位开展法人公示信息实地核查工作，将抽查结果在广东事业单位登记管理网公示，加强事业单位监督管理。做好机关群团社会信用代码赋码工作，完成机关群团统一社会信用代码证变更登记 14 件，初领 1 件。构建事业单位章程管理架构，推进事业单位章程制定（修订）和核准（备案）工作，事业单位章程公示 107 宗。建立政务和公益专用中文域名注册、续费电子台账，将政务和公益专用中文域名注册管理工作纳入机构编制常态化管理。（曾令雪）

2023 年中共蕉岭县委机构编制委员会办公室负责人名录

县委组织部副部长、主任：刘　华

副主任：钟利美　丘标元　徐达云

党　校

【概况】　2023年，中共蕉岭县委党校坚持以习近平新时代中国特色社会主义思想为指导，认真贯彻落实习近平总书记关于党校工作重要论述，围绕县委建设苏区融湾先行区综合示范窗口的要求和争创市内县级一流党校的目标，发挥教育培训基层党员干部主渠道、主阵地作用，为推动蕉岭老区苏区振兴高质量发展贡献力量。

【主体班培训工作】　2023年，中共蕉岭县委党校按照县委部署，举办蕉岭全县党校系统教师学习贯彻党的二十大精神专题研讨班、优秀普通党员培训示范班、全县村（社区）“两委”干部示范班、优化营商环境提升工作效能专题班、蕉岭县打造梅州苏区融湾先行区综合示范窗口专题培训班、县人大代表履职培训班、蕉岭县中青年干部培训班暨《习近平著作选读》专题读书班等18期，累计培训2309人次。

【外培班工作】　2023年，中共蕉岭县委党校活化利用本地资源，开发现场教学点，文福羊岃村丘成桐祖居、中国仓海诗廊及广福镇广育村乡村振兴现场教学点被确定为第一批梅州市委党校（梅州市行政学院）教学研究基地（现场教学点）。通过在教学基地开设各类专题培训班，讲好蕉岭故事、传播蕉岭声音，宣传和推介蕉岭。2023年，接待大埔先进党员培训班、梅县统战部干部培训班两批次，共培训外地学员100多人次。

【宣讲工作】　2023年，中共蕉岭县委党校选派教师参加县委宣讲团到各单位宣讲，其中开展党的二十大精神宣讲38场次，受众2566人次；习近平总书记视察广东重要讲话重要指示精神宣讲36场次，受众2412人；《习近平著作选读》宣讲31场次，受众1995人。

【科研工作】　2023年，中共蕉岭县委党校坚持科研工作与县委县政府中心工作相结合，深入开展调研，撰写调研报告、论文，申报立项课题等。2023年，该校承担的“关于构建赣闽粤原中央苏区对接融入粤港澳大湾区振兴发展梅州先行区（蕉岭片区）的研究”的市级课题顺利结题；参与的中共梅州市委党校关于“加快推进梅州文化强县建设的路径研究”的课题顺利结题。申报“创新党建引领路径，促进基层治理的提质增效——以蕉岭县基层治理创新为例”和“抓党建促‘百县千镇万村高质量发展工程’研究”2个市级科研课题；《乡村振兴背景下基层党建工作创新路径》《党建工作深度融入党校教学科研的实践》在省级刊物发表，分别获全市党校系统2021—2022年度优秀科研和决策咨询成果二等奖、三等奖。　（林洁文）

中共蕉岭县委党校负责人名录

县委常委、县委组织部部长、校长：谢伟传（兼）

常务副校长：王洪星

副校长：杨文敏　王卫东（11月任职）

专职校委：赖丽群

宣 传 工 作

中共蕉岭县委宣传部

【概况】 2023年，中共蕉岭县委宣传部坚持以习近平新时代中国特色社会主义思想为指导，自觉承担“举旗帜、聚民心、育新人、兴文化、展形象”的使命任务，扎实有效抓好各项工作，为蕉岭打造“百千万工程”典型县，加快建设梅州苏区融湾先行区综合示范窗口提供坚强的思想保证和舆论支持。

【思想理论武装】 2023年，中共蕉岭县委宣传部服务县委理论学习中心组理论学习，召开专题学习研讨会11场次，提供学习辅导材料300多份、学习书籍刊物12套。组建3个旁听工作组，对8个镇党委与5个县直党委（党组）理论学习中心组学习进行列席旁听。开展习近平新时代中国特色社会主义思想、党的二十大精神宣讲等“六进”活动380多场次，活动覆盖3万多人次。在微信公众号开设专栏，拍摄、发布组织短视频活动，扩大宣讲覆盖面提高影响力。坚持以习近平新时代中国特色社会主义思想作为网络内容建设的中心内容，累计在各新媒体平台发布相关报道、文章100多篇。

【意识形态责任落实】 2023年，中共蕉岭县委宣传部组织全县党委（党组）书记签订责任书，压实意识形态工作“第一责任人”责任。召开4场意识形态工作联席会议，确保大局稳定。开展“网络安全宣传周”活动。加强对全县户外公益广告的排查，累计发现和整改问题126处。做好4个红色革命遗址布展项目的意识形态审查工作，结合县委巡察工作，开展意识形态工作责任制专项检查，推动各党委（党组）压紧压实工作责任。

【主流舆论引导】 2023年，中共蕉岭县委宣传部围绕中心工作，开设“百千万工程·蕉岭实践”“喜迎第六届世界客商大会”“学思想 强党性 重实践 建新功”“作风建设在行动”等专栏，累计播出电视新闻1400多条，在各类新媒体平台发布相关文章、视频约600篇1000次，拍摄制作重大主题的宣传片200余部。加强与上级新闻媒体的沟通联系，分别与南方报业传媒集团、梅州日报社和梅州市电视台签订战略合作协议、共建南方+蕉岭频道合作协议，共办《寿乡蕉岭》24期，讲好蕉岭故事。传承红色基因，依托爱国主义教育基地、革命历史类纪念设施和新媒体平台，开展各类群众性国防教育宣传活动和爱国主义教育活动，引导广大干部群众强化国防观念和忧患意识。

【精神文明建设】 2023年，中共蕉岭县委宣传部以社会主义核心价值观为引领，深入实施公民道德建设工程，加强和改进未成年人思想道德建设工作。以文明城市创建为龙头，推进精神文明创建活动，开展网格化管理提质增效、交通秩序专项整治、老旧小区改造提升、党员带头倡导移风易俗新风尚等系列行动，着力提高城市精细化管理水平，提升社会文明程度。深化结对共建，启动“文明寿乡·德润万家”乡风文明建设宣传百村行活动，培育文明乡风，助力“百千万工程”。推动志愿服务制度化常态化，协调调度志愿服务组织、志愿者下沉基层开展惠民利民便民志愿服务活动2700余场次。选树先进典型，组织学习宣传活动，引领文明风尚，2023年全县获第八届广东省道德模范提名奖1名，“广东好人”称号4名、“梅州好人”称号6名、梅州“新时代好少年”称号2名。

【文化事业发展】 2023年，中共蕉岭县委宣传部坚决贯彻落实习近平文化思想，抓好各项文化事业发展。完善村级文体设施，顺利完成提质增效达标率65%以上的任务；推进5个省级红色革命遗址保护利用项目，已经竣工4个；做好非遗工作，新增4个县级非遗代表性项目，新认定4名县级非遗代表性传承人；积极实施传统节日振兴工程，累计开展各类群众文化活动430余场，受益群众33万人次；举办“护苗2023·绿书签行动”主题书画比赛，制成“扫黄打非”课件入选全县31所中小学校“开学第一课”活动，被国家绿书签微信公众号选用宣传；抓住省级体育赛事、客商大会等重要时机，举办蕉岭长寿食品暨名特优农产品展、“寿乡客韵”文艺演出等一系列具有特色的文旅宣传活动。

（徐倩倩）

2023年中共蕉岭县委宣传部负责人名录

县委常委、部长：陈丽（女）

常务副部长：曾向君（任至8月）

戴春华（11月任职）

副部长、县社科联主席、县文明办主任、县新闻出版局（县版权局）局长：丘仕松

副部长、县互联网信息办公室主任：罗伟钦

精神文明建设工作

【概况】 2023年，蕉岭县深入贯彻落实习近平文化思想，学习领会习近平总书记关于社会主义精神文明建设的重要论述，聚焦“百千万工程”，统筹推进城乡文明培育、文明实践、文明创建，以争创全国县级文明城市为抓手，更好满足人民对美好精神文化生活的新期待，为蕉岭高质量发展提供强大精神力量和丰润道德滋养。

【文明培育】 2023年，蕉岭县实施公民道德建设工程，改进先进典型评选机制和学习宣传形式，2023年评选表彰“蕉岭好人”20人，获评“广东好人”4人、“梅州好人”6人，1人获得广东省第八届道德模范提名奖，开展“榜样在身边”等先进典型学习宣传活动30多场。倡导文明健康绿色环保生活方式，开展文明餐桌、文明旅游、文明交通、卫生环保等主题活动240余场次。发挥党员示范带头作用，与组织、民政等部门联合实施党员带头倡导移风易俗新风尚专项行动，举办党员承诺签名活动9场、移风易俗主题宣讲宣传活动147场次，发放移风易俗倡议书1万多份。

【文明实践】 2023年，蕉岭县筑牢新时代文明实践“1+8+110”阵地矩阵，加强中心、所（站）优化建设和规范管理，开展学习实践科学理论、宣传宣讲党的政策等文明实践活动2700余场次。深化全国文明单位梅州市人民检察院与新时代文明实践中心结对共建，多形式开展结对共建活动，设立结对共建法治图书角1处。着眼于加强党的创新理论传播，扩大优质文化供给，持续推进移风易俗，推出“文明寿乡·德润万家”乡风文明建设宣传百村行系列活动，涵养文明乡风，助力“百千万工程”。新时代文明实践中心建设全覆盖工作通过市级评估验收并获评优秀等次，经省文明办推荐，在南方都市报作专题宣传报道。擦亮志愿服务品牌，2人获评梅州市最美志愿者，蕉岭县新时代文明实践“消防救援服务”志愿服务队、蕉岭县文化馆文化志愿者服务队和“周末哪里去·一起做公益——关爱乡村青少年”乡村振兴专项志愿服务项目

获评梅州市最佳志愿服务组织和最佳志愿服务项目。

【文明创建】　2023年，蕉岭县召开全县文明委全体会议暨创建全国县级文明城市工作推进会，部署推进全县精神文明建设工作。印发《蕉岭县精神文明建设委员会2023年工作安排》，将深化拓展群众性精神文明创建活动纳入重点工作。实施文明城市创建网格化管理“六个一”责任制，网格挂钩单位累计筹措资金186万元，为群众办理民生“微实事”4736件，提升群众生活品质。激发文明村镇创建动能活力，全国文明村九岭村入选广东广播电视台、南方都市报社“打卡文明村”系列短视频宣传对象。实施文明单位和文明校园常态化创建、动态化管理，蕉岭县人民小学获评“2021—2023年创建广东省文明校园先进学校”。开展文明家庭创建活动，评选表彰2023年“蕉岭县文明家庭”10户，中国仓海诗廊被命名为第四批梅州市家教家风实践基地。

【未成年人思想道德建设工作】　2023年，蕉岭县召开全县未成年人思想道德建设工作会议，推进未成年人思想道德建设工作。筑牢未成年人理想信念，开展“扣好人生第一粒扣子”“强国复兴有我”等主题活动2600场，引导未成年人更加坚定听党话、感党恩、跟党走。深化协同育人体系建设，实施家庭教育精准帮扶工程，开展家庭教育培训和家庭教育指导服务221次，覆盖全县2万多户家庭。深化工作品牌建设，教育、民政、团委等9个部门精心打造“润心”“携手相伴·童成长”等未成年人思想道德建设工作特色品牌，护航未成年人健康成长。有效发挥新时代好少年示范引领作用，评选表彰2023年蕉岭“新时代好少年”10人，2人获评2023年梅州“新时代好少年”。（陈　敏）

2023年3月31日，蕉岭县文明委全体会议暨创建全国县级文明城市工作推进会召开（县创文办提供）

2023年蕉岭县精神文明建设委员会办公室单位负责人名录

县委宣传部副部长、县文明办主任：丘仕松

县文明办专职副主任：林玉荣（女）

统一战线工作

中共蕉岭县委统战部

【概况】 2023 年，蕉岭县统战工作坚持以习近平新时代中国特色社会主义思想为指导，认真学习贯彻习近平总书记关于做好新时代党的统一战线工作的重要思想，把握团结奋斗的时代要求，巩固和发展最广泛的爱国统一战线，为打造苏区融湾先行区综合示范窗口，奋力推动蕉岭红色苏区绿色发展凝聚人心、汇聚力量。

【强化理论武装】 2023 年，中共蕉岭县委统战部学习贯彻党的二十大精神，深化统一战线的学习教育，把习近平新时代中国特色社会主义思想和党的二十大精神作为统一战线各领域主题教育的核心内容，作为培训重要教学内容，面向党外代表人士开展多形式、立体化、全覆盖的学习宣传和教育培训，组织党外代表人士、新的社会阶层人士到厦门大学举办履职能力提升培训班，着力提升统战成员政治素质和履职能力。

从严从实开展主题教育。从严从实开展主题教育，做好工作安排、学习计划，发放指定书籍共 112 本，组织党员通读党的二十大报告、党章，组织部领导班子成员集中学习、交流发言，部主要领导、党支部书记分别为全体党员上党课，开展集中学习、个人自学。分领域开展调研活动，形成 4 个专题调研报告，开展检视整改，抓好成果转化，抓好统战各领域工作，服务基层群众，为民办实事 3 件。

扎实开展作风建设。深刻领会习近平总书记关于作风建设的重要论述和市委、县委关于作风建设的要求，激发“作示范、勇争先”的志气，向全体干部发出《工作提醒》，抓好干部职工的日常教育管理，组织全体干部职工签订《廉政承诺书》，持续强化党风廉政建设，筑牢筑实干部职工廉洁防线，在服务高质量发展中转作风。

【汇聚统战力量】 2023 年，中共蕉岭县委统战部服务苏区融湾窗口服务。履行世界客商大会蕉岭县产业融湾系列活动联络组组长单位主体责任，精细做好嘉宾邀请联络、活动期间“一对一”接待服务工作。利用活动机会，开展对外联情联谊和苏区融湾、人才引进等外宣工作，讲好蕉岭故事，营造良好氛围。邀请县发改局负责人为新阶联会员和会员企业解读梅州方案及蕉岭县的实施方案；邀请税务部门负责人，召开税费新政宣讲交流会，为新阶联会员权威解读最新税费政策，激发新的社会阶层人士参与融湾窗口建设的热情。2023 年，中共蕉岭县委统战部服务“百千万工程”。发挥新的社会阶层人士自身优势，围绕县委县政府的中心工作，在苏区融湾先行区综合示范窗口、“百千万工程”、乡村振兴等方面发力。2023 年，共有 25 家新阶联会员企业投资房地产、酒店、旅游、新型建材、市场物业、长寿食品等产业项目 8 个，投资金额达 8.9 亿元，以实际行动助力“百千万工程”高质量发展。会同农工党蕉岭县委会和蕉岭县“百县千镇万村高质量发展工程”指挥部办公室赴汕头市濠江区开展联合考察学习活动；协助做好民盟省委会领导到蕉岭开展调研、台盟省委会专职副主委高洁一行到蕉岭助力乡村振兴调研、农工党市委会到蕉岭开展“百县千镇万村高质量发展工程”民主监督等服务工作，争取台盟省委会助力乡村振兴资金30万元。

【党外代表人士工作】　2023年，中共蕉岭县委统战部建立健全民主党派思想政治工作长效机制，贯彻落实《中国共产党政治协商工作条例》，结合蕉岭县实际，出台贯彻条例实施方案。支持民主党派聚焦高质量发展、“百千万工程”开展调查研究，协助做好农工党广东省委会在蕉岭县举办全省内部监督专题培训班、农工党汕头市委会到蕉岭调研等相关工作。开展党外代表人士队伍建设专题调研、走访、座谈活动，对党外代表人士队伍建设存在问题提出意见建议。举办以“凝心铸魂强根基 团结奋进新征程”为主题的蕉岭县党外代表人士能力提升培训班。在无党派代表人士中开展“我为百千万工程献一策”活动。做好县政协十二届委员、常务委员增补工作，增补后181名县政协委员中党外代表人士为111名，36名常务委员中党外代表人士为24名。

【民族工作】　2023年，中共蕉岭县委统战部加强和改进党的民族工作。开展民族团结进步进校园、进社区、进企业等活动，开展“民族团结一家亲，同心共筑中国梦”民族团结进步进社区主题活动、“反宗教极端思想共建和谐美好家园”主题活动4次，不断铸牢中华民族共同体意识。

【宗教事务】　2023年，中共蕉岭县委统战部推进宗教中国化蕉岭实践。指导各宗教团体结合坚持宗教中国化方向以及自身特点开展讲经讲道。组织宗教教职人员参加“教义教规融入社会主义核心价值观”专题讲座，开展“远离宗教极端思想 共建和谐宗教场所”主题活动。加强场所安全防范，在节假日和重要时间节点，向全县宗教团体、宗教活动场所发出安全防范工作通知，督促检查场所落实安全生产等措施，加强宗教活动场所安全防范工作。加强宗教工作“三支队伍”建设，开展宗教政策法律法规学习教育培训，提高民族宗教干部依法管理宗教事务能力。

【新的社会阶层人士工作】　2023年，中共蕉岭县委统战部做好新的社会阶层人士统战工作。利用县新阶联公众号、会员微信群推送或发送有关党的二十大精神理论文章31篇、苏区融湾政策信息18篇，走访慰问新阶层代表人士、党外代表人士和重点民营企业家56人，召开座谈会1场，宣传党的二十大和县第十四次党代会第三次会议精神。走访会员企业和新阶层人士，开展国家引才计划、市“青梅计划”“鸿雁计划”“宗匠计划”“金谷计划”及全县支持实体经济发展人才等政策的宣传和摸查工作。召开“网聚正能量 共筑同心圆”网络人士统战工作座谈会，举办县新阶联“奋进新时代 巾帼展风采”庆祝“三八”妇女节主题活动，引导新的社会阶层人士以实际行动助力蕉岭经济高质量发展。

【对外宣传工作】　2023年，中共蕉岭县委统战部做深做实海外统战工作，抓好对外宣传工作。通过“蕉岭台胞之家”微信群及《蕉岭乡音》《台北市蕉岭同乡会会刊》等渠道，传递乡音乡情，出版第32期《蕉岭乡音》，讲好蕉岭故事，推介投资环境，宣传招商政策。开展法治宣传。在桂岭学校开展“4·15”第八个全民国家安全教育日系列宣传活动，在三圳镇芳心村文体中心开展普法宣传教育进农村活动，发放《涉侨法规政策问答》《华侨回归定居》《华侨华人、归侨侨眷身份》等宣传资料，接受群众咨询并现场讲解《中国共产党统一战线工作条例》和涉侨法规政策。开展“侨”的调研。配合做好省委统战部副部长、省侨办主任庞国梅率队到蕉岭调研侨务工作，市委统战部到蕉岭开展做好新时代“侨”文章的专题调研等相关工作。开展励志助学。利用世界客商大会机会，向参会的海外侨胞做好引才宣传工作。

【港澳台统战工作】 2023年，中共蕉岭县委统战部向到蕉岭参访的中华嘉应学会教授宣传蕉岭引才政策，让更多的外出人才回乡参与中国式现代化建设。壮大爱国力量。与香港蕉岭同乡会共同举办“同心筑梦·共创未来”香港青少年交流活动，组织30多名香港青少年到梅州交流考察。旅港嘉应五属同乡会、香港平远同乡会组织45名会员到蕉岭开展“美丽家乡行”参访活动。第四届蕉岭县台胞台属联谊会完成换届。2023年，接待主要台湾团体50批922人次，接待到蕉岭考察交流人员65批1640人次，为归侨、侨眷、港澳台同胞等排忧解难12宗，为台胞寻根9宗。第六届世界客商大会期间，台湾苗栗县县长钟东锦带领35位台湾苗栗县的钟氏宗亲，开展寻根寻亲祭祖交流活动。开展走访慰问，春节、中秋和国庆期间走访慰问在蕉岭香港同胞、台湾同胞、港资企业、重点台属、港澳台主要骨干家属、港澳台籍返蕉岭人士和归侨骨干等130余人次，向香港蕉岭同乡会理监事发放150份家乡土特产礼物，派员赴港慰问义工骨干，全年共发放慰问品和慰问金合计人民币8万余元。按照香港“摘星计划”梅州管委会的统筹安排，确定6名贫困学子获得香港“摘星计划”组织无偿资助6000元。 (吴月环)

2023年中共蕉岭县委统战部负责人名录

常务副部长：夏新明（任至11月）
常务副部长、县委台港澳工作办公室主任、县台港澳事务局局长、县侨务局局长：邓汝芬（11月任常务副部长）
副部长：杨燕春（女）
副部长、县民族宗教事务局局长：王均平

信访·接待·保密

信访工作

【概况】 2023年3月，蕉岭县信访局由挂牌设置调整为单独设置，成为县政府工作部门（正科级）。全年蕉岭县信访总量465件次，同比上年611件次下降23.9%。其中，来信101件，同比上年166件下降39.2%，来访235件，同比上年225件上升4.4%，网信129件，同比上年220件下降41.4%。2023年，蕉岭县在全市信访工作考核中取得优秀成绩。

【无信访村（社区）创建工作】 2023年，蕉岭县制定《蕉岭县创建“无信访村（社区）”活动工作方案》，创建无信访村（社区）60个，占蕉岭县村（社区）的54.54%，完成2023年40%以上的村（社区）达到“无信访村（社区）”的创建目标。

【“千名信访干部千镇行解民忧”活动】 2023年，蕉岭县对口督办，紧盯联系镇，落实有案通报工作机制，采取电话督办和实地督办等方式，经常性开展督查督办。带案下访，直联干部带案下访、主动约访，深入研究联系镇2023年信访事项，重点对重复信访、多次来访的信访事项逐案研判、重点督办，推动解决信访突出问题。攻坚积案，直联干部结合中央交办蕉岭县第三批信访积案，科学统筹难案与易案、类案与个案、进度与质量，全程跟踪指导，严格结案审查，推动实体化解，做到“案结事了”。

【信访工作源头治理化解工作】　2023 年，蕉岭县强化领导干部接访下访。坚持常态接访，所有县领导每月至少接访一次群众，其中每月 15 日、28 日（节假日顺延）到蕉岭县信访局定点接访；强化信访矛盾排查分析研判。建立“横向到边、纵向到底”的信访矛盾滚动排查常态化工作机制，要求各镇利用周二固定下乡、网格管理的优势，对辖区的矛盾纠纷进行排查，做到发现得早、化解得了、控制得住、处理得好。强化初信初访化解，推行“接诉即办”工作机制，精准分流、跟踪督办、限时办结等环环相扣、闭环运行，确保件件有着落、处处有回音、事事有效果。

（钟信龙）

2023 年蕉岭县信访局负责人名录

县府办副主任、局长：王城庆

副局长：赖健平（6 月任职）

蕉岭县信访接待中心主任：利玲（女）

县委县政府接待服务中心

【概况】　2023 年，中共蕉岭县委县人民政府接待服务中心，做好到蕉岭各级领导和兄弟省、市、县负责人及海内外知名人士等的接待工作，做好县委、县政府指定接待宾馆接待服务工作的业务指导和全县接待服务系统干部职工的岗位培训工作。

【接待能力建设】　2023 年，中共蕉岭县委县人民政府接待服务中心把深入学习贯彻习近平新时代中国特色社会主义思想作为首要政治任务，把旗帜鲜明讲政治的思想基础贯穿于公务接待工作全过程，提高干部职工的思想觉悟。加强业务知识的培训，用好上级接待部门业务培训资料，组织干部职工认真学习借鉴省委省政府和珠三角等发达城市接待部门的先进工作经验，提高干部职工的业务理论水平。

【接待工作任务】　2023 年，中共蕉岭县委县人民政府接待服务中心聚焦蕉岭政务接待工作中的重点问题、难点问题，多次深入迎宾馆、醉美书院、顺龙酒店、山月居、寿乡醇品、培鸿乡墅、华侨大厦、桂园等接待点调研，掌握各个接待点在餐饮、住宿等方面的接待条件，针对接待点存在的问题、困难提出解决方案和合理性意见建议，把调研成果转化为解决政务接待问题的实招硬招，转化为推动蕉岭发展的务实举措，提高蕉岭政务接待水平。聚焦县委县政府中心工作，完成台盟中央和台盟省委会领导到蕉调研、省政府省人大常委会领导到蕉调研、市领导到蕉岭县调研并召开市委常委会会议、第六届世界客商大会蕉岭县产业融湾系列活动暨国家微生物种业产业技术创新战略联盟 2023 年年会、全市推进装配式建筑发展工作现场会、广东移动产业链头部企业到蕉岭县考察交流招商推介会、中国科学院院士来蕉调研考察等中央、省、市领导及重要客商、专家学者的接待服务保障工作，全年共承担公务接待任务 200 多批，5000 多人次。

【作风建设】　2023 年，中共蕉岭县委县人民政府接待服务中心从严从实推动作风建设各项工作落地落实，加强组织领导，成立加强作风建设工作领导小组，对标对表实践要求和工作职责深入查摆问题，以此深化模范机关创建活动，转变干部职工工作作风，形成奋起直追、竞标争先的新风正气；制定干部职工平时考核量化评分标准，设立“亮诺亮绩亮牌”公示栏，开展“竞标争先”活动，

引导党员干部在重大接待任务、重点工作中走在前、干在先、作表率，彰显新时代接待干部职工昂扬向上的精神风貌。（傅伟良）

2023 年中共蕉岭县委县人民政府接待服务中心负责人名录

主　任：丘　虹（女）
副主任：王漳华

保密工作

【概况】　2023 年，蕉岭县保密工作坚持以习近平新时代中国特色社会主义思想为指导，认真贯彻党中央决策部署和习近平总书记关于保密工作的重要指示批示精神，深入学习贯彻党的二十大精神，正确把握保密工作新形势，统筹发展和安全，各项工作取得新的成效。

【强化思想政治建设】　2023 年，蕉岭县保密局把党的政治建设摆在首位，学习贯彻习近平新时代中国特色社会主义思想，认识保密工作的政治属性，把握新形势新任务新要求，召开 2023 年中共蕉岭县委保密委员会全体会议，传达学习省市保密委会议精神，增强风险意识和敌情意识，树立底线思维，有效防范化解风险，不断增强做好保密工作的思想自觉、政治自觉、行动自觉，维护党和国家秘密安全。

【加强保密宣传教育】

结合“4·15”全民国家安全教育日活动开展保密法律法规和保密知识宣传　2023 年，蕉岭县保密局联合县委政法委、县委国安办、县普法办、县公安局前往桂岭学校、广福赴圩节现场组织宣传活动，现场展出宣传展板 29 块，发放宣传资料、保密小册子 4000 余份，观看宣传教育片 2 部，举办主题班会开展讨论 30 余场。

开展保密宣传月活动　2023 年，蕉岭县保密局开展保密教育线上培训，组织涉密人员通过保密观 App 和中国保密在线网站参与线上培训，学习失泄密典型案例及新型保密防范技术，提高保密业务能力水平，增强敌情观念，提高保密干部队伍综合素质。通过县委党校平台，开展保密教育培训，在 2023 年全县优秀党员培训班等课程中安排保密知识专题讲座普及保密知识。巧用网络新媒体，开展保密公益宣传，利用新媒体传播速度快的优势，通过电视台、县政府官网、蕉岭发布 App、蕉岭县博物馆公众号等渠道，播放宣传视频，发送宣传推文，扩大宣传覆盖范围，筑牢保密工作的人民防线。

举办专题教育讲座　2023 年，蕉岭县保密局邀请梅州市国家安全局负责人主讲蕉岭县国家安全形势保密专题教育讲座，切实增强蕉岭县领导干部维护国家安全的自觉性、责任感、使命感，营造全县知保密、学保密、懂保密的浓厚氛围。

梅州市保密教育示范基地建成并揭牌　在蕉岭县三圳镇东岭村举行梅州市保密教育示范基地挂牌揭幕仪式，作为开拓蕉岭县保密宣传教育阵地，讲好蕉岭红色保密故事的重要平台，为全县广大党员干部群众搭建新的保密教育重要平台。

【严格监督管理检查】

做好各类考试的监督管理　2023 年，蕉岭县保密局重视各类考试试卷的保密工作，制定 2023 蕉岭县涉密考试保密安全突发事件应急预案，认真配合做好高考、中考、蕉岭县事业单位招聘等 4 场考试的保密监督、指导和服务工作，确保所有考试试题万无一失，考试公平公正。

开展涉密档案数字化自查工作　2023 年，蕉岭县保密局组织全县各单位开展涉密档案数字化专项保密检查，加强机关、单位涉密档案数字化保密管理，切实筑牢档案工作安全保密防线，防范化解重大泄密风险。

严格开展保密检查工作　2023年，蕉岭县保密局对蕉岭县人民法院开展专项保密检查，及时查缺补漏，防范化解风险隐患，不断压实保密工作主体责任。联合县委机要局对县委办、县纪委办、县委组织部、县委宣传部、县委政法委、县水务局、县交通运输局保密工作责任制落实、网络保密管理、涉密计算机管理、涉密人员管理等方面进行专项检查，提升机关单位人员保密意识和防范技能。（卢润斌）

2023年蕉岭县国家保密局负责人名录

县委保密委专职副主任、保密局局长：钟云霞

副局长：陈　山

政策研究·综合政务服务管理

蕉岭县人民政府发展研究中心

【概况】　2023年，蕉岭县人民政府发展研究中心深入学习贯彻党的二十大精神，认真贯彻落实习近平总书记视察广东重要讲话、重要指示精神，围绕县委、县政府工作部署，紧扣打造梅州苏区融湾综合示范窗口、“百千万工程”蕉岭新样板，努力出思想、出政策、出精品，协助上级部门进行各类课题调研并提供相关材料，全力完成上级交办的工作任务。

【主题教育】　2023年，蕉岭县人民政府发展研究中心组织全体党员干部到江西寻乌调查纪念馆开展以“重温入党誓词，庆祝中国共产党成立102周年”为主题的革命传统教育。

【调查研究】　2023年，蕉岭县人民政府发展研究中心开展撂荒耕地复耕复种、高标准农田建设等方面的调研，围绕“粮食安全”这一国之大者，形成《蕉岭县主粮种植相关情况调研报告》。结合“百千万工程”工作重点以及主题教育具体要求，围绕县域经济高质量发展，开展建筑业发展、矿产资源利用、优化营商环境、先进制造业和规模以上工业发展等领域调研，形成5篇调研报告。

（杨雁芳）

2023年蕉岭县人民政府发展研究中心负责人名录

主　任：张丽春（女）

副主任：陈忠辉　杨海容

蕉岭县政务服务数据管理局

【概况】　2023年，蕉岭县政务服务数据管理局围绕苏区融湾先行区综合示范窗口建设、百县千镇万村高质量发展工程、加强作风建设优化营商环境等中心工作部署，持续提升政务服务水平，构建政府数字化治理体系，有效完成各项工作任务。

【政务服务水平提升】

持续加大政务服务效能监督力度　2023

年，蕉岭县政务服务中心实体大厅进驻单位41个，全年办件量为122917件。43个成员单位被纳入“粤省心”梅州市“12345”政务服务便民热线平台。转派工单4236件，按时办结率为100%，群众满意率为99.51%。“好差评”有评价办件数54981件，主动参评率为99.5%，差评整改率100%。深入开展“行政审批事项100%网上受理、100%网上办结”工作。印发《关于印发蕉岭县深化“行政审批事项100%网上受理、100%网上办结”工作方案的通知》，2023年依申请六类+公共服务实施清单1947项全部进驻政务服务中心（分厅），可网办率达100%。

推进“一件事一次办”主题集成服务落地实施　配合市级做好“一件事一次办”主题集成服务上线工作，在蕉岭县政务服务中心设置“一件事一次办”窗口，配备2名前台工作人员，协调县直相关单位做好“一件事”主题事项认领发布工作，已认领33个主题共122个事项。

推进基层政务服务标准化规范化便利化建设　指导、督促各镇围绕“品牌形象、管理规范、服务标准”的“三统一”要求，完成乡镇便民服务中心基层政务服务标准化规范化便利化建设主要任务，镇级便民服务中心均根据自身实际，设置2~3个综合服务窗口和“潮汐窗口”，配备2~3名“全科型”专职窗口工作人员并实施AB角管理，规范窗口收件（受理）办理程序，提供“全科式”综合政务服务。不断完善镇级便民服务中心各项便民设备设施，开展适老化、适残化改造，为有需要的群众尤其是为长者及残障人士提供绿色通道、帮办代办等专项服务，不断提升服务水平。

【“数字政府”建设改革】

强化体制机制建设　主动在蕉岭县“数字政府”改革建设工作领导小组框架下成立蕉岭县县级政务数据共享协调小组和建立蕉岭县“数字政府”网络数据安全协调机制，根据工作需求对蕉岭县“数字政府”改革建设工作领导小组部分成员作相应调整，理顺工作机制体制。

推进“粤系列”应用　2023年，蕉岭县大力推广粤智助政务服务一体机，助力“双百”工作“一网通办”能力落地基层，推动城乡居民养老金资格认证等359项高频民生服务“自助办”“就近办”。持续提升粤政易“一网协同”能力，推动梅州一体化政务协同办公平台与粤政易深度融合。拓展完善蕉岭县惠民信息平台的功能建设。对蕉岭县惠民门户网站、惠民App、惠民微信公众号、后台管理中心等进行基层小型工程项目功能板块升级，增加群众监督情况反馈功能，进一步强化监督作用。

（谢娟娟）

2023年蕉岭县政务服务数据管理局负责人名录

党组书记、局长：徐凌球

党组成员、副局长：陈贵平

副局长：李　珏

党组成员：谢　冰

党史·地方志·档案

县委党史研究室

【概况】　2023年，中共蕉岭县委党史研究室做好史料挖掘编纂、党史宣传教育和革命遗址保护利用等各项工作，发挥党史存史、资政、育人的重要作用。

【史料挖掘编纂】　2023年，中共蕉岭县委党史研究室挖掘、宣传蕉岭红色革命故事，向市委党史研究室报送《革命烈焰燃蕉阳》新闻报道稿，并在《梅州日报》《南方日报》等新闻媒体刊登。编纂《传承红色基因 赓续红色血脉》红色历史宣传册。协助县人武部做好县国防教育训练基地国防教育展厅布展工作，提供蕉岭地方党史的相关展陈内容。

【党史宣传教育】　2023年，中共蕉岭县委党史研究室推动党史学习教育进机关、进企事业单位、进城乡社区、进校园、进军营、进新经济组织和新社会组织、进网站，向县直有关单位和图书馆赠送由市委党史研究室编纂印发的《梅州市申报“中央苏区县”工作荟萃》和《百年历程 光辉丰碑（1921.7—2021.6）》——中国梅州地方历史主题画册。为进一步加强对干部群众的革命传统教育，到挂钩社区和中小学校开展党史宣讲活动，向全县中小学校发放《传承红色基因 赓续红色血脉》红色历史宣传册，累计发放2200册。

【革命遗址保护利用】　2023年，中共蕉岭县委党史研究室配合相关镇和县直单位开展革命遗址保护利用工作。协助蕉城镇、新铺镇、文福镇、三圳镇做好革命遗址保护利用工作，重点完成赖氏宗祠——红四军宿营地旧址、中共蕉岭县委成立旧址、创兆学校——抗日东区服务队旧址、刘安故居和钟占文故居5处革命遗址的展陈史料审核工作。协助南礤镇做好红四军入粤首胜公园红色驿站布展内容的提升工作。协助做好迎接省人大常委会检查《广东省革命遗址保护条例》实施情况的相关工作，按时报送本单位的实施情况自查报告。协助县文化广电旅游体育局做好蕉岭县旅游资源普查工作，按时提供涉旅红色革命遗址名录和简介。（江广梅）

2023年中共蕉岭县委党史研究室负责人名录

主　任：徐志良

副主任：丘奋飞

地方志工作

【概况】　2023年，蕉岭县人民政府地方志办公室抓住修志、编鉴主业，推进依法治志，围绕县委、县政府中心工作，挖掘整理和开发利用地情资源、历史人文资源，服务蕉岭经济社会发展。《蕉岭年鉴（2022）》在梅州市年鉴审读评议中，被评为优秀等次。

【《蕉岭年鉴（2023）》编纂出版】　2023年，蕉岭县人民政府地方志办公室做好本年度年鉴的编纂、出版、印刷，层层落实责任，保证编纂质量。强化指导，提高各镇各单位年鉴供稿人员的业务能力，年初印发年鉴供稿通知和年鉴编写知识小册子，在粤政易平台上建“年鉴供稿”工作群，将年鉴组稿的有关要求、注意事项、格式规范等内容发工作群，要求供稿人员学习，规范供稿。把好质量关，对各镇各单位提交的年鉴初稿，加强审核，对不规范的稿件退回供稿单位，要求重新组稿后提交。提高年鉴编辑的业务水平，初稿形成后及时召开年鉴编辑交流会，开展自我校对、审读修改相关内容等工作，多遍次通篇审核，做好补充与核实工作，确保内容正确、表述规范。注重创新提升，从封面设计、图片选用、彩版编排、纸张选用、装订方式改善等细节着力，提高《蕉岭年鉴》的编纂质量。《蕉岭年鉴（2023）》实现当年出版、公开发行。

【《全粤村情·蕉岭卷》编纂出版】 2023 年，蕉岭县人民政府地方志办公室经过进村普查、形成初稿、编辑修改、省市地方志办审核和出版社审查等多个环节，反复修改，多次完善稿件，核实补充相关数据资料，历时 8 年完成编撰成书，6 月，由广东旅游出版社出版发行。

【地情资源开发利用】 2023 年，蕉岭县人民政府地方志办公室结合蕉岭县实际，挖掘地情资源，充分开发利用。组织开展“讲村史、展村史、传村史”2023 年多彩乡村实践活动，发挥与嘉应学院政法学院共同举办实践教学基地的作用，发动、组织嘉应学院师生参加，深入广福镇广育村、南礤镇石寨村等开展乡村调研活动，报送作品 3 个。与嘉应学院政法学院联合举办地方志理论征文比赛，选派 1 名地方志干部到该院开设地方志工作理论公开课，提升地方志工作和蕉岭县的社会知名度和影响力。做好《广东乡村传统体育》《广东乡村特色技艺》《广东乡村经典菜肴》的稿件修改、补充和报送工作，提供稿件 7 篇、图片 3 张。配合完成《梅州市扶贫志》《梅州市全面小康志》的编纂任务，组织收集广东省地方志事业四十年图志图文资料，提供图片资料 13 类 16 张。完成 1 篇地方志工作论文和 1 篇资政报告。

【编辑创作《志说蕉岭百问》】 2023 年，蕉岭县人民政府地方志办公室为扩大志书的影响力，推动全社会读志、用志，致力推广、普及蕉岭地方文化，讲好蕉岭故事，聘请蕉岭县作协主席曾志雄组织编辑志书普及读本《志说蕉岭百问》。

【服务能力建设和信息化建设】 2023 年，蕉岭县人民政府地方志办公室在建设完善地方志办藏书查阅室的基础上，开展保管史志资料和提供查询服务工作，增强地方志部门存史、服务职能。全年提供查询服务 4 次，赠阅书籍 91 册。做好地方志信息化建设工作，完成 2016 年度以来的《蕉岭年鉴》和《蕉岭县志》《石窟一征》等地情书籍的数据入库及上架工作。参与广东省情网“产业·产品”栏目共建工作，补充修改提供资料 3 篇。

（古文粤）

2023 年蕉岭县人民政府地方志办公室负责人名录

主　任：李　最

副主任：古文粤　郭新辉

档案工作

【概况】 2023 年，蕉岭县档案馆坚持以习近平新时代中国特色社会主义思想为指导，以档案依法治理为路径，以实现数字化战略转型为关键，推进档案工作现代化建设，全面提高档案工作服务能力水平。

【主题教育】 2023 年，蕉岭县档案馆深入学习贯彻习近平新时代中国特色社会主义思想，充分认识“档案工作存史资政育人，是一项利国利民、惠及千秋万代的崇高事业”，坚定历史自信、档案自信，不断增强做好新时代新征程档案工作的神圣感、使命感和自豪感。

【档案利用】　2023年，蕉岭县档案馆创新服务方式，利用馆藏档案资源，提供档案原件复制、档案查询开具证明等服务。全年接待社会各界档案查阅利用223人次，复制173卷(件)，为社会各界利用档案提供翔实资料。

【档案安全】　2023年，蕉岭县档案馆开展档案安全风险排查，完善档案安全防护措施，健全档案安全长效机制。坚持“安全第一、预防为主”的档案安全工作方针，坚持问题导向，增强底线思维，认真梳理查找风险点，尽可能防止档案发霉和被虫蛀现象的发生，确保档案安全。

【档案接收】　2023年，蕉岭县档案馆协助县档案局指导各相关单位进行档案立卷归档工作，依法依规做好档案接收进馆工作，完成年度档案接收任务，全年接收20个单位档案43868件、1630卷。

【搭建电子文件管理软硬件平台】　2023年，蕉岭县档案馆把档案数字化项目纳入总体规划，投资100万元建设档案数字化管理平台，建成电子档案在线备份系统、统计系统、查询系统和全文检索系统，基本实现对电子档案的接收查询、管理和利用，为数字化档案馆建设打下初步基础。　（江华丽）

2023年蕉岭县档案馆负责人名录

馆　长：宋继平

副馆长：汤中辉　赖会南

法　治

社会治安综合治理

【概况】　2023年，中共蕉岭县委政法委员会着力打造新时代“枫桥经验”，常态化推动扫黑除恶斗争，筑牢平安建设根基，加大宣传力度，营造浓厚的法治氛围，各项工作取得显著成效，为推动蕉岭苏区高质量发展创造安全稳定的政治社会环境。

【维护稳定】　2023年，中共蕉岭县委政法委员会开展维护政治安全十个专项行动，维护国家安全。坚持以重大活动和重要节点维稳安保工作为牵引，强化风险隐患排查化解工作，完成全国两会、五一、中秋、国庆和第六届世界客商大会系列活动期间的重大维稳安保任务。推进社会矛盾问题八个专项治理，开展信访“一规范两治理”专项工作，抓实“五个健全”的维稳工作机制，压实属地责任和行业主管责任，落实“一案一档”和“一人一策一专班”工作措施，做好舆情应对和应急处置工作，成功处置“投长寿”专案，完成3个重大建设项目、1个重大政策调整项目、1个大型活动的风险评估。

【扫黑除恶】　2023年，中共蕉岭县委政法委员会聚焦信息网络、自然资源等重点行业领域，常态化开展行业乱象整治工作，铲除黑恶势力滋生土壤。制发“三书一函”5份、整改5份；收到涉黑恶线索3条均已办结完成。组织开展《中华人民共和国反有组织犯罪法》普法宣传“五进”等活动共65场，提高群众的知晓率和参与度，营造浓厚的常态化扫黑除恶工作氛围。2023年在全省群众安全感满意度调查中，蕉岭县常态化扫黑除恶成效满意度排名获得全市第一、全省第11。

【综合治理】 2023年，中共蕉岭县委政法委员会以“1+6+N”工作体系建设为抓手，打造基层“一站式”矛盾纠纷多元调处平台，创新实践新时代“枫桥经验”蕉岭样本，推进矛盾纠纷化解法治化，提升基层治理能力和现代化水平。建指挥阵地。统筹整合200万元项目资金，推动全县8个乡镇完成综治中心规范化建设。其中，广福镇被列为全市综治中心规范化建设示范点，打造“一站式”矛盾纠纷多元化解的实战平台，取得明显的效果。汇网格资源。完善网格运行机制，优化调整全科网格，配备网格员，每个网格完成“网格长+网格员+信息员”队伍的组建，同步优化基层党建、应急管理、综治、民政、市场监管等各类网格，推进“一网统筹”的全科网格全覆盖建设。聚“粤平安”云力量。组建“粤平安”社会治理云平台建设领导小组，整合各部门数据资源，实现网格事件全闭环管理。全年全县上报网格事件量共14233件，按时办结率100%，网格活跃度和网格账号活跃度100%，均达到省考核要求，在全市名列前茅。融六方举措。以镇综治中心为核心，因地制宜整合法院、检察、公安、司法、信访、专业人民调解组织等有关职能部门力量，把一村（社区）一法律顾问、专职人民调解员、法治宣传等机制与村（社区）调委会一起整合为调处矛盾纠纷的主要力量，形成化解矛盾纠纷的最大合力。全年共排查化解各类矛盾纠纷1748件，有效维护全县社会和谐稳定。

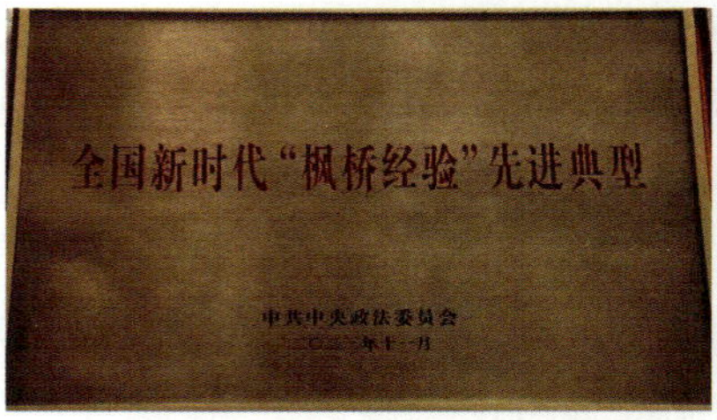

2023年11月，蕉岭县获“全国新时代‘枫桥经验’先进典型”荣誉牌（县委政法委提供）

【创新实践】 2023年，中共蕉岭县委政法委员会开展新时代“枫桥经验”本土化实践，挖掘运用客家围屋的精神内涵，将客家“围龙屋”蕴含的“诚信、情义、忠孝、和睦”融入基层社会治理工作，创新探索“客家围屋定分止争工作法”，从源头预防化解矛盾纠纷。11月，蕉岭县广福镇“客家围屋定分止争工作法”被中央政法委评为“全国新时代‘枫桥经验’先进典型”，得到省委政法委和市委政法委的肯定和推广。

【未成年人合法权益】 2023年，中共蕉岭县委政法委员会坚持问题导向，制订印发《蕉岭县开展保护未成年人合法权益专项整治实施方案》《2023年蕉岭县中小学、幼儿园周边环境综合治理工作方案》，构建整体政法工作合力，全年共召开3场专题工作部署会，县公安局、县城综局、县市场监管局等单位联合出动执法人员2110多人次，开展3次校园周边环境整治专项检查并发出整改通知书，定期进行复查，营造平安校园环境，确保全县广大师生安全。

【公共视频监控】 2023年，中共蕉岭县委政法委员会加强“平安蕉岭”社会治安视频监控系统的应用与管理，推进“雪亮工程”建设。全年基本完成蕉岭城区、8个乡镇、蕉华管理区及部分旅游景区等关键部位视频监控覆盖，为社会管理、治安防控、服务民生提供有力支撑。（徐丽婷）

2023 年中共蕉岭县委政法委员会负责人名录

县委副书记、政法委书记：林文建

政法委常务副书记：黄　敏

政法委副书记：曾艳贞（保留正科级待遇）

　徐裕平

县政法系统党委书记：林文建

县政法系统党委副书记：钟剑文

公　安

【概述】　2023 年，蕉岭县公安局防风险、保安全、护稳定、促发展，确保全县社会平安稳定。2023 年，全省群众安全感和公安工作满意度调查综合排名再度获得全市第一、全省第三，连续 5 年保持全市前列，为建设“平安寿乡”做出贡献。

【打击犯罪】　2023 年，蕉岭县公安局以各类专项打击行动为牵引，打击各类突出刑事犯罪，维护全县平安稳定。全年共立刑事案件 440 宗，同比上升 2.6%；破案 188 宗，同比上升 19.7%；抓获犯罪嫌疑人 201 人，同比上升 30.5%；刑拘 111 人，同比上升 60.9%；逮捕 90 人，同比上升 109%；移送起诉 150 人，同比上升 21%。全年呈现破案、抓获数、刑拘数、逮捕数、起诉数“五上升”。共立涉黑恶类刑事案件 8 宗，破案 8 宗，抓获犯罪嫌疑人 17 人，刑事拘留 13 人，逮捕 12 人，打掉以徐某某为首和以黄某某为首的两个犯罪团伙。全年电诈刑事立案同比下降 18.10%，财产损失同比下降 7.14%；查获为境外诈骗集团提供通信条件的犯罪窝点 4 个，共抓获涉“两卡”违法人员 76 人。守护绿美蕉岭，共破涉林案件 15 宗，非法狩猎案件 3 宗。共发现、受理、查处治安案件 565 宗，处理违法人员 239 人。

【公共安全】　2023 年，蕉岭县公安局守护人民群众生命财产安全。抓好“九小场所”、及烟花爆竹、民爆危化品等安全检查，全年未发生重大公共安全事故。完成第六届世界客商大会、高考、2023“梅马”等活动安保 25 场次，实现大型活动安保零差错。开展道路交通安全整治，每周开展“查酒驾”“戴头盔”等整治行动，加大“行车不礼让行人”“货车闯禁行”等违法曝光力度，创造安全畅通的道路交通环境，全年共查处交通违法行为 35923 起，同比增长 125%，下半年亡人交通事故环比下降 30.7%，全县道路交通环境明显改善。

【治安防控】　2023 年，蕉岭县公安局坚持打主动仗、下先手棋，构建全方位、立体化、无盲区的社会治安防控体系。全年共出动警力 10261 人次，开展各类清查行动 21 次，抓获违法犯罪嫌疑人 138 人，排查各类重点行业场所 1752 家次，查处违法娱乐场所 3 家。加强街面治安防控，深入辖区酒店、旅馆、KTV、网吧、酒吧等娱乐场所，以及出租屋、工厂、商超等人员聚集场所开展大排查大整治，消除各类安全隐患。深化“四个一”建设应用，提升“1、3、5 分钟”快速反应能力，提升见警率、管事率和震慑力。加强重点单位管理，推动建设最小应急单元 261 个，强化校园安全防范，全县各学校均配齐一键式报警系统，落实“高峰勤务”和“护学岗”，平均每天投入 40 余名警力，保障校园安全。筑牢入粤治安屏障，广福省际公安检查站全年共检查各类车辆 63631 辆次，抓获各类违法犯罪嫌疑人 67 人，查处非法运输烟草案件 12 宗，震慑跨省违法犯罪活动。加大公安宣传力度，做好新时代公安宣传报道工作，全年通过“蕉岭公安”微信公众号发布信息 402 条，阅读量 37 万人次；通过“蕉岭公安”抖音、视频号发布视频 122 期，浏览量 605 万人次，点赞量 12 万人次。

【护航经济】 2023年，蕉岭县公安局贯彻“百千万工程”决策部署，落实县公安局服务“百千万工程”30项举措，安全保障高质量发展，为建设梅州苏区融湾先行区综合示范窗口保驾护航。对全县重点工业企业建立属地派出所定点联系制度，建成企业最小应急单元71个，确保企业生产运营安全。重拳打击侵犯企业合法权益的违法犯罪行为，共抓获犯罪嫌疑人24人，刑事拘留18人，为国家和企业挽回损失520多万元，维护市场正常生产经营秩序。落实“双百”政务事项，推动246项公安政务服务事项100%网上办理和网上办结，推动高频业务“一窗通办”，推出“零门槛”入户，提升群众、企业办事便利度和满意度。推进摩电“带牌销售”“送考下乡”，全县共有24家摩托车、电动车销售点落实“查验、号牌安装”一站式服务措施，全年共举行“送考下乡”考试36场，成功申领驾驶证8640人。 （丘思诗）

升旗仪式（县公安局提供）

2023年蕉岭县公安局负责人名录

副县长、局党委书记、局长、督察长：
　吴东海（任至10月）
　钟剑平（10月任职）
局党委副书记、政委：张永忠
局党委委员、常务副局长：刘青泰
局党委委员、副局长：徐伟胜
局党委委员、刑侦大队长：李胜华
局党委委员、政工室主任：丘秀霞
局党委委员、驻局纪检监察组组长：林芳烈
局党委委员、副局长：丘国平

检　察

【概况】 2023年，蕉岭县人民检察院共有5个集体、17人次干警获国家、省、市、县级表彰奖励。其中，未成年人检察工作办公室荣获全国维护妇女儿童权益先进集体称号。

【聚焦服务】 2023年，蕉岭县人民检察院推进检察环节平安蕉岭建设，批准逮捕各类刑事犯罪67件96人、提起公诉106件136人。以“求极致”的态度优化，最大限度减少适用退查、延长审限，提前介入引导侦查17件，自行补充侦查2件。贯彻落实宽严相济刑事政策，推进认罪认罚从宽制度有效实施，适用认罪认罚人数151人，认罪认罚适用率达92.64%。服务保障梅州苏区融湾先行区综合示范窗口建设，发挥蕉华工业园区检察服务点职能，深入广福园区面对面听取园区和企业的法治需求，推进涉案企业合规改革试点工作，营造安商惠企的法治化营商环境。精准对接“百千万工程”、绿美蕉岭生态建设等中心工作的法治需求，选取三圳镇九岭村作为检察机关服务保障乡村振兴的试点村，用好“检察+试点村”的协作模式，建设法治文化长廊，人居环境整治提升、生态环境保护、乡村治理等重点领域工作，助力建设宜居宜业和美乡村。

【法律监督】 2023年，蕉岭县人民检察院落实“少捕慎诉慎押”刑事司法政策，依法不批捕14人，不起诉32人。发挥侦查监督与协作配合办公室作用，提升执法司法规范化水平，提出书面纠正意见35件。加强刑事执行检察监督，检察收押194人、出所231人。落实“派驻+巡回”检察，发出监督意见书42份。履行“公共利益代表”职责使命，办理公益诉讼案件93件。拓展公益诉讼新增法定领域，开展民生领域专项监督活动，促进 22 处室外公共健身场所设施维护更新、105 处无障碍设施完成整改。运用粤闽赣“三省五县”生态保护区域协作机制，联合武平、平远等检察院开展“河（林）长+检察长”巡河巡山 4 次，与三地检察机关签署跨区域野生动物保护生态公益诉讼协作机制，共同打造粤闽赣和谐生态边界关系。优化大数据应用平台分析研判功能，运用平台收集公益诉讼案件线索 197 条，立案 39 件。充分运用民事裁判文书分析研判平台办理民事检察案件 13 件。深入探索行政检察促进规范执法、融入社会治理新路径，办理行政检察案件 54 件，化解行政争议 3 件。1 宗行政非诉执行监督案获评“广东省检察机关年度十佳行政检察案例”。

【司法为民】　2023 年，蕉岭县人民检察院落实侵害未成年人案件强制报告制度，在全市率先上线强制报告智慧平台，通过平台收集案件线索 15 条，提起公诉 6 人。落实扶助关怀长效机制，“一对一”结对帮扶留守、困境儿童 29 名，走访慰问 80 余次。融入“1+6+N”基层社会治理，落实群众信访件件有回复、领导包案办理首次信访申诉案件等工作，受理各类信访案件 75 件，信访案件 7 日内程序性回复率、3 个月内办理过程或结果答复率均为 100%。落实“一镇一检察官”结对共建共治机制，检镇双方共商矛盾纠纷调处措施，组织参与调解活动 5 场。加强司法救助工作，发放救助金 14 万元。向县委、县人大及其常委会报告工作 4 次，走访人大代表 22 次，邀请代表委员视察检察工作，参加听证会和检察开放日等活动 47 次。召开公开听证案件 51 件次。

【筑牢思想】　2023 年，蕉岭县人民检察院第三党支部被评为广东检察系统党建工作“样板支部”，党建业务深度融合案例先后获梅州市第二届党建工作创新大赛三等奖、蕉岭县基层党建特色品牌称号。支持配合省委巡视组和市委巡察组工作，执行新时代政法干警“十个严禁”和防止干预司法“三个规定”，填报重大事项记录 29 件。实施“朝阳路 47 号”青年先锋队人才培养计划，组织干警参加培训、练兵超 1000 人次。　（肖诗雨）

2023 年蕉岭县人民检察院负责人名录

党组书记、检察长：周铁军
党组副书记、副检察长：徐卫斌
党组成员、副检察长：张世祥　林剑浩
党组成员、政治部主任：李红梅（女）

法　院

【概况】　2023 年，蕉岭县人民法院按照“强党建、提质效、讲大局、锻能力”工作思路，守正创新、笃行不怠、善作善成，推动蕉岭法院整体工作取得新发展。全年共受理各类案件 2526 件，办结 2479 件；结案率 98.1%，同比增长 1.5%。

【党建工作】　2023 年，蕉岭县人民法院坚持政治统领。开展学习贯彻习近平新时代中国特色社会主义思想主题教育，做“两个确立”拥护者，坚持党对法院工作的绝对领导。落实“第一议题”制度，执行《中国共产党政法工作条例》等党内规章，执行重大事项报告制度。建设习近平法治思想教育基地，打造新时代干警教育、实训、成长的新阵地。落实意识形态工作责任制，维护司法领域意识形态安全。坚持党建赋能。制定《蕉岭县人民法院党建领航赋能高质量发展重点任务清单》49 项措施，推进党建与业务融合共进，擦亮“1+6”党建品牌。开展“党建引领·业务共进”结对共建活动，鼓励各党支部与国有企业、挂钩村党组织开展党建联建活动，相融共促，助力企业发展，推动基层治理。“党建六面体”品牌获评梅州市第三届党建工作创新大赛二等奖。

【审判工作】 2023年，蕉岭县人民法院履行刑事审判职能，守护家园“平安久治”。贯彻落实总体国家安全观，推进平安蕉岭建设，受理刑事案件109件，审结108件，结案率99.1%。贯彻《中华人民共和国反有组织犯罪法》，开展扫黑除恶斗争；依法严惩侵害妇女儿童权益犯罪，审结强奸、猥亵儿童等案件13件，判处五年以上有期徒刑11人，重刑率84%，其中判处十年以上有期徒刑6人；依法打击危害群众生命财产安全犯罪，审结故意伤害、敲诈勒索等犯罪案件29件；依法惩处危害公共安全犯罪，审结危险驾驶、交通肇事等犯罪案件24件；依法惩治涉网络犯罪，审结网络婚骗、帮助信息网络犯罪等案件11件。加强人权司法保障，落实刑事案件律师辩护全覆盖。化解民事纠纷，弘扬“良法善治”。受理各类民事案件1376件，审结1339件，结案率97.3%。深化家事审判改革，审结婚姻、继承、赡养等案件206件；联合县妇联探索建立家事纠纷跟踪回访机制，做实家事纠纷化解“后半篇文章”；处理劳资纠纷，审结追索劳动报酬、解除劳动合同等案件32件；稳走“农路”助推乡村振兴，审理涉农承包合同、相邻纠纷等案件75件；守护道德风尚，判决擅自将夫妻共同财产赠与第三者的行为无效。

【执行工作】 2023年，蕉岭县人民法院破解执行难题，促进社会“和谐之治”。受理各类执行案件1008件，结案1002件，结案率99.4%，执行工作指标考核得分全市第二，继续位居前列。优化“失信+舆论”双惩戒、“警务化+集约化+动态化”等30余个执行“微改革·微创新”项目，推进“执行质效竞标争先”专项行动。秉持善意文明执行理念，探索“预罚款、预拘留、预失信、预限高、拒执罪预告”等“五预”执行方式，“先礼后兵”督促案件协助义务人惠州某建筑公司等履行协助义务。探索建立失信被执行人信用修复制度，发出5份信用修复证明。探索执源治理新路径，通过抓“源头”、挪“程序”、减“流程”，提高执行质效，一审民事生效裁判申请执行率同比下降12.9%。“三端链式”山区农村执源治理工作法被市委平安办采用，作为“枫桥式”工作法向全市推广学习交流。

【服务大局】

护航营商环境 2023年，蕉岭县人民法院司法制定《蕉岭县人民法院关于为全力打造梅州苏区融湾先行区综合示范窗口提供司法服务的具体措施》，服务蕉岭经济社会高质量发展。建立涉企案件“绿色通道”，审结涉企纠纷案件605件，处理企业咨询82条。探索类案专审、“要素式”审判，涉金融案件平均审理用时缩短37天。联合县工商联常态化开展“法润民企助发展”活动，全覆盖走访全县规模以上企业，以“请进来+走出去”相结合方式开展涉企普法活动7次，点对点“闭环服务”助力民营企业发展。强化风险预警机制，发出司法建议13份，其中《关于进一步规范食品安全市场管理的司法建议》被市中院选送参评“全省法院优秀司法建议”并进入复评阶段。审结全市法院首宗预重整转重整案件，该案做法被省法院作为“府院联动挽救困境企业”的典型案例采用。

法治保障基层治理 2023年，蕉岭县人民法院司法坚持能动司法，融入“1+6+N”基层社会治理体系建设，实施“庭、站、点”三位一体融合共治工程，将各镇诉讼服务站升级为诉源治理工作站，并进驻各镇综治中心。靠前服务，分别在广福、蕉华工业园和丝苗米、毛竹省级现代农业产业园设立法官服务点，以“一园区一专班”工作机制提升服务园区建设和特色产业发展效能。探索创

建11个“无讼村居”，力求推动“小事不出村、大事不出镇、矛盾不成讼”。优化“一庭挂两镇”市域社会治理参与机制，以“定时+随需”的模式开展上门法律服务176次，协同调处矛盾纠纷120件，开展巡回审判9次。推行客家围屋工作法，典型案例《谣谚调解“让一让” 再现邻里“六尺巷”》被依法治市办采用，并编入全市调解员培训课程。

推动生态环境协同共治　深化环境资源审判“二合一”改革，尝试“劳务代偿”担责方式，依法审结危害珍贵、濒危野生动物及滥伐林木等破坏生态环境和资源的犯罪案件13件。探索“跟踪+回访”督促履行机制，传递“生态有价，损害担责”价值导向。蕉岭与县林业局联合印发《关于建立“林长+森林法官”协作机制的意见》，在长潭省级自然保护区管理处设立“森林法官”工作室，府院联动协同共治。以“科普+普法”形式利用全国生态日、世界环境日开展普法宣传，提高群众环保意识和法治观念。

【司法为民】　2023年，蕉岭县人民法院擦亮为民底色。加强“三中心”软硬件建设，优化“一站式”司法服务，减轻群众“问累、诉累、跑累”。网上立案666件，网上开庭212次，网上调解302件，网拍成交44件2147万元，诉前调解成功533件，速裁结案348件，签发律师调查令61份。开设判后答疑窗口，常态化做好释法说理工作，一审服判息诉率88.6%，同比提高5.2个百分点。落实特殊困难群众司法救济措施，发放司法救助金15.86万元。提升普法惠民成色。着力打造“青春耀法徽·法润寿乡红”普法品牌，探索形成“三式融合”普法模式，全年开展各类普法活动51场，受众3万余人。与蕉岭县教育局联合打造“蕉岭县中小学生法治教育实践基地”，通过“每周进法院”开展中小学生法治教育33次，直接受教育学生3000余人次。青少年法治教育工作得到到蕉岭视察的全国、省人大代表的肯定和赞许，《人民法院报》头版予以报道。

【队伍建设】　2023年，蕉岭县人民法院锤炼司法本领。对标“一降两升三优化”审判质效提升评价目标体系1.0优化版，施行“三查并举”机制，加强问效监督，推动办案质效不断向好。多措并举提升素能，举办“4+2”业务技能竞赛，开展“互学互促”庭审观摩活动15期，开展政治轮训8次，进高校素能培训2期，组织“以老带新、以熟带生”书记员培训、业务学习16场，现场跟班学习33场。“开发商应交‘空置房’的物业费”等18个典型案例、特色举措被省法院采用，为历年最多。着力青年成长培优。实施“年轻干部成长工程”，制定《蕉岭县人民法院青年干警导师制实施办法（试行）》，推动年轻干部队伍成长可持续发展。优化审判团队，遴选3名年轻干警进入员额，确保优质审判资源驻守办案一线。突出“青年学、青年讲”，落实“正青春·政能量”青年理论学习小组常态化学习机制。组建服务苏区融湾先行区综合示范窗口建设青年志愿服务队，培养青年干警服务大局的自觉性和主动性。涵养廉洁新风正气。严守新时代政法干警“十个严禁”，落实防止干预司法“三个规定”，干警主动记录报告每百人填报数排名列全市法院第一、全省第八。配合市委第一巡察组开展常规巡察工作，落实市委、县委关于加强作风建设的决策要求，强化队伍管理。抓早抓小筑牢纪律防线，开展党内提醒谈话17人次、日常谈话107人次。　（蕉法宣）

2023年蕉岭县人民法院负责人名录

党组书记、院长：刘志平

党组副书记、副院长：丘忠列

党组成员、副院长：丘　吉

司法行政

【概况】 2023年，蕉岭县司法局聚焦法治建设、维护社会安全、护航高质量发展、提升基层治理等重点工作，履行司法行政各项工作职能，为蕉岭县推动深入实施“百千万工程”，打造梅州苏区融湾先行区综合示范窗口、实现高质量发展提供坚强法治保障。

【依法治县】 2023年，蕉岭县司法局发挥依法治县办统筹协调的作用，抓实法治政府建设，筹备召开县委全面依法治县委员会会议，学习贯彻党的二十大精神，研究部署全县法治建设工作，审议通过《蕉岭县2023年全面依法治县工作要点》《蕉岭县2023年法治政府建设工作要点》；落实法治政府建设年度报告制度，各单位、各部门主动公开发布法治政府建设年度报告；完成法治广东建设和法治梅州建设考评迎检工作；推进党政主要负责人履行法治建设第一责任人职责，组织开展部门负责人专题述法；完成对全县各个乡镇、县直单位依法行政的绩效考核；与广州市花都区开展依法治县结对提升工作，共同促进法治建设水平提档升级；开展第三批全国法治政府示范创建项目申报工作，蕉岭已被确定为候选地区。

【法治政府建设】 2023年，蕉岭县司法局发挥职能作用，推进依法行政，优化法治化营商环境，为高质量发展提供坚实法治保障。推进民主科学依法决策。开展2023年度重大行政决策事项目录制定和公布工作，印发《蕉岭县人民政府2023年度重大行政决策事项目录》《关于落实县政府重大行政决策和政府规范性文件后评估工作的通知》。加强行政性规范文件管理。推进合法性审查工作，严格落实县政府规范性文件、重大行政决策、相关政策文件的合法性审查制度。2023年，共开展合法性审查188宗，共备案6件政府规范性文件。推进涉及营商环境的行政规范性文件专项清理。推进严格规范公正文明执法。落实行政执法“三项制度”，监督行政执法信息公示公开工作。开展行政执法不规范专项整治工作和行政执法案卷评查工作，对蕉城镇、蓝坊镇开展乡镇综合行政执法领域案卷评查工作，对县公安局、县交通运输局开展专项整治案卷评查工作，对各镇、全县各行政执法单位开展案卷抽查86宗。落实行政执法人员持证上岗和资格管理制度，组织全县行政执法资格考试5场次，举办行政执法人员综合法律知识培训班3场次。推进全县8个乡镇和23个县级行政执法单位建设上线一体化行政执法平台应用。加强行政复议及应诉工作。落实行政机关负责人出庭应诉制度，履行行政应诉职责。2023年，共受理行政复议24宗，县政府行政应诉案件8宗，行政机关负责人出庭率达100%，无败诉案件发生。助推打造法治化营商环境。学习贯彻落实《广东省优化营商环境条例》和2023年新修订的《中华人民共和国行政复议法》，为经济社会发展营造良好的法治环境。开展推进包容审慎监管工作，指导各行政执法主体制定公布本主体减免责清单。推进行政裁量权基准制定和管理工作，全县共19个县直单位、5个乡镇直接适用上级制定的行政处罚自由裁量权基准，1个县直单位按照部门规范性文件形式制定并印发本部门行政处罚自由裁量权基准。

【社区矫正】 2023年，蕉岭县司法局落实《中华人民共和国社区矫正法》，推进“智慧矫正中心”建设，推动实现社区矫正工作法治化、规范化、信息化。截至2023年底，全县在管社区矫正对象133名，无脱管漏管虚管现象。加大刑释解教人员的帮教力度，落实“必接必送”制度，加强风险分析研判和预防预警，做到底数清、情况明。全年共接收安置帮教对象 181 人，在管安置帮教对象 611 人，没有发生脱管、漏管和重新违法犯罪情况。

【法律服务】　2023 年，蕉岭县司法局整合村（社区）法律顾问、公证、法律援助、人民调解等各类法律服务资源，推进智能化、便民化、现代化的公共法律服务体系建设。优化公共法律服务实体平台建设，提升公共法律服务的质量和效率。推进一村（社区）一法律顾问工作，全年共有 18 名律师与 110 个村（居）签订法律顾问合同，全县村（社区）法律顾问共为村（居）干部及村民解答法律咨询 1240 人次，出具专业法律意见书 23 份，草拟、审查、修改合同及其他法律文书 356 份，调解成功民间纠纷案件 58 宗，上法治课及法律培训 444 场次，其他法律服务 48 件。开展《中华人民共和国法律援助法》宣传活动，落实刑事案件律师辩护全覆盖工作，维护弱势群体合法权益。全年开展进社区、进乡村等法律宣传 13 场次，共受理、指派法律援助案件 166 宗，解答法律咨询和代书 120 多人次。

【法治宣传】　2023 年，蕉岭县司法局以“法律六进”活动为抓手，探索创新普法宣传新模式，为蕉岭县高质量发展营造良好法治氛围。推进“八五”普法规划，开展国家工作人员年度学法考法，组织领导干部参与旁听庭审案件；开展履职评议报告活动，推动形成上下联动、全民参与的普法格局；开展多主题普法宣传活动，全年开展宣传活动 60 多场次，发放宣传资料及宣传品 3 万多份；推进乡村“法律明白人”培养和“农村学法用法示范户”培育工作；开展省级“民主法治示范村（社区）”创建活动，新铺镇狮山村和蕉城镇城东社区被确认为 2023 年广东省“民主法治示范村（社区）”。

【矛盾化解】　2023 年，蕉岭县司法局坚持和发展新时代“枫桥经验”，推广调解领域“客家围屋工作法”，推进“1+6+N”基层“一站式”矛盾纠纷调处工作体系建设。依托三级联动调解网络体系和个人调解工作室，推进基层矛盾纠纷大排查大化解，促进平安蕉岭建设。全年共受理各类矛盾纠纷案件 588 件，调处率 100%，调处成功 584 件，调处成功率 99.3%。开展大排查 27 次，排查各类矛盾纠纷 173 宗，无民转刑案件发生。

【党建工作】　2023 年，蕉岭县司法局坚持政治统领党建引领，开展“立足岗位作贡献”“建言献策”“承诺践诺”“双报到、双服务”等活动，落实为群众办实事好事实践活动 15 场次，带头参与文明城市创建志愿服务活动 10 场次。2023 年，蕉岭县司法局 1 人被司法部授予“全国模范人民调解员”荣誉称号。（郭　榕）

2023 年蕉岭县司法局负责人名录

党组书记、局长：傅建新
党组成员：林忠平
党组成员、副局长：林建平　李忠福（女）
　黄胜松
党组成员、政工办主任：刘萍珍（女）

普法教育

【概况】　2023 年，蕉岭县普及法律常识办公室贯彻落实党的二十大精神和习近平法治思想，以“谁执法谁普法”普法责任制为抓手，加大全民普法工作力度，加强社会主义法治文化建设和法治乡村建设，促进基层依法治理和普法责任制的落实，助力蕉岭法治政府建设。

【学习宣传贯彻党的二十大精神和习近平法治思想】 2023年，蕉岭县普及法律常识办公室把学习宣传贯彻党的二十大精神和习近平法治思想作为全民普法的首要政治任务，纳入党委（党组）理论学习中心组常态化学习，纳入县委党校重点培训课程；组织全县干部职工参加“党的二十大精神”“习近平法治思想”网络专题学习；县普法宣讲团成员深入村（社区）开展习近平法治思想宣讲学习，深化党员干部对习近平法治思想的理解和认识。全县各镇各单位发挥法治宣传栏、法治长廊、法治文化公园等普法宣传阵地作用，运用微信公众号、视频号等多种媒体和平台，把学习宣传贯彻党的二十大精神和习近平法治思想引向深入，使法治成为社会共识和基本准则。

【宪法和民法典宣传】 2023年，蕉岭县普及法律常识办公室为宣传学习宪法、民法典，相继印发《关于开展2023年“美好生活·民法典相伴”主题宣传活动的通知》《蕉岭县关于组织开展国家宪法日暨宪法宣传周活动的通知》等文件，围绕“美好生活·民法典相伴”“大力弘扬宪法精神，建设社会主义法治文化”宣传主题，开展“法律六进”活动60多场次，发放各类宣传资料、宣传品1.5万多份。

【国家工作人员普法】 2023年，全县各级党委（党组）中心组学法100多场次；县委党校举办党员发展对象、村（社区）书记、初任公务员、事业单位新聘人员等各类培训班16期次，培训人员1000多人次；组织行政执法人员资格考试5场次，举办行政执法人员综合法律知识培训3场次、乡镇综合行政执法人员业务知识培训和广东省一体化行政执法平台系统操作培训各1场次，培训覆盖行政执法人员480多人次；9月14日，组织21名科级干部参与旁听案件庭审活动；组织全县8422名干部职工开展2023年度学法考试，平均分99.66分，优秀率达99.6%。

【青少年普法】 2023年，蕉岭县普及法律常识办公室贯彻落实《青少年法治教育大纲》，组织举办“宪法教育大课堂”“学宪法讲宪法”“宪法晨读”等活动，在“12·4”国家宪法日期间，全县28253名师生通过教育部全国青少年普法网同步参与“宪法晨读”，开展宪法宣誓；全县25676名学生参与第八届全国学生“学宪法 讲宪法”活动，参与率99%。发挥法治副校长作用，每位法治副校长举办法治宣传讲座每年不少于2次；积极开辟“第二课堂”，组织师生走进县人民法院19场次，观看普法微视频、参观法治教育实践基地，参观刑事大法庭、少年法庭等法治实践活动。5月17日，召开保护未成年人合法权益专题会议，全县各镇各单位开展“反诈、禁毒、防性侵”等未成年人保护法治宣传活动60多场次。

【农村普法】 2023年，蕉岭县普及法律常识办公室围绕“美好生活·民法典相伴”主题，开展法治宣传进乡村（社区）活动60多场次，发放宪法、民法典等法治宣传资料1.5万多份。推进农村“法律明白人”“农村学法用法示范户”培养工程，全县已培养村（社区）“法律明白人”达428人，“农村学法用法示范户”入册91户。发挥村（社区）法律顾问作用，加强农村普法教育。2023年，全县村（社区）法律顾问共为村（社区）干部及村民解答法律咨询1070人次，出具专业法律意见书21份，草拟、审查、修改合同及其他法律文书343份，调解成功民间纠纷54宗，上法治课及法律培训345场次，其他法律服务48件。

【公益普法】 2023年，蕉岭县普及法律常识办公室围绕国家安全、政治安全、防范化解重大风险、乡村振兴、污染防治、打击治理网络电信新型犯罪、预防青少年违法犯罪、知识产权保护、法治化营商环境等重点内容，结合“三八”妇女节、“3·15”消费者权益日、“4·15”国家安全教育日、“6·5”环境日、“6·26”国际禁毒日、“12·4”国家宪法日等时间节点，全县各镇各单位集中开展形式多样的公益普法宣传，营造尊法学法守法用法的社会氛围。全年该县开展各类普法宣传活动1000多场次，举办法治讲座120多场次，发放普法宣传资料5万多份，蕉岭电视台在黄金时段常年播放法治公益广告、相关法律条文，全县110个楼宇视频播放点全天候播放法治公益广告。

【新媒体普法】　2023年，蕉岭县普及法律常识办公室利用新媒体抓好普法宣传工作，运用门户网站、微信、微博、客户端等新媒体开展“云端普法”“指尖普法”，“梅州蕉岭普法”微信公众号推送各类普法信息200多条，关注人数5000多人。全县各镇各单位利用大众传媒开展法治宣传，在蕉岭发布App、长寿蕉岭、文明蕉岭等新媒体平台设立普法专栏；开辟“社区教育”“平安蕉岭”等全媒体栏目，探索群众关心关注的社会治理热点难点，宣传群众实用的法律法规知识，宣传司法行政工作成效等。

【履职评议】　2023年，蕉岭县普及法律常识办公室为推动落实普法责任制，从7月开始到11月中旬，组织履职报告评议团，分阶段开展国家机关“谁执法谁普法”履职报告评议活动。通过对参与评议的县公安局、县林业局、县退役军人事务局、县总工会和三圳镇人民政府5个单位进行实地考察、社会网络评议和履职报告评议，5个单位均达到优秀等级。

【法治文化建设】　2023年，蕉岭县普及法律常识办公室开展文化惠民、法治猜谜、法治嘉年华、法治文艺演出等群众性法治文化活动。1月，该办在碧桂园二期开展“笔墨挥春送祝福·法治宣传保平安”文化惠民活动，为群众撰写法治春联200余副。3月，与县司法局、县供电局等单位联合开展“以法赋能 电靓乡村”法治嘉年华群众性法治文化活动；12月，在“全国民主法治示范村”——广福镇广育村开展“弘扬宪法精神 传递法治力量”法治文艺演出。

【法治创建】　2023年，蕉岭县各镇各单位开展“法治镇”“法治单位”“法治村”等各项法治创建活动。蕉岭县人力资源和社会保障局获评“全国法治人社建设优秀单位”；蕉城镇城东社区和新铺镇狮山村获评2023年省级“民主法治示范村（社区）”。

【“八五”普法评估】　2023年是“八五”普法工作的中期评估年。县委宣传部、县司法局、县普法办联合制定印发《蕉岭县“八五”普法规划中期评估工作方案》，要求全县各镇各单位对照《“八五”普法规划评估重点内容》做好自查自评，对标评估考核指标逐项进行梳理，查找问题和不足，实事求是形成自查报告，并提出切实有效的整改措施。

（赖冬梅）

2023年蕉岭县普法办公室负责人名录

主　任：林建平

经 济

责任编辑：郭佳怡　古文粤

基础设施建设

交 通

【概况】　2023年，蕉岭县交通运输局围绕加快建设区域性综合交通枢纽和互联互通现代基础设施体系，构建外通内联的干线交通网络，重点推进交通建设项目15项，总投资约15.5亿元，完成年度计划投资约3.5亿元。重点推进开工建设武平至梅州高铁，推进蕉岭货运铁路项目前期工作；推动平远—蕉岭—大埔、梅县—永定（上杭）高速公路项目路线规划研究，长深高速蕉岭文福段塔牌互通立交工程项目等前期工作；不断优化升级城乡干线公路网，重点实施普通国省道公路改造11.56千米，完成通建制村公路单改双工程、国省道路网联结工程、县乡村公路改建工程、美丽农村路建设工程等“四好农村路”建设约96千米，实施村道公路安全生命防护工程60千米、危桥改造7座等项目。

截至2023年年底，蕉岭县境内有高速公路40.46千米，国道42.161千米、省道209.136千米、县道264.02千米、乡道402.63千米、村道580.814千米，全县公路通车总里程1496.636千米，公路密度达155.899千米/百平方千米。

【公路养护管理】　2023年，蕉岭县交通运输局坚持以建设良好的农村公路畅行系统和满足人民群众对美好出行的需求为目标，持续加大对农村公路网优化升级提档建设专项投入力度，加快推进具备条件行政村单车道改双车道建设，加快建设“美丽公路”，实施路面改造工程、公路安防工程、灾毁修复工程、功能性修复养护工程、桥梁维修加固或拆除重建工程，全面提升农村公路桥梁安全通行能力。坚持以养护为中心，以建设为重点，以管理为主线，加大日常养护监管考核力度，不断提升公路养护效能。依法履行路政管理职能，深入开展公路法律法规宣传和对破坏公路行为的整治，全面提升路域环境。积极开展道路安全隐患排查治理，压实安全责任，筑牢安全防线。

2023 年，蕉岭县交通运输局累计开展路政巡查 218 天，出动巡查人员 648 人次，巡查里程 11474.7 千米，收取损坏路产赔偿款总额 4388 元，奋力推动农村公路建养管工作高质量发展，助推蕉岭打造梅州苏区融湾先行区综合示范窗口。

【综合执法】　2023 年，蕉岭县交通运输局坚持“标本兼治、立足源头、长效治理”的原则，积极开展道路交通安全和运输执法领域突出问题专项整治、道路旅客专项整治百日行动和源头企业安全生产专项检查等系列专项行动，持续加大对超限超载、非法营运、侵占路产路权、源头企业违规装载等各类道路运输违法行为的整治力度，积极营造安全有序规范的道路交通环境。2023 年，共查处各类案件 1161 宗，其中，道路运政案件 95 宗、公路路政案件 25 宗、治超案件 1041 宗，共查处超限车辆 51 辆次，超限卸货达 2333.28 吨，非现场执法案件 911 宗，处罚源头企业 67 家次。全力降低道路交通安全隐患，有效预防重大交通运输事故发生，道路交通运输安全水平不断提高。　（骆佛胜）

2023 年中共蕉岭县交通运输局党组成员名录

党组书记：黄志权

党组成员：谢其才　张郁鹏　李敏燕
　　　　　周月芬　张剑生　谢文冠

2023 年蕉岭县交通运输局负责人名录

局　长：黄志权

副局长：谢其才　张郁鹏
　　　　张剑生（7 月任职）

总工程师：谢文冠

2023 年中共蕉岭县交通系统党委负责人名录

党委书记：黄志权

党委副书记：周月芬

蕉岭汽车运输有限公司

【概况】　蕉岭汽车运输有限公司隶属梅州市粤运汽车运输有限公司。蕉岭县汽车站建于 1996 年，占地面积 7630.6 平方米，建筑面积 2320 平方米。公司下设 4 个部门。公司现有职工 257 人，其中在册职工 106 人、退休职工 151 人，经营项目有旅客运输、汽车维修等。

【营运业务】　蕉岭汽车运输有限公司现有建制营运大客车 6 台，中巴 3 台，城乡公交车 50 台。经营蕉岭至广州、东莞、深圳、梅县等客运班线。截至 2023 年 3 月，公司共投入 50 台新能源纯电动车进行营运，开通 20 条公交班线，全面覆盖蕉岭县各乡镇，97 个行政村已通 89 个，通车率达 91.75%；2020 年 10 月开通村镇通新铺镇、广福镇、文福镇班线，共投入 50 台（宝骏 730、7 座）小轿车进行营运，极大方便全县人民群众的出行。

（徐均铭）

2023 年蕉岭汽车运输有限公司负责人名录

执行董事：钟荣浩

总经理：姚锦炜

副总经理：黄　雄

公　路

【概况】　2023 年，蕉岭县公路事务中心养护公路总里程达 136.803 千米，其中国道 205 线 42.161 千米，省道 223 线 21.5 千米，省道 224 线 30.918 千米，省道 225 线 18.335 千米，省道 332 线 23.889 千米。

【党建工作】　2023 年，蕉岭县公路事务中心扎实开展主题教育，党建工作再上新台阶。全年共组织全体党员集体学习13次，理论学习中心组学习31次，领导班子专题研讨5次，开展1次红色教育主题党日活动，领导班子共为全体党员上主题党9次，邀请县委宣讲团成员为全体党员专题宣讲2次。开展党风廉政建设。共对67人次开展党内谈话，其中“提醒谈话”8人次、“日常谈话”59人次。组织志愿文明服务活动。共开展各项志愿服务活动24次，累计526人次参加。

【公路建设】 2023年，蕉岭县公路事务中心善于长远谋划，重点项目建设取得新成效。国道205线蕉岭县樟坑至蕉华段改线工程，完成立项前置工作；国道205线蕉岭县闽粤交界至天汕高速文福出口段改建工程，已完成立项前置用地预审工作；省道223线蕉岭县隘罗坪至步上段改建工程，完成三项立项前置工作。蕉岭县太和亭与省道225线皇马水泥厂连接公路工程，上报立项申请资料；梅州市蕉岭县公路事务中心智慧公路建设项目，完成樟坑服务区建设、雾化降尘模块建设、前端点位布设、指挥中心机房建设，入选广东省智慧公路试点项目（2023年）；蕉岭县2023年度国省道干线灾毁恢复重建工程，已获得项目施工图设计批复；蕉岭县国省道智慧公路及配套设施科技示范项目，获得项目建议书批复。

【养护管理】 2023年，蕉岭县公路事务中心推进精细化养护，路况水平得到新提升。通过日巡查和月底考核方式监督第三方养护公司做好日常养护、推进机械化保洁工作。加强养护及中修工程，全年投入600多万元，对危桥进行维修加固，完成国道路面修复2000多米，设置和恢复标线1万多米。加强国道公路绿化和美化，投入100多万元对沿线绿化缺失路段进行补种提升2万多米。自10月起，蕉岭县公路事务中心接管4条新升省道222线、省道224线、省道225线、省道334线共116.639千米，由蕉岭县公路事务中心应急保障中心进行日常养护管理。为进一步加强绿美蕉岭生态建设，投资1156万元规划建成1个服务区和5个停车区。抓好国省道红火蚁防控工作，全年共发现和消灭红火蚁360处。2023年11月，养护人员对国道205线K2555+800处黄泥撒漏问题进行清理整治。

【路政管理】 2023年，蕉岭县公路事务中心着力转变职能，助推路政管理释放新效能。路政部门以“路政宣传月”活动为契机，深入宣传公路法律、法规，共发放宣传资料150多份，开展走访调研活动2次，走访企业2次，营造依法治路的良好氛围，并坚持日常巡查，发现、制止各类违章侵权行为，全年共收取赔（补）偿费用211790元，发现违法建筑15宗（其中报告交通运输局8宗、自行制止7宗），发出侵权行为告知书30份，清理公路淤泥杂物16立方米，处理乱拉广告横幅29幅，确保蕉岭县国省道干线公路路域环境得到有效整治。

【安全生产】 2023年，蕉岭县公路事务中心守牢安全底线，安全应急管理跃上新水平。今年以来未发生安全事故。全年共投入30多万元对2处上级督办隐患路段进行了隐患整治；投入60多万元修复了国省道坏烂路面3500平方米；投入80多万元用于维护国省道沿线安全设施、附属设施，重划路面标线3500平方米、重设标志牌35块、更换太阳能黄闪灯80多套、更换防撞沙桶350个、更换中间分隔栅栏150米、更换下水井盖40多个；出动4000多人次、1800多车次，主要清理了公路沿线水毁塌方1000余立方米，清理路障1200余立方米，清理遮挡树木、树枝共160多处，完成路面保洁、绿化修剪养护等工作，保证所管养国省道畅洁、绿美。（古诗倩）

2023 年蕉岭县公路事务中心负责人名录

党委书记、主任：曾剑涛
党委副书记、副主任：陈　新
党委委员、副主任：汤发群　黄　晓
党委委员、总工程师：陈方政
党委委员：钟　誉　丘志宁

邮　政

【概况】　2023 年，中国邮政集团有限公司广东省蕉岭县分公司全年累计实现业务收入 4421.06 万元，完成全年收入目标任务的 102.53%，同比增长 18.26%。

【邮政业务】　2023 年，中国邮政集团有限公司广东省蕉岭县分公司重视邮政业务。履行邮政普遍服务，推动普遍服务质量持续提升。落实党中央关于党报党刊发行工作的工作要求，配合做好党报党刊发行工作，实现党报当天见报，及时传递党的信息。机要通信特殊时期服务工作，确保党和国家政令畅通，机要通信保密安全万无一失。做好“扫黄打非”工作。成立“扫黄打非”领导小组及工作小组并制订专项工作的落实方案，签订“扫黄打非”责任书，落实守法经营责任。要求各单位严格落实和完善收寄验视、实名收寄、过机安检制度，杜绝不法分子利用邮政寄递渠道传播非法出版物。全县未出现非法出版物和涉嫌邪教问题邮件等通过邮政渠道进行寄递传播的情况。

【金融服务】　2023 年，中国邮政集团有限公司广东省蕉岭县分公司规范经营行为管理。不定期对网点人员加强学习教育，规范员工行为，提升从业人员的基本素质是保护消费者合法权益的根本，巩固和提升网点人员的消保服务意识和消保服务水平。加强产品信息披露和落实产品销售透明原则，实施产品销售专区和双录管理，规范服务收费行为管理，规范金融营销宣传管理，规范代销业务管理，加强特殊群体保护管理、代理网点管理、普惠金融管理。落实金融知识宣教工作。组织网点每个月开展常规的消保知识外出走访宣传活动，通过每月消保宣传活动，通过宣传活动提高公众对消费者权益保障的意识，引导和帮助群众正确了解各项金融业务知识。开展“3·15”消费者权益保护教育宣传周活动、2023 年普及金融知识 6 月系列活动宣传月活动、2023 年普及金融知识万里行活动、“7·8”全国保险公众宣传日活动、“反诈拒赌校园行”集中宣传活动、“金融知识普及月，金融知识进万家，争做理性投资者，争做金融好网民”活动宣传月活动。

【设施建设】　2023 年，中国邮政集团有限公司广东省蕉岭县分公司狠抓设施建设。推进“平安邮政”建设，强化教育，夯实基础，明确责任，精心构筑治安防范体系，全年安全生产零事故。推进服务乡村振兴战略实施，坚持以服务乡村振兴的“五大定位”为引领，持续深化“六大抓手”具体举措，以助力乡村产业振兴为主线，以邮政“四流”解农村“三难”为核心，推进三级物流体系建设运营，推动服务乡村振兴工作向纵深推进。

【企业管理】　2023 年，中国邮政集团有限公司广东省蕉岭县分公司狠抓企业管理。深化普遍服务思想教育，将普遍服务“根”“魂”思想和价值观刻进骨子里，融入血液中，落实到日常工作中。聚焦普邮重点业务、重点环节，确保普服各项指标达标提质。强化支撑抓队伍，调整各级人员配置。以教育培训为抓手，大力促进员工素质提升。注重青年人才培养。强化管控保平安，做好重大风险防范化解，全县邮政严格落实责任，保持内控案防高压态势。金融风险防控严防死守，

"平安邮政"建设持续推进。全县邮政未发生重大金融风险和安全事故，防范化解重大风险的成效和水平不断提高。

【精神文明建设】 2023年，中国邮政集团有限公司广东省蕉岭县分公司继续抓好精神文明建设。加强企业文化建设，持续开展志愿服务，及时公开各类公司发展信息，方便职工了解、监督公司运行。深化人文关怀，常态化做好帮扶关爱工作，开展系列"关爱职工送清凉、送温暖"慰问活动，凝心聚力，形成合力，推动公司有效益规模发展。加强职工思想工作，为企业和谐稳定发展提供基础保障，组织开展企业形势任务教育，结合邮政当前形势，做好邮政企业文化宣导。

（宋苑苑）

2023年中国邮政集团有限公司广东省蕉岭县分公司负责人名录

党总支书记、总经理：汤怀裕（任至5月）
党总支副书记、副总经理（主持工作）、寄递事业部副总经理（主持工作）：温永梅（5月任职）
副总经理：王裕庆（任至5月）
王良雄（任至8月）
钟　立（任至3月）
陈演城（5月任职）
李爱平（3月任职）
罗　冰（12月任职）
综合办公室经理：汤文元

中国电信蕉岭分公司

【概况】 2023年，中国电信蕉岭分公司坚持以习近平新时代中国特色社会主义思想为指导，深入学习贯彻党的二十大精神和习近平总书记对广东系列重要讲话、重要指示精神，围绕上级公司发展战略和工作部署，夯实网络基础并提升服务水平，完成各项目标任务和应急通信保障任务，助力地方政企数字化发展和乡村振兴建设，彰显国企担当，为蕉岭县经济社会高质量发展贡献力量。

【网络建设】 2023年，中国电信蕉岭分公司持续提升光网和移动网覆盖能力，累计开通592个千兆端口，满足县城区域、发达乡镇的千兆业务需求，助力政府千兆城市的建设。新建基站40个，其中，17个4G室外基站、6个4G室分基站，14个5G室外基站、3个5G室分基站，提高4G/5G网络覆盖率，保障用户使用感知。加快传统通信网络简化优化，推进通信设施共享，倡导绿色发展。

【重点信息化项目】 2023年，中国电信蕉岭分公司全力推动千兆城市建设，对全县宽带用户进行全面带宽提速，政企单位实现万兆接入，城区住宅小区100%实现千兆覆盖，在农村地区实现全部行政村和20户以上的自然村村村通光纤，全县宽带用户平均速率达300M以上。对平安乡村平台进行升级改造，结合智慧党建、一村一品、智慧农业等，助力镇、村数字化管理能力的提升，增强群众安全感、获得感，构建和谐、安全、美丽的现代化新农村。

【社会责任】 2023年，中国电信蕉岭分公司积极配合学校、卫生院、村委等单位完成老旧电脑升级，用信息化助力办公设施提质升级；发挥技术服务优势，完成翼盾扫描和安全大脑安装调测，协助县级安全平台初步建成，提升蕉岭县网络安全水平；全力做好线路设备巡检巡查、主备用纤芯测试、警务车业务开通等通信服务，完成2023年中、高考通信保障和高质量发展大会等47场政府会议通信保障工作；升级全县监控系统，完善"县—镇—村三级联防体系"，为社会治理、

打击犯罪、交通管理等做出贡献。　（林诗欣）

2023 年中国电信蕉岭分公司负责人名录

党委书记、总经理：叶志锋

副总经理：江国中（任至 1 月）

李志伟（任至 5 月）

赖欢辉（5 月任职）

张志景（5 月任职）

杨锋康（5 月任职）

中国移动蕉岭分公司

【概况】　2023 年，中国移动蕉岭分公司围绕振兴发展主题，加大资源投入力度，巩固网络优势，提升服务水平，推进信息基础设施建设。截至 2023 年年底，无线网络综合覆盖率超过 99%，移动电话市场份额超过 86%，光纤宽带入户率 100%，光纤宽带市场份额超过 65%，推动蕉岭县信息基础设施建设跨上新的台阶，促进全县经济转型升级和社会事业全面发展。

【信息基础设施建设】

无线网络　2023 年，中国移动蕉岭分公司累计投资 1500 多万元进行无线建设，建成 5G 基站 42 个，提升蕉岭区域信号覆盖质量，在全市率先实现 5G 信号村村通。补盲建设 4G 基站 12 个，4G 信号覆盖率进一步提升。

传输网络　2023 年累计投入 530 万元完善传输机房设备升级与改造共 15 个站点；累计投入 385 万元完善传输主干与接入传输网建设与网络优化共计 105 段，投入 160 万元完善重要节点机房建设 4 座（长潭村、洋山村、叶田村与青场新）。推动蕉岭第二重要汇聚机房建设。该机房是蕉岭大型数据中心，投入资金约 290 万元，主要存储和处理大量的数据。强化蕉岭区域网络安全，提升云计算、数据备份、网速提升等应用能力，完成土建工程 35%。

宽带建设　为更有效服务广大客户，共投入 50 万元完成宽带网络新覆盖、厚覆盖，建设新增汇珑湾、碧桂园滨江壹号等大型小区 3000 个宽带端口用于小区住户接入；对南礤镇石寨村、皇佑村等 20 多个行政村补增 2000 多个端口，以满足乡镇农村群众的宽带业务接入需求。

【网络安全保障】　2023 年，中国移动蕉岭分公司抓好基础维护工作，确保网络安全稳定运行，确保重大节假日、重要会议期间网络通信畅通，完成五一、中秋国庆、春节、农民丰收节、客商大会等现场的通信保障和两会、党代会、森林防火部署会等应急会商系统的网络保障。

【互联网+行动】

互联网+网络　2023 年，中国移动蕉岭分公司持续打造以卓越网络为核心的蕉岭县“互联网+”基础网络枢纽设施及服务，进一步完善各级政府、企事业单位办公场所及工业园区光纤网络覆盖，光纤覆盖率达到 100%，为各单位提供质优价廉的光纤网络接入服务，助力“互联网+”行动的落实。

5G+政务　2023 年，中国移动蕉岭分公司以“人工智能大平台”为抓手，运用 5G 新技术赋能高质量发展，推动 5G+AI+算力融合发展，助力各行业的数智化转型升级，构筑赋能千百行业的新高地，助力驱动经济社会高质量发展。通过打造智慧公路交通平台，实现公路管理智能化升级；建设智慧园区数字平台，提升智慧园区效能，促进数字经济和实体经济深度融合；打造高标准农田遥感监测系统，构建高标准农田绿色防控体系，促进农业规模化、专业化发展，助力乡村振兴；推动传统医疗影像胶片升级，实现影像数据共享，提升医疗服务质量和群众幸福感。

互联网+家庭 2023年，中国移动蕉岭分公司配合政府启动“电信普遍服务”项目，充分发挥中国移动光纤宽带“高起点、高技术、低资费、低门槛”的特点，大力开展光纤入村到户建设，行政村光纤100%到达，光纤入户率100%，光纤使用用户超过5.6万户。响应推动“平安乡村”“数字家庭”等智慧乡村、家庭建设，数字家庭客户规模超4.8万户、移动看家客户规模超3万户。

【精神文明建设】 2023年，中国移动蕉岭分公司坚持“预防为主、标本兼治、重在治本”的方针，加大综治工作力度，落实综合治理的各项措施和目标管理责任制，确保火灾事故、通信事故、伤亡事故、违法犯罪和治安事故“零发生”。履行社会责任，踊跃参与“反电信诈骗”“学雷锋”“创文志愿”及大学生社会实践活动等系列社会活动，履行社会责任，回报社会。 （黄利芬）

2023年中国移动蕉岭分公司负责人名录

总经理：张 磊

副总经理：刘茂才

项目经理：吴迪辉

中国联通蕉岭分公司

【概况】 2023年，中国联通蕉岭分公司践行“人民邮电为人民”的初心使命，全面建设广度、厚度、深度的智能化综合性数字信息基础设施，为经济社会发展畅通信息“大动脉”，构筑数字新底座。认真落实“强基固本、守正创新、融合开放”集团新战略，坚决扛起“数字信息基础设施运营服务国家队、网络强国数字中国智慧社会建设主力军、数字技术融合创新排头兵”的新使命，充分发挥自身的资源禀赋优势，服务“百千万工程”发展大局，在制造业当家、乡村振兴、绿美蕉岭、创建文明城市、优化营商环境等方面积极服务。全年主营收入持续增长，市场份额正增长。

【数字信息基础设施建设】 2023年，中国联通蕉岭分公司落实网络强国战略，服务数字中国、智慧社会建设，把握数字化、网络化、智能化方向，以技术领先、高度集成的“全覆盖、全在线、全云化、绿色化、一站式”数字化服务，助力千行百业“上云、用数、赋智”新发展。持续打造5G、宽带、政企、算力四张精品网，筑牢数字经济发展底座。5G精品网建设开通基站210个，基本实现全县行政村以上区域连续覆盖；千兆宽带精品网新建目标小区22个，实现全县大中型小区千兆升级；政企精品网完成11处下沉节点新建和优化，形成全县OTN网络布局，联网通信能力升级；算力网新建政务信创云，提供“中心云+边缘云+网+平台+安全”的一体化算网服务能力，夯实数字经济发展和产业数字化转型基座。

【客户服务】 2023年，中国联通蕉岭分公司开展“联通好服务用心为客户”窗口服务贯标与为民承诺活动，通过“响应及时、大师形象、服务专业、建立联系、评价满意”的服务标准明确智家工程师服务规范，通过装、维、修、营、服作业流程标准化构建智家工程师触点服务能力体系，内化于心，外化于行，以高水平服务保障家庭市场高质量发展，打造一支“服务优、技术强的高素质智家工程师队伍”，将联通“好网络、好产品、好服务”转化为联通的“好口碑”。

【乡村振兴】 2023年，中国联通蕉岭分公司充分发挥农业产业振兴的数字融合发展优势，以“加快县域振兴，促进协调发展”为主线，通过“数字乡村平台+通信合作社”模式，积极推进“集体经济创富行动”，2023 年已运营 2 个村，为当地乡村带来村集体经济收入，助力新型农村集体经济高质量发展，蕉岭县堑垣村被评为中国联通数字乡村 500 强标杆村。

【社会责任】　2023 年，中国联通蕉岭分公司履行社会责任，展现央企责任担当。圆满完成春节、两会、客商大会等多项重要活动及 3 次抗台风通信保障任务，实现安全生产责任事故、重大网络故障“零发生”，总体态势持续稳定。配合开展电信网络诈骗、骚扰电话等专项整治工作，深入社区、学校进行反诈、防溺水等安全知识宣传，通过 AI 推送上报线索，在“保障人民群众财产安全、维护社会和谐稳定”方面彰显了央企担当。（杨利红）

2023 年中国联通蕉岭分公司负责人名单

总经理：孙宇南

供　电

【概况】　2023 年，广东电网有限责任公司梅州蕉岭供电局全年全社会用电量达到 14.35 亿千瓦时，客户平均停电时间（低压）2.71 小时/户，同比下降 29.97%；用户平均停电时间（中压）3.66 小时/户，同比下降 21.29%。第三方满意度 88 分。

【服务地方】　2023 年，广东电网有限责任公司梅州蕉岭供电局坚定不移当好重大战略的贯彻者，推进区域协调发展，助力“百千万工程”。全年完成电网建设投资 8800 万元，全县电网结构进一步优化。推进新时代乡村电气化建设，与梅州局签订全市第一份共建协议。推进整线（成片）标准化治理工作，下达投资 3000 万元，完成 18 条线路、15 个村居问题排查，完成 10 条线路和 6 个村居可研报告编制任务。推进驻村帮扶工作，推动 20 万元投资额的光伏项目落户大坝，助力实现村集体经济收入达 15 万元目标。全面服务“双碳”目标，配合政府推进整县光伏项目建设，蕉岭县 610 个光伏项目快速接入。持续布点完善全县电动汽车充电网络布局，建成电动汽车充电桩 8 个，全县累计投运 38 个充电站、84 个充电桩，为人民群众绿色出行保驾护航。深化电能替代，顺利投产 2 座电烤房，建成“电烤房+特色农产品”综合利用项目，实现农民降本、集体增收、企业增效。持续保持清洁能源 100%消纳。

2023年11月22日，梅州蕉岭供电局“党建+优质服务”党员突击队在镇山公园开展“五走进”宣传活动，进一步提高广大群众电力设施保护意识和安全用电水平（肖思摄）

【电力供应】　2023 年，广东电网有限责任公司梅州蕉岭供电局坚定展现国企担当，扛起电力保供政治责任。电力供应平稳有序，完成售电量 13.95 亿千瓦时，有力支撑全县经济社会发展。联合县发改局等相关部门单位成立新型电力负荷管理系统建设工作专班，促进负荷精准控制和用户常态化、精准化用能管理。供电可靠性大幅提高。在全市率先实现低电压台区动态清零，用户停电时间大幅降低，中压线路故障率 1.67 次/百千米·年，指标排名全市第一，有效提升供电能力和用户服务水平。完成 24 个未接管小区与专业应急抢修队伍的签约，保障未接管小区可靠用电。安全隐患整治到位，配合政府排查涉电公共安全隐患 213 项，整改完成率 100%。全年累计治理各类隐患 2264 项。应急保电有力有效。成功抵御“杜苏芮”等台风及强降雨袭击，完成全国两会、中高考、第六届世界客商大会等 12 场重要保供电任务。

【营商环境】 2023 年，广东电网有限责任公司梅州蕉岭供电局把满足人民群众对美好生活的电力需要作为出发点和落脚点，用实际行动增强广大电力客户的“获得感”，提升闽粤相邻地区社会和用电企业满意度和电力获得感，与国网福建武平局创新建立“跨省办”“跨网办”服务机制，为闽粤两地 107 户企业群众解决办电“多地跑、来回跑”问题。异地受理并提前完成福建武平供电公司申请的县招商引资重点项目用电工程，获广东富久新材料科技有限公司赠予的“跨网办电效率高，跨省服务创价值”锦旗，以优质服务赢得企业赞誉。推动服务理念从“我无责任”向“用户满意”转变，第三方客户满意度实现较大提升。（钟明悦）

2023 年广东电网有限责任公司梅州蕉岭供电局负责人名录

党委书记、副总经理：庄苑忠

党委副书记、总经理：冯新龙

党委委员、副总经理：丘竟君　蓝威源

党委委员、纪委书记：薛　鹏

住房和城乡建设

【概况】 2023 年，蕉岭县住房和城乡建设局坚持稳中求进工作总基调，凝心聚力、真抓实干，加快重点工作攻坚，强化各项措施有效落地，以城乡建设高品质助推蕉岭发展高质量。

【“百千万工程”城镇建设】 2023 年，蕉岭县住房和城乡建设局设立县“百千万工程”指挥部城镇建设专班，指导各镇开展农房风貌品质提升工作，排查出需风貌提升农房 2263 栋；重点培育新铺镇为典型镇，推动新铺镇进行污水管网扩建、圩镇客厅建设、垃圾中转站提升改造等项目；谋划推进建筑业企业镇村帮扶工作，促成各镇与建筑业企业签订 18 份结对帮扶协议，确定 13 个结对帮扶项目，帮扶资金 32.2 万元，为“百千万工程”高质量发展注入新动能。

【建筑市场】 2023 年，蕉岭县住房和城乡建设局稳步推动建筑业高质量发展，全县建筑业总产值达 30.05 亿元，同比增长 48.6%；全县 6 家预拌混凝土企业年总产量为 46.11 万立方米，总销量 46.41 万立方米，总产值 1.311 亿元，同比增长 37.6%。牵头出台《蕉岭县推动建筑业高质量发展的激励措施》，推动成立蕉岭县建筑业协会，培育 6 家“四上企业”；对 33 个工程项目开展分包转包违法行为专项检查、农民工工资和用工实名制检查，出动检查人员 18 人次，发出整改通知书 14 份。持续优化建筑市场环境，着力规范建筑行业秩序，确保建筑市场平稳健康发展。

【房地产市场】 2023 年，蕉岭县住房和城乡建设局强化房地产市场监管，促进全县房地产市场健康有序发展。房地产市场完成开发投资 4.72 亿元，新办商品房预售许可证 8 宗 12.55 万平方米，同比增长 97.32%，新建商品房销售 967 套，销售面积 15.36 万平方米，同比增长 10.4%；销售金额 7.44 亿元，同比增长 8.8%；销售均价 4654 元/平方米，同比下降 6.09%。

【安全生产】 2023 年，蕉岭县住房和城乡建设局对全县在建房屋建筑和市政工程开展系列安全检查，出动人员 747 人次，检查在建工地

215 项次，发出整改通知 57 份，督促整改问题 366 个，发出动态记分表 104 份 197 条记 767 分；全县判定存在安全隐患的自建房共 268 栋，均采取管理措施或工程措施，安全隐患整治率 100%，切实消除安全问题和隐患。

【审批制度改革】　2023 年，蕉岭县住房和城乡建设局推进工程建设项目审批制度改革，编制行政许可清单 18 项，梳理并实施政务服务事项清单 49 项；办理房屋市政工程建筑工程施工许可证 25 件，全部实现电子证书，报建面积 83.41 万平方米，房屋市政工程验收备案 22 宗，验收面积 30.28 万平方米，房屋工程消防验收 4 宗，验收备案 5 宗，验收面积 15.97 万平方米；通过工建系统办理业务 281 件，全流程网上申请办理率 74.73%，并联审批率 72.24%；验收项目 21 宗，采用联合验收 16 宗，联合验收率 76.19%。（祁宏达）

2023 年蕉岭县住房和城乡建设局负责人名录

党组书记、局长：丘　伟
党组副书记、副局长：陈伟文
党组成员、副局长：傅小平　涂军海
吴有亮（11 月任职）
党组成员：涂国青　谢院新（6 月任职）

2023 年中共蕉岭县建设系统党委负责人名录

书　记：丘　伟
副书记：谢院新

蕉岭县城市管理和综合执法局

【概况】　2023 年，蕉岭县城市管理和综合执法局聚焦公共事业管理和城区环境卫生改善，扎实推进城市更新改造、城镇燃气安全专项整治、全国文明县城创建、市容环境整治、垃圾分类等各项工作，基本取得预期成效。

【公共事业管理】

市政基础工程建设　2023 年，蕉岭县城市管理和综合执法局实行全过程监管，坚持从严监督施工方，工程施工安全第一，效率兼顾，全年未发生施工安全事故。有序开展各项市政工程建设，完成蕉岭县县城基础设施及电路改造项目一期工程，完成蕉岭县县城智慧化停车场项目一期建设，新增 5 个智慧停车场 270 多个立体停车位，项目二期完成碧翠园侧停车场和碧水东街停车场建设；完成蕉岭县县城居民燃气户内设施改造 1.3 万户，改造内容为天然气用户户内报警装置安装及瓶装液化石油气软管更换；蕉岭县蕉城镇老旧小区周边配套基础设施提升改造项目完成电池厂宿舍、公安局宿舍、县小宿舍、百佳苑等 10 个小区的雨污管道及强弱电管道改造地坪恢复。

燃气安全管理　2023 年，蕉岭县城市管理和综合执法局落实城镇燃气行业安全监管工作，开展重大事故隐患排查整治和城镇燃气安全专项整治工作，完善组织制度，牵头成立蕉岭县城镇燃气安全与城市天然气事业高质量发展工作领导小组和县城镇燃气安全专项整治工作专班，制订实施《蕉岭县城镇燃气安全专项整治工作实施方案》，统筹协调各镇、各有关部门实施专项整治工作，形成工作合力，及时解决处理工作过程中遇到的重大问题。深入开展检查整治工作，全年牵头或组织各类检查 500 余次，出动检查人员约 2600 人次，排查安全隐患 474 处，整改 283 处，全年行政立案 1 宗。健全宣传机制。制订实施《蕉岭县城镇燃气安全专项整治工作宣传方案》，通过入户检查、公共场所宣讲等渠道累计派发燃气安全宣传单 1 万多份，提高燃气经营企业、各类燃气使用者及广大群众的燃气安全意识，提升社会公众防范化解燃气安全风险隐患的意识和能力，形成人人重视安全、人人关注安全、人人监督安全的社会氛围。

【城区环境卫生】

提升市容领域执法效能　2023年，蕉岭县城市管理和综合执法局严格执法，坚决守牢市容环境的底线，加强市容整治力度，按照“主干道严禁、次干道严控、背街小巷规范”的原则，全年规范查处违规占道经营行为5000余起，清理三乱广告1万余起，查处油烟污染、露天烧烤、工地渣土车扬尘撒漏等行为100多起。加大“两违”清拆力度，按照“控制增量、消化存量、分类处置、规范提升”的拆违总要求，强力推进辖区内违法建设整治工作，清拆沿街各类违法搭建的建（构）筑物20起，制止违法建设行为79次，拆除新增违法建筑617平方米，拆除存量违法建筑462.12平方米。

加强示范带动效应　2023年，蕉岭县城市管理和综合执法局切实加强城区市容环境改善提升，由局领导包干负责农贸市场、公园广场、十三网格等重点区域，引导带动干部职工全员参与“创文”工作。实行错时管理，对各网格实行“定人、定岗、定责、定目标”的管理规定，做到“事事有人负责，时时有人监管”。绿化蕉岭生态，全年累计修整绿化面积20多万平方米，完成补植各类乔木灌木2万株、地被950平方米、修整提升绿化带9.2千米。引导群众广泛参与，按照“疏堵结合、疏导优先”的原则，采取“强化沟通，促进理解，赢得支持，相互配合”的方法，加强宣传教育，引导商户群众参与“创文”工作，全年开展创文网格宣传17场，发放宣传资料1.6万余份，垃圾分类及城乡志愿清洁活动参与志愿者3000余人次，蕉岭人民对“创文”工作的参与感和获得感显著增强。　（赖彦君）

2023年2月17日，在熊德龙体育场开展垃圾分类宣传工作（县城市管理和综合执法局提供）

2023年县城市管理和综合执法局负责人名录

党组书记、局　长：谢志玉
党组成员、副局长：李　俊　陈伟平
林文胜
党组成员、执法大队长：何添胜（任至9月）
党组成员、环卫所所长：郭雪峰
党组成员、办公室主任：古苑晖

住房保障

【概况】　2023年，蕉岭县公有房屋和保障性住房服务中心围绕工作职责，抓好农村危旧房改造、城镇住房保障、公房管理、房地产市场和住宅小区物业管理。

【农村危房改造】　2023年，蕉岭县农村危房改造任务为16户，开工16户，竣工16户，竣工率达100%；县级进行验收合格通过15户，验收不合格不通过1户（未完整修缮加固、放弃整改，取消补助资格），验收合格通过率93.75%。已发放政府补助资金15户、35.25万元。

【城镇住房保障】　2023年，蕉岭县公有房屋和保障性住房服务中心以服务民生为重点，做好城镇住房保障工作。蕉岭县政府投资保障性住房建成528套，已分配456套，入住率达86.37%，对住房困难急需家庭安排入住公租房57户。全年发放租赁补贴23户，发放租赁补贴资金3.0699万元。完成30户城镇保障申请对象的调查审核，并在政府网站的保障住房专栏中公示。依据城镇住房保障有关法规，清退不再符合住房保障入住条件对象18户。

【公房管理】　2023年，蕉岭县公有房屋和保障性住房服务中心严格履行公房管理职责，对公房不定期进行安全检查，发现问题及时作出维护措施，消除安全隐患。全年共排查安全隐患749处，建筑面积1.3万多平方米，共维修35宗公共租赁住房和直管公房。

【物业管理】　2023年，蕉岭县公有房屋和保障性住房服务中心加强住宅物业行业管理，规范物业行业市场。督促指导物业公司加强各物业小区的巡查监管，做好三防应急工作，加强值班值守工作，及时上报突发情况，确保无安全事故发生。配合有关部门工作，下沉小区进行消防安全、三防、创文、垃圾分类等工作检查165人次，净化物业管理行业领域的环境，提升行业治理水平。全年共举办物业领域业务培训1次，前期物业合同备案1宗，住宅维修资金开户备案4宗，住宅专项维修资金列支备案13宗，解决居民生活实际问题97起。

【房产交易】　2023年，蕉岭县公有房屋和保障性住房服务中心严格执行商品房“一房一价”备案制度，规范商品房买卖活动，重点加大商品房预售资金监管制度执行力度，防控房地产潜在风险，杜绝因资金监管不到位造成的“烂尾楼”事件。蕉岭县商品房预售登记备案873宗，商品房销售面积共13.4万平方米。

（黄　欢）

2023年蕉岭县公有房屋和保障性住房服务中心负责人名录

主　任：涂国青

副主任：钟祥科　郭荣平（任至6月）

土地房屋征收安置中心

【概况】　2023年，蕉岭县土地房屋征收安置中心围绕打造梅州苏区融湾先行区综合示范窗口，坚持以人为本、依法征收的宗旨，抓紧重点项目建设，推进国有土地上房屋征收，着力保障广福园区、蕉华园区等重要区块开发建设，以高质量征收助力蕉岭高质量发展。

【征拆工作】　2023年，蕉岭县土地房屋征收安置中心打响征拆攻坚战，截至2023年12月，第七批次城镇用地项目完成签约31户，征收建筑总面积8211平方米；第八、九批次城镇用地项目完成签约19户，征收建筑总面积2866平方米；完成房屋及厂房拆除清理20户。针对蕉岭县2022年度第七、八、九批次城镇建设用地项目，起草相关房屋征收补偿安置方案，经过公开征求意见、通报征求意见，该方案已应用于相关征收补偿安置工作。更新和完善《蕉岭县国有土地上房屋征收与补偿规定》，以《中华人民共和国城乡规划法》《国有土地上房屋征收与补偿条例》等法律法规为依据，完善蕉岭房屋征收政策体系，该规定由蕉岭县人民政府审批并印发。针对拟启动的龙岩至龙川铁路武平至梅州段（蕉岭段）项目，配合做好政策解释、方案论证、情况摸底等工作，主动协调指导征收工作全过程，为项目按期启动打下基础。

（谢雅雯）

2023年蕉岭县土地房屋征收安置中心负责人名录

主　任：汤　宏

副主任：曾　平（任至10月）　徐　振

生态环境保护

【概况】 2023年，蕉岭县城区环境空气质量均保持优良，有效监测天数354天，其中优279天、良75天，达标天数（优良天数）比例为100%，在梅州市排第二名。蕉岭县水环境质量均保持稳定，其中国考新铺断面水质年均值Ⅱ类，达到目标水质Ⅱ类，在梅州市排第四名；省级生态功能区考核断面龙潭水库、长潭水库、长潭、三圳水质年均值达到或优于Ⅲ类，达标率和优良率均为100%；农村环境质量监测断面水质达标率和优良率均为100%；蕉岭县10个县城及乡镇饮用水水源保护地水质年均值达到Ⅲ类或优于Ⅲ类，县域未发生环境污染和环境应急事件。

【打好污染防治攻坚战】 2023年，梅州市生态环境局蕉岭分局贯彻落实《蕉岭县关于深入打好污染防治攻坚战的实施方案》，推进蓝天、碧水、净土保卫战，认真查漏补缺，狠抓落实。

抓好大气污染防治工作　深化工业污染源治理，加强工业企业全链条防治，完善工业生产源头、过程和末端控制，严格落实污染物排放标准、严格实施工业企业分级管控。组织三大水泥集团召开座谈会，对水泥企业超低排放改造政策进行宣传贯彻，推动企业开展超低排放改造工作。以制砖、机制砂等建材企业及工业涂装企业为重点，全面加强工业企业粉尘、废气污染控制，加大工业炉窑和锅炉整治力度，加强工业园区、集聚地的环境保护工作。深化移动污染源治理，提升机动车绿色水平，加大燃油机动车尾气治理力度，组织开展机动车尾气路查路检、用车大户入户检测、非道路移动机械抽测等工作。深化大气面源污染治理。严格执行建筑工地“六个100%”要求。加强污染天气应急防范工作，加强春节期间烟花爆竹燃放管控，专门制定印发管控方案，各部门齐抓共管，确保蕉岭县春节期间未发生污染天气。

抓好水污染防治工作　继续抓好农村生活污水治理工作，建成镇级生活污水设施7座，镇级污水处理设施覆盖率100%，设计日处理能力为0.39万吨，配套污水处理管网总长度达50千米。日处理500吨以上污水处理出水口设施全部安装污水处理在线监测。全县447个自然村已有313个自然村完成农村生活污水治理（包括资源化），治理率达到70.02%。建成的266座农村生活污水设施均通过相关程序纳入第三方专业公司正常运维、管理，初步构建“县政府主导+专业公司运维+政府部门监管+镇村巡查、反馈”的农村生活污水治理体系。加快推进省民生实事治理任务，完成2023年省定的11个自然村农村生活污水治理攻坚任务。推进农村黑臭水体治理，完成对城区4口池塘黑臭水体环境综合整治。加强饮用水水源地保护，严格执行饮用水水源保护制度，做好2022年度县级集中式饮用水水源地环境保护状况评估工作，确保饮用水安全。

抓好土壤污染防治工作　推进受污染土地安全利用，开展受污染耕地安全利用和风险管控，受污染耕地安全利用措施到位率100%，严格管控类耕地种植结构调整措施到位率达到100%，完成4宗“一住两公”地块的土壤污染状况调查工作。2023年5月起，乡镇生活垃圾转运至梅州市三峰环保能源有限公司统一处理，现有填埋场只作应急处理使用。

加强对危险废物、固体废物监督管理　指导危险废物经营企业和产废企业完成广东省固废管理信息平台企业注册和申报登记，完成年度申报和管理计划审核。规范危险废物贮存场所、管理台账，重点是贮存场所的“五防”要求、标志标识以及如实记录台账等，要求产废单位与有资质单位签订处置合同，严格执行电子联单制度。指导产废企业编制管理计划、突发环境事件应急预案报环保部门备案，开展应急演练。加强三大水泥集团铝灰渣危险废物处置管理，防控铝灰渣收运处置环节环境风险，专项检查现场情况。推进三大水泥集团铝灰渣危险废物利用处置单位按水泥窑协同处置要求做好整改计划，办理危险废物经营许可证。开展危险废物环境管理规范化评估，对11家经营单位、重点产废单位进行全面评估。推进“无废城市”创建，蕉岭县经营、产生危险废物企业单位共211家，均被纳入平台依法全过程管理。全县建成1家城镇污水处理厂污泥无害化处置利用企业、7家工业固体废物综合利用企业、3家水泥窑协同处置铝灰渣危险废物、2家危险废物收集单位、1家危险废物处置单位，有效解决蕉岭县工业危险废物处置难、费用高及废矿物油“散、乱、污”问题。

【项目审批研判】 2023年，蕉岭县审批通过环境影响评价文件13个，审批项目总投资76241万元，其中环保投资3460万元。2023年，完成环境影响登记表网上备案项目21个，备案项目总投资436354.74万元，其中环保投资60097.727万元，对县招商专班发出的项目征求意见文件进行研判项目共44个，其中提出同意落户研判意见的项目有38个。

【环境保护督察】 2023年，梅州市生态环境局蕉岭分局开展第二轮生态环境保护督察交办群众举报问题办理情况自查自纠工作，督促12个案件牵头单位对所有案件逐一开展自查自纠，夯实案件办理成效。开展小水电清理整改工作，完成4间水电站（西山方田水电站、双文水电站、沙坪水电站、下山塘水电站）生态退出工作，2间水电站（塘步水电站、新盘龙水电站）已申请不可替代利用功能论证工作，报省水利厅审批。开展垃圾填埋场地下水超标问题整改工作，督促指导城综部门做好库区HDPE膜检查，及时修复焊补破损HDPE膜，减少进入库区雨水量。继续做好雨污分流工作，减少进入库区的雨水量。继续做好将原简易填埋场产生的渗滤液抽排到填埋场渗滤液处理站处理工作。加强对填埋场渗滤液处理站的管理，做好渗滤液处理工作，减少渗滤液对地下水的影响。

【环境执法】 2023年，梅州市生态环境局蕉岭分局加强对重点污染源执法监督检查，采取定期与不定期，突击检查与常规检查相结合方式，确保环境执法工作落到实处。开展双随机监管工作，2023年随机抽查企业106家。开展绿色护考专项巡查工作，印发《关于做好2023年普通高考、高中学业水平和中考考试期间环境噪声管理工作的通知》，切实营造良好的学习、考试环境。加强饮用水水源地周边环境安全隐患排查及汛期环境安全生产检查，2023年累计出动1242人次，检查企业424家次，发出责令改正违法行为决定书6份，立案6宗，移送公安机关2宗，罚没金额28.5万元。

【国家重点生态功能区考核】 2023年，梅州市生态环境局蕉岭分局根据国家重点生态功能区考核工作部署和蕉岭县“十四五”生态考核实施方案，做好国家重点生态功能区考核工作，完成2023年度生态考核相关资料上报，获得生态转移支付资金1.861亿元。

【入河排污口排查整治】 2023年，蕉岭县被列入省专项行动整治清单的52个排污口已完成整治，重点流域问题整治10个排污口已完成整治。

【推进生态环保领域重大项目建设】 2023年，蕉岭县共获得上级项目资金补助1亿多元，实施蕉岭县松源河上游水体治理工程一、二、三、四期项目，蕉岭县溪峰河水环境治理修复工程（一期）项目、蕉岭县石窟河长潭镇段支流水生态修复工程（一期）项目、蕉岭县农村生活污水治理设施提质增效项目（一期）、蕉岭县镇村级农村生活污水治理设施的运营与维护等生态环境保护与治理项目、广东健态实业有限公司年处理2万吨饱和活性炭资源化再生利用项目。

【环境监测】 2023年，梅州市生态环境局蕉岭分局完成蕉岭县地表水、饮用水水源地水环境质量及城区环境质量监测工作及考核工作，全面掌握本县大气环境质量状况和变化趋势，完成环境保护责任制考核，完成国家重点生态功能区考核相关工作。完成跨界河流断面水质监测及国控、省控企业的监测工作，以及投诉、备案、验收、新建项目、监督性验收工作。

【环境宣传教育】 2023年，梅州市生态环境局蕉岭分局深入开展生态环境宣传教育工作，通过线上线下相结合，开展形式多样的主题宣传活动，以“6·5”环境日、“5·22”国际生物多样性日、2023年全国节能宣传周及全国低碳日等主题活动为契机，把生态环境保护宣传带进校园、走进社区农村，引导人民群众共同推动生态文明建设。

【排污许可证核发】 2023年，梅州市生态环境局蕉岭分局做好国家排污许可证核发工作，纳入发证或备案登记管理企业493家，发证81家，核发排污许可证40个（变更17个，延续10个，首次申请3个，重新申请10个），为蕉岭县重点项目提供高效高质量的生态环境要素保障备案登记412家，2022年度全县排污许可执行报告提交率达到100%。完成对全县48家重点工业企业、集中式治污设施和规模化畜禽养殖企业的统计工作，完成9家企业季报环境统计工作。 （傅惠娜）

2023年梅州市生态环境局蕉岭分局负责人名录

党组书记、局　长：赖天德
党组成员、副局长：丘新强　何增辉
　　　　　　　　　傅惠娜（女）
党组成员：钟卉芳（女）

农·林·水利

农业农村

【粮食经济作物生产】 2023年，蕉岭县粮食作物总播种面积16.25万亩。其中，水稻播种面积0.9438万公顷，总产6.2585万吨；玉米种植面积475公顷，总产0.2088万吨；花生种植面积2220公顷，总产0.5669万吨；大豆种植面积262公顷，总产0.068万吨；薯类种植面积417公顷，总产0.909万吨；甘蔗种植面积42公顷，总产0.1295万吨。蔬菜瓜果种植面积0.6344万公顷，总产14.993万吨。茶叶种植面积868公顷，总产0.349万吨。

【农业产业化】 2023年，蕉岭县农业农村局推行农业产业化经营模式，培育发展农业龙头企业和引导、扶持农民、规模经营户、家庭农场组建专业合作社，加快家庭农场发展。2023年，全县有农业龙头企业39家，其中，省级12家，市级8家，县级19家。农民专业合作社450家，其中国家级示范社2家，省级示范社13家，市级示范社12家，县级7家。家庭农场有395家，其中省级示范性家庭农场24家，县级17家。省级现代农业产业园建设：已完成蕉岭县丝苗米省级现代农业产业园项目创建，开始开展丝苗米产业园提质增效工作；实施蕉岭县毛竹省级现代农业产业园项目建设，创建工作已顺利通过省中期评估。积极申报蜜蜂省级现代农业产业园创建项目和三圳镇食用菌国家级产业强镇项目。完成水稻生产托管覆盖面积1640公顷，服务面积9893.3公顷；柚果生产托管覆盖面积973.3公顷，服务面积946.7公顷。培育服务组织19个，实现亩均增收15%，农药用量每亩减少10%，化肥施用量减少41%。

【乡村振兴】 2023年，蕉岭县实施“百县千镇万村高质量发展工程”，选树培育蕉城镇龙安村、长潭镇白马村、三圳镇九岭村、新铺镇同福村、文福镇长隆村、广福镇广育村6个“百千万工程”典型村，发挥引领作用，推动县镇村高质量发展。持续提升农村人居环境，推进农村人居环境整治提升五年行动，持续开展村庄清洁行动、镇村“三线”整治，推进农村厕所革命和生活垃圾污水治理，因地制宜打造“四小园”2803个。农村生活垃圾处理覆盖率和村庄保洁率达100%；完成11个自然村农村生活污水治理民生实事任务，建成污水处理设施镇级8座、村级266套，农村生活污水治理率70.02%；整改农村问题户厕248户、公厕9座。全县97个行政村达到干净整洁村标准，其中建成78个美丽宜居村，含18个特色精品村。持续提升乡村风貌，建立乡村风貌提升“1+N”政策体系，推进乡村风貌提升三年行动，落实农房管控风貌提升奖补和贴息贷款政策。以“坚持一个党建引领、打造两个乡村产业社区、依托三个省级现代农业产业园、覆盖四个镇、实施五美行动、推广六事治理”的思路，打造总长30千米、串联4个镇20个行政村的“寿乡画廊”乡村振兴示范带。示范带内建成特色精品村10个、美丽宜居村10个，全域实现美丽蝶变。深入实施乡村建设行动，村内道路硬化完成率100%，行政村通自来水、自然村集中供水覆盖率均达到100%，行政村物流快递覆盖率100%，新建5G基站79个，完成农村削坡建房风险点整治任务。落实农村公厕长效管护机制，县财政按照每座公厕3000元的标准拨付各镇。推进绿美蕉岭生态建设，提升乡村绿化美化水平，制定《蕉岭县村庄绿化工作实施方案》《蕉岭县乡村绿化实用手册》，所有行政村均绘制简易实用的村庄绿化实施位置示意图，明确植树范围、植树品种和规格、数量，大范围宣传动员党员、群众参与，加强资金、土地、技术等保障，每个镇谋划2条以上重点线路，“四旁”“五边”植树47626株。全面推广“六事”乡村治理模式，开展乡村治理示范创建，全县“六事”乡村治理模式行政村覆盖率100%，形成三圳镇“三同治理”、广福镇客家围屋“定分止争工作法”、南礤镇“群众议事日”、蓝坊镇峰口村“一网三联”、新铺镇尖坑村数字赋能等典型经验。“客家围屋定分止争工作法”获评全国新时代“枫桥经验”先进典型，广福镇广育村获评全国民主法治示范村、全国乡村治理示范村。

【巩固拓展脱贫攻坚成果】 截至2023年12月底，蕉岭县共筹集扶贫资金20808.75万元，其中中央、省级、市、县（包含广州对口帮扶资金）下达17293.87万元，实施帮扶项目40个，累计带动脱贫户460户1691人；安排投入信贷担保资金135万元，贴息资金65万，累计发放信贷金额1440.1万元，带动脱贫户757户2115人。全县共有原建档立卡脱贫人口2555户5087人和动态纳入的“易返贫致贫三类监测对象”人口69户201人，全部纳入年度城乡居民基本医疗保险、大病保险和医疗救助保障范围，参保率100%。2023年，为符合民政救助条件的脱贫人口2324人全部纳入兜底保障，符合代缴条件的91人由财政代缴2023年度城乡养老保险，达到60周岁以上的按标准发放养老保障待遇。全面落实教育助学政策，协助符合条件的脱贫学子申请年度教育助学政策，确保义务教育阶段适龄儿童少年无因贫失学辍学（除身体原因不具备学习条件外），44名符合条件的新升学脱贫学子享受“防返贫救助保险”教育津贴。对所有脱贫村在集中供水的基础上定期监测水源质量，保证脱贫人口饮用水安全。县级统筹资金85.23万元，截至2023年11月底为在册脱贫户、监测户合计2631户购买2024年度防返贫救助责任保险，为整户无劳动能力脱贫户和监测户合计2337人购买2024年度“惠民保”医疗补充保险，不断筑牢防止返贫屏障，坚决守住不发生规模性返贫风险底线。

【畜牧业】 2023年，蕉岭县落实稳定生猪生产，保障市场供给。抓好非洲猪瘟等重大动物疫病防控，推进标准化屠宰厂建设。推进畜禽养殖粪污资源化利用，加快畜牧业转型升级。2023年，全县生猪出栏11.6万头，存栏7.97万头；家禽饲养量208.9万只，存栏65.2万只，出栏143.7万只；牛羊饲养量2.81万头（只）；饲养蜜蜂5.15万箱。肉类总产量1.27万吨。畜牧业总产值4.74亿元。

【农业机械化】 2023年，蕉岭县各类生产农机具拥有量达1.8万台（套），农机总动力13.98万千瓦，各类拖拉机1491台，其中，大中型拖拉机91台，水稻联合收割机256台，水稻插秧机207台，旋耕机2042台，水稻育秧设备播种流水线保有量9套，育秧大棚保有量4000平方米，植保无人机17台。机械烘干装备保有量69台（套）。全县工商注册有农机专业合作社20家，国家级农机示范社2家，市级农机示范社1家。农作物综合化机械水平71.041%，水稻综合化机械水平83.3%，其中，水稻机耕率99.98%、机播率44.63%、机收率99.76%。全县完成中央财政农机购置补贴3批，农户购买农机具15台（套），受益农户15户，购机总额22.65万元，兑付农机购置补贴资金5.628万元。2023年兑付农机报废补贴资金3.74万元，报废7台（套），受益农户3户。全国农机使用一线“土专家”名录入选专家1人，全省农机使用一线“土专家”名录入选专家4人。农业企业农机专业合作社认定为省级“全程机械化+综合农事”服务联合体有3家。（陈舒婷）

2023年中共蕉岭县农业系统党委负责人名录

书　记：涂政平

副书记：陈广志（任至2月）

　　　　汤通明（3月任职）

2023年蕉岭县农业农村局负责人名录

党组书记、局　长：涂政平

党组成员、副局长：谢志锋　钟俊峰

　　　　　　　　　钟丽阳　曾飞锋

党组成员、总农艺师：叶静林

党组成员、纪委监委驻农业农村局纪检监察组组长：黄敬明

党组成员、县农业系统党委副书记：汤通明

林　业

【概况】 2023年，蕉岭县林业局推深做实绿美蕉岭生态建设实现良好开局。高标准完成林分优化提升1666.7公顷、森林抚育提升2000公顷，全市最早且超额完成省市下达绿美生态建设任务。完成镇村“见缝插绿”种植乔木2.1万株，打造寿乡画廊、青檀古树

园、竹海公园等 3 个绿美广东生态建设示范点。获“全国森林草原防火工作先进单位”和“全国松材线虫病疫情防控攻坚行动先进单位”等两项国字号荣誉和“全省松材线虫病疫情防控五年攻坚行动先进单位”省级荣誉。

【生态工程】　2023 年，蕉岭县林业局完成实施森林质量精准提升工程——高质量水源林建设，以纯桉林、纯杉林改造为主，完成造林 159 公顷，封山育林 286.7 公顷。完成实施森林质量精准提升示范点工程（G205 国道西线长潭麻坑至堑垣段），通过套种具有观叶、赏花、品香价值的乡土阔叶树种，采取乔灌草相结合，培育针阔混交林等举措完成 5005.5 公顷。完成实施森林抚育工程，在县城周边、高速公路沿线、重点生态地段等区域通过割灌除草、间伐修枝、补植、松土施肥等措施完成抚育面积 1500 公顷。高质量打造寿乡画廊、青檀古树园、竹海公园三个绿美广东生态建设示范点，建设成为展示蕉岭县践行习近平生态文明思想的重要窗口和发展典范。结合全力打造梅州苏区融湾先行区综合示范窗口和“百县千镇万村高质量发展工程”，统筹推进城乡绿化美化。按照“打造精品、树立样板”的思路，汇总制定蕉岭县《“见缝插绿”工作计划方案》。聚焦房前屋后、“四旁”、“五边”进行绿化提质，通过干部带头、党员响应、村民配合，见缝插绿、见空补绿、宜绿则绿。10 月 30 日，在三圳镇培鸿乡墅举行“充‘植’家园 点‘绿’寿乡”全民爱绿植绿护绿系列活动启动仪式现场会，发动社会各界和广大群众共同参与绿美蕉岭生态建设，掀起全民共建共享新高潮。印发《关于开展挂钩单位到挂钩村协助开展绿美生态建设活动的通知》，要求各挂钩单位加大对所挂钩村开展绿美生态建设人力、财力、物力等支持力度，将共同推进因地制宜植树增绿落到实处。组织全民义务植树活动，创新义务植树形式，完善义务植树网络平台，发出全民义务植树活动倡议，调动社会各界力量深入开展线上线下义务植树活动。建立“青年林”“亲子林”“感恩林”等一批义务植树基地，组织来自全国各地的 13 名登顶珠峰勇士种下全国第一片珠峰勇士林，利用名人影响力，营造全民共建共享绿美蕉岭的良好氛围。

【国家森林城市】　2023 年，蕉岭县林业局举办林业行政执法培训和召开全县森林资源管理工作会议，印发工作方案、案件处置方案，开展督查督导。完成 2022 年森林督查违法图斑进行查处整改。开展 2023 年森林督查图斑现场核查和内业检查工作。做好建设项目使用林地审核申报工作。推进蕉岭县小水电清理整改工作。加强林木采伐更新、林地审批事后监管工作的管理，对 2022 年林木采伐更新情况、2013—2022 年林地审批项目开展“双随机、一公开”实地检查工作。

【野生动植物保护】　2023 年，蕉岭县林业局通过绿美广东主题宣传日、国际生物多样性日在体育中心、锡林公园设立展板、悬挂横幅和发放宣传资料等方式，向群众讲解普及生物多样性知识，引导大家进一步增强生物多样性保护意识。建立打击野生动植物非法贸易部门间联席会议制度，开展代号为“2023 清风行动”的打击野生动物非法贸易联合行动。组成 2 个联合执法检查组分别深入全县农贸市场、花鸟市场、养殖场（户）、宾馆饭店、加工厂、景区景点等场所，重点检查非法出售、收购、运输、食用、经营利用野生动物及其制品等情况；深入全县重点林区、重点地段执法检查野生动植物非法猎捕、采集、买卖等情况。完成广东蕉岭长潭省级自然保护区中华穿山甲野外种群及生境状况调查与监测项目、蕉岭县皇佑笔市级自然保护区野生动植物资源及栖息地监测项目，发现新的穿山甲踪迹。公开救助电话，对危及群众安全的野生动物进行收容救护的工作，以解群众之危急。蕉岭县林业局及蕉岭县公安局处理野生动物扰民事件100多起，成功排除野生动物侵害安全隐患；接收群众移送的受伤野生动物共计20余只（含土画眉、猫头鹰、小白鹭等），均成功救治并放生。

【推行林长制】 2023年，蕉岭县林业局印发文件调整划分林长责任区域，根据阶段性重点工作，印发《林长巡林计划》，开展各级林长巡林，压实林长巡护责任；根据蕉岭县实际，印发林长令，进一步压实基层党政领导干部保护发展森林资源目标责任。通过召开林长制工作会议，推动林业工作扎实有序开展，先后在生态公益林补偿资金发放、森林资源保护等方面以林长办名义向基层党委政府印发提醒函等，推动解决资源保护发展以及林业工作中面临的重点难点问题。蕉岭县“智慧林长”信息平台建设全面完成并投入运行，以智慧赋能实现“林长治”。在梅州市2022年度林长制考核中，蕉岭县被评为优秀。

【森林灾害防控】 2023年，蕉岭县林业局突出抓好森林防火工作，实现连续多年每年森林火灾受害率控制在0.5‰以内的目标，蕉岭县林业局获国家林业和草原局授予的“2019—2021年度全国森林草原防火工作先进单位”荣誉称号。林业有害生物防治工作取得实效。自2021年启动松材线虫病疫情防控五年攻坚行动以来，发生面积从1451.76公顷下降到2023年的1332.4公顷，胜利拔除三圳疫点镇，攻坚期内无新增疫点镇，病枯死数量维持在较低水平，维护森林资源安全和国土生态安全，实现乡镇疫点、发生面积和病死树数量“三下降”，提前完成五年攻坚中期计划，蕉岭县林业局获国家林业和草原局授予的“松材线虫病疫情防控攻坚行动先进单位”称号。

【林业产业发展】 2023年，蕉岭县林业局依托“世界寿乡”品牌，立足资源禀赋和优势，推进林业产业发展，培育发展林业新业态，引导各镇重点发展和培育毛竹、南药、灵芝、日本木蜡等特色产业方面的企业和新型经营主体。完成蕉岭县2023年度油茶新造林1000亩任务和2023年度食用林产品质量监测抽检任务要求。协助南礤镇、蓝坊镇开设竹材运输道，做好用地审批服务工作。推进省级林业特色产业发展基地和蕉岭县皇佑笔林场南药示范基地自然教育项目建设。

【古树名木保护管理】 2023年，蕉岭县林业局完成古树名木保护和复壮项目，聘请专家对全县古树进行健康诊断，筛选出长势较弱和生境较差的古树53株、古树群4处实施抢救复壮，加强蕉岭县古树名木保护管理，留住绿美蕉岭乡愁记忆。稳步推进蕉岭县蓝坊镇高南村绿美古树乡村建设，提升城乡一体绿美水平。 （徐仕菲）

2023年蕉岭县林业局党组成员名录

党组书记：谢　刚
党组副书记：利粤东
党组成员：徐咏梅　赖育兵　王　江
　　　　　丘丹苗　徐良初

2023年蕉岭县林业局负责人名录

局　长：谢　刚
副局长：利粤东　徐咏梅　赖育兵
总工程师：王　江

广东蕉岭长潭省级自然保护区

【概况】 广东蕉岭长潭省级自然保护区坚持以习近平新时代中国特色社会主义思想为指导，全面贯彻党的二十大精神，深入践行习近平总书记对广东系列重要讲话和重要指示精神，以绿美广东生态建设为引领，强化工作措施，履行工作职责，推进生物多样性监测、科普宣教、生态修复和治理等重点工作任务，自然生态保护工作迈上新台阶。截至2023年年底，全区林业用地面积5001.1公顷，非林地面积（含水库水域面积）584.6公顷，森林覆盖率达89.5%，绿化率100%，森林活立木总蓄积63.37万立方米。

【生物多样性保护】　2023年，广东蕉岭长潭省级自然保护区实施“中华穿山甲野外种群及生境状况调查与监测”项目，对保护区内中华穿山甲重点活动区域开展野外种群及生境状况调查与监测。丰富保护区科研本底资料，推进自然保护地提质增效，发挥自然保护地示范建设对区域生态安全格局的支撑作用和对生态文明建设的引领作用。

【资源保护监管】　2023年，广东蕉岭长潭省级自然保护区贯彻“预防为主 积极消灭”的防灭火方针，加大森林防灭火宣传力度，充分利用大喇叭、横幅标语、多媒体、宣传资料、微信工作群等开展森林防火宣传，形成浓厚的防火氛围。修订完善森林防灭火应急预案、方案，开展森林防灭火器械实操演练，提升森林火灾扑救能力。坚持“预防为主，防治结合”的工作方针，加强林业有害生物防治，强化联防联治。对辖区内松材线虫、薇甘菊和食叶害虫等进行全面普查，配合蕉岭县林业部门开展飞机喷洒药剂，防控林业有害生物，维护辖区内林业生态安全。

【落实林长制】　2023年，广东蕉岭长潭省级自然保护区发挥林长制制度优势以及审判机关、自然保护地职能作用，强化协同配合，推进绿美广东生态建设，成立“林长+森林法官”工作室，开展普法宣传教育，监督生态修复治理，推进生态环境损害赔偿案件中的诉前磋商、司法确认等工作。

【科普宣传教育】　2023年，广东蕉岭长潭省级自然保护区推进保护区生态文明理念宣教，开展多场次自然教育线下活动，加强绿美广东生态建设宣传；利用国际生物多样性日、野生动物保护宣传月、广东省第四届森林文化周等重要时间节点，深入保护区周边校园，引导中小学生践行“绿水青山就是金山银山”的生态文明理念。（杨凌云）

2023年广东蕉岭长潭省级自然保护区负责人名录

主　任：谢　刚

副主任：张　雷

蕉岭县国有皇佑笔林场

【概况】　蕉岭县国有皇佑笔林场位于蕉岭县东北部山区，毗邻蕉城、文福、南磜、蓝坊4个镇，现有山林面积5200公顷，活立木蓄积48万立方米，森林覆盖率95%，是广东省森林生态旅游示范基地，蕉岭新八景之一——“皇佑叠翠”就坐落其中。辖区内还有黄竹坪和龙潭两座水库，库容总量达到1608万立方米。

【森林资源保护】　2023年，蕉岭县国有皇佑笔林场坚持“绿水青山就是金山银山”的理念，以保护森林资源为主责主业，严防死守“森林防火”重要底线，通过制定森林防火网格化管理实施方案和开展森林灭火器械操作培训，提高林场职工责任意识和应急应变处理能力。通过流动宣传和定点宣传相结合方式覆盖林场全范围，经统计，全年共计新增横幅20多条，发放告知书2000多份，出动宣传车500多辆次。重点巡查毁林开垦、盗猎野生动植物等违法现象，以传统方式为主、科技力量为辅，开展日常巡逻和保护区无人机巡护，全方位覆盖保护区森林资源监测，截至2023年年底，林场共计开展12次保护区无人机巡护活动。

【科研监测】 2023年，蕉岭县国有皇佑笔林场与省、市林科院签订共建协议，投入100多万元开展赏、药、食林下特色植物五指毛桃、黄精、桃金娘、赪桐、草珊瑚、三叉苦、巴戟天等的收集工作，建立种质资源保存圃15亩，营建试验示范林150亩，探索林下南药种植新模式，进一步提升林场科研能力。聘请第三方运用红外相机监测和遥感影像数据判读等技术进行野生动植物监测，在保护区范围内共记录到国家一级保护植物3种、二级保护植物20种，如福建观音座莲、苏铁蕨、金毛狗、见血青等；广东省重点保护植物2种，国家二级重点保护动物22种，广东省重点保护陆生野生动物14种，如黄腹鼬、豹猫、白眉山鹧鸪和白鹇等，进一步摸清保护区内野生动植物及生态环境动态变化情况。

【自然教育】 2023年，蕉岭县国有皇佑笔林场投入100多万元，利用原有巡护便道新建一条3千米长的自然教育径，串联皇佑庵佛根、大径材培育、大径竹培育、林间养蜂、生态茶园、山间溪水、小微湿地等景观，与产业科研基地、南药科研基地有机融合起来，初步建立起集科普教育、生态旅游、森林康养、科技推广示范于一体的自然教育基地。

（王 毓）

2023年蕉岭县国有皇佑笔林场负责人名录

场　长：丘丹苗（4月任职）

副场长：黄添荣　黄柏忠

水　务

【概况】 2023年末，蕉岭县水资源总量81332.7万立方米，比上年减少2.98%；年末全县大型水库蓄水总量11022万立方米，比上年增加6.4%。全县城乡共有生活污水处理厂8座，城市污水处理能力达到2万吨/日，城市污水集中处理率达到98.85％。耕地灌溉面积8510公顷。农田灌溉水有效利用系数为0.532。

【水利工程】 2023年，蕉岭县水务局以“百县千镇万村高质量发展工程”为引领，把高质量发展要求贯穿到水务事业各领域与全过程，开工建设水利重点项目7个，完成年度计划投资43918万元：蕉岭县农村供水巩固提升工程（三期）完成年度投资6000万元，蕉岭县城镇生活污水处理设施提质增效建设项目（二期）完成年度投资10612万元，蕉岭县黄竹坪灌区、东联灌区改造工程完成年度投资3976万元，粤闽赣苏区改革开放创新发展试验区（蕉岭先行区）—广福镇供水保障工程完成年度投资17838万元，蕉岭县2023年度小型水库除险加固工程（5宗）完成年度投资2042万元，蕉岭县北礤河清洁小流域治理工程完成年度投资1250万元，蕉岭县石窟河沿岸灌（排）渠系改造工程完成年度投资2200万元。

【防汛工作】 2023年，蕉岭县水务局压紧压实全过程、全链条防汛责任，落实水利工程防汛“三个责任人”1030人次、山洪灾害防御责任人339人次。落实“三个重点环节”，完善超标准洪水防御方案、防汛抢险应急预案等方案、预案。完成编制并印发中型水库洪水风险图、蕉岭县水务局防汛应急工作预案（内部）。开展拉网式、地毯式隐患大排查大治理。聚焦病险水库、被列入重点监管名录的小水电站和高坝、屋顶山塘等重点部位，开展有针对性的排查整治，严密管控行业风险。有序组织各镇、各水管单位和梅州市宇源水利发展有限公司（小型水库物业化管理公司）开展堤坝蚁患防治专项排查整治、汛期重大事故隐患专项排查整治工作，检查水库 49 宗、山塘 74 宗、堤围 19 宗，电站 40 座，发现问题 13 宗，均完成整改。强化应急措施。密切监视水雨情发展，通过加密分析研判，指导乡镇和各水管单位加强山塘、水库调度。严格落实汛期 24 小时值班制度，全天候监视山洪灾害预警平台，及时发布预警短信并电话通知各镇，提前部署强降雨防范工作。成功创建全省水旱灾害防御体系标准化试点县，通过省水利厅评估，成为全市唯一的水旱灾害防御体系标准化试点县。

【河长制工作】

河湖治理责任　2023 年，蕉岭县在现有“官方河长”141 名基础上，丰富河长种类，新聘用“企业河长”和“民间河长”共计 21 名。全年完成巡河超 8390 人次，发现并处理存在问题 81 个，整改率 100%。落实“河长+检察长”“河长+警长”工作机制，联合武平县检察院开展联防联治磋商工作，筑牢跨界河库水生态屏障。

“清漂”及“清四乱”工作　2023 年，蕉岭县在全县河道开展“清漂”常态化工作，共清理水面漂浮物 4770.75 吨，清理河道 768.39 千米。落实《共建“最美家乡河”韩江合作框架协议》，在全县范围内开展“五清”专项行动两次，重点做好各水库、电站、大排圳水浮莲清理，防范生产、生活垃圾乱扔、乱倒入水体的工作。根据水利部下发河湖遥感图斑全面开展核查工作，经核查认定“四乱”问题共 6 宗，均完成整改并销号。

加强河流水域岸线空间管控　2023 年，蕉岭县完成 50 平方千米以下河道管理范围划定工作，合计划定 116 条河流 448.8 千米，有效完善河道长效管理机制。

高标准推进碧道建设　2023 年，蕉岭县实施乌土河红星水碧道景观提升建设，完成 8.6 千米碧道项目建设提升，超计划完成建设任务。

【水利保障】　2023 年，蕉岭县提升城乡供水质量，结合农村供水“三同五化”改造提升工作，推动落实县域统管，坚持规模化发展，供水一体化和农村供水规模化。继续实施农村供水巩固提升工程和广福供水保障工程，加快智慧化平台建设，完善城乡供水短板，提高农村供水标准化、规模化、专业化和智慧化水平。推进城镇污水处理提质增效，实施蕉岭县城镇污水处理设施提质增效建设项目，提升城镇污水设施管网覆盖率，并将周边农村生活污水优先纳入污水处理体系，不断提升污水处理效能。稳步推进小水电清理整改工作，退出类电站有 8 宗，省级自然保护区 4 宗，市级自然保护区 4 宗，完成销号退出工作。生态流量监测监控设施安装 100%完成，合法合规手续完善方面 100%完成。有序推进水库移民后期扶持和安置工作，做好 2023 年度水库移民动态人口核定，按期完成大中型水库移民直补发放 142.2 万元，惠及移民 2370 人；规划实施 11 个工程类项目和 2 个非工程类项目，投入资金 497.2 万元，惠及移民 4758 人次。

【水行政管理】　2023 年，蕉岭县水务局有效推进优化营商环境工作。推进审批服务“极简办”，结合市级“极简办”事项清单，形成蕉岭县水务局“极简办”清单 8 项，其中“即来即办”清单 4 项，“免证办”清单 4 项。提升“获得用水”服务，协调县供水服务中心，简化供水报装流程、构建供水保障体系、优化供水用水服务，全力打造“环节少、效率高、服务优”的用水营商环境。严格规范水行政执法，出动执法人员 768 人次，巡查里程达 12180 多千米，确保巡查工作落实到位，依法查处各类水事违法违规案件，及时发现和处理违反水法规行为，把问题消灭在萌芽状态，有效维护涉水法律法规的尊严。加强水资源管理和水土保持监管工作，规范办理 59 宗取水许可审批和 8 宗水土保持许可审批，依法征收水资源费和水土保持补偿费。持续巩固节水型社会建设成果，强化重点用水单位节水管理，开展水资源节约与保护等宣传教育活动。（林伟祥）

2023年蕉岭县水务局负责人名录

党组书记、局 长：徐伟彬

党组成员、副局长：徐成江 郭建新 林美红

党组成员、总工程师：丘兆仕（9月任职）

党组成员：郭大鹏 朱胜华

气　象

【概况】 2023年，蕉岭县光照全年日照时数1765.4小时，比上年偏少56.5小时。日照时数最多的月份是7月，为210小时；日照时数最少的月份是4月，为94.7小时。

气温 全年平均气温22.1℃，同历年平均气温21.4℃相比偏高0.7℃。7月是全年最热的月份，月平均气温29.1℃。年 极端最高气温39 .2℃，出现在5月30日，1月是全年最冷的月份，月平均气温为13.1℃，年极端最低气温0℃，出现在1月25日。

降水 全年降水量1687.8毫米，比历年平均偏多14.7毫米， 降雨日数148日。全年降水量主要集中在9月，312.3毫米。汛期（3月至10月）降水量1433.1毫米。全年有6次较大的暴雨过程，分别出现在3月24日至25日（85.1毫米）、4月18日至4月19日（134.9毫米）、6月16日至17日（60.6毫米）、7月21日至22日（75毫米）、7月29日至30日（68.7毫米）、9月21日至22日（156.7毫米）。

霜、雪、风及灾害性天气 2023年初霜日是12月19日，无下雪日，全年平均风速每秒1.7米。热带气旋对蕉岭县影响较小。

【业务工作】 2023年，蕉岭县全年共发布预警信号104次，其中，暴雨34次、雷雨大风27次、高温14次、寒冷8次、台风5次、大雾1次、森林火险15次，比上年同期偏多；累计发送决策短信454条，受众94万余人次。发布各类决策材料59份，其中《重大气象信息快报》39期、《天气报告》14期、《重大气象信息专报》6期。在3月24日至25日、4月18日至19日、6月16日至17日、7月21日至22日、7月29日至30日、9月21日至22日等强降水过程，预报准确、预警及时，为气象防灾减灾工作争取宝贵时间，保障人民群众的生命财产安全。

（莫济鹏）

2023年蕉岭县气象局负责人名录

局　长：张志榕（7月任职）

副局长：潘光跃

气象台台长：莫济鹏

工业·贸易

经济贸易

【综述】　2023年，蕉岭县共有53家规模以上工业企业，实现总产值74.53亿元，实现规模以上工业增加值22.01亿元；完成工业投资17.37亿元，同比增长84.8%，增速排名全市第三；完成技术改造投资5.64亿元，同比增长150.2%，增速排名全市第二。水泥、熟料产值49.87亿元，同比下降11.2%。

【经济运行】

建材业：2023年，蕉岭县建材业规模以上企业30家，实现产值62.39亿元，同比下降12.6%。建材业产值占规模以上工业总产值83.7%。

大健康产业：2023年，蕉岭县大健康产业规模以上企业4家，实现产值1.35亿元，同比下降1.39%。大健康产业产值占规模以上工业总产值1.8%。

竹木精深加工业：2023年，蕉岭县竹木精深加工业规模以上企业3家（宝臣、顺风、裕恒），实现产值1.29亿元，同比增长0.7%。竹木精深加工业产值占规模以上工业总产值的1.73%。

【竹木制品等科技工作】　2023年，蕉岭县规模以上竹木制品企业1家，为广东健态实业有限公司，组建市级工程中心。广东健态实业有限公司通过与中国林业科学研究院亚热带林业研究所合作，建立1万多亩的“产学研”示范种植基地，采用“政府+科技+企业+农户”的模式，打造“竹+药”“竹+菇”“竹+荪”复合经营的先行科研示范点；共同研发出“以竹代塑新材料”“以竹治污新产品”新工艺，开发一种高效能的环保型添加剂，成功制备高性能、高稳定性的竹质柱状活性炭，并形成活性炭生产线。

【招商引资】　2023年，蕉岭县招商引资纳统项目34个，计划投资额共61.054亿元。其中，22个工业类项目、6个现代农业项目、5个商贸类项目、1个互联网产业项目。

（李　延）

2023年蕉岭县科工商务局负责人名录

党组书记、局长：钟渊元
党组副书记：李　辉
党组成员、副局长：赖育兵（任至9月）
吴诚锋　傅新锋
刘永均（9月任职）
张卫军（任至9月）
黄信浒（任至11月）
陈志欣（11月挂任）
总经济师：刘　妲（女）

2023年蕉岭县经贸系统党委负责人名录

书　记：钟渊元
专职副书记：林桂芬（女）

蕉岭县招商和企业服务中心

【概况】　2023年，蕉岭县招商和企业服务中心围绕广东省“1310”具体部署以及市委、县委工作部署，大力发展实体经济，坚持制造业当家，以招商引资助推全省“百千万工程”典型县、梅州苏区融湾先行区综合示范窗口建设，扎实推进园区建设和招商引资各项工作。

【园区建设】 2023年，蕉岭县产业集聚地完成固定资产投资额16.84亿元，实现工业总产值56.54亿元；实现规模以上工业增加值16.96亿元。实现税收总额3.97亿元，同比增长28.63%。按照《梅州市承接产业有序转移主平台规划建设方案》文件精神，积极沟通，主动谋划，将集聚地广福、新铺片区共3.99平方千米承接产业有序转移至主平台范围内。开展基础设施配套建设，申报政府专项债券6亿元，推进总投资39.13亿元的广东梅州蕉华工业园区北部发展区基础设施配套和标准化厂房建设项目建设，推动广州南沙蕉岭集聚区一期市政及配套工程项目中日处理污水能力4000米^3/吨污水处理厂竣工验收。

【招商引资】 2023年，蕉岭县通过营造招商氛围，推动各级各部门以“等不起、慢不得”的紧迫感抓好招商引资工作。召开招商推介会，在蕉岭、广州、龙岩举行4次招商推介活动，以“区链结合”的方式，推进主导产业强链延链补链。2023年，全县签约39个项目（26个工业类项目、6个现代农业项目、5个商贸类项目、2个互联网产业项目），计划投资额共80.254亿元。在39个签约项目中，34个项目已纳统，计划投资金额共61.054亿元，超额完成市下达计划投资额60亿元的年度目标任务；完成实际投入资金13.83亿元，超额完成市下达实际投入资金12亿元的年度目标任务。 （钟新玲）

2023年蕉岭县招商和企业服务中心负责人名录

主　任：潘俊强

副主任：姚嘉健　谢志忠　陈　敏（4月任职）
　　　　郑海万（任至4月）

蕉岭县城镇集体企业联社

【概况】 2023年，蕉岭县城镇集体企业联社以习近平新时代中国特色社会主义思想为指导，深入贯彻落实党的二十大精神，以深化综合改革和发展为主线，以抓党建、抓服务、抓管理为重点，开拓联社工作新局面。

【主要经济指标情况】 2023年，蕉岭县城镇集体企业完成工业总产值912.42万元，比上年同期增加44.24%，其中，建包公司同比增加77.00%，利华德公司同比减少57.51%；完成销售收入963.41万元，比上年同期增加65.37%。其中，建包公司同比增加141.48%，利华德公司同比减少57.51%。

【服务能力建设】 2023年，蕉岭县城镇集体企业联社紧扣单位为城镇集体企业服务这一本质属性，围绕为所属企业服务这一根本宗旨，发挥联社的职能作用和独特优势，加强为企业服务，提升服务质量水平，努力把自身建设成为城镇集体企业服务的综合平台。

【管理服务】 2023年，蕉岭县城镇集体企业联社采取系列有效措施，强化机关内部管理，努力为综合改革和发展创造良好环境。成立综治、普法、安全、信访、保密等工作领导小组，领导小组组长均由第一把手担任。全面落实安全生产和平安建设等“一岗双责”制，层层签订各项工作责任书，明确责任人和相关要求。抓好综治和平安建设安全生产月、安全生产万里行活动、全民国家安全教育周等活动。组织联社所有企业、出租门店等举行安全生产应急演练2次，参加人员50人。做好普法终期检查考核准备工作，组织干部职工进行普法学习和考试，学习率和考试合格率均达100%。组织在职职工和离退休人员体检。 （赖宇民）

2023 年蕉岭县城镇集体企业联社负责人名录
党总支书记、主任：赖宇民
副主任：王顺良

蕉岭县供销合作社联合社

【概述】 2023 年，蕉岭县供销合作社联合社学习贯彻习近平总书记对供销合作社工作的重要指示批示精神和视察广东时的重要讲话精神，抓好供销社综合改革和为农服务，为推进“百县千镇万村高质量发展工程”和乡村振兴发展贡献供销社力量。

【综合改革】
健全监事会 2023 年，蕉岭县供销合作社联合社根据县委编委《关于调整县供销合作社联合社机构编制事项的批复》，增设监事会主任 1 名（副科级），增设监事会办公室。蕉岭县供销合作社联合社员代表大会、理事会、监事会“三会”组织构架得以完整。

召开四届二次会议 12 月，蕉岭县供销合作联社组织召开第四届理事会、监事会二次全体会议，参加会议的理事 12 名、监事 3 名。会议传达学习梅州市供销合作社第一届理事会第三次全体会议暨监事会第三次全体会议精神；履行蕉岭县供销合作社联合社监事调整程序，增补监事 2 名；通过《蕉岭县供销合作联社第四届监事会监事调整议案（草案）》；听取《蕉岭县供销合作联社第四届理事会暨监事会第二次全体会议工作报告》。

【为农服务】
组织建设 公共型冷链物流骨干网建设：2023 年，蕉岭县完成投资 1.38 亿元，建成库容量 2 万吨冻库 1 座、综合楼 1 栋、加工车间 1 座。放心农产品直供配送网络建设：2023 年，蕉岭县开展蕉岭名优特新农产品配送业务，与广州、深圳等地供销社签订《农产品产销合作框架协议》，完成“四上”企业营业额目标；按照省、市《供销放心农产品直供配送网络建设方案》部署，先后起草《蕉岭县放心食材“三进”活动实施方案》和《县域农产品集采集散试点实施方案》，为探索建立校园、机关、企业等食品安全长效机制做好准备。基层供销社建设：2023 年，蕉岭县制订《蕉岭县供销合作社系统重建镇级基层供销社工作方案》《蕉岭县基层供销社监督管理制度》，以设立供销有限公司形式分别在蕉城镇、蓝坊镇、三圳镇恢复重建 1 家镇级基层社。联农带农工程：2023 年，蕉岭县成立梅州市梅禾农业社会化服务有限公司蕉岭服务站，培育 2 家农民专业合作社。

综合服务农资服务 2023 年，蕉岭县发挥农资流通主渠道作用，以兴邦供销农资有限公司农资配送中心、助农服务平台（中心）为平台开展农资综合服务；联合文福镇政府、广东天禾梅州公司在挂钩的坑头村开展助农惠农“春风行动”，邀请广东天禾公司农艺师向农户讲解水稻栽培及病虫害防治等技术，为农户赠送价值 7500 元的肥料和农资现金券；举办农技培训 8 次，参加培训农民 343 人次，送出宣传资料 573 份。土地托管服务：2023 年，蕉岭县实行土地全托管面积 2300 亩，实现农业社会化服务面积 2 万亩，惠及农户 3150 户。帮扶发展服务：2023 年，蕉岭县供销合作社联合社筹措 0.75 万元支持挂钩村村委党建和乡村振兴等工作；通过“832”平台、线下消费扶贫馆等开展消费扶贫活动，帮助销售 1.3 万元。农业社会化服务：组织蕉岭供销农产品配送有限公司和三圳镇供销社助农服务中心、梅州景瑜农产品种植专业合作社参加广福镇圩日节活动，向群众宣传推介蕉岭特色优质农产品。 （傅 文）

2023 年蕉岭县供销合作社联合社负责人名录
党组书记、理事会主任：黄桂庭

党组成员、理事会副主任：谢富伟　郭玉华
理事会副主任：林翠娥（女）

蕉岭县烟草专卖局（分公司）

【概况】　2023年，蕉岭县烟草专卖局（分公司）坚持以习近平新时代中国特色社会主义思想为指导，贯彻落实全国、全省、全市烟草工作会议精神，在县委、县政府的领导和上级单位的关心支持下，深入贯彻梅州市烟草专卖局（公司）的工作部署，高标准落实企业中心工作，2023年上缴税收2790.15万元；获得蕉岭县“最佳志愿服务组织”“平安蕉岭建设先进单位”称号。

【专卖管理】　2023年，蕉岭县烟草专卖局（分公司）加强情报研判，筑起拦截跨省非法运输防线。2023年，共查获涉烟违法案件63宗，查获各类违法卷烟354.706万支，烟叶13370千克、烟丝8610.4千克，总案值600多万元，抓获涉案人员18人，追究刑事责任5人，卷烟市场守法经营率保持在95%以上。开展电子烟常态化监管排查，联合市场监管局、教育局、检察院等部门开展电子烟市场监管，打击向未成年人销售电子烟、卷烟的违法现象，保护未成年人健康成长。全年共查获电子烟案件2宗，其中，销售上头电子烟案件1宗、超限量携带电子烟产品案件1宗，抓获涉案人员3人，电子烟案件实现突破。推进行业“放管服”改革，动态优化零售点合理布局，截至12月底，共有持证户927户，比2022年末上升0.93%，许可证办证质量和布局进一步提升。

【烟叶生产】　2023年，上级下达蕉岭县烟叶生产计划2.3万担。全县落实种烟面积7931亩，收购烟叶2.3万担，完成计划的100%。收购均价8.675元/千克，其中，上等烟比例73.79%，中部上等烟比例47.3%，实现烟叶税877万元。全年建设烟基项目222件，项目投入资金328.765万元。在广福建立1661亩“烟稻双优”融合发展示范基地，新增千亩村1个、种植面积1024亩。推进绿色低碳烘烤，全县生物质燃烧机应用315台（含修复改造），新能源烤房改造覆盖率达到70%以上。

蕉岭县烟草专卖局（分公司）在广福镇建立“烟稻双优”融合发展示范基地［县烟草专卖局（分公司）提供］

【卷烟经营】　2023年，蕉岭县烟草专卖局（分公司）在全县零售客户队伍中，评选出“客户金牌讲师”“农网创业带头人”各1名，引导农网零售客户合理运用新媒体工具开展线上销售，打开农产品销路，让“钱袋子”鼓起来。梅州市二十支商业连锁有限公司汇珑湾直营店于11月16日正式营业，成为展示“二十支，真品质”的重要窗口，实现卷烟品牌培育与店铺消费环境改善“双促进”。

【国企社会责任】　2023年，蕉岭县烟草专卖局（分公司）深化“我为群众办实事”实践活动，常态化开展“我为烟农办实事”“我与客户共成长”等主题实践活动，聚焦烟农、零售客户的痛点、难点问题开展有针对性的重点帮扶，开展烟基项目建设，加大烟农扶持补贴力度。成立党员突击队，依托蕉岭烟草“客家亲”志愿服务队，开展“创文在行动”“烟苗吐新绿，移栽正当时”等志愿服务活动，2023 年累计开展志愿服务活动 71 场，参与 746 人次，取得良好的社会效应。开展“广东扶贫济困日”捐款活动，共募集善款 1.04 万元，为推进乡村振兴汇聚力量。

（钟剑琴）

2023 年蕉岭县烟草专卖局（分公司）负责人名录

党总支书记、局长、经理：王建松（11 月任职）　张　丽（任至 11 月）
党总支副书记、副经理：李　波
党总支纪检委员、副局长：丘乐仪
党总支宣传委员、副经理：陈　文

食盐专营

【概述】　2023 年，广东省盐业集团梅州有限公司蕉岭分公司坚持“以盐为基、以盐带路、严把盐关、广开盐路”的发展思路，推进“强品牌、增品种、提品质、优服务”的经营战略，树牢“市场为导向、渠道为中心、效益为目标”的经营理念，强化市场化经营能力建设，共销售盐产品 828 吨，其中小包装盐产品 700 吨，超额完成企业的销售经营指标。

【食盐质量管理和供应管理】　2023 年，广东省盐业集团梅州有限公司蕉岭分公司坚持“严把盐关”，在采购、环境卫生、质量检测、仓储运输等环节严格执行质量安全规定，采购销售、流通的盐产品合格率均达 100%，未出现食盐安全质量事故，持续为消费者提供放心盐产品。同时，密切关注市场动态，及时发现日本核污染辐射水排放期间的食盐市场出现抢购的苗头，与当地政府沟通协调，迅速启动应急预案，加大食盐调运力度，确保全县食盐市场不脱销不断档，价格稳定，履行好食盐稳价保供工作，保障全县食盐供应安全。

【优化食盐产品结构】　2023 年，广东省盐业集团梅州有限公司蕉岭分公司为更好地满足消费者对优质食盐产品的需求，以市场需求为导向，持续优化食盐产品结构。根据生态海盐“海水好、盐才好”的高品质特性和低钠盐的健康特性以及客家臻盐的客家传统饮食特性，进一步丰富食盐产品线，将高端、优质食盐送入千家万户，得到广大消费者的欢迎，满足市场各层次的有效需求，推动企业社会效益和经济效益实现双提升。

【打造“粤盐”品牌效应】　2023 年，广东省盐业集团梅州有限公司蕉岭分公司采取“空、地、硬、软”多维度宣传策略，多渠道、多途径加大“粤盐”品牌宣传力度，树立“粤盐”品牌效应，持续推进强品牌战略。以常态化的地推、商超导购以及科学食盐科普宣传活动等形式强化“粤盐”品牌宣传，塑造“粤盐”品牌影响力，让“健康生活，从粤盐开始”消费理念深入人心，树立国有食盐专营企业品牌形象，巩固食盐市场供应主渠道、主力军地位。

【食盐安全健康保障工作】　2023 年，广东省盐业集团梅州有限公司蕉岭分公司继续开展“减盐行动”，推广食用加碘低钠盐，倡导科学用盐和“低钠饮食”理念，用多种宣传渠道，推广加碘低钠盐，提高了群众低钠饮食防控高血压、心血管疾病的意识。通过一系列宣传推广措施，履行食盐专营的社会责任。广东省盐业集团梅州有限公司蕉岭分公司参与蕉岭县市场监督管理局组织的集中统一行动，协助蕉岭县市场监督管理局等职能部门联合检查，采取集中整治与强化日常市场访销相结合的方法，保障蕉岭县食盐安全。在走访市场时，通过发放宣传资料等方式，向所有门店和消费者宣传粤盐品牌，做好低钠盐的宣传和销售工作。结合“3·15”国际消费者权益日和“5·15”碘缺乏病防治日等宣传日，配合相关单位和部门开展粤盐品牌宣传活动。（王海彬）

2023 年广东省盐业集团梅州有限公司蕉岭分公司负责人名录

经　理：王海彬（7 月任职）
　　　　张　诚（任至 7 月）

中石化蕉岭石油分公司

【概况】 2023 年，中国石化销售股份有限公司广东梅州蕉岭分公司（以下简称中石化蕉岭石油分公司）是国有特大型中央企业——中国石化销售股份有限公司在梅州蕉岭的直属成品油销售企业，隶属于中国石化销售股份有限公司，下设有中心、桂岭、文福、福汕、金城、牛岗、华侨场、油坑、新沙、蕉岭服务区东西 11 座在营油站。2023 年，蕉岭石油分公司贯彻落实中石化总部和广东石油梅州分公司的工作要求，全面践行“每一滴油都是承诺”“质量永远领先一步，服务永远领先一步”的社会责任，以“全力以赴保障蕉岭成品油市场稳定供应”为己任，以“扩销量、强三基、保安全、塑形象”为工作主线，主动服务于蕉岭社会经济发展，实现社会效益和企业效益的双丰收。

【油品零售】 2023 年，中石化蕉岭石油分公司完成销售总量为 3.25 万吨，其中汽油销售 1.13 万吨、柴油销售 2.12 万吨；全年缴纳税金 300 万元。

【安全管理】 2023 年，中石化蕉岭石油分公司集中开展安全管理工作。各站建立健全 HSE 管理体系，加强油站安全工作的领导，健全安全生产责任制，落实三级值班制，确保人员准时到位。开展安全检查防事故工作，及时组织隐患自查整改，确保设备正常安全生产。同时，克服麻痹思想，从思想上、行动上、组织上，全面做好抗击各类自然灾害的准备工作。抓好员工队伍思想教育，加强对“十大禁令”“八大纪律”的学习与贯彻，提高员工对安全生产的自觉性，对存在安全隐患又未得到整改的重点部位，采取落实责任到人进行整改等措施。全年实现安全生产无事故。

【规范服务】 2023 年，中石化蕉岭石油分公司开展管理服务提升年活动。根据市公司的统一部署指导油站有序开展活动，坚决不走过场，提高加油站服务水平。

【便利店服务】 2023 年，中石化蕉岭石油分公司开展非油品业务。为适应形势发展的需要，方便广大消费者，加油站统一开设便利店并及时补充质量合格、价格合理适销的商品，提高加油站经营服务水平和经营质量，为加油站经营业务开创新路。（丘　婷）

2023 年中石化蕉岭石油分公司负责人名录

经　理：林　峰（7 月任职）
　　　　黄利华（任至 7 月）

金　融

蕉岭县金融工作局

【概况】　2023年，蕉岭县金融工作局在县委、县政府的领导下，学习贯彻习近平总书记关于金融工作的重要论述和中央金融工作会议精神，贯彻落实省、市委工作部署，聚焦金融支持梅州苏区融湾综合示范窗口建设和“百千万工程”，实施“金融倍增工程”，以“强化信贷扶持、优化服务对接、深化政策支持”为行动主线，促进政银企融资对接，解决中小微企业融资难题。以防范化解金融风险，守护群众“钱袋子”为工作重点，2023年蕉岭县金融对实体经济和乡村产业的支撑作用不断增强，业务开展大幅增长，金融环境稳定有序。截至12月31日，蕉岭县银行业金融机构本外币存款余额为151.35亿元，同比增长13.51%；各项贷款余额为77.27亿元，同比增长11.65%；存贷比为51.05%，较年初降低0.85个百分点。广发证券蕉岭营业部股票基金交易额601.94亿元（双向），同比增长28.87%；人保财险、中国人寿保险两家公司保费收入2.05亿元，同比下降0.84%；全县小额贷款公司涉农贷款余额9017.8万元。

【防范化解金融风险】　2023年，蕉岭县金融工作局定期研判风险。落实县处非工作领导小组成员单位会商制度，每季度组织各镇各单位对全县涉非法集资风险线索进行全面排查，及时研判化解风险隐患，确保将风险控制在小，化解在早。加强日常巡查。定期对小贷公司开展现场检查，现场查阅交易凭证、借款合同等材料，发现问题及时责令整改，并开展对小额贷款公司2023年度评级工作进行定性和定量评分，加强小贷公司的规范经营和管理。广泛宣传引导。按照国家、省、市的工作部署要求，组织开展“守住钱袋子护好幸福家”防范非法集资宣传月活动。组织县处非办相关成员单位及各金融机构在蕉岭奥园广场集中开展宣传防范非法集资宣传活动，派发宣传小册子800余份，辐射群众1000多人次。在蕉岭电视台加强防范和处置非法集资宣传密度和强度，定时滚动播放《非法集资》《我的负爸爸》等公益宣传片，提升群众防范非法集资的风险意识。

【深化融资对接】　2023年，蕉岭县推动政银企精准对接，完善金融服务体系。按照“政府搭台、银企协作、信息共享、金融支持”的原则，围绕重要产业、重大项目和企业的融资需求，安排全县8家驻蕉银行每年至少组织1次大型政银企对接活动，组织召开8场线上线下相结合的政银企对接工作会议，推进政银企之间的沟通交流合作，实现政策、产品、企业、项目的精准对接。

【落实惠企政策】　2023年，蕉岭县实现惠企政策落地见效，市场主体活力增强。实施贴息贴保政策。实施《蕉岭县乡村振兴产业发展贷款贴息贴保资金管理办法》，每年从乡村振兴驻镇帮镇扶村等涉农资金中安排资金200万元，用于撬动金融资本的乡村振兴产业发展资金。截至12月末，乡村振兴产业贴息贴保资金已受理、核准确定20家农林业经营主体进入“主体名录”；实施《蕉岭县农房管控和乡村风貌提升贷款贴息工作方案（试行）》，贷款额度最高可贷30万元，给予贷款利息

60%贴息，贴息资金由县财政统筹。用足用好信贷风险补偿基金。实施《蕉岭县中小微企业信贷风险补偿资金管理办法》，鼓励金融机构加大对企业的信贷支持，满足企业融资需求。截至12月末，蕉岭县中小微企业信贷风险补偿资金为1345万元（其中，县财政专项资金1000万元，省级财政专项资金345万元）。共有31家企业享受“信贷风险补偿资金”融资贷款，实现融资贷款额13576万元；拓宽“三农”融资渠道。制定印发《蕉岭县农村土地承包经营权抵押贷款管理暂行办法》《蕉岭县农村土地承包经营权抵押贷款风险补偿暂行办法》，探索拓宽“三农”融资抵押物范围和融资渠道，有效盘活农村土地资源的综合价值，并通过推广村级融资担保基金，探索农民互助金融模式。

【创新农村金融服务】 2023年，蕉岭县加强农村信用体系建设。以政银共建信用镇、信用村工作为契机，加大力度推进农村信用体系建设，提高农户评级授信、小额信用贷款的覆盖面，在简化贷款手续的基础上，农户最高授信额度由原来的3万元调整到5万元，解决农户贷款难、担保难问题。深化普惠金融“户户通”工作。围绕蕉岭县委县政府关于“一镇一业”“一村一品”“龙头企业”设计规划，利用农商行辖内16个营业网点、20个金融服务站、32个助农取款点、116台“粤智助”政务服务自助机和向107个村居委派驻146名“金融特派员”点多面广的自身优势，为全县107个村居委和全县居民搭建线上、线下优质、高效、无盲区全覆盖的金融服务，保障各类普惠金融工作扎实落地。截至12月末，通过推动“百千万工程”工作，完成蕉岭县辖内总信息建档数21.45万个，其中个人建档数20.32万个，个体小微建档数1.14万个；实现授信客户数7.05万个，授信金额525014万元，授信覆盖率100%，较年初增加7.2个百分点；实现签约用款客户10406人，签约金额259132万元，签约用款覆盖率23.23%，较年初增加14.16个百分点，为县域各类活跃经济体注入低成本信贷资金，满足个性化金融需求，以数字科技赋能普惠金融发展提质增效，推动蕉岭经济实现高质量发展。

（谢婷婷）

2023年蕉岭县金融工作局负责人名录

县府办副主任、县金融工作局局长：

戴春华（任至12月）

梁海锋（12月任职）

中国人民银行蕉岭县支行

【概况】 2023年，中国人民银行蕉岭县支行贯彻落实中央金融工作会议精神，履行全面从严治党主体责任，加强机构改革过渡期内部管理，围绕上级行的工作部署和县委县政府的各项工作部署，因地制宜、多措并举，统筹机构改革和基层央行业务双推进，加大金融支持地方经济发展力度，做到思想不乱、工作不断、队伍不散、干劲不减。落实政银企办公室工作职责，印发相关文件，推动县政府颁发金融生态奖，激励有关金融机构和乡镇；助推蕉岭县新铺镇被评为2022年度“广东省移动支付示范镇”，蕉岭县成为梅州市唯一连续3年获评省级移动支付示范镇的县；金融服务实体经济的做法得到《金融时报》宣传报道；完成文书档案、业务档案移交和档案销毁工作等。

【货币政策】 2023年，中国人民银行蕉岭县支行充分发挥货币政策工具精准滴灌、杠杆撬动作用，引导加大对中小微企业的信贷投放力度。对蕉岭农商行发放支农再贷款1笔，金额1400万元，发放支小再贷款1笔，金额1140万元，精准扶持蕉岭县制造业、绿色产业等小微企业。做好两项货币政策直达工具的转换和接续，对蕉岭农商银行加大信贷投放力度，提供普惠小微贷款激励资金 41.22 万元，直接撬动普惠小微贷款余额新增 2061.20 万元。落实普惠金融政策，支持小微企业贷款阶段性减息 161.40 万元，惠及 844 家企业和个体工商户。截至 2023 年 10 月末，全县各项存款余额为 148.40 亿元，同比增速全市第一；各项贷款余额为 76.69 亿元，同比增速全市第四，为县域经济增长提供金融支撑。

【金融管理和服务】 2023 年，中国人民银行蕉岭县支行做好金融管理和服务，加大金融宣传力度。在三圳镇招福村设立“存款保险宣传示范村”，引导各金融机构结合地方特色创新开展存款保险宣传活动。推动印发《蕉岭县政银共建信用镇、信用村工作方案的通知》，开展“十年征信路 奋进新征程”主题系列宣传活动；在蕉岭县三圳镇中心幼儿园联合开展“金融知识进校园 萌娃化身银行家”金融亲幼宣传活动，从小培养儿童的金融安全意识；在广福镇文体广场联合举办以“坚决打击整治养老诈骗 谨防电信诈骗和非法集资”为主题的金融入边宣传活动，进一步提高边区群众金融素养；在老干部大学联合举办适老金融知识宣传活动，提高老年群众风险防范意识和自我保护能力。

2023年3月23日，中国人民银行蕉岭县支行联合开展金融知识进老干部大学宣传活动（中国人民银行蕉岭县支行提供）

金融生态示范区建设。履行政银企办公室工作职责，结合县域实际，修订完善《蕉岭县“金融生态奖”评选奖励暂行办法（修订版）的通知》，推动印发《蕉岭县关于加强政银企对接工作的通知》，组织开展一系列金融支持乡村振兴政银企对接活动，调动各金融机构利用金融资源支持“百千万工程”，实现产业融资高效对接，营造良好金融生态。推动召开蕉岭县金融支持“百千万工程”暨金融生态建设工作会议，为蕉岭农商行等 5 家金融机构和蓝坊镇等 5 个镇分别颁发“金融生态奖”、2022 年度“金融生态信用镇”荣誉证书及奖励资金。

数字人民币的创新应用。指导建设银行蕉岭支行，选取蕉岭县财政局作为试点单位，成功发放蕉岭县首笔数字人民币财政统发工资。在本行、跨行统发基础上，突破创新，新增数字人民币钱包财政统发工资。数字人民币财政统发工资，标志着蕉岭县数字人民币在政务领域试点应用取得重要进展。同时，在试点单位蕉岭县财政局食堂，实现单位职工使用数字人民币付费取餐，这是蕉岭县首个数字人民币智慧食堂场景的落地，为后续便民利民场景打造奠定基础。

蕉岭县二手房“带押过户”贷款发放。加强与蕉岭房地产管理、不动产登记中心沟通，指导建行蕉岭支行积极探索“带押过户”模式，加强业务创新，成功办理蕉岭县首宗“带押过户”二手房贷款，满足人民群众刚性和改善性住房需求，促进蕉岭房地产业良性循环和健康发展。（邓岑晓）

2023 年中国人民银行蕉岭县支行负责人名录

党组书记、行长：张家华

党组成员、副行长、工会主席：钟超满

党组成员、副行长、纪检组组长：

郭晓斐（1 月任职）　刁依河（任至 1 月）

中国农业银行股份有限公司蕉岭县支行

【概况】 2023年，中国农业银行股份有限公司蕉岭县支行贯彻落实上级行和县委、县政府的各项工作部署，以党建引领全局，强化管理，优化服务，攻坚克难，抢占市场先机，抓好党建、内部管理、服务“三农”、“百千万工程”、乡村振兴金融服务等工作，全力以赴抓业务发展，助力蕉岭经济高质量发展。截至2023年年底，各项贷款余额211896万元，比年初增加25910万元、增长13.93%，存量、增量市场份额在当地四大国有商业银行中均居第一位；本外币存款余额327876万元，比年初增加62535万元，增长23.57%，存量、增量市场份额在当地四大国有商业银行中均居第一位。全年实现净利润4749万元；全年累计纳税总额2429万元；经营业绩进一步凸显，在全市农行业务经营考核中各项主要指标排名居前列，被市分行党委授予“创建‘四好’领导班子先进集体”荣誉称号。

【金融信贷服务优化】 2023年，中国农业银行股份有限公司蕉岭县支行围绕蕉岭县委、县政府融湾入海的各项工作部署，坚持面向“三农”，服务实体经济，支持乡村振兴，发展普惠金融，推动绿色发展，履行国有大行的责任担当，持续推进产品创新，拓宽服务渠道，为县域经济发展注入 “金融活水”。2023年，累计发放各项贷款13.31亿元。其中个人类贷款9.11亿元，公司类贷款4.2亿元。抢抓蕉岭产业升级和转移、蕉华园区创建省级高新区、交通主干道建设等带来的新机遇，紧盯绿色建材、大健康产业、绿色重钙双百亿产业集群等，运用银团贷款、固定资产贷款等模式，支持蕉岭县重点项目产业升级的资金需求，确保把更多的金融资源配置到经济社会发展的重点领域，为国家管网集团广东省管网有限公司、油坑集团、广东鸿泰建材、顺龙新型环保建材有限公司、健态实业等25户企业累计发放流动资金贷款4.2亿元，持续为实体经济输血供血。持续加强与县政府部门的沟通联系，加大对小微企业、外贸企业的支持力度，联合走访企业，了解小微企业生产经营中的痛点、难点问题。2023年，成功置换广东粤顺建材科技有限公司他行业务，营销梅州市嘉腾辉科技有限公司中长期贷款及其关联公司配套融资产品、营销梅州菖源复合新材料科技有限公司抵押额e贷等业务。加强宣传，提高办贷款率。组织各网点进行短信、电话、上门等分类营销，利用政府各类活动和举办6个走进活动等进行摆摊宣传及利用报刊夹带等方式发放宣传资料宣传农行金融产品。在积极拓展一手楼的同时，加大二手房营销力度，提升市场份额，完成农银e贷27190万元，完成率在全市农行系统排名居前列。坚持把制造业金融服务作为支持实体经济的重要着力点，强化考核激励机制，提升业务条线和分支机构发放制造业中长期贷款积极性，将更多信贷资源向先进制造业、新型建材上下游客户、科技创新企业等重点领域倾斜。主动对接县内47家四上企业，以塔牌、油坑两大水泥巨头为核心，针对其上下游产业客户，推出建材专业市场e贷、塔牌、油坑供应链e贷等信贷产品，做好产业链全流程的金融服务，夯实客户群体。

【金融服务质量提升】 2023年，中国农业银行股份有限公司蕉岭县支行教育引导员工增强忧患意识、竞争意识和责任意识，强化“存款兴行”的经营理念，贯彻落实上级行年初会议精神，举办开门红竞赛活动，发动全员力量，开展全方位、多层次的吸存揽储工作。细分存款市场。建立健全行长抓大户、重点户，网点负责人抓辖内贷款相关户，临柜人员抓一般存款户的抓存组织体系，充分利用 DCRM、PCVM、营销宝等系统开展数字化营销，针对不同标签客群实施不同营销策略，打造全天候线上获客模式，通过银利多、大额存单等产品组合，提升客户整体收益率，提升客户对农行产品知悉度和信赖度。做好联动营销客户高管群体个人存款业务，实现公私联动发展。突出抓好优质客户维护提升，落实分层管户责任，通过上门拜访、电话联系、举办主题沙龙等方式，了解客户金融需求，帮助优化资产配置。结合乡村振兴，全力拼抢乡村客户，发挥个人大额存单、银利多、个人结构性存款、聚合码等重点产品优势，拓展新客户、新资金，壮大客户群，夯实稳存增存基础。2023 年，各项存款比年初增加 6.25 亿元，增量及增幅创历史新高。

【考核激励机制建设】 2023 年，中国农业银行股份有限公司蕉岭县支行研究制订《中国农业银行蕉岭县支行 2023 年度综合绩效考评方案》及各季度专项考核等相关考核方案，提出目标任务和落实措施，针对业务发展薄弱环节专门出台专项考核方案，同时动员全行员工开展“春天行动”“争先创优”等优质服务劳动竞赛活动，调动员工的工作积极性和主动性。举办信贷业务知识培训，提升员工信贷业务知识和营销能力，做强做大做优信贷客户基础。组织班子成员、部门经理、网点负责人及业务骨干开展业务培训，增强参训人员信贷业务熟悉度和营销技巧，提升员工综合营销能力。强化全员技能训练，提升综合素质，支行多次举办柜员业务技能的培训、测试和竞赛及岗位技能考试。通过有效管理方式，辖属网点服务质量、意识和水平均有很大的提高。加强对公账户拓展，建立“支行—部门—网点”三级沟通配合机制，倾情投入，多策并举抓落实，全年新开对公账户 315 户，完成率在全市农行系统排名居第二位。

【监督管理强化】 2022 年，中国农业银行股份有限公司蕉岭县支行坚持以人为本，定期以部门、网点为单位召开员工座谈会、支部扩大会，集思广益谋发展，让各层级人员找准自身优势和解决问题的路径，形成“心往一处想、劲往一处使”的干事创业氛围。实施员工素质成长计划。鼓励员工参加与行业相关的社会职业资格考试，推进岗位资格培训考试，提高员工业务水平，2023 年末支行客户经理持证上岗率达 100%。发挥老员工“传、帮、带”优良传统，提升新员工快速成长通道，对新入行的应届大学生在实习期及第一年正式工作期间，分别安排一名优秀员工作为导师对新员工进行一对一的教导和帮助。多措并举发挥员工的人缘、地缘、专业技能等优势，调动员工工作积极性和主动性。利用网点晨会、部门学习日、党委中心组、专题辅导集中和自学方式开展学习，提升员工风险意识。广泛宣传动员，通过简报、墙报等载体，加大宣传力度，做到正面宣传和反面教育相结合，理念引导和案例警示相结合，营造合规经营管理良好氛围。紧盯关键人、关键时间节点，引导干部职工恪守中央八项规定精神和农行规章制度，筑牢思想防线、守住廉政底线。完善员工信息，督促全行员工在 DHR 系统完善个人信息。组织开展专项整治活动，在员工查询“交管 12123” App 基础上，支行纪委向蕉岭县公安局交通警察大队发出《农行蕉岭县支行关于查询员工酒驾醉驾记录的函》，进行逐一核查，做到“全覆盖、无死角、无遗漏”。践行社会责任，做好内控案防工作。组织开展 2023 年国家安全教育日、反诈骗、扫黑除恶等系列宣传活动，营造良好金融生态环境。按照《广东分行案件风险防控重点工作手册》要求，落实案件防控“双线管理”责任，做实做细网格案防管理，依时完成指派工作，全年开展各层级员工家访及谈心55人次。抓好年度学法工作。全行员工依时完成学习和考试任务，参学率、参考率均达100%，考试平均分均为优秀，员工的法律法规意识得到加强。做好“平安农行”建设，结合“三化三达标”考评、持续开展安全生产专项大检查活动和消防安全管理专项治理等工作，全行安全设施建设和管理得到提升，员工的防范技能和安全意识得到提高。（朱铭新）

2023年中国农业银行股份有限公司蕉岭县支行负责人名录

党委书记、行长：黄　寅
党委委员、纪委书记：邓永忠
党委委员、副行长：朱怀习（任至7月）
曾令彬（任至11月）
侯淡元（7月任职）
吴晓戈（11月任职）

广东蕉岭农村商业银行股份有限公司

【概况】　2023年，广东蕉岭农村商业银行股份有限公司学习贯彻中央金融工作会议、中央经济工作会议、广东高质量发展大会以及省联社工作会议精神，坚持“支农支小、服务县域”的工作总基调，坚持以“农村金融（普惠）户户通”和服务蕉岭县“百县千镇万村”高质量发展工程为抓手，实现各项业务稳健高质量发展。截至2023年年底，蕉岭农商银行资产总额为46.79亿元，存款总额40.45亿元，贷款总额24.67亿元，实现经营利润6247.12万元，缴纳各项税费1364.72万元，存、贷款县域市场占有率分别为26.72%和34.55%，均居县域金融机构首位。

【推进“户户通”工程】　2023年，广东蕉岭农村商业银行股份有限公司结合县域实际，持续深化总行党委与蕉岭县8个镇党委对接、各党支部与县内107个行政村（居）党支部共建、党员职工与村民群众互联的三级共建体系，充分发挥146名“行内+外聘金融特派员”派驻县域各村（居）委的人缘、地缘优势，深入开展走村入户、进店访企专项活动，全面推进网格化管理、整村授信、信用村镇、信用户（企业）建设，为县域客群提供全方位、全天候、全覆盖的金融服务。截至2023年年底，完成蕉岭县辖内总信息建档数21.45万个，信息建档覆盖率达100%；实现授信客户数7.05万个，授信金额52.5亿元，授信覆盖率达100%；实现签约用款客户1.04万人，签约金额25.91亿元，签约用款覆盖率23.23%，比年初增长14.16%，签约用款客户数较年初增长101.67%。

【服务“百千万工程”】　2023年，广东蕉岭农村商业银行股份有限公司通过主动走访对接蕉岭县委、县政府聘用的14位“产业村长”，加大县域建设丝苗米、毛竹、蜜蜂等省级现代农业产业园等县域重点项目资金需求支持力度；通过支持县域基础设施建设，对接融入县域发展规划，创新信贷产品及服务方式，支持美丽圩镇建设、农村生活污水治理、农村集中供水和村道硬底化等人居生态环境建设及改造工程，满足符合规划和信贷条件的项目融资需求，助力补齐基础设施短板，推动城乡基础建设均衡发展。截至2023年年底，支持县域“百千万工程”贷款余额18.66亿元，比年初增加2.81亿元，增幅达17.7%，新增用信客户数2500户。

【强化政银企合作】　2023年，广东蕉岭农村商业银行股份有限公司主办或参与蕉岭县2023年金融支持乡村振兴暨春耕备耕政银企对接会、县金融机构联席会议、入园区政银企对接活动以及蕉岭县新铺镇“七月半”文化节暨圩日活动、蕉岭县第二届购房节活动等活动，开展针对性强、适应性强的产品和服务创新，成功上线三农易、小微易等信贷产品，提升数字化、信息化服务水平。截至2023年末，普惠型涉农贷款余额6.98亿元，比年初增加2.12亿元，增幅达43.48%；涉农贷款余额19.09亿元，比年初增加2.49亿元，增幅达15.03%，实现涉农贷款持续增长；普惠小微贷款余额8.60亿元，比年初增加2.06亿元，增幅达31.55%。

【推进绿色金融】　2023年，广东蕉岭农村商业银行股份有限公司响应国家“碳达峰、碳中和”重大战略决策和蕉岭县“狠抓绿色低碳循环经济发展，坚持制造业当家，推动县域骨干企业转型升级、增资扩产，打造百亿绿色重钙循环经济产业园”规划部署，推动产品创新、优化提升绿色金融服务体系建设，创新“光伏贷”“乡村振兴贷”“农担贷”等绿色金融贷款产品。同时，着眼县域广福、蕉华等工业园区企业转型升级和建设丝苗米、毛竹、蜜蜂等省级现代农业产业园等县域重点项目资金需求，挖掘存量绿色企业潜力，加大对绿色经济、低碳经济、循环经济、先进制造业和科技创新企业的支持力度。截至2023年年底，绿色贷款余额1.73亿元，较改制初增加1.23亿元，增幅达245.35%。

（张境霖）

2023年广东蕉岭农村商业银行股份有限公司负责人名录

党委书记、董事长：袁汉番
党委副书记、行长：刘聪莎
纪委书记、监事长：杨新亮
党委委员、副行长：李锡权　李颂锋

中国建设银行股份有限公司蕉岭支行

【概况】　2023年，中国建设银行股份有限公司蕉岭支行践行“科技、普惠、共享”的新金融理念，围绕县委县政府的中心工作和乡村振兴这项战略指标，推进乡村振兴各项工作，做好各项金融指标，推动县域企业转型升级、增资扩产，各项工作取得积极进展。

【主要指标完成情况】　2023年，中国建设银行股份有限公司蕉岭支行一般性存款时点余额26.54亿元，余额在四大行占比36.87%，排名第二位；比年初新增4.17亿元，新增在四大行占比30.71%，排名第二位。一般性存款日均余额23.89亿元，在四大行占比35.62%，排名第二位；比年初新增3.16亿元，在四大行占比31.87%，排名第二位。各项贷款余额12.79亿元（不含公积金贷款3.2亿元），在四大行占比29.58%，排名第二位；比年初新增0.5亿元，在四大行占比9.76%，排名第四位。实现账面利润总额5106万元，在四大行占比35.38%，排名第二位。

【金融支持服务】　2023年，中国建设银行股份有限公司蕉岭支行帮助企业拓宽融资渠道，加大资金支持力度。在制造业方面，为广东岭裕环保纸业科技有限公司发放200万元信用贷款，为制造企业复工复产助力。在出口方面，为广东省创继荣新材料科技有限公司申报厂房快贷，缩减传统大中型贷款的烦琐流程，用最高效率为企业提供最便利的金融服务。在农业方面，为蕉岭县科诚农业科技有限公司申报300万元授信额度，支持当地农业相关行业发展。

【“裕农通”业务】 2023年，中国建设银行股份有限公司蕉岭支行配合“百千万工程”实施，推出“裕农通”业务，全县服务点116个，服务点活跃率达100%，推动村委、合作社“裕农通”终端机的安装使用，为村民们办理裕农通储蓄卡、减免相关费用，实地向村干部演示“裕农通”相关业务操作流程，介绍裕农通新上线的缴费功能，通过现场指导村干部进行缴费，方便村民足不出村能交上水电费、电话费，办理医保社保等业务。“裕农通”终端机实现开通“城乡居民领取养老保险待遇资格认证”功能，增加1个养老保险认证渠道，为村民提供便捷的金融和非金融服务。同时，在总行推出裕农快贷、建易贷、粤兴贷等信贷政策后，积极寻找适合产品的农户群体，为农户办理裕农快贷，解决燃眉之急，为农村信用体系建设出力。

【二手房“带押过户”贷款业务】 2023年，中国建设银行股份有限公司蕉岭支行组织全行客户经理学习二手房“带押过户”政策内容和业务操作流程，与蕉岭房地产管理、不动产登记和金融监管机构沟通，向客户推广二手房“带押过户”贷款业务。该模式为买卖双方解决赎楼过桥费用问题，提高办证时效，一站式银行服务帮助客户省时省力省心，并对处置银行不良资产有积极作用，增强银行房贷市场竞争力。5月，成功办理蕉岭县首笔“带押过户”二手房贷款。

【数字人民币业务】 2023年，中国建设银行股份有限公司蕉岭支行开展数字人民币宣传和拉新工作，重点为本行个人客户、对公客户、商户客户等客群开通数字人民币，结合本行数字人民币优惠补贴活动，打造数字人民币消费场景。9月，为蕉岭县财政局落地数字人民币智慧食堂场景，推动就餐结算支持使用数字人民币，为当地2家喜多多超市连锁门店接入数字人民币扫码支付功能，财政局试点97户实现数字人民币代发工资。第四季度，在全县铺开开通数币代发工资工作，所属2个网点分工合作对全县行政事业单位进行上门服务，12月成功激活、签约数字人民币代发客户5000人。

【涉赌涉诈个人账户风险排查管控】 2023年，中国建设银行股份有限公司蕉岭支行配合公安机关打击防范电信网络诈骗、跨境赌博等违法犯罪。落实银行账户管理主体责任，健全账户风险识别和分类管理机制，做好账户风险联防联控和综合治理，开展宣传，利用户外营销契机，同步开展“反诈拒赌，安全支付”“打击治理电信网络诈骗、跨境赌博，我们在行动”等宣传活动，全年共计开展宣传18次，受益群众达3000人，提升百姓防范安全意识和提升防诈拒赌知识社会知晓率。2023年，蕉岭支行被评为广东省分行消保服务工作先进网点。 （陈伟剑）

2023年中国建设银行股份有限公司蕉岭县支行负责人名录

行　长：陈增钦

副行长：古志彬　钟志煌

　　　　傅林平（任至11月）

中国工商银行股份有限公司蕉岭支行

【概况】 2023年，中国工商银行股份有限公司蕉岭支行坚持服务地方经济发展大局，突出质量效益，强化转型发展，牢记使命担当，着力提升市场营销能力、品牌影响能力、客户服务能力、风险掌控能力和保障支付能力，开创工作新局面，为实现“争先进位上台阶、提质增效创一流”目标而奋斗，加强各项管理，发展各项业务，向着把支行做大、做强、做优的目标迈进。实现安全运营零案件、零重大差错事故目标。

【负债业务】 截至2023年12月末，中国工商银行股份有限公司蕉岭支行人民币各项存款余额（不含同业）为111272万元，比年初增加24729万元，其中储蓄存款余额为90403万元，比年初增加25179万元；对公存款余额为20869万元，比年初减少450万元；机构存款余额为13368万元，比年初增加2341万元；公司存款余额为7501万元，比年初减少2791万元。

【资产业务】 2023年，中国工商银行股份有限公司蕉岭支行各项贷款余额72980万元，比年初增加11305万元。公司贷款余额为23076万元， 比年初增加1865万元。其中项目贷款余额为15766万元，比年初减少1014万元；小企业贷款余额为7310万元，比年初增加2879万元。个人贷款余额为49904万元，比年初增加9440万元。其中，个人住房贷款余额为39556万元，比年初增加4371万元； 个人消费贷款余额为230万元，比年初减少2335万元； 个人经营贷款余额为7165万元，比年初增加4451万元。

【支持地方发展】 2023年，中国工商银行股份有限公司蕉岭支行支持蕉岭县中小企业及创新创业产业发展，加大普惠金融工作力度。支持本地中小企业及“小微双创”实体经济发展，促进蕉岭县产业结构优化升级及集群化平台构建，同时发挥科创型股权、债权投资方面优势，参与科创企业融资和股权投资，助力蕉岭县科创型企业成长壮大。在区域和行业上，持续深化信贷布局，制订方案通过名单制管理、板块化推进和标准化操作，力促信贷规划落地见效，推动线下业务持续稳健增长。加强普惠业务覆盖，提升服务实体经济质效，结合当地产业特点和小微客户状况，做好区域性场景开发，实现专业市场开拓落地工作，有效推动线上普惠金融业务发展。推动“E抵快贷”业务发展。

【服务工作】 2023年，中国工商银行股份有限公司蕉岭支行根据金融业竞争日趋激烈的环境，把服务工作当作一项重要任务来抓，加强员工思想教育，教育员工牢固树立客户就是上帝、服务出效益的经营理念；提高服务质量，把方便客户，让客户满意作为服务工作的宗旨；做好业务分流工作，利用银行自助设备，引导客户能够在自助设备上办理的业务尽量在自助设备上办理，减轻柜面业务压力，业务可分流率呈现逐步下降趋势。

【内部管理】 2023年，中国工商银行股份有限公司蕉岭支行强化各级管理人员对履职规范和禁止性规定的学习贯彻，加强内控案防流程管理，确保管理工作精细化、系统化和流程化。检查督导力度得到加大。实行行级领导坐班制，每天有一名行级领导坚持在一线工作，对一线员工的日常操作行为进行监督和管理，做到及时发现问题、及时解决问题；发挥运行督导员的事后排险作用，开展多角度、多层次、全方位的规章制度检查，从源头上防范和控制案件发生。严格监督检查，加大检查考核力度，严惩违规行为，加大对信贷以及新兴业务领域违规问题的责任追究力度，严肃查处侵害员工合法权益的行为，发挥惩治的震慑作用，落实案件防控责任，守住金融风险底线，实现安全无事故、无案件，各项业务工作健康发展，支行内控评价被评定为一级。（林炼标）

2023年中国工商银行股份有限公司蕉岭支行负责人名录

行　长：张玉明（1月任职）
　　　　罗伟东（任至1月）
副行长：张玉明（任至1月）　赖建辉

曾晓俊（8月任职）
内控主管：丘文生

中国人寿保险股份有限公司蕉岭县支公司

【概况】 2023年，中国人寿保险股份有限公司蕉岭县支公司（以下简称蕉岭人寿公司）下辖9个乡镇营销服务部，从业人员231人。2023年，围绕总公司的工作思路和部署，完整、准确、全面贯彻新发展理念，推动公司在高质量发展征程中走在前列。

【业务经营】 2023年，中国人寿保险股份有限公司蕉岭县支公司坚持稳中求进工作总基调，实现规模、价值、竞争、队伍、安全有机统一，开创公司高质量发展新局面。2023年，实现总保费收入9331万元，占蕉岭寿险市场份额83.99%，引领蕉岭寿险市场；给付各类保险金3382万元，发挥保险保障功能，履行央企社会责任。

【普惠金融】 2023年，中国人寿保险股份有限公司蕉岭县支公司落实党中央决策部署的各项工作，支持乡村振兴，解决民生痛点，直击客户需求。部署两款普惠金融产品“银龄安康”“计生家庭”作为民生实事持续推进，2023年，累计为77216名居民提供普惠保险保障。开展“关怀健康”活动，为全县农村妇女赠送妇女“两癌”保险，累计险价值6172万元，助力乡村振兴，将保险职能和综合金融优势，转化为全面助推乡村振兴的强大动能。

【风险防范】 2023年，中国人寿保险股份有限公司蕉岭县支公司在遵循全面性、独立性、适时性、权责一致原则的基础上，开展风险防控工作。常态化梳理公司日常经营中的风险点，严抓销售风险管控，落实监督责任，以高度的责任感和行动自觉，促进各部门把好风险防控关口，将风险消除在前端。对风险管控层层抓落实，抓早抓小，不忽视任何一个风险，不放过任何一个隐患，群防群治，防范公司经营管理风险，为公司稳健发展保驾护航。

【作风建设】 2023年，中国人寿保险股份有限公司蕉岭县支公司加强监督，严格执行中央八项规定精神，加强对党员干部的廉洁教育、纪律要求，组织学习警示教育，学习违反中央八项规定精神、违反高质量发展、套取费用等典型案例，及时遏制“四风”反弹，抓早抓小、防微杜渐，将苗头性、倾向性问题扼杀在萌芽状态，防止一般性小问题酿成严重违规违纪问题或重大案件。同时进一步落实班子“一岗双责”，确保以踏石留印、抓铁有痕的劲头，把作风建设各项规定落到实处。

（陈梦霞）

2023年中国人寿保险股份有限公司蕉岭县支公司负责人名录

副总经理：钟玉珠（主持工作，任至4月）
　　　　　肖　健（主持工作，4月任职）
副总经理：林荣春

中国人民财产保险股份有限公司蕉岭支公司

【概况】 2023年，中国人民财产保险股份有限公司蕉岭支公司按照蕉岭县委县政府的整体工作部署，围绕县域经济社会发展大局，履行国有企业使命担当，发挥保险保障、风险管理和社会担当功能，为经济发展、社会稳定以及民生改善保驾护航。蕉岭支公司现有员工29人，支公司设有经理室、综合部、个险直销团队、个险营销团队、修理厂团队、商团业务团队、农险团队、理赔分部等8个部门；支公司属下有2个营销服务部，分别是东山营销服务部和兴福营销服务部。

【业务经营指标】 2023年，中国人民财产保险股份有限公司蕉岭支公司各板块的保费发展趋于稳定，截至12月31日，支公司全险种保费收入1.12亿元，同比增长2%，整体市场份额达57.04%，利润910万元。其中，车险保费收入5790万元，同比增长33%，市场份额50.41%；个非保费收入1294万元，同比增长53%；商团保费收入3599万元，同比减少22%。商非市场份额67.17%；农险保费收入113万元。总体赔付率为52.4%。贡献税收900万元。

【社会治理创新】 2023年，中国人民财产保险股份有限公司蕉岭支公司贯彻落实公司“三项工程”建设工作部署，做好精细化过程管理，在抓续保业务的同时，开拓新增业务及推进创新险种的突破，加强对客户的维护及提升服务质量。抓住高标农田建设的政策导向，推动高标农田责任保险在全市首单落地；发挥保险作用协助政府解决民生问题，履行社会责任。承保全县的多项政府民生保险，涵盖巨灾保险、自然灾害公众责任险、农村住房保险、应急救援费用保险、县级三大医院医责险、校园方责任险、政府防返贫救助保险、精神病监护人责任险等，累计支付赔款1040万元，为政府及群众提供风险保障，减轻经济压力。支持实体经济发展，为本地企业提供保险服务。2023年，成功续保蕉岭三大企业塔牌集团、龙腾旋窑、皇马水泥的企财险、雇主责任险、安责险等一揽子保险，为企业提供76亿元的风险保障，年度结案件59宗，累计赔付360万元，同时承保全县40多家企业的保险。在服务方面为企业客户提供防灾减损防的保障，为企业减轻负担。2023年，公司强化服务体系建设，从战略高度加深对服务的认识，通过明确服务内容、服务标准、具体措施、组织架构、职能职责定位和考核办法，建立具有人保特色的服务体系。公司以满足客户最迫切的需要为目标，以快速理赔服务为切入点，全面营造车险客户服务体系，提出“快速理赔、准确理赔”的理念。

【企业文化建设】 2023年，中国人民财产保险股份有限公司蕉岭支公司坚持加强职工队伍建设，注重建设具有特色的企业文化，为公司发展战略提供强大的精神动力和智力支持。加强普法宣传教育工作和综治工作，打造“平安和谐单位”，加强基层内控体系建设和风险排查工作，加强防范非法集资培训和反洗钱日常工作。 （傅红娴）

2023年中国人民财产保险股份有限公司蕉岭支公司负责人名录

经　理：徐建平
副经理：钟雅菲（女）
经理助理：李森辉

经 济 管 理

发展改革

【概况】 2023年，蕉岭县发展和改革局学习贯彻习近平新时代中国特色社会主义思想，做好“百千万工程”、高标准打造融湾综合示范窗口、项目谋划、向上争取资金、重点项目建设、“四上企业”培育、粮食物资储备、营商环境优化、节能降耗等各项工作，支持稳经济一揽子政策落地见效，提升县域经济发展信心，增强经济发展后劲。

【“百千万工程”】 2023年，蕉岭县发展和改革局贯彻落实省、市、县关于实施“百县千镇万村高质量发展工程”的决策部署，牵头成立县域经济专班，重点推动发展壮大县域经济、承接产业有序转移、提升县城承载能力、推动城乡融合发展。完善机制，制订《县域经济高质量发展体制机制改革实施方案》《蕉岭县推动县域经济高质量发展行动方案》，强化县域经济高质量发展的制度供给。按照《广东省“百县千镇万村高质量发展工程”考核评价办法（试行）》，做好省对县“百千万工程”年终验收的工作，协调各单位报送相关材料，梳理工作台账、及时查缺补漏，迎接“百千万工程”考核。

【高标准打造融湾综合示范窗口】 2023年，蕉岭县发展和改革局印发《蕉岭县全力打造梅州苏区融湾先行区综合示范窗口行动方案（送审稿）》，对建设赣闽粤原中央苏区对接融入粤港澳大湾区振兴发展先行区（蕉岭片区）的任务进行落实。印发《蕉岭县全力打造梅州苏区融湾先行区综合示范窗口2023年工作要点》，以清单式逐条列出工作任务，明确重点工作任务及完成时限。印发《赣闽粤原中央苏区对接融入粤港澳大湾区振兴发展先行区（蕉岭片区）建设工作领导小组及其办公室工作规则》，统筹推进各相关部门编制相关专项规划和制定贯彻落实相关政策文件。组织各镇各部门及工作领导小组12个专责小组对照2023年融湾年度工作任务，结合部门职责和工作实际制订相关的具体工作实施方案。加强政策解读，针对不同群体开展多样化的宣传。

【项目建设】 2023年，蕉岭县发展和改革局争取地方政府专项债支持，申报并通过审核的2023年地方政府专项债项目16宗，已拨付债券资金13.7亿元。争取超长期特别国债资金支持。2023年，申报并通过审核的2023年超长期特别国债项目5宗，合计获得1.5426亿元。争取中央预算内资金和省级配套资金。蕉岭县获得2023年中央预算内资金支持2733万元，另申报获得省级补助资金合计1940万元。谋划项目，抓好重点项目库建设。2023年，谋划储备项目72宗，总投资254.28亿元，资金需求62.91亿元。2023年，全县固定资产投资完成43.97亿元，同比增长40.9%，增速居全市第一。2023年，蕉岭县列入市重点项目30个，总投资149.64亿元，年度计划投资31.25亿元，完成投资32.85亿元，建设过程中未发生安全生产事故。

【城乡融合】 2023年，蕉岭县发展和改革局发挥城乡融合发展省级试点工作领导小组作用，制定印发《蕉岭县城乡融合发展省级试点2023年工作要点》《蕉岭县县城新型城镇化建设方案（2023—2025年）》，有序进行实地走访调研，聚焦“建立美丽小城镇发展机制、建立城乡基础设施一体化和基本公共服务均等化发展体制机制、建立农村集体经营性建设用地入市制度、完善农村产权抵押担保权能、建立生态产品价值实现机制、健全农民持续增收体制机制”等试点任务，推进“1+3+6”蕉岭模式，推进农村科技服务平台、农村产权流转交易平台和生态产品交易平台三大平台建设，在全域土地整治、农村集体经营性建设用地入市、创新生态价值产业化实现路径等方面取得较大突破，形成一批可复制可推广的“蕉岭经验”。

【节能降耗、绿色发展】 2023年，蕉岭县发展和改革局推进光伏发电项目建设，共办理分布式光伏144宗，装机总容量27.73万千瓦，总投资34365.87万元。加快基础设施建设，2023年共办理企业投资充电设施备案17宗，合计62架充电桩，装机总容量3839千瓦。推进抽水蓄能等新能源项目建设，对接洽谈相关企业，推动金山、三坑抽水蓄能电站项目建设。开展年度节能监察工作。成立监察工作组开展违法违规固定资产投资项目整改落实情况、重点用能企业、固定资产投资项目整改落实情况现场专项监察，要求企业对发现的问题做好整改工作。开展机关食堂反食品浪费工作。对蕉岭县5个食堂开展基本情况摸底调研和反食品浪费评估，暂未发现存在问题。

【粮食物资储备】 2023年，蕉岭县发展和改革局做好粮食质量监管工作，筑牢粮食安全保障基础，定期开展日常监管，做好政策性粮油库存检查自查工作。落实粮食安全“党政同责”考核，做好耕地保护和粮食安全责任考核，贯彻落实2023年蕉岭县粮食安全责任制考核工作，促进粮食各项工作高质量发展。保障粮油市场秩序稳定。做好粮食收购监管工作。督促各涉粮企业提前做好夏粮收购的各项准备工作。做好AAA级等级粮库评定相关工作，全县申报的3个粮食承储库点均获评省AAA级粮库，提升蕉岭县粮油仓储管理和安全储粮水平。做好县级储备粮轮换出入库监管工作，执行轮换出入库方案，做好储备粮油轮换的各环节工作，确保储备粮油轮换安全生产事故“零发生”，保质保量完成县级储备粮轮换出入库工作。做好粮食购销领域监管信息化建设工作，推进粮食购销领域信息化建设。蕉岭县粮食购销领域信息化建设工作顺利完成，走在全市前列。

【“四上”企业培育】 2023年，蕉岭县发展和改革局贯彻落实县委、县政府关于“四上”企业培育的工作部署，全年新培育“四上”企业42家、净增32家，超额完成市下达任务，无“四上”企业镇全面清零。摸清底数，掌握情况，对现有市场主体行业类别、经营收入等情况进行梳理，建立“四上”企业重点培育库对其中重点培育、重点扶持的企业进行详细分析、细化筛选。制订方案，完善机制，印发《关于成立蕉岭县“四上”企业培育工作领导小组的通知》《蕉岭县“四上”企业培育工作方案》《蕉岭县“四上”企业培育工作指引》，指导各镇各单位具体开展和落实培育“四上”企业的工作。加强培训，靠前服务，组织相关职能部门对各镇村干部和目标企业进行业务培训，实现培训内容、培训范围全覆盖，提升工作能力和服务水平。

【安全生产】 2023年，蕉岭县发展和改革局制订《蕉岭县发展和改革局2023年安全生产工作方案》，成立安全生产工作领导小组。与全县26个加油站、蕉岭县金穗粮食收储有限公司和粮库负责签订安全责任书，明确安全责任目标和工作任务，形成安全生产“一把手”负总责、安全生产分工负责制、层层落实责任制。对电力行业进行检查，蕉岭县发展和改革局会同供电部门针对充电桩基础设施和全县公共用电设施安全开展9次检查，并对全县涉电公共安全情况进行通报。对全县26家加油站多次进行安全生产大检查，组织安全和消防应急演练，并对成品油企业进行年检，未发现非法经营成品油窝点。2023年，蕉岭县发展和改革局累计开展成品油安全生产大检查出动排查52人次，排查26家加油站，发现安全隐患22处，均已整改完毕。

【价格监管】 2023年，蕉岭县发展和改革局落实部门联动，协同合作，传达上级关于价格监测方面的文件政策措施，注意市场供求和价格变化情况。制定长效机制，要求定点单位按照工作要求通过广东价格App和广东省价格监测预警系统报送数据，确保上报数据真实、准确、及时，为上级部门提供决策支撑。根据上级有关规定，蕉岭县天然气价格已达到启动调整蕉岭县城区管道燃气销售价格，并于4月1日起调整城区管道天然气销售价格，调整幅度为4.8%。协助县公安局进行价格认定工作，认定中心按照《价格认定行为规范》程序开展认定工作。截至2023年年底，办理认定案件37宗，认定案值550多万元。

【营商环境】 2023年，蕉岭县人大、政协分别组织人大代表、政协委员开展蕉岭县营商环境调研工作，通过现场调研、召开座谈会、走访企业等形式掌握蕉岭县营商环境现状、面临的主要困难和存在问题，集思广益，提出促进营商环境的意见建议，提振企业发展信心。开展妨碍建设全国统一大市场整治工作，根据部门职责分工，落实工作要求，对存在妨碍全国统一大市场建设的规定和实际情况开展自查清理，发现一起，处理一起，立行立改，绝不姑息，打造开放、便捷、公平、透明的一流营商环境。

【国防动员】 2023年，蕉岭县贯彻落实上级关于深化国防动员体制改革决策部署，按时挂牌成立蕉岭县国防动员办公室（人民防空办公室），履行新的国防动员组织管理体系，谋划落实好国防动员事业"新职能"。坚持按纲施训，开创国防动员训练演练新局面。严格落实省、市人防战备训练工作部署，不断提升指挥通信训练质量。做好国防动员人民防空专业保障队伍组建。按照"专业对口、人员精干、应急有效"的原则，规范组建县级国防动员人民防空专业保障队伍。完成2023年天盾—珠三角演练暨人民防空协同演习及"防空警报试鸣活动"任务。坚持力求实效，促进国防动员力量体系发展，按时完成人民防空基础数据摸底、国防动员潜力数据统计等工作。开展国防动员宣传教育。

（汤艳萍）

2023年蕉岭县发展和改革局负责人名录

党组书记、局长：古远基

党组成员、副局长：徐达新　黄伟忠

王海胜

总经济师：陈苑妮

国防动员办公室专职副主任：邓东贵（6月任职）

审　计

【概况】 2023年，蕉岭县审计局坚持以习近平新时代中国特色社会主义思想为指导，围绕县委、县政府中心工作，真审实查、建言献策，发挥常态化"经济体检"和党委政府参谋助手的作用，为全县经济社会高质量发展提供审计保障，擦亮"全国审计机关先进集体"金字招牌。

【审计成果】 2023年，蕉岭县审计局共完成审计项目18个，查出违规金额1030.26万元、管理不规范金额10.44亿元，提出非金额计量问题144个；作出审计决定5项，提炼审计专报、审计建议函等4篇，移送问题线索2条，发挥审计在党和国家监督体系中“治已病、防未病”的作用。

【政策落实跟踪审计】 2023年，蕉岭县审计局围绕中央和省委、市委方针政策和决策部署，围绕蕉岭县全力建设苏区融湾先行区综合示范窗口、“百千万工程”等重点工作，对重大政策措施贯彻落实情况和实际效果进行跟踪审计，实施2个重大政策落实跟踪审计项目，查出管理不规范金额517.39万元，提出非金额计量问题3个，有针对性地提出审计建议6条，推动重大政策措施在县内落地生根、发挥实效。

【财政审计】 2023年，蕉岭县审计局严格落实中央和省、市、县关于构建财政审计“横向到边、纵向到底”全覆盖监督格局的工作要求，依法对县本级财政预算执行、决算草案和其他财政收支情况，县直一级预算单位部门预算执行和其他财政财务收支情况进行审计，开展4个财政审计项目，查出违规金额332.16万元、管理不规范金额9.68亿元，提出非金额计量问题26个，有针对性地提出审计意见和建议16条，促进财政资金规范使用，完善财政管理，防范化解财政风险。

【公共投资审计】 2023年，蕉岭县审计局对政府投资、以政府投资为主的重大工程项目的资金管理使用、工程质量管理、投资项目绩效等进行审计，实施2个公共投资审计项目，查出违规金额76.43万元、管理不规范金额2051.71万元，提出非金额计量问题14个，有针对性地提出审计意见和建议7条，促进重大项目规范管理、有序推进、提升绩效，推动蕉岭县高质量发展。

【企业审计】 2023年，蕉岭县审计局以维护国有资产安全，促进国有企业科学发展为目标，对国有及国有资本占控股或主导地位的国有企业进行审计监督，共实施2个企业审计项目，查出违规金额169.69万元、管理不规范金额1998.05万元，提出非金额计量问题23个，有针对性地提出审计意见和建议10条，推动国有企业深化改革，做强做优做大国有资本，防范化解国有经济运行中的风险隐患。

【经济责任审计】 2023年，蕉岭县审计局按照中央两办经济责任审计规定，对领导干部贯彻执行上级党委政府决策部署和重大政策措施，地区重要发展规划制定、执行和效果，财政财务收支和经济运行风险防范，以及落实党风廉政建设责任和遵守廉洁从政规定等方面进行审计，实施8个经济责任审计项目，查出违规金额451.98万元、管理不规范金额3030.69万元，提出非金额计量问题78个，有针对性地提出审计意见和建议29条，促进领导干部依法履职尽责、守法守规守纪、担当作为。 （陈 梅）

2023年蕉岭县审计局负责人名录

党组书记、局长：王良文

党组成员、副局长：张秀红（女） 钟伟志 刘 林

党组成员、总审计师：陈 玲（女）

自然资源管理

【概况】 2023年，蕉岭县自然资源局坚持以习近平新时代中国特色社会主义思想为指导，贯彻落实党的二十大精神，落实县委、县政府和上级自然资源部门的工作部署，坚持以高质量发展统揽全局，坚持稳中求进工作总

基调，发挥自然资源支撑性、保障性作用，助推“百千万工程”扎实开展。2023 年，蕉岭县自然资源局荣获“广东省第三次全国国土调查先进集体”称号。

【耕地保护】 2023 年，蕉岭县自然资源局推进垦造水田工作，市级下达蕉岭县新一轮垦造水田项目共 37 个，建设规模 241.776 公顷，交地面积 101.237 公顷，完成施工面积 69.463 公顷，形成水田指标 0.89 公顷。加快落实耕地“进出平衡”，2023 年，完成耕地恢复 39.957 公顷。抓好永久基本农田核实处置、年度变更调查图斑核实整改等工作，完成 2023 年度耕地保护和粮食安全责任制考核的“两平衡、一保护”任务目标。打击新增农村乱占耕地建房行为，全年实现农房问题“零新增”，遏制农村乱占耕地建房问题整治工作得到落实。

【土地管理】 2023 年，蕉岭县自然资源局围绕重点项目用地需求，推进用地预审、报批、收储、供应等工作。全年组织 6 批次 34.678 公顷用地报批，收储土地 26 宗 104.4 公顷，供应土地 18 宗 96.0467 公顷，为蕉华园区北部发展区标准化厂房、广福供水保障工程、桂岭新区医院生命通道基础设施建设等项目提供用地保障。抓好节约集约用地工作，完成闲置土地处置 10.369 公顷、2009—2018 年批而未供处置任务 18.2 公顷、完成 2019—2023 年批而未供处置任务 69 公顷。

【国土空间规划】 2023 年，蕉岭县自然资源局推进县镇两级国土空间总体规划编制，完成县级国土空间总体规划成果编制并获得省人民政府批复，完成镇级国土空间规划前期调研和资料收集工作。完成蕉岭县城区控制性详细规划编制、赣闽粤原中央苏区对接融入粤港澳大湾区振兴发展先行区（蕉岭片区）广福园区控制性详细规划（修编），并获得县人民政府批复；将新铺镇纳入镇村集成规划省级试点。开展全县建设工程和县城规划区内个人建房的规划审批工作，2023 年办理建设工程规划许可 108 宗，其中个人建房 82 宗，项目类 26 宗，办理建设工程规划条件核实合格证 11 宗。

【矿产资源管理】 2023 年，蕉岭县自然资源局完成矿业权出让 1 宗，出让收益 2845 万元。加强日常监管，不定期对各矿山企业资源开发利用进行检查，从严从快从重打击、处罚非法采矿行为，促进持证矿山规范有序开采。推进绿色矿山建设，提高矿山生态文明建设和矿山环境保护水平，实现矿地和谐发展，蕉岭县 9 家持证在采矿山达到广东省绿色矿山建设标准。做好历史遗留矿山生态修复工作，完成历史遗留矿山治理复绿 5.1 公顷，完成市级下达的任务。

【不动产登记】 2023 年，蕉岭县自然资源局聚焦民生关切和营商环境优化，做好不动产登记发证工作。全年共办结各类不动产登记 21840 宗。提升不动产登记服务效能，设立不动产登记“一窗办理”窗口，实现登记、缴税、领证“一个环节，一个窗口”办结，常态化开展二手房转移登记“三小时办结”业务。开展“房地一体”农村不动产登记发证工作，全年登记发证 13765 宗，保障农民合法财产权益。

【地质灾害防治】 2023 年，蕉岭县自然资源局推进地质灾害隐患点核销工作，完成全县 18 处在册地质灾害隐患点核销。注重汛期管控，及时发布地质灾害气象风险预警信息，全年发出地质灾害三级预警 31 次，四级预警 40 次，发出预警信息 32298 条，同时全面落实汛前排查、汛中巡查、汛后复查工作，最大限度地避免和减少地质灾害造成的人员伤亡和经济损失。

【“三调”与测绘管理】 2023年，蕉岭县自然资源局保质保量完成蕉岭县第三次全国国土调查工作，摸清蕉岭县自然资源家底和变化情况，为经济社会发展提供准确的数据支撑。8月，蕉岭县自然资源局荣获“广东省第三次全国国土调查先进集体”称号。做好测绘地理信息行业监管工作，着力为重点项目提供测绘地理信息数据服务，保持“一村一镇一地图”现势性，对全县持测绘资质的单位进行监督检查。

【执法监察与信访】 2023年，蕉岭县自然资源局落实自然资源在线动态巡查工作，及时查处违法用地用矿行为，抓好土地卫片执法核查整改工作，落实新增违法用地和存量违法用地整治，全年共整治违法用地135.54公顷。化解信访矛盾，提高信访工作效率和办理质量，全年办结信访件83宗。

【试点工作】 2023年，蕉岭县自然资源局推进全域土地综合整治试点工作，围绕“落规划、增耕地、腾空间、优生态、强政策”五方面持续发力，打造超2000亩粤港澳大湾区菜篮子生产基地的示范点。推进农村集体经营性建设用地入市试点工作，通过编制印发工作推进方案、开展“维护农民主体地位”课题研究、研究起草入市配套政策和做好政村企多方对接等工作，推动农村土地改革。推进耕地保护“田长制”工作，在全省范围内率先搭建完成“田长制”组织架构和责任体系，首次创新探索设立“双田长”巡田机制，通过开展技术培训、加大宣传力度和落实资金保障等多种举措，蕉岭县田长制工作加快走深走实，耕地保护责任得到落实。

（凌传锋）

2023年中共蕉岭县自然资源局党组成员名录

党组书记：钟光庆
党组成员：刘　凯　林国俊
钟广斌（任至10月）
黄海云（女）　汤建丰
陈彩琴（女，10月任职）

2023年蕉岭县自然资源局负责人名录

局　长：钟光庆
副局长：王永华（任至10月）
林国俊　钟广斌（任至10月）
汤建丰（10月任职）
曾秋香（女，10月任职）
总规划师：黄海云（女）
派驻纪检监察组组长：刘　凯

市场监督管理

【概况】 2023年，蕉岭县市场监督管理局（知识产权局）坚持以习近平新时代中国特色社会主义思想为指导，在县委、县政府的领导下和省、市市场监管局的指导下，提高思想认识，强化责任担当，明确工作目标，紧抓工作重点，确保工作实效，履行市场监管职责。

【营商环境优化】 2023年，蕉岭县市场监督管理局深化“放管服”改革任务落实落地，以市场主体的需求为导向，优化营商环境，深化商事制度改革，强化事中事后监管，激活市场主体活力，服务企业助推蕉岭县经济高质量发展。

审批事项提速　2023年，蕉岭县市场监督管理局优化营商环境，落实全国统一“多证合一”改革，贯彻执行“无费市”工作，推进企业名称自主申报和畅通政银合作渠道，将企业开办全流程压减到1个工作日完成，网办率达到100%，提升企业开办便利度和速度。截至2023年年底，蕉岭县办理各类登记注册共3882笔，同比增长9.48%；为402户新办企业免费刻制印章5枚，节约开办成本13.3万元。推进“个转企”工作，建立重点培育名录库并动态完善，2023年，入库48户，办理33笔“个转企”业务，超额完成全年任务。

企业服务提质　2023年，蕉岭县市场监督管理局落实信用监管惩戒措施，依法做好列入移出工作，对经营异常或严重违法企业限制办理相关业务，实现一处违法、处处受限，并依法协助企业修复信用记录，2023年列入经营异常名录的企业194家，移出异常名录的企业80家；做好清理和查处取缔无照经营工作，开展行政指导引导办照1113家次（包括新登记个体），清理长期未经营企业27家，立案查处无证无照经营案5宗，结案5宗。突出地标产品保护工作，对“蕉岭绿茶”“桂岭蜂蜜”“蕉岭冬笋”“三圳淮山”4个国家地标产品的专用标志做好管理与保护，鼓励企业积极申请使用，提升品牌意识，蕉岭县共有7家企业使用国家地理标志。建立知识产权跨区域保护协作机制，与武平县、会昌县签约，召开协作会议。加强融入湾区标准研制，制定《预制菜速冻三及第汤》等预制菜企业标准，推动预制菜工业化标准化；抓好农业标准化示范区建设，蕉岭科城优质稻专业合作社顺利通过终期验收，指导梅州市四季耕耘蔬菜专业合作社申报省“两无化”蔬菜种植标准化试点项目。聚焦主导产业，全力抓招商引资，到深圳、东莞、惠州等地走访30家企业、商会，以“蕉岭所有”对接“企业所需”，提升招商精准度，同时走访43家本地企业，指导改扩建项目，协助办理业务，助力企业发展壮大。

执法力度加大　2023年，蕉岭县市场监督管理局加强法治审核，规范惩罚程序，严抓案件查办工作，落实“四个最严”要求，构建平安监管闭环管理机制，提升食品、药品、特种设备和工业产品质量安全水平。2023年，共结案128宗（包括吊销营业执照案件26宗，食品安全案件57宗，“两品一械”案件23宗，质量案件7宗，无证无照案件7宗，知识产权案件2宗，反不正当竞争案件1宗，特种设备2宗，其他案件3宗），结案件涉及货值18.11万元，罚没款28.98万元。

投诉处理提效　2023年，蕉岭县市场监督管理局紧抓消费者合法权益保护工作，畅通消费维权渠道，化解消费纠纷，提高消费维权效能，2023年，受理“12345”政府服务热线、全国“12315”平台消费者投诉举报250件，为消费者挽回经济损失4.98万元；接待消费者来访来电咨询189人次，提高消费维权效能。做好“3·15”国际消费者权益日纪念宣传活动，开展两项承诺活动和“五进”规范化工作，推动蕉岭县创建放心消费环境。

【质量技术监督】　2023年，蕉岭县市场监督管理局加强产品质量安全监管，开展质量提升行动，鼓励3家优秀企业申报政府质量奖，推荐1家企业参加品牌展销，新增4家企业申请质量管理体系认证，开展质量管理体系认证活动监管12家。配合省市场监管局举办2023年世界认可日宣传暨质量认证下乡宣传活动，做好认证认可工作。开展产品质量、燃气具及配件等专项整治行动，开展工业产品质量安全检查、校园周边“三无”产品等专项检查行动，加强对机动车检测机构的日常监督。2023年，检查产品质量相关市场主体单位530家次，有效保障市场产品质量安全。实施日常监督检查和各类安全生产大检查专项行动，排查安全隐患。2023年，累计检查特种设备使用单位198家次，发出监察指令书64份，闭环64份，查封相关特种设备2台（套），防范安全事故发生。

【食品药品监督】　2023年，蕉岭县市场监督管理局加强全系统食品安全监管，做好日常监管，聚焦学校校园及周边食品安全监管、农村食品整治、“包保”分级督导等工作，完成责令整改182家。开展食品抽检1015批次，较上年增长15批次，不合格批次18批次，不合格发现率为1.77%。完成食用农产品快检11400批次，不合格60批次，合格率99.47%，处理不合格产品42千克，处置率为100%。协助市抽检食品80批次、传统食品抽检3批次。不合格食品处置率均达到100%。协调解决突出问题，抓好创建省级食品安全示范县的基础性工作，维护食品安全“全域全年”稳定，未发生较大及以上的食品安全事故。加强全链条药械化安全监管，强化“两品一械”监督检查工作，压实工作责任，推进药械化不良反应及事件监测工作。2023年，完成药品20批次、化妆品5批次、医疗器械6批次的抽检任务，均合格。检查药品、医疗器械、化妆品经营使用企业447家次，检查发现存在问题47家，责令完成整改，守住蕉岭县不发生系统性、区域性药械化安全风险的底线。（凌慧芳）

2023年中共蕉岭县市场监督管理局党组成员名录

党组书记：黄万彬
党组副书记：张裕美
党组成员：汤伟华（任至3月）　邓　峰　曾维夫　陈　明

2023年蕉岭县市场监督管理局负责人名录

局　长：黄万彬
副局长：张裕美　汤伟华（任至3月）　邓　峰　曾维夫

统　计

【概况】　2023年，蕉岭县统计局贯彻落实党的二十大精神和习近平总书记视察广东重要讲话重要指示精神，以狠抓作风建设、提升能力本领为抓手，以更加科学的统计调查、更加优质的统计服务、更加有效的统计监督、更加坚强的统计队伍，依法统计、依法治统，整理提供国民经济和社会发展统计数据，编印《2023年蕉岭县统计年鉴》300本，印发11期《统计监测月报》、25期《蕉岭统计分析》，编印并在“中国·蕉岭”网发布《2022年蕉岭县国民经济和社会发展统计公报》，为蕉岭经济社会高质量发展提供统计保障。

【统计职能发挥】　2023年，蕉岭县统计局把提高统计数据质量放在统计工作的首位，严把数据质量关。抓严抓细数据质量监管，加大统计数据报送监管力度，重点加强对统计对象执行国家统计方法制度情况，以及数据采集、上报等工作的审核把关，做到事前预警、事中推进、事后服务；对企业网报数据即报即审，把好数据质量关，杜绝随意上报现象。开展上门送统计服务，对经济指标下降明显的企业，主动上门开展面对面指导；对网报企业数据中的工业、投资、消费、房地产销售面积等重点指标，及时进行全面复核，确保应统尽统；通过走访企业、电话微信联系等方式，及时解决网报企业在统计工作中碰到的问题。强化部门协调联动，按照“抓行业就是要抓统计”的要求，分解各部门在应统尽统上的工作职责、具体任务，构建“综合统筹、部门配合、多向互动”的统计工作新格局；发挥5个统计工作专班作用，适时召开会议互通信息、研判解决问题，实现各部门协同高效；及时向有关职能部门反馈GDP核算的41个基础指标，指导其瞄准短板指标发力，加强对统计数据的审核把关，为综合统计数据提供有力支撑。持续夯实统计根基，通过组织培训、线上答疑、“送教上门”等方式加大对乡镇、网报企业统计人员的业务培训力度，确保国家统计方法制度在基层执行到位，全年共召开业务培训会14批次，272人次参加培训；以点带面推进“7个一”乡镇统计规范化建设工作，完成统计规范化建设先进镇的创建工作；协助市局推进统计内网延伸到乡镇，实现贸易业统计数据监测权限下放到各乡镇，让乡镇及时掌握辖区内企业经营和项目进展情况。

【统计服务提升】 2023年，蕉岭县统计局强化经济形势研判。建立应对政府经济调度常态化机制，加强经济运行情况预警和研判，关注先行指标，跟踪数据变化，做到一周一研判、半月一分析。增强精品意识，树牢“有为才有位”思想，鼓励统计干部瞄准制造业当家、县域经济发展、乡村振兴等课题深入基层统计一线调查研究，做精统计分析产品，更加优质高效服务党委、政府科学决策。蕉岭县统计局选送的《全县经济平稳运行，实现预期目标——2021年蕉岭县经济运行情况分析》分析报告在全市2022年度优秀统计分析评选中获二等奖。2023年，蕉岭县统计局为县委、县政府及各经济部门提供11期《蕉岭统计监测月报》、12期《蕉岭经济运行简析》，为党委政府科学决策提供服务。服务县域经济发展，按照市、县实施“百千万工程”部署要求和市对镇（街）经济高质量发展考核工作需要，通过出台并发放《“四上”企业统计口径》，对全县8个镇和各职能部门开展入库纳统专题培训，建立并动态更新“四上企业”培育库、下规下限风险库，抓实抓细企业入库指导、提出统计部门建议等方式，靠前服务，指导各镇各部门准确把握市镇（街）经济高质量发展考核指标，推动镇（街道）经济高质量发展。2023年，蕉岭县统计局与相关职能部门深入全县8个乡镇开展“四上”企业培育专题培训工作，累计培训500多人次；全县潜在培育对象72家，其中有26家纳入“四上”企业培育库。

【统计法治建设】 2023年，蕉岭县统计局坚持以习近平法治思想为指导，持续加大统计法律法规宣教力度和统计执法力度，加强统计法治监督，提升统计工作法治水平。树立统计法治理念，推动各级党委、政府及有关部门学习《监督意见》《广东省统计条例》等统计法律法规，开展统计法律法规进党校活动，强化数据质量“生命线”意识，增强依法统计、依法治统的自觉性和紧迫感。加大统计执法力度，通过组织统计执法检查、与县市场监管局开展“双随机、一公开”联合执法检查等方式，严防弄虚作假、少报漏报，共检查12家企业和2个乡镇，没有发现统计违法违纪行为。强化统计法治宣传，抓住“统计开放日”、“国家宪法日”、大型普查等时间节点，加大统计法治宣传力度，营造依法统计氛围。10月26日，在锡林公园、碧桂园小区等组织开展第十四届中国统计开放日暨第五次全国经济普查宣传活动，共发放统计法律法规、“五经普”知识等宣传资料约1600份。开展统计造假专项治理，严查权力干预、“数据寻租”、执法不严等违反统计法精神的文件和做法，净化全县统计生态环境；定期与县纪委监委联系沟通，召开工作会议，制定《蕉岭县统计局统计违纪违法案件移送制度》，规范统计违法违纪案件移送，推进统计行政执法与纪检监察部门、司法部门的衔接工作。

【第五次全国经济普查工作】 2023年，蕉岭县统计局按照普查方案和省市的统一部署，主动作为，积极谋划，确保五经普各项工作有序推进。实现人员经费及时到位，争取县委、县政府重视，将第五次全国经济普查工作纳入县重点工作，实现工作经费及时拨付，各级经普办成员迅速到位。截至2023年年底，县经普办聘请5名专职人员、抽调2名业务骨干集中办公，各镇经普办均安排2名以上专职人员。加强协调，确保省际边界准确无误，福建省武平县沟通协调，组织两省县镇村干部通过现场勘查，确定存在归属争议的乐干村九栋屋及周边田地的普查区域归属问题。狠抓培训，力促业务水平全面提升，会同市经普办共同做好清查工作手册和清查621、622表的编辑排版，并在全市推广应用；整个清查阶段，共组织县镇村“两员”业务培训16场次，培训近300人次，“两员”业务水平得到提高。多措并举，宣传发动工作有声有色，通过电视台及其全媒体、视频播放点播放、推送“五经普”普查宣传片，朋友圈广告，流动宣传车播放影音视频，印制宣传海报标语、贴纸、条幅等方式对“五经普”工作开展宣传工作。部门协作，高效统准统齐县域单位，核定单位底册时，坚持县镇村三级联动，县内不作搬迁核查，提高工作效率；在统一登记前联合县财政局组织全县代记账机构分类整理其代理企业，节约登记时间；与县住建局沟通，协调收集完善全县各房地产、建筑业企业承包其在建项目中包工头个体户资料等。督导审核，保障清查数据质量，落实分片挂钩责任，加强对各镇清查工作的检查、指导和督促，单位清查阶段共组织对各乡镇开展3次督导；坚持即报即审原则，加强平台审核，提高单位清查数据质量。（张何悦）

2023年中共蕉岭县统计局党组成员名录

党组书记：刘碧华

党组成员：林森英　刘丽珍　黄荣城　黄　伟

2023年蕉岭县统计局负责人名录

局　长：郭　玲

副局长：林森英　刘丽珍　欧海燕

县统计普查中心主任：黄荣城

财政·税务

财　政

【概况】　2023年，蕉岭县财政局围绕“一般公共预算收入增长7%”的目标，把抓收入作为当前财政工作的重中之重，把抓收入理念融入预算编制、预算管理、服务单位的工作中去，做到应收尽收。坚决落实党中央、国务院决策部署，树立过紧日子的思想，优化支出结构。

【财政收支运行】　一般公共预算执行情况。2023年，蕉岭县一般公共预算收入完成71095万元，同比增长12.57%，收入增幅在全市各县（市、区）排名第三位。其中，税收收入完成33266万元，减收1363万元，负增长3.94%；非税收入完成37829万元，增收9302万元，增长32.61%。支出完成277364万元，减幅4.76%。民生支出224571万元，减幅7.74%，占一般公共预算支出的80.97%。

上划中央收入和省市共享收入完成情况。2023年，来源于蕉岭县的财政总收入为155526万元，增长24.25%。全县上划中央“两税”收入完成23249万元，增长30.67%；上划省市共享四税收入完成16858万元，增长0.63%。

政府性基金预算执行情况。2023年，政府性基金预算收入完成26581万元，增长741.17%；支出完成157571万元，增长92.13%。

国有资本经营预算执行情况。2023年，

全县国有资本经营预算收入完成671万元，增长12.58%；支出完成789万元，增长541.46%。

【强化收入征管】 2023年，蕉岭县财政局运用财税工作联席会议制度、涉财税源信息共享机制，加强与税务局、自然资源局、科工商务局、住建局等各经济口部门之间的信息互联共享，形成征管合力，全力以赴拓增量、想方设法挖潜量，确保年度财政工作任务按照时间、任务节点稳步推进。

【优化支出结构】 2023年，蕉岭县财政局坚持统筹兼顾、突出重点，做好“六稳”工作，落实“六保”任务。严控一般性支出和“三公”经费支出，从严从紧管好财政支出，压减日常办公经费和非必要的预算支出。执行“小切口、大变化”的民生实事制度，千方百计兜实“三保”底线，为增进民生福祉体现财政担当。继续把保基本民生作为工作重点，确保重点民生实事所需资金足额到位、不留缺口，下达基本民生保障资金2.8亿元。全力支持创文工作，2023年，预算安排创文专项经费100万元，拨付创文经费224万元；推动城市提升工作落实落细，其中，城市基础设施拨付687万元，城乡卫生综合整治资金拨付2360万元，基本公共文化服务投入1141万元。

【深化财政管理】 2023年，蕉岭县财政局创新实行项目资金“申、用、管、效”的“保姆式”服务工作法，对标对表向上争取项目资金的工作指引和考核办法，由局党组班子成员带领业务骨干常态化、全过程指导相关部门做深做细项目谋划申报，充分挖掘项目收益，做好优质成熟专项债券项目储备列入国家和省市“盘子”。2023年，争取债券资金14.3亿元用于全县项目建设。提高财政资源配置效率和资金使用效益，委托第三方机构开展2022年度部门整体支出、专项债券资金项目的绩效评价工作，共选取包括基础设施建设、生活污水、农村供水等领域在内的4个项目和4个部门整体支出作为重点评价对象，涉及项目金额3.42亿元。盘活闲置资产，实施“免费蕉岭”促招商引资及创业行动，制订实施方案，梳理实施“免费蕉岭”闲置国有资产清单，整理出原党校、原蕉城镇卫生院、原农机局、原市场监管所、原长潭工商所办公楼5处闲置的行政事业单位国有资产进行统一招租。做强做优做大国有资本和国有企业，完成对蕉岭县恒辉城市建设综合开发有限公司、蕉岭县城乡建设投资有限公司、蕉岭寿乡水务投资有限公司、蕉岭县金叶贸易有限公司、广东桂岭文旅发展有限公司5家县属国企股权划转和变更登记工作，增强桂岭控股公司资产和资本实力，实现资产增值、企业增收提升融资能力。推进“数字财政”建设及国库集中支付电子化相关工作，建立预算执行动态监控系统，全过程掌握资金使用情况，国库支付中心完成集中支付资金18243笔，拨付金额49.9亿元。持续推动投资审核改革，优化财政投资评审工作，完成工程预结算审核295项，核减工程造价1.14亿元。推广应用广东政府采购的智慧云平台，加快蕉岭县采购活动全流程电子化运行和政府采购业务“一网通办”。推进“双随机、一公开”工作，随机抽取4家公司，采取现场检查方式开展代理记账机构年度检查。

【争取项目资金】 2023年，蕉岭县财政局推进招商引资工作，成立局招商引资工作组，全年外出招商16次，与首华新能源股份有限公司的蕉岭县食用菌研发生产及深加工项目，电单车制造、销售、运维以及旧车收购项目已签约。争取省产业转移基金、政策性开发性金融工具等项目资金。截至2023年年底，争取2023年政府专项债券资金10.14亿元用于园区基础设施建设、农发行政策性开发性金融工具3.91亿元和商业银行融资贷款1.5亿元用于项目建设，其中，农发行政策性开发性金融工具（基金）3.91亿元资金已使用73.4%，实际支出2.87亿元。向上争取技术改造资金、上规奖补资金、绿色循环发展资金等专项资金，以及省级专项资金共1531.56万元用于扶持蕉岭县实体经济发展。强化与大湾区国企央企的对接合作，由蕉岭寿乡水务投资开发有限公司与阿农山生物科技（广东）有限公司完成战略协议签订，签订合作协议，总投资3亿元项目已落地。跟进县政府控制的屋顶光伏资源特许经营项目，向市农发行丰顺支行成功申请3.47亿元贷款，按工程进度分期发放，已发放1亿元。

【推进“百千万工程”】　2023年，蕉岭县财政局加强组织领导，明确责任体系。成立工作专班，明确责任分工，服务保障好县“百千万工程”指挥体系，发挥财政职能作用，推动“百千万工程”实施开好局起好步。加大涉农资金投入，强化重点提升成效。在涉农资金统筹整合过程中，围绕中央、省、市、县乡村振兴工作重点，主要投向提升产业发展水平、美丽乡村建设、推进农业绿色发展、农业生产能力提升、四好农村路建设等民生工程，加大乡村振兴资金的整合力度，2023年，蕉岭县累计收到省级涉农资金13319万元，统筹整合安排用于52个项目，支出7674.44万元，支出进度为57.62%。立足财政职能，加强“百千万工程”重点项目保障，安排1.85亿元用于城镇保障性安居工程、驻镇帮镇扶村、水利、林改等“百千万工程”重点项目。高标准推进绿美蕉岭生态建设，打造人与自然和谐共生的绿美蕉岭样板，投入资金1.6亿元，撬动社会资本资金约2亿元，积极实施蕉岭“绿量、绿质、绿效”三大提升行动。（余淑莹）

2023年7月24日，县财政局与县退役军人事务局在县镇山公园烈士纪念碑联合开展主题党日活动（县财政局提供）

2023年中共蕉岭县财政局党组成员名录

党组书记：罗万旋
党组成员：林英勤（女，任至10月）
　　　　　曾雪芬（女，挂任）
　　　　　曾勇武　黄承珣　丘志军
　　　　　游晓秋（女）
　　　　　邱　媛（女，11月任职）
　　　　　陈嘉榕（女，11月任职）
　　　　　张　生（任至11月）
　　　　　张荣涛（女，任至5月）

2023年蕉岭县财政局负责人名录

局　长：罗万旋
副局长：林英勤（女，任至10月）
　　　　曾雪芬（女，挂任）　曾勇武
　　　　黄承珣　游晓秋（女，11月任职）
总会计师：游晓秋（女，任至11月）
　　　　　邱　媛（女，11月任职）
县国有资产运营中心主任：陈　燕

税　务

【概况】　2023年，国家税务总局蕉岭县税务局始终把落实减税降费作为政治任务，以政策落实全覆盖、政策知识全知晓、宣传辅导全方位、反馈链条全闭环、落实情况全监督的“五全工作法”持之以恒抓落实，结合实际细化工作方案和任务清单，通过系统筛查、宣传辅导、送策上门等方式，确保纳税人应知尽知、应减尽减、应享尽享、应享快享。推动税费优惠政策直达快享，激发市场经营主体活力。

【服务能力建设】 2023年，国家税务总局蕉岭县税务局弘扬“四下基层”优良传统，围绕“百千万工程”、征管改革等重点工作，累计走访各类企业、行业协会以及发改、科工商务等经济主管部门超过50户次，收集意见建议42条，形成5篇调研报告和5份问题清单、责任清单，推动调研成果转化为工作举措22项。践行新时代“枫桥经验”，形成“1135”新时代“枫桥式”税务分局创建思路，在办税服务厅设立税暖驿站、税费争议调解室、税务管家团队工作室等征纳互动功能区，成立以税务分局青年为主的“青枫化语”服务团队、以县税务局业务骨干为主的“税务管家”团队和以“三师”为主的税费争议调解团队。发布“追光计划”青年党建品牌，组织“蕉税青年说”主题分享会、“主体税种管理金点子”展晒等一系列活动，搭建干部职工分享人生感悟、交流税费业务的平台，全年共举行5期“蕉税青年说”主题分享会，形成五大类合计30条措施的“主体税种管理金点子资源库”。打造教育宣传阵地，建成“党旗下的蕉岭税务”党建文化展厅，展现在党史教育、税史学习、税费服务、先锋模范等方面的奋斗历程，成为党员干部的党性教育基地。

【服务大局】 2023年，国家税务总局蕉岭县税务局助力“百千万工程”。推出“春风送暖乡村行”系列活动，为特色农业产业经营主体开展专门的惠农政策宣讲辅导，获得《梅州日报》专版报道。选优配强“税务助农团”，为家庭农场和农民合作社等农村市场主体配备“税费政策讲解员”和“快速响应联络员”，畅通税企常态化沟通渠道。推进“四上”企业培育。举办培育“四上”企业巡回辅导班，为全县230多人次的乡镇干部和40多人次的拟培育企业负责人辅导培育业务知识。与发改局、统计等部门联合开展“上规”税费辅导座谈会，为39户住宿业、餐饮业和建筑业拟培育企业详细讲解“升规纳统”政策和程序。

【纳税服务】 2023年，国家税务总局蕉岭县税务局推动建立全市首个由县委政法委牵头的县级社会保险费征缴争议联合处置工作机制，形成“县—镇”两级处置体系和“政府—用人单位—职工”三方沟通平台。优化股权转让管理服务机制，成立股权转让审核团队，实现股权转让业务扎口管理、内部流转，提高业务办理效率，平均办理时间提速50%。在全市各县中率先实现不动产交易业务“一窗办理”服务模式，在落实好“三小时办结”要求的基础上，对符合条件的交易事项即时办结。主动协调供电局打破部门信息交流壁垒，助力光伏用户“阳光收益”全流程“掌上办”，实现发电数据获取、发票代开、收益报账全流程掌上办，从此前的至少跑3次简化为“一次不用跑”。探索构建“税务+工商联+基层政府”网格化服务团队，巩固部门多级会商和政企对话机制，助力小微市场主体持续健康发展。

【政策宣传】 2023年，国家税务总局蕉岭县税务局成立“蕉税e税务管家”团队，为纳税人缴费人提供个性化、定制类税收宣传辅导，努力做到宣传有感、辅导精准，全年共服务辅导纳税人、缴费人2645户（人）次。举办“研发费用加计扣除优惠政策培训辅导会”活动，为“专精特新”企业的48名财务及研发部门负责人讲解适用政策，提醒风险事项。举办“优化营商环境 服务高质量发展”一起益企政策宣讲活动，为民营企业讲解税务便民服务举措税费支持政策。召开女企业家交流座谈会，为女企业家们宣传辅导女性相关税费优惠政策。与新的社会阶层人士联合会共同组织2023年税收新政宣讲会，对延续执行的税收优惠政策进行解读。邀请60名中学师生代表参加“蕉税开放日”中学生税收研学主题活动，通过实地观看、听讲解、体验办税缴费流程等“零距离”参与体验的活动形式，让青少年更加深入了解税收文化和税法知识。

【税收改革】　2023年，国家税务总局蕉岭县税务局以构建优化高效统一的税费征管新体系为重要抓手，落实落细省税务局“1+5”总体方案和市税务局实施方案，推动深改进一步落地见效。成立专班稳步推进。抽调业务部门和基层分局16名骨干组成工作专班，对标对表牵头推进涉及县级局的112项改革任务。梳理清单明晰事项，根据省税务局下发的《税费征管事项清单》对各事项的实际业务量、岗位设置需求、现有人员情况进行梳理，优化人力资源配置。将第二税务分局除报验登记以外的管户（含社保户）调整至税源管理分局，原来由税源管理分局承担的部分专业性强、复杂性高的税费事项，调整至专业团队和第二税务分局分级实施专业管理。组建风险应对、土地增值税清算审核、税源监测分析、跨县域建筑安装项目管理、专业事项管理5个专业团队。

【税费征管】　2023年，国家税务总局蕉岭县税务局成立组织收入专班，集思广益定期研究收入形势及应对措施，结合实际制定《组织收入工作台账》，实施“行业+税种”综合管理模式，梳理出加快土地增值税清算等23项促收措施，逐月推进，动态调整，精准施策。做实日常管理，完成企业所得税年度汇算清缴任务，申报率为99.88%，在全市位列第三。做好个人所得税年度汇算清缴工作，率先在全市完成经营所得年度汇算清缴率100%的工作任务。利用“交房即发证”工作机制，引导纳税人申报缴纳税款，推动契税入库收入同比增长106.49%。落实财政、自然资源、税务、人民银行划转工作协调机制，确保2023年全市最大一笔1.75亿元国有土地使用权出让收入的入库。

【依法治税】　2023年，国家税务总局蕉岭县税务局提升风险应对管理质效，加强关联税种问题疑点数据比对，通过企业所得税后续管理、房土两税申报监控等举措排查近1200多条疑点数据，查补各类税款552万元。主张税收优先权，向各级法院先后出具5份主张税收优先权的函。强化税收执法监督，加强对现金收缴税费、税费优惠政策落实、全电发票试点等重点业务领域的内部执法风险扫描和防范，做好事前谋划主动迎接上级各项专项审计和执法督察，以查促控形成“抓整改—促规范—防风险—强管理”的有效闭环。（曾　昶）

2023年国家税务总局蕉岭县税务局负责人名录

党委书记、局　长：徐小静（女）

党委委员、副局长：钟伟标　林伟阳　郭程望
　　卓海龙（9月任职）

党委委员、纪检组组长：杨扬城（任至12月）
　　曾杜林（12月任职）

教 科 文 卫 体

责任编辑：李幸欣

教　育

蕉岭县教育局

【概况】 2023年，蕉岭县有开放大学1所，中小学校38所（含特殊学校1所及3个小学教学点），中小学生及在园幼儿共31629人（含特殊学校在校学生41人，送教上门学生39人）。其中，完全中学2所，中等职业学校1所，在校普通高中学生3915人，中职学生0人；初级中学10所，九年一贯制学校3所，在校初中学生7219人；完全小学19所，教学点3个，在校小学生14705人。幼儿园48间（其中，公办园16间、民办园32间），在园幼儿5790人。

【普通中小学教育】 2023年，蕉岭县有高中阶段学校2所，初级中学10所，九年一贯制学校3所，完全小学19所，教学点3个。高中阶段有80个教学班，初中阶段有171个教学班，小学阶段有415个教学班（含九年一贯制）。2023年，蕉岭县中小学校义务教育标准化达标率100%，小学适龄儿童入学率100%，年辍学率为0，升学率100%；“三残”儿童入学率100%；初中毕业生升学率98.22%，初中毛入学率100.1%，初中三年巩固率100.72%，年辍学率为0。

2023年，投入3278万元实施校园修缮及提质改造工程，其中学校改扩建1项、暑期修缮项目10项。桂岭学校改扩建项目竣工验收并交付使用，新增30个班，1500个学位。完善南礤学校、逢甲中学、徐溪中学、城镇中学、上村小学等10所中小学校基础设施，提高办学条件。

【职业教育】 蕉岭县职业技术学校已于2020年停止招收学生，原蕉岭县职业技术学校教学楼改建为镇平小学。

【幼儿教育】 2023年，蕉岭县共有幼儿园48间（公办16间，民办32间），共有公办幼儿专任教师216名，专任教师大专以上学历比例为99.07%；民办幼儿园专任教师299名，专任教师大专以上学历比例为90.64%；在园幼儿5790人，其中公办园幼儿3144人，民办园幼儿2646人，学前三年入园率为98.6%。

2023年，升级改造2所公办幼儿园，共投资80万元对长潭镇中心幼儿园和蕉城镇中心幼儿园进行升级改造。

【教育教学成绩】 2023年，蕉岭县参加高考考生共1328人（蕉中647人、侨中681人），本科上线652人（蕉中580人、侨中72人），上线率47.2%。特殊控制线分数上线168人；地方专项计划入围262人。一人以清华校考全国第五、全省第一成绩被清华美院录取。

2023年，蕉岭县教育系统立项省级课题2个、县级课题80个。全县教师获省级表彰35人次，市级表彰98人次，县级表彰587人次。开展首届名教师、名班主任、名校（园）长工作室主持人遴选，选定主持人10名，5月举行首届"三名工作室"主持人授牌仪式。

【教师队伍建设】 2023年，蕉岭县共有教职工2366人，其中，完全高中441人，普通初中535人，九年一贯制学校133人，小学929人，幼儿园216人，特殊教育学校23人，中职学校12人，开放大学17人，县教师发展中心53人，县学生资助管理中心4人，县教育信息装备中心3人。

2023年，蕉岭县以"双引双培"和"强师工程"为抓手，引进高素质教育人才，引进急需紧缺人才4人，引进急需紧缺学科教师11人，按政策安置4名公费定向代培生，公开招聘教师23名到县直及乡镇学校（幼儿园）任教，其中11名为硕士研究生。 （汤静萍）

2023年9月6日，蕉岭县举办庆祝第39个教师节座谈会（县教育局提供）

2023年蕉岭县教育局负责人名录

县委教育工委书记、局党组书记、局长：
徐金伟
县委教育工委委员、局党组成员、副局长：
赖增平　汪英巧
钟强（12月任职）
县委教育工委副书记：汤国庆（任至11月）
县纪委监委派驻组组长、县委教育工委委员、局党组成员：谢　丹
县委教育工委委员、局党组成员：罗思忠
局党组成员：陈广雄

蕉岭县蕉岭中学

【概况】 2023年，蕉岭县蕉岭中学贯彻落实习近平总书记关于教育的重要论述，围绕立德树人根本任务和教育高质量发展的主题，全面深化教育教学改革，在发展中不断突破。

【党建引领】 2023年，蕉岭中学在谋划教育教学工作时不忘突出党建引领作用，落实重点工作时不忘强化党建服务保障作用，攻坚克难时不忘发挥党员先锋模范作用。蕉岭中学在广大党员和教师中开展以老带新、以能带新的传帮带活动。党员教师在提升素质能力中发挥"一名党员每学期写一篇优质论文、一名党员承担一节公开课、一名党员结对一名青年教师"的"三个一"带头作用。学校通过指导青年教师开展教学活动20余次，强化党建引领教师专业发展。学校各支部开展学习贯彻习近平新时代中国特色社会主义思想主题教育。用心为民办实事，100余位党员老师参与每周值日护学活动36次；200余位党员老师参加社区志愿活动30次；党员领导干部每天参与陪餐活动，做到"陪一次餐""发现一个问题""进行一次安全提醒"。

【德育活动】 2023年，蕉岭中学德育工作以中学生日常行为规范为主线，以养成教育为抓手，以开展德育量化为载体，抓好学生思想教育工作和学生常规管理。重视学生心理疏导及关爱后进生转化工作。坚持抓好班会、升旗仪式和国旗下讲话等重要的德育阵地，有针对性地对学生进行养成教育、法治教育、理想教育、爱国主义教育、心理教育等。把安全教育和法治教育作为德育工作长期坚持的重点，开展校园安全、预防地震、交通安全、防火安全、食品卫生安全、紧急情况下的疏散安全、受到不法损害时的安全维护等方面的教育，通过举办图片展览、法治副校长作报告、召开主题班会、举办防踩踏演练和消防疏散演练、在国旗下讲话等形式，把这些常识灌注到学生心中，培养他们遵纪守法的良好习惯。蕉岭中学加强班主任的理论学习和实践研究，通过学习和交流树立正确的教育思想，掌握更多的班级管理方法；通过新老结对、培训、学习和实践，使班级管理更具科学性、针对性和实效性；通过举办班主任沙龙和班主任能力大赛，让所有班主任参与其中，认真学习班主任的工作方法。组织班主任参加县、市级比赛及班主任技能大赛、班会课设计案例比赛，增强班主任的基本功底。

【教学教研】 2023年，蕉岭中学以提升教学质量为目标，狠抓教学常规管理，深化课堂教学改革，积极实施有效教学。严格落实常规的督查、指导、反馈、整改制度以及每周一次的碰头会议制度。学科组活动、教学沙龙活动、学科组公开课活动等正常开展，每个科组都在公众号上发布至少1篇活动新闻稿。组织全校教师参加2022年度教师职务培训、广东省网络学院干部培训、信息技术提升工程2.0培训、梅州市教育局组织的各学科培训、蕉岭县教师发展中心组织的各学科培训、各学科“南方教研大讲堂”、寒假教师研修等培训和活动。学校通过以赛促教的方式激励青年教师提升教学水平和综合素质，开展新进教师汇报课活动，评出特等奖3人、一等奖5人。完成市、县级课题的中期督查工作，推荐上送13篇教育教学论文到《蕉岭教育》进行筛选发表。2023年，举办“蕉岭中学第一届教师作业设计大赛”，收到作品138份，经组织校内外专家进行评选，评出一等奖20人、二等奖36人。高一、高二年级开展研究性学习，使学生学会选择和确定研究专题，以个人或小组合作的方式加以研究，提高学生综合运用所学知识解决实际问题的能力。组织学生参加第38届蕉岭县青少年科技创新大赛暨第8届中小学创客创作大赛，报送创客作品2个、科幻小说15篇。组织学生参加“我的书屋·我的梦”农村少年儿童阅读实践活动，推荐报送作品12篇。

【高考成绩】 2023年，2023届高三师生踔厉奋发，努力拼搏，参考学生647人，其中600分以上学生30人。考生赖诗怡取得最高分670分，被复旦大学录取。美术考生周佳仪以校考全国第五、全省第一成绩被清华美院录取，是蕉岭中学建校以来艺术生考入清北第一人。特殊控制线上线168人，占参考学生26.0%；地方专项计划上线262人，上线率40.5%；本科线上线580人，本科率89.6%。

（黄志勇）

2023年蕉岭县蕉岭中学负责人名录

党委书记、校长：汤国柱

副校长：丘安清　刘广泉（任至8月）

林皇干　曾国剑

黄金森（8月任职）

蕉岭县华侨中学

【概况】 2023年蕉岭县华侨中学坚持以立德树人为根本任务，推动学校各项工作的高质量发展，以学校特点为基础，以制度规则为基准，以具体问题为导向，落实日常教育教学管理制度，着力于不断实践与自求改变，塑造学校良好的育人氛围。

【党建引领】 2023年，蕉岭县华侨中学始终把党建工作摆在首位，为落实“立德树人、为党育人、为国育才”的办学目标，学校党总支以“突出思想政治建设、强化党组织建设、统领学校工作、落实意识形态工作、加强党风廉政建设”作为工作重心，促进全体党员在思想上、政治上、行动上发挥党员先锋模范作用，推进华侨中学教育事业发展取得新进步。8月，蕉岭县华侨中学成为实行党组织领导的校长负责制的首批学校。

【校园建设】 2023年，蕉岭县华侨中学语音室、智慧图书馆、教室护眼灯等设施设备投入使用；饭堂改扩建工程进入筹建阶段，实验大楼建设、北校门改造工程处于规划阶段。校园内布置适宜宣传栏作为道德建设阵地，点亮校园，内容上既有传统文化的传承，又有社会主义核心价值观的体现。

开发校本课程，精心组织常态化活动。举办科技节、艺术节、军训、成人礼、体育节、艺术节、重大纪念日等节日的纪念活动，全面提升学生的综合素养。

【学术交流】 2023年，蕉岭县华侨中学得益于广东省全口径全方位融入式帮扶粤东粤西粤北地区基础教育高质量发展方案的实施，广州老师或送教上门，或邀约前往学习，给该校教师提供学习良机，直观地学习大城市的先进教育教学理念和操作实践方式，在学习中产生警惕性、危机感，提升教师的专业素养，促使教师们对教育教学有新的思考。

蕉岭县华侨中学先后组织骨干教师、教研组长等人员分批次到广州南沙区高岗中学、广大附中南沙实验学校进行参观学习。

番禺区教师发展中心高中数学教研员郭施敏到该校传授“融·乐”课堂“4S——研说导评”的教学模式，广州市名班主任万少芳工作室主持人万少芳及工作室成员、广州市南沙第一中学郭欣到校传经送宝。“广州大学外国语学院乡村外语教育帮扶”系列活动在该校开展，教授苏远连、陈丽虹以“英语学科核心素养视角下的教学设计与评价”为主题，指导教师们重新审视英语教学；主任翁素贤以“信息技术培训和实操”为主题，传授一系列实用教育技术。

【德育管理】 2023年，蕉岭县华侨中学以常规落实为抓手，结合未成年人思想道德建设要求及文明校园创建活动，突出“三个引领”（规范引领、活动引领、文化引领）的德育途径，注重德育的渗透，开设形式多样、丰富多彩的校本课程，如开学典礼、国旗下的讲话、社会综合实践、经典诵读等，营造浓厚的文化氛围和学习氛围，潜移默化地教育、影响学生的成长，培养学生良好的学习、生活习惯以及自我管理的能力。

打造特色思政课。通过思政第一课，引导学生认识新时代的伟大变革，激励青年学子认真学习，培养家国情怀，坚定理想信念，不断完善自己。

组织德育专题活动，开展校本研究。制定切实可行的工作计划，部署德育系列活动，月月有中心，周周有专题，覆盖学生思想教育、身体成长的方方面面。围绕“立德树人背景下用主题引领学生成长的班级管理策略探究”主题组织班主任论坛，提升班主任的认识水平，并把理论研讨、学习转化为日常教育管理行动，有效提高学校德育效果。

安全管理抓日常抓细节。着力抓好交通、食品卫生、网络、防溺水、防欺凌、预防传染病等方面的安全教育与管理，利用校会、班会、广播、黑板报等形式进行宣传，定期或不定期对教室、宿舍、食堂、各功能室等设备设施及校园周边进行安全检查。举办安全教育主题班会、禁毒专题教育、消防器材使用培训、安全教育黑板报等校园安全教育系列活动。邀请蕉岭县消防大队工作人员到校开展消防安全知识培训及指导应急疏散演练活动，普及安全知识，提高师生应对火灾疏散逃生意识与技能。

社会关爱，护航青春。会同县政法部门学习贯彻习近平法治思想，大力弘扬社会主义法治精神，为青少年健康成长营造良好的法治环境。县公安局、长潭派出所干警到校开展“开学第一课，法治宣讲进校园”活动，开设反诈防骗、涉诈违法犯罪行为、禁毒、防性侵等普法宣讲专题，增强中学生的法治观念和法律素养，预防和减少未成年人违法犯罪行为。组织部分师生走进县人民法院，零距离了解法院工作，沉浸式感受司法权威。开展心理健康教育，重视学生心灵呵护。通过多种方式、途径提升学生心理素质，举办新生心理健康普查、心理健康教育大讲堂、女生心理健康团体辅导、高三励志暨心理健康教育讲座、心理健康辅导沙龙、班级心理委员培训等多场活动，引导学生了解自我、关爱自我，提高承受挫折、适应环境的能力。邀请嘉应学院心理学系副教授刘幸娟博士对教师进行心理健康技能培训，调整、掌握好辅导方法，提升心理健康教育能力。2023 年 11 月，荣获“梅州市心理健康教育特色学校”称号。

【办学质量提升】 2023 年，蕉岭县华侨中学对教学教研工作全面规划，详细部署，大力倡导加强学习，不断提升教师专业知识和水平，不断适应教育发展的新需求。把绩效奖励机制和“盛顺奖教奖学金”“黎次珊、汤建英奖教奖学金”的颁奖融入管理体制，取得良好的效果。

推进常规精细化。促进教师注重教学艺术，讲究课堂效率与质量，做科研型教师。抓教研组、备课组的建设，增强凝聚力和战斗力。教研活动重在研究新课程标准落实措施、课程设计、作业设计、信息技术与学科教学的融合、中高考备考策略、教改实践。日常工作中关注备课环节、着力教学过程、强化课后反思，在教育教学的疑难中查找问题、解决问题，培养学生思考问题、合作探究的习惯与能力，培养学生的学科素养。

以赛促练提升业务水平。精心组织，搭建交流、学习与展示的平台，举行高质课堂教学比赛活动，相互观摩借鉴，促进新课程改革理念在教学活动中的贯彻与落实。

组织研学之旅，充实综合实践活动。开展主题为“追寻大师足迹，锻炼劳动技能，励志成才报国”的研学暨劳动实践活动，组织学生前往数学家丘成桐院士祖居、沧海诗廊、广福桃花源劳动实践基地，走进自然，学习蕉岭人文历史，陶冶情操。

开展科技文化节系列活动。举办以“科技改变生活，文化创造价值”为主题的首届科技文化节系列活动，旨在弘扬科学精神，营造科技教育氛围，培养同学们的科学兴趣和爱科学、学科学的意识，提高科学文化素质。

体育强健体魄，艺术陶冶情操。举办体育节、文艺汇演、师生书画展及其他文体活动，以体艺育德、以体艺怡情，推进学校体艺特色发展。体艺工作获得较好成绩：蕉岭县中小学生运动会中取得高中组团体总分第一名，初中组团体总分第六名的好成绩，运动员打破 2 项县纪录；梅州市中小学粤韵操比赛荣获市二等奖；第十届中小学生艺术花会艺术作品展获得两个一等奖、一个二等奖、九个三等奖。 （徐　岭）

2023 年蕉岭县华侨中学负责人名录

党总支书记：刘广泉（8 月任职）
党总支副书记、校长：古红梅（女，8 月任职）
党总支书记、校长：刘隆基（任至 8 月）
副校长：罗仕东　涂志远
　　　　钟剑平（任至 8 月）

蕉岭县镇平中学

【概况】　蕉岭县镇平中学创办于 1990 年，是梅州市一级学校。学校坐落在 205 国道旁，背靠横岗山，占地面积 58445 平方米，建筑面积 11997 平方米，校园绿树成荫，绿化覆盖率在 83.5%以上，是梅州市“书香校园”“美丽校园”。学校教学设施先进，安装校园网，有功能齐全的交互式多媒体教室 30 间，录播室 1 间。智慧图书馆 1 间，学校藏书 31652 册，生均图书 27.4 册，音乐、舞蹈室各 1 间，美术室 1 间，理化生实验室 5 间，心理咨询室 1 间，多功能体育馆 1 座，体育器材充足，体育运动场室生均 13.9 平方米，学校重视打造智慧校园，管理系统、门禁系统、自动阅卷系统、录播系统等教育教学设备先进，各功能场室齐备，可满足教学需要。

【办学理念】　2023 年，蕉岭县镇平中学以“用素质教育点燃学生成长的激情，让校园成为师生成长的乐园”为学校办学理念，以“爱国、团结、勤奋、进取”为校风，以教学“常规打基础、改革求出路、管理要质量”为办学宗旨，以“现代化初中教育”为办学目标，形成“敬业、爱生、严谨、创新”的教风，树立“认真、刻苦、创造、向上”的学风。学校地理位置优越，环境优美，读书条件得天独厚，加之校风严谨，教风端正，作风过硬，教学质量稳步上升，在历任校长精心经营和师生员工的共同努力下，学校不断积累办学经验，取得优秀的办学业绩，成为蕉岭优质品牌学校。

【特色创建】　2023 年，蕉岭县镇平中学以“古典文学的精髓在校园中的深刻渗透”为目标，以“走进古文学，品析古文学，塑造好品格”为宗旨，坚持开展“走进古文学”校园特色活动。学校通过设立“古文学”阅览室，组织师生通过每周读名著、做读书笔记等形式让学生畅游“古文学”，持续开展“古诗词·古文学积累”“古诗词·古文学的赏析”“古诗词·古文学的演讲”“地方民俗的研讨”“我看名家”等系列专题活动，形成“文明知礼，文气浓郁，勤学善思”的校园文化氛围。

（刘晓婷）

2023 年 12 月 8 日，蕉岭县镇平中学在体艺馆举行 2022—2023 学年度“生玉奖教奖学金”“信锋源奖教奖学金”颁奖仪式（镇平中学提供）

2023 年蕉岭县镇平中学负责人名录

党总支书记、校长：王晓松
党总支副书记、副校长：林文勇
党总支委员、副校长：古红梅（任至 7 月）
副校长：钟　闻

蕉岭县田家炳实验中学

【概况】　2023 年，蕉岭县田家炳实验中学坚持党的教育方针，全面优化办学条件，切实加强队伍建设，扎入推进城乡教育共同体建设，促进学校高质量发展。2023年，被评为广东省更高水平安全文明校园、平安蕉岭建设工作先进单位，荣获蕉岭县第十届中小学艺术花会展演活动直属初中舞蹈类一等奖、书画类一等奖，蕉岭县第三十六届中小学田径运动会初中组团体总分第一名和优秀组织奖，2023年梅州市中小学师生跳绳比赛初中组二等奖。林婉红、邓莉金和何焰3人荣获2023年梅州市第四届中小学青年教师教学技能大赛一等奖，张新清、王荣华、赖传忠、郭春伟、黄慧玲和黄苑青6人被评为市、县级先进教师。

2023年9月，蕉岭县田家炳实验中学有44个教学班、学生2561人、教职工207人。

【队伍建设】 2023年，蕉岭县田家炳实验中学开展主题党日活动，开展学习贯彻习近平新时代中国特色社会主义思想主题教育，通过政治学习、业务学习、党支部活动，提升教师整体素质，打造一支政治过硬、责任过硬、作风过硬的教师队伍。召开加强作风建设动员大会，推进作风建设常态化、长效化，推动作风建设走深走实。蕉岭县城镇初级中学党支部撤并入实验中学党委，党员队伍不断壮大。学校党委书记、校长陈纪雄带头上主题教育专题党课。

【德育管理】 2023年，蕉岭县田家炳实验中学以构建爱国主义为核心，通过主题班会、演讲比赛、国旗下讲话等形式，开展红色主题教育、生命教育、理想信念教育、劳动教育、集体主义教育，坚持引导学生培育和践行社会主义核心价值观，培养学生优良品质，开展主题为“传承雷锋精神，争做新时代好队员”的少先对活动课，举行主题为“学习二十大、永远跟党走、奋进新征程”的蕉岭县2023年离队入团示范仪式暨14周岁集体生日活动，开展主题为“珍爱生命，预防艾滋”的健康教育活动，举办主题为“考试焦虑应对策略”的心理健康专题讲座。

【教学科研】 2023年，蕉岭县田家炳实验中学推动课堂教学改革，推进城乡教育共同体建设，构建高效课堂，着力于教学科研力促教师专业成长，提高教师教育科研意识，全面提高教育教学质量。与深圳高级中学（集团）签订教育帮扶协议，实验中学教育集团组织35位教师到徐溪中学开展“助学支教”、联合校本研修系列活动，深圳高级中学（集团）党委委员、副校长、南校区执行校长李齐玲带领骨干教师一行到校开展教学帮扶活动。初三级举行“百日奋战，筑梦中考”誓师大会，召开主题为“薪火相传集智慧 凝心聚力谋发展”的新老初三年级教师经验交流会，邀请青年励志演讲家方可老师举行主题为“拼搏200天，筑梦未来”的励志演讲及誓师大会。

【特色活动】 2023年，蕉岭县田家炳实验中学利用家炳文化和地方教育资源，山歌进课堂、乐器进校园、传统文化进课堂、名人事迹入人心、科技创新出成果等特色文体活动，传承客家传统文化，走儒雅教育特色之路。举办第十五届校园文化艺术节暨五四文艺汇演、秋季师生运动会、第十六届文化艺术节暨“学习新思想 启航新征程”元旦文艺会演，3名学生荣获梅州市2023年“小小科学家”中小学科学实验成果展示交流活动一等奖。

（王荣华）

2023年蕉岭县田家炳实验中学负责人名录

党委书记、校长：郭秋源 （任至8月）
陈纪雄（8月任职）

副校长：刘千华 黄维锦 黄近芳（女）
钟利英（女）

蕉岭县新铺中学

【概况】 2023年，蕉岭县新铺中学有12个教学班，学生416人；在册教职工54人，其中专任教师53人。

【队伍建设】 2023年，蕉岭县新铺中学全面贯彻党的教育方针，落实立德树人根本任务，开展学习贯彻习近平新时代中国特色社会主义思想主题教育，坚持学思用贯通、知信行统一，坚持以学铸魂、以学增智、以学正风、以学促干，并取得实效。蕉岭县新铺中学重视师德建设，通过理论学习、纪律教育学习会、警示教育等形式，教育引导教师筑牢思想根基，规范从教行为。开展以“躬耕教坛，强国有我”为主题的师德建设主题教育月活动，全体教师踊跃参加师德征文活动，《躬耕教坛显初心，强国有我志不渝》《坚守一份初心，为热爱继续前行》等优秀师德征文推荐上送教育局参加评比，并获二、三等奖。

【德育管理】 2023年，蕉岭县新铺中学以德育创新为动力，以行为养成教育为核心，以加强班主任队伍建设为重点，以强化班级管理为突破口，以丰富多彩的活动为抓手，制定《班级量化管理细则》《新铺中学学生在校一日常规》等有关德育管理制度，促进德育工作的制度化、常态化。坚持开好“四种会”即每周1次主题班会、每月1次班主任会议、每学期2次班主任经验交流会、每学期1次家长会。坚持每周升旗仪式、班会组织学生学习守则、规范，开展“爱国、爱校、爱家”系列主题教育活动。开展蕉岭县新铺中学田径运动会，增强学生体质，增强集体荣誉感。开展关爱留守儿童、困境儿童、特殊群体儿童活动。举办‘12·9’唱响主旋律，展现新风采”班级大合唱比赛、“手牵手关爱，心连心助困”义卖等活动，让“爱满新中”的理念深植同学们心中。加强家校联系，开展家长志愿者“护学岗”特色志愿服务工作。每学期定期召开各年级家长会，促进家校交流，拓宽教育途径，形成学校、家庭、社会共同参与的德育工作格局。12月，荣获“蕉岭县更高水平安全文明校园”称号。

【教学管理】 2023年，蕉岭县新铺中学坚持以人为本，以生为本，强化教学常规管理，加强对教师备课、作业分层设计、小测本批改的常规工作检查，提高教学质量。参加各项教师教学基本功比赛，在广东省第二届中小学幼儿园美育教师教学基本功比赛中，1人获三等奖；在广东省中小学青年教师美术科教学能力大赛中，1人获二等奖；在2023年梅州市中学物化生学科创新实验展示活动中，1人获二等奖；在蕉岭县中考模拟试题比赛活动中，2人获一等奖，1人获二等奖；5位教师获三等奖；在梅州市中小学“爱阅读·好书我推荐”展评活动中，1人获二等奖；在2023年梅州市“学习二十大·永远跟党走·奋进新征程”青少年绘画比赛活动中，1人获一等奖，2人获二等奖，4人获三等奖。

（丘敏华）

2023年蕉岭县新铺中学负责人名录

党支部书记、校长：钟剑平
专职副书记：廖广均
副校长：吴洁晴

蕉岭开放大学

【概况】 蕉岭开放大学（蕉岭社区学院），原名蕉岭县广播电视大学，是教育部和国家开放大学（原中央广播电视大学）确定的第一批“开放教育”试点单位，是一所以现代远程教育信息技术为支撑，学历教育与非学历教育并举，面向蕉岭乃至全国提供终身教育服务的新型高等学校，是蕉岭实用型人才培育基地和社区教育中心。2023年，学校以党建引领学校“一体两翼”全面发展。秉持“立足基层、服务社区、服务农村”理念，坚持走内涵发展道路，搭建开放大学学习平台，构建学习型社会，提升成人高等教育为本地经济发展的服务能力。8月，荣获蕉岭县2022—2023学年学校绩效考核一等奖。9月，学校在广东开放大学2022年度基层绩效考核中被评为优秀等次。12月，学校被评为国家开放大学广东分部优秀教务管理集体先进单位。

【党建和师德建设】 2023年，蕉岭开放大学坚持党的全面领导，推进党的政治建设、思想建设、组织建设、作风建设、纪律建设。

*深化党的政治建设。*强化学校党支部的政治属性和政治功能，组织干部职工学习贯彻习近平新时代中国特色社会主义思想和党的二十大精神，学习贯彻习近平总书记对广东系列重要讲话和重要指示精神。

*深化党的思想建设。*在工作中全面落实“以学铸魂、以学增智、以学正风、以学促干”重要要求，坚持理论学习、调查研究、推动发展、检视整改、建章立制等重点措施有机融合、一体推进主题教育工作取得扎实成效，推动学校各项事业转型和高质量发展。

*加强基层党组织建设。*增强基层党组织政治领导力，提高基层党组织建设质量，加强思想政治教育，强化党员管理监督，深化基层党组织标准化、规范化建设，落实“三会一课”、民主议事决策、民主生活会等制度，提高组织生活质量。

*深入开展加强作风建设。*学校通过宣传教育、完善制度、加强监督、强化落实，在干部职工中树立爱岗敬业、廉洁奉公的校园新风正气，打造风清气正的工作环境，推动学校事业的高质量发展。

【教育教学与管理】 2023年，蕉岭开放大学巩固发展学历教育，创新开展社区教育、老年教育，推进终身教育，构建学习型社会，提高成人高等教育质量，推动学校事业创新高质量发展。

*重视开学第一课的思想政治教育。*结合人才培养目标，组织学生学习党的二十大精神，学党史、学校史、学校规，提高思想政治素养、明确学习方向、端正学习态度，鼓励学生成为有所担当、有所作为的社会新人。

*加强师资队伍建设。*通过严格选聘开放教育教学专、兼职教师和毕业论文指导老师；为每门学科配备合格的专业辅导教师；加强教师业务培训；选派教师参加省市县组织的各级业务培训提高师资队伍水平。

*加强教学过程管理。*落实教学环节，强化教学管理过程，树立“以学生为中心”的现代教育理念，整合优质的教学资源提供给学生自主学习；提高学习支持服务水平，有效指导成人学生运用手机、电脑终端参加直播课程学习、实时交流讨论和课程答疑等现代远程教育教学学习，构建现代教育学习支持服务系统，实现随时随地开展在线学习和网上作业考核。

*注重考风考纪落实。*高度重视考风考纪管理工作的落实，期末考试前加强考前考务工作培训，注重考试的细节管理，以考风促学风，通过细化考试组织管理，利用多种形式对学员加强考风考纪诚信教育，将考风考纪教育关口前移，规范有序开展考试工作，擦亮“信得过考点”金字招牌。

*加强综合实践环节管理。*在抓好课程实践环节的同时重视综合实践工作。通过加强综合实践环节管理，引导学生将专业知识技能运用于岗位工作实践，在实践中巩固和提高，培养学生的创新意识、实践能力以及分析问题和解决问题的能力，培养适应社会发展需要的应用型人才。

【招生与人才培养】 2023年，蕉岭开放大学贯彻落实立德树人根本任务，树立“以学生为中心”的现代教育理念，构建现代教育学习支持服务系统，提高开放教育教学质量，建立起宽进严出、开放灵活的在职人员终身学习人才培养模式，坚持学历教育和非学历教育协调发展，面向全县各行业提供在职研究生、本科、专科学历教育和多种类型非学历教育培训，培养适应社会发展需要的应用型人才。创新学校招生方式，扩大招生规模。2023年春季招生131人，2023年秋季招生131人；奥鹏教育联办高校学生大部分毕业，有2人在册学习中。全校在册国开生600人，广开生165人，本、专科在校生共765人。为地方经济建设输送一批经济适用型人才，全年毕业生人数共346人，有2人获得学士学位。提升办学层次。2022年，西北师范大学、暨南大学、华南农业大学联合举办在职研究生教育，组织的考前辅导服务受到考生们好评。

【服务全民终身学习】 2023年，蕉岭开放大学为推动全民终身学习，构建学习型社会和终身教育体系，蕉岭开放大学积极整合各类教育资源，在稳定学历教育规模的同时，积极拓展社区教育、老年教育。开展送教进社区活动。整合各类教育资源，在全县各大型住宅小区开设社区教育教学点，开展送教进社区活动，定期和不定期为社区群众开展健康养生、家庭教育、文学艺术等讲座活动。办好老年教育。2023年，因地制宜改造和完善老年教育教学场所，结合实际和群众意愿，在书法班、舞蹈班、健康养生班、柔力球班、太极拳班的基础上，增设竹板歌、瑜伽班等9个特色兴趣班，共招收学员近300人，实现学校老年教育从无到有，从有到优的历史跨越。多元联动，建设乡镇学习中心。推动省校专项体系建设项目的实施，分别在蕉城镇“广东（蕉岭）乡建馆”、三圳镇“美丽乡村培训学院”、文福镇“仓海诗廊”举行3个镇的学习中心挂牌揭幕仪式，开展送教下乡等系列活动，在完善学习中心的配套设施和管理制度，做到“六有”标准。同时举办家庭教育、防溺水、防暑及急救知识等公益讲座活动，同步在基层启动招生宣传服务工作。通过在全县各乡镇设立蕉岭开放大学乡镇学习中心，立足服务乡村振兴，建设终身教育、在线教育、灵活教育学习平台和对外合作的平台，创造“人人皆学、时时能学、处处可学”的社会环境，构建终身教育体系。

（徐庆均）

2023年蕉岭开放大学负责人名录

党支部书记、校长：赖伟华

副校长：陈　剑　钟苑苑　江远芳

蕉岭田家炳师范学校

【概况】 2023年，蕉岭田家炳师范学校秉持田家炳先生“促进道德教育，弘扬中华文化，融合世界文明，以提升中国的教育素质，贡献国家”的办学宗旨，传承田家炳精神，办好师范学校。蕉岭田家炳师范学校与时俱进，加快转型发展，整合优化教育教学资源，打造成人教育培训中心，开展社区教育、老年教育、职务培训等非学历培训工作。在全体教职工的共同努力下，学校成功转型发展，推进全民终身教育，构建学习型社会。

【社区教育】 2023年，蕉岭田家炳师范学校推进社区教育，整合各类教育资源，拓展和推进社区教育，在全县各大型住宅小区开设社区教育教学点，开展送教进社区活动，定期和不定期为社区群众举办健康养生、家庭教育、文学艺术等讲座活动。2023年，在蕉岭县宝利园、碧桂园等大型社区开展太极拳培训；桂岭新区社区教学点常年开展太极拳培训教学。

【老年教育】 2023年，蕉岭田家炳师范学校开展老年教育，在逐步改造和完善老年教育教学场所的基础上，结合实际和群众意愿，在保留书法班、舞蹈班、健康养生班、柔力球班、太极拳班的同时，增设竹板歌、瑜伽等9个特色兴趣班，共招收学员近300人，受到广大社区群众和老年朋友的欢迎，帮助社区群众和老年朋友实现“老有所学、老有所乐、老有所为、老有所教”，既增长知识、开阔视野、丰富退休生活和老年生活，又增强体质，蕉岭田家炳师范学校成为广大社区群众和老年朋友的学习乐园、交友平台、精神家园。 （徐庆均）

2023年蕉岭田家炳师范学校负责人名录

党支部书记、校长：赖伟华

副校长：陈 剑 钟苑苑 江远芳

文化·传媒

蕉岭县融媒体中心（广播电视台）

【概况】 2023年，蕉岭县融媒体中心（广播电视台）以习近平新时代中国特色社会主义思想为指导，在实践中坚持融合、管理、发展并进，不断提高蕉岭融媒体引导力、传播力、公信力、影响力，为蕉岭以头号力度打造“百千万工程”典型县和全力打造苏区融湾综合示范窗口做出蕉岭融媒体贡献。

【新闻宣传】 2023年，蕉岭县融媒体中心（广播电视台）强化新闻策划，聚焦融湾入海，坚持内容为王、守正创新，紧扣融湾平台建设、实体经济壮大、“百千万工程”推进、绿美生态建设、改革攻坚破题、主题教育等方面，加强新闻宣传，开设“高质量发展·蕉岭实践”“百县千镇万村工程”“绿美蕉岭”“学思想 强党性 重实践 建新功”“商聚世界寿乡 助推振兴发展”“作风建设在行动”等专栏。组织记者访工业、进园区、下基层一线。做好民生改善、环境优化、社会治理等相关新闻，探索创新报道形式，提高新闻质量。在做好正面宣传引导的同时，强化反面警示教育宣传，对作风不实、环境脏乱差等现象进行跟踪曝光。2023年《蕉岭新闻》共播出新闻1497条。

【新媒宣传】 2023年，蕉岭县融媒体中心（广播电视台）精心谋划宣传报道，集中展示蕉岭县创建全国县级文明城市、作风建设、经济发展、社会、精神文明等方面的成就。在各新媒体平台开辟“百千万工程·蕉岭实践”“作风建设在行动”“共创文明城市”等栏目，助力推进粤闽赣苏区对接融入粤港澳大湾区振兴发展先行区（蕉岭片区）建设；同时，开设文明寿乡、森林防火、疫情防控、乡村振兴、新时代文明实践、时代楷模等专题栏目，同步播发相关新闻资讯，对全县各项工作进行多方位、多层次的报道。2023年，新媒体部在长寿蕉岭、蕉岭发布App播出并同步发布“百千万工程·蕉岭实践”相关文章423篇；作风建设相关新闻资讯49篇；创建全国县级文明城市工作相关资讯162篇；“绿美蕉岭”相关资讯35篇。“蕉岭融媒”视频号、抖音号阅读量462万人次，“长寿蕉岭”公众号阅读量超210万人次。

【专题报道】 2023年，蕉岭县融媒体中心（广播电视台）打造“爆款”产品，不断提高融媒体核心竞争力。推出《听！蕉岭高质量发展铿锵之声》《蕉岭·谈发展》《主播邀您进企业看项目》《文明之美看寿乡》《行走寿乡》《文明寿乡》《强县带镇村 融湾作示范》《全域土地综合整治国家级试点建设纪实》等系列精品节目，拍摄制作聚焦高质量发展和苏区融湾先行区综合示范窗口建设、百县千镇万村高质量发展工程、招商引资、实体经济、乡村振兴、绿美蕉岭、创建全国县级文明城市等重大主题的专题片和宣传片200余部。连续策划推出《行走寿乡》《平安蕉岭》《寿乡名医》等专栏和短视频150多个。客商大会期间，在蕉岭融媒视频号、抖音号推出《商聚世界寿乡 助推振兴发展》《蕉岭客商风采》等系列宣传报道。2023年，专题策划部制作在“蕉岭融媒”视频号推出的视频点赞评破1000人次的超100条。由县融媒体中心选送的作品《一朝竹稻缘，三代竹稻梦》荣获2023年梅州市“理响客都·学习贯彻党的二十大精神 推进梅州高质量发展”主题宣传微视频大赛二等奖。因爱岗敬业，表现突出，专题节目部马明被蕉岭县精神文明建设委员会办公室评为“蕉岭好人”。

【对外宣传】 2023年，蕉岭县融媒体中心（广播电视台）对外宣传工作、新闻宣传质量稳步提升。加强与上级媒体的合作关系，提高上送上级台稿件的数量和质量，借助上级主流媒体的优势积极向外界宣传推介蕉岭。2023年，蕉岭县融媒体中心上送上级新媒体平台发布新闻700多条，其中，上送央视频道播出5条、省台45条、市台398条；《力争今年新增“四上”企业超50家蕉岭：培育壮大“四上”企业 夯实县域经济发展基础》在梅州新闻联播头条播出，《新闻特写：团圆不以万里为远》市台联播打出3分高分。邀请省、市媒体记者到蕉岭采访，多角度、全方位宣传报道蕉岭高质量发展的新举措、新发展、新成就，切实提升蕉岭的影响力。

【安全生产、安全播出】 2023年，蕉岭县融媒体中心压实责任，确保播出安全、传输安全、网络安全、内容安全。

严格管理，建立长效机制。修订完善《蕉岭县融媒体中心安全生产领导小组和职责分工》《蕉岭县融媒体中心2023年度安全生产工作要点》《蕉岭县融媒体中心安全播出应急预案》等一系列制度，做到职责明晰、任务明确、责任到人、工作到位。

加强制播节目内容的审查。修订完善《蕉岭县融媒体中心节目“三审三校”“重播重审”制度》，对制作播放的新闻、专题、广告等节目按照“三审三校”“重播重审”制度进行严格审查，加强播出节目的监听监看，确保节目制作、传输、播出安全可靠。

加强安全隐患排查。采取人防、物防、技防等多种措施，加强对无人值守机房进行监控监看。组织专业人员对网络和业务系统进行监测检查、漏洞扫描、安全管理等，发现隐患及时处理。2023年，开展安全生产检查6次，每月对融媒体中心大楼、无线发射塔进行安全生产、消防设施检查。开展安全播出演练6次，做好网络安全隐患排查10次，网络安全演练3次，消防安全知识培训、演练各10次，有力保障广播电视设施和网络系统的安全健康运行。2023年度，蕉岭县融媒体中心被县平安蕉岭建设领导小组评为平安建设先进单位。

【事业建设】 2023年，蕉岭县融媒体中心整合媒体资源，打通平台壁垒。依托“中央厨房”，加快传统媒体与新媒体的深度融合，实现台、网、微、端、号等媒体矩阵24小时梯度推送、全覆盖。已形成集蕉岭电视综合频道、蕉岭县人民政府门户网、“长寿蕉岭”微信公众号及“蕉岭发布”微博、“蕉岭发布”App和“蕉岭融媒”抖音号、视频号、头条号及户外大屏等宣传平台于一体的全媒体宣传矩阵，内容运营基本形成“一次性采集、多渠道发布、快速度传播、广覆盖受众”格局，实行新闻和节目信息“统一指挥、一次采集、多次生成、多媒传播”的宣传模式。投入38.2万元对中心消防设施、机房部分老旧设备、广播电视发射台设备进行改造。为蕉岭人民提供17套标清数字电视节目和3套调频广播节目的公共服务，保障人民群众能够免费收听收看无线广播电视节目。

【队伍建设】

加强理论学习，提升综合素质　2023年，蕉岭县融媒体中心（广播电视台）学习贯彻落实习近平新时代中国特色社会主义思想，深入学习贯彻落实党的二十大精神和习近平总书记系列重要讲话精神，切实把理论学习与各项工作贯通起来。

积极创新机制，抓好队伍建设　2023年，蕉岭县融媒体中心（广播电视台）创新机制，引育人才，持续开展内部“学习·练兵”和“大学习、深调研、真落实”“我营多赢·短视频竞赛”等活动，切实提高队伍的脚力、眼力、脑力、笔力。2023年，蕉岭县融媒体中心总编室被市委市政府授予“梅州市三八红旗集体”荣誉称号。

加强作风建设，推进队伍管理　2023年，蕉岭县融媒体中心（广播电视台）健全完善各项管理制度，通过制度管人、制度管事，主动激发新闻宣传队伍的生产潜能，激发干部职工的积极性和创造力。（徐　军）

2023年蕉岭县融媒体中心（广播电视台）负责人名录

主任（台长）：徐　锋
副主任（副台长）：林　梦　张荣福
　　郭小静（女）
总编辑：利静荣（女）

卫生·体育

卫生健康

【概况】　2023年，蕉岭县卫生健康局牢牢扛起政治担当、思想担当和行动担当，落实落细“百千万工程”工作任务，着力建成更加安全牢固的公共卫生体系、更高水平的医疗服务体系，卫生健康工作不断取得新成效。

【落实“百千万工程”】　2023年，蕉岭县卫生健康局优化医疗等公共资源配置，加快补齐偏远乡镇服务“三农”的短板弱项。借助校地共建，蕉岭县扎实开展紧密型医共体建设，两家医共体总院共建成9个市级重点医学专科。县级医院综合服务能力提升，蕉岭县人民医院持续推进急诊急救“五大中心”和临床服务“五大中心”建设。蕉岭县中医院围绕“两专科一中心建设”要求，重点打造骨伤专科、针灸康复科2个中医特色专科和1个县域中医药适宜技术推广中心。3家县级公立医院借力“对口帮扶”和“组团式”帮扶政策，通过对接广东省医科大学附属医院、梅州市人民医院、番禺区中医院、6个专科联盟等，用好帮扶医疗团队资源和技术优势，为蕉岭县培养本土医疗人才，提升医院医疗服务能力和管理水平。筑牢镇村健康服务网底，推动基层就医便民惠民措施，蕉岭县 9 家基层医疗卫生机构均可开具“长处方”；蕉岭县 69 家村卫生站为公建规范化建设村站，10 家村卫生站中医阁完成建设验收。积极发展托育等生活服务业，蕉岭县有托育机构 7 家，可提供托位 498 个，每千人口拥有托位 2.48 个。开展全省“优质服务基层行”活动，突出提质增效，加强重点科室建设，提升基层医疗卫生机构服务内涵，蕉岭县共有 7 家基层医疗卫生服务机构达到国家基本标准。基本实现县域医共体内检查检验结果互认共享，蕉岭县两家医共体总院通过广东省远程平台与各基层分院初步形成互联互通、信息共享的机制，基本实现“基层检查、上级诊断”的高效模式，共完成基层影像检查、上级诊断（X 光）96 例，基层影像检查、上级诊断（B 超）4 例，检验结果互认（血常规、尿常规、粪便常规、生化项目等）40 例。落实县域医共体内分片区组团式帮扶，蕉岭县两家医共体总院均制订总院下沉基层分院帮扶方案，下沉专家 32 人，组建成 5 个帮扶团队，派出专家 224 人次定期到基层卫生院开展医疗服务，让群众在家门口就能享受县级医疗服务。

【医疗卫生体制改革】 2023 年，蕉岭县把县域紧密型医共体建设作为深化医改、促进蕉岭县卫生健康高质量发展的重要抓手，着力整合县域医疗卫生资源，取得一定成效。在组织架构方面，两家医共体总院（蕉岭县人民医院医共体总院、蕉岭县中医医院医共体总院）均挂牌成立医共体行政、业务中心，制定中心制度、聘任中心负责人并进行实质性运行，其中县人民医院医共体总院成立“急诊急救五大中心、职能管理十大中心、资源共享六大中心”，县中医医院医共体总院成立“六大行政职能中心、六大资源共享中心”。在人员、财务、药械统一方面，县医管委制定《蕉岭县紧密型县域医共体人员统一管理办法》《蕉岭县紧密型县域医共体财务统一管理实施意见》《蕉岭县紧密型县域医共体药品耗材统一采购配送实施细则》，赋予医共体总院在人员招聘、中层干部聘任、岗位设置、财务管理、药品统一采购等方面的自主权。在医防融合方面，2 家总院均建立慢病管理中心，加强对高血压、糖尿病等慢性病的预防监测、治疗康复、健康管理连续化、同质化管理服务。

【基本公共卫生服务】 2023 年，蕉岭县居民规范化电子健康档案覆盖率达 80.7%；健康教育服务开展率 100%；适龄儿童国家免疫规划疫苗接种为 99.82%；7 岁以下儿童健康管理率 96.5%，3 岁以下儿童系统管理率 94.03%，0~6 岁儿童眼保健操和视力检查覆盖率 96.29%；孕产妇系统管理率 91.94%；蕉岭县高血压管理任务数 7100 人，实际管理 8900 人,完成率 125%，高血压患者规范管理服务率 68.29%，2 型糖尿病患者管理任务数 2900 人，实际管理 3500 人，完成率 121%，2 型糖尿病患者基层规范管理服务率 70.00%；肺结核患者管理率 100%；社区在册居家严重精神障碍患者健康管理率 95.97%；儿童中医药健康管理率 88%，老年人中医药健康管理率 70.50%；卫生监督协管各专业每年巡查（访）2 次完成率 100%；传染病和突发公共卫生事件相关信息报告率 100%。2023 年，组织 7 次无偿献血活动，参加献血的有 1150 人次，献血 287050 毫升。全县临床用血 100%是自愿无偿献血，无自采自供血情况。做好红十字会工作，有 10 位志愿者加入中华骨髓库。

【人才队伍建设】 2023 年，蕉岭县卫生健康局重视急需紧缺人才引进工作，依托政府优惠政策，通过面向社会和高校公开招聘紧缺实用性人才、农村订单定向免费培养医学毕业生等形式，大力引进高学历、高职称人才，2023年招聘编制人员53人，含急需紧缺人才14人。其中，卫技类48人，综合类5人（研究生学历2人、本科学历32人、大专学历19人）。采取编制外招聘方式，面向社会开展有计划专项招聘41人。做好卫生系统高级职称人员评审工作，送评2022年度高级职称评审申报25人（正高11人、副高14人），经省高评委审核通过17人（其中正高职称6人、副高职称11人）。落实执业医师服务基层制度，服务基层人员有15名，其中执业医师1名、主治医师11名，副主任医师3名。医院对口帮扶工作，2023年，广州市番禺区中医院和梅州市人民医院共选派11名专家到蕉岭县开展帮扶工作，其中副主任医师2名、主治医师7名、执业医师1名、主管护师1名，为蕉岭县提供人才培养、学科建设、医院管理、疑难病例讨论等多个方面的帮扶。

2023年5月9日，蕉岭县召开护理学会会员代表大会暨理事会换届选举大会，全体会员共70多人参加了会议（县卫生健康局提供）

【医师节庆祝大会】 2023年8月17日，蕉岭县召开2023年“中国医师节”庆祝大会，县四套班子主要负责人参加活动。大会为获评“先进科室”“优秀护理集体”“优秀基层卫生院”“蕉岭好医生”“蕉岭好村医”“蕉岭优秀护士”的优秀集体和先进个人进行颁奖，获奖代表发表获奖感言。这是2023年唯一入选县级表彰的项目。

【疾病预防控制】 2023年，蕉岭县报告（按现住址）乙、丙类传染病14种4339例，其中乙类传染病9种2492例，丙类5种1847例，传染病报告率100%。2023年，全县报告1起突发公共卫生事件，为因钩体病引发的突发公共卫生事件，累计发病1人。该起突发公共卫生事件经及时开展流行病学调查，采取一系列对症治疗，转送医疗机构隔离观察等相关措施后，已好转，事件已结案。推进基础免疫规划工作。2023年，常规儿童免疫规划接种率为99.82%，完成上级规定达95%以上的工作指标；全年报告儿童疑似预防接种异常反应病例20例，其中报告一般反应病例16例和异常反应病例4例，异常反应个案中3例为过敏性皮疹，1例为卡介苗淋巴结炎，未发生疫苗接种差错和接种事故。

【妇幼健康服务】 2023年，全县辖区产妇1086人，活产1104人，建卡率100%，健康管理覆盖率99.7%，系统管理率91.9%，住院分娩率100%，产后访视率97.7%，新生儿家庭访视率99.5%，出生低体重发生率3.9%；出生缺陷儿发生率90.6/万；孕产妇死亡1人，孕产妇死亡率90.6/10万；围产儿死亡5人，围产儿死亡率4.5‰；新生儿死亡1例，新生儿死亡率0.9‰；婴儿死亡1人，婴儿死亡率0.9‰；5岁以下儿童死亡3人，5岁以下儿童死亡率2.7‰。做好婚前、孕前优生健康检查。实施免费婚检888人，婚检率达80.9%；完成国家免费孕前优生健康检查1379人，目标人群覆盖率87.1%，均进行个性化咨询和指导；早孕随访655人，随访率为100%；妊娠结局随访655人，随访率为100%。做好儿童健康体检工作，共为12131名儿童进行体检和营养评价，体检率96.5%；为12104名儿童进行视力筛查，筛查率96.3%。做好农村妇女增补叶酸预防神经管缺陷项目。增补叶酸预防神经管缺陷1622人，计划怀孕人数1583人，目标人群叶酸服用率100%，已达目标值

90%。做好消除艾滋病、梅毒、乙肝防控工作。孕产妇艾滋病、梅毒、乙肝检测1086人，检测率为100%；检出孕产妇梅毒7例、乙肝病毒感染产妇44例，所生婴儿均进行规范的随访和治疗。做好适龄女生人乳头瘤病毒（HPV）疫苗免费接种工作。蕉岭县有初一适龄女生1124人，完成人乳头瘤病毒（HPV）疫苗免费接种1095人，接种率97.42%，完成上级下达的接种任务。

【老年健康服务】 2023年，蕉岭县卫生健康局推进“银龄安康”行动，免费为全县60周岁老人投保人身意外险，蕉岭县政府出资为全县共计53103位60周岁以上的老人缴交统保保费686150元，提高老年人抵御意外伤害的能力，减轻投保家庭因意外风险造成的经济负担。开展“全国敬老月”实践活动，宣传无障碍环境理念，普及无障碍环境知识，提升全社会的无障碍环境意识，加强养老诈骗防范治理，维护老年人合法权益。

【中医药事业】 2023年，蕉岭县以蕉岭县中医医院为中医药服务龙头，乡镇卫生院重点发挥中医药服务枢纽作用，村卫生站为中医药服务网底的建设目标，10家村卫生站中医阁完成建设并进行验收，提档升级蕉岭县中医药服务内涵与中医文化氛围建设，完善中医药服务三级网络，提升中医药服务能力。常态化持续引领各基层医疗机构做好创建全国基层中医药工作；常态化开展传统医学师承和确有专长人员医师资格考核考试工作。2023年度接受传统医学医术确有专长人员报名4人，其中1人通过考核。12月，县中医医院骨伤科、内科、针灸科通过市级中医临床重点专科（专病）复审。设立名医馆，特邀中山大学附属第一医院神经内科、甲状腺乳腺外科、耳鼻咽喉科、中医科、超声医学科专家教授常年来院坐诊，共坐诊5次。组织中医师大型义诊活动“服务百姓健康行”1场次，受益群众213人，发放宣传资料200余份。

【慢病防治工作】 2023年，蕉岭县做好结核病规范管理。全年网络报告可疑肺结核病人307例，查出活动性肺结核病人56例，转诊到位64例，需追踪216例，追踪到位207例，追踪到位率达95.83%，总体到位率为96.69%。全方位推进精神卫生工作。2023年蕉岭县登记在册严重精神障碍患者1289人、报告患病率7.02‰、管理率97.67%、规范管理率95.97%、服药率94.1%、规律服药率86.97%。

【人口工作】 2023年，蕉岭县常住人口出生990人，人口出生率4.91‰，自然增长率为负4.21‰，符合政策生育率97.47%。加强人口计生动态监测工作，对蕉岭县生育规模进行分析、预测，全面推进三孩政策宣传。开展“一元爱心捐助”活动，共募集捐助款2.9万多元。

【党风建设】 2023年，蕉岭县卫生健康系统扛牢从严治党的主体责任，以“三个强化”营造风清气正的氛围。强化主体责任，严格落实党风廉政建设主体责任，2023年专题研究意识形态工作2次；与蕉岭县15个医疗卫生单位签订《党风廉政建设工作责任制责任书》，严格落实廉政风险防控“第一责任人”制度和“一岗双责”责任制。强化廉洁教育，聚焦纪律教育抓在经常，多措并举，推动纪律教育学习走深走实，构建抓早抓小工作机制，加强对干部的日常教育和监督管理，2023年谈话提醒共有693人（其中红脸出汗26人，咬耳扯袖667人），实现全覆盖。强化执纪问责，2023年全系统召开2次警示教育大会和专题民主生活会，及时传达2宗违法违纪案例，用“身边事”教育“身边人”，推动警示教育常态长效，营造风清气正的政治生态。

【作风建设】 2023年，蕉岭县卫生健康局以学习赋能作风，把作风建设与深入学习贯彻党的二十大精神和习近平总书记视察广东重要讲话重要指示精神结合起来，同时结合单位实际，开展加强作风建设行动。以服务提升作风。开展“局股长走流程”活动，在提升政务服务水平上持续发力，紧贴群众需求，提升办事效能，优化营商环境。以自查改进作风。围绕作风建设重点任务清单，定期通报推进情况，逐项梳理存在问题，明确工作打算，以改进作风实际成效取信于民。

（傅俊辉）

2023年中共蕉岭县卫生健康局党组成员名录

党组书记：刘红锦

党组成员：傅延胜（任至4月）

曾利霞（女，任至11月）

丘　锋（11月任职）　黄志雄

张丽芳（女）　熊　锋

缪　苑（女，6月任职）

2023年蕉岭县卫生健康局负责人名录

局　长：刘红锦

副局长：傅延胜（任至4月）

曾利霞（女，任至11月）

丘　锋（11月任职）　黄志雄

纪检组组长：张丽芳（女）

2023年中共蕉岭县卫生系统党委负责人名录

党委书记：刘红锦

党委副书记：谢汉平

党委委员：罗建阳　黄莉珠（女）

蕉岭县卫生监督所

【概况】 2023年，蕉岭县卫生监督所围绕“强化内部管理，规范监督行为，加大执法力度，推进依法行政”主线工作，秉持“执法为民、护卫健康”的蓝盾精神，打击各类卫生违法违规行为，以高质量的卫生监督工作保障卫生健康事业高质量发展。

【卫生监督】 2023年，蕉岭县卫生监督所强化卫生监督执法人员依法行政思维，提升卫生监督履职能力，以新担当、新作为展现卫生监督新形象。蕉岭县未发生饮用水污染事故和重大职业病危害事故，没有因防控措施不力导致甲、乙类传染病暴发流行，无院内感染引起的重大疫情或导致的死亡事故。

【日常监管】 2023年，蕉岭县卫生监督所在行政检查方面，共出动执法车辆375辆次;出动卫生监督员1330人次；检查各类经营单位358户次。在行政许可方面，共受理行政许可服务事项申请237份，办结237份，其中医疗机构校验申请107家。在行政处罚方面，立案处罚15宗，结案15宗，共罚款2.44万元。

推进巩卫常态化，提升公共场所卫生质量　蕉岭县卫生监督所改变以往巩卫工作突击检查的做法，以负责专业人员为主，整合全所监督执法力量，采取责任到人、不定期巡查的工作机制，常态化监督各类公共场所，督查各经营单位落实主体责任。2023年，共出动监督员620人次，出动执法车辆157辆次，对145户公共场所（住宿业、美容美发业、足浴等）开展监督检查，共发出监督意见书、行政检查表127份，立案处罚6宗，罚款0.35万元。

加强学校卫生监督指导　在开学、中高考等关键时间节点，采取督导检查和专项监督等工作措施，重点对学校饮用水卫生、传染病和常见病防控、教学环境卫生、预防学生近视等方面开展监督检查。联合县疾控中心开展托幼机构、校外培训机构学校采光照明双随机监督检查，对标对表，下达卫生监督意见书，指导有关学校限时抓整改。2023

年，蕉岭县卫生监督所共监督检查学校51户次，出动卫生监督员104人次。

推进职业卫生监督　根据蕉岭县产业结构特点和危害程度，蕉岭县卫生监督所推进职业卫生分类分级监管工作，加大对矿山、建材、化工等重点行业监督检查力度，重点检查用人单位职业病危害因素申报、职工健康体检、危害因素检测、培训等情况。2023年辖区在管企业63家，累计完成职业病危害项目申报63家（其中甲类26家、乙类31家、丙类6家），申报率达100%。蕉岭县卫生监督所共检查用人单位28家次，出动监督员115人次，发出指导性监督意见书28份；立案处罚3宗。

强化生活饮用水监督　2023年，蕉岭县卫生监督所对辖区8家集中式供水单位、5家物业管理公司、3家公立医院、4家宾馆的二次供水进行监督检查，共出动卫生监督员60人次，出动执法车辆25辆次对存在问题的单位下达整改意见书，并开展“回头看”，确保整改落实到位。

加强医疗机构监督　联系“双随机、一公开”“乡村医生依法执业监督”等专项执法，以医疗机构依法执业监督为工作主线，以医疗乱象整治为重点，加大卫生监督巡查力度，2023年，在行政检查方面，蕉岭县卫生监督所共出动执法车辆99台次、卫生监督员370人次，检查各级各类医疗机构99户次。在行政处罚方面，立案5宗，结案5宗，共处罚款1.9445万元；在医疗机构不良执业行为计分方面，记录扣分4宗，共计10分。以城乡接合部、农贸市场为重点，打击擅自开展诊疗活动的无证“黑诊所”和无行医资格的游医、假医，以及借助虚假宣传、招摇撞骗，严重危害人民群众身体健康和生命安全的非法行医行为。2023年共查处无证行医1宗，取缔1宗；作出行政处罚1宗。

加强放射卫生监督　执行放射诊疗建设项目卫生审查制度，辖区内有开展放射诊疗医疗机构11家，放射诊疗预评卫生审查1家、控评竣工验收1家，卫生审查设备1台；竣工验收设备1台。严抓放射诊疗工作安全及放射诊疗质量，对辖区11家放射诊疗医疗机构进行全覆盖监督检查，2023年，放射卫生国家“双随机、一公开”任务2家，已完成2家，任务完结率100%；梅州市商事平台“双随机、一公开”任务数1家，已完成1家，任务完结率100%；完成放射卫生监督执法15家次，派出监督员61人次，发出卫生监督意见书15份，处罚1家，其中行政处罚1家，罚款人民币1500元。

【专项检查】

开展“双随机、一公开”专项监督　2023年，蕉岭县卫生监督所落实随机监督抽查任务，加强和规范事中事后监管。2023年国家随机抽查任务数69家，完成监督66家，任务关闭3家，任务完结率100%。共发出指导性监督意见书69份，立案处罚3宗，罚款500元，监督检查结果及时录入广东省卫生健康综合执法监督信息系统。结合梅州市“双随机、一公开”工作部署，按照抽查事项清单及时制订2023年度抽查计划并下发执行，与县市场监管局、县公安局等开展部门联合抽查。2023年共抽取任务数29家，完成监督29家，计划完成率100%，检查结果均已录入梅州市商事平台并向社会公示。

开展预防接种专项监督执法　2023年4—5月，在蕉岭县卫生健康局的统一部署下，蕉岭县卫生监督所联合县疾病预防控制中心开展预防接种专项监督执法行动，共检查疾病预防控制机构1家，产科接种门诊2家，预防接种单位3家，针对检查中发现的问题，检查人员现场提出意见，要求相关单位立即整改。

开展抗（抑）菌制剂膏、霜剂型专项监督检查　蕉岭县卫生监督所对辖区消毒产品经营使用及销售单位进行抽查，出动执法人员18人次，派出执法车辆6台次，对辖区内药店4家，医疗机构2家，共计6家经营使用单位的消毒产品进行专项监督检查，核查消毒产品13种；共下达指导性卫生监督意见书6份，在监督过程中，执法人员做好消毒产品知识宣传，确保经营单位规范消毒产品经营。

开展乡村医生依法执业行为专项监督检查 2023年3月29日起，蕉岭县卫生监督所结合村卫生站医疗机构执业许可证延续（校验）工作，在蕉岭县范围内对乡村医生执业行为开展监督检查。此次监督检查，共检查村卫生站11家，下达指导性卫生监督意见书11份，未发现乡村医生在住家等地私设“行医点”的情况。

开展医疗机构传染病防治专项监督检查 蕉岭县卫生监督所对辖区内蕉岭县人民医院、蕉岭县中医医院和5家镇卫生院开展传染病防治工作监督检查。出动执法人员28人次，派出执法车辆7台次。

【其他工作开况】

查办投诉举报案件线索 2023年，蕉岭县卫生监督所共接到上级转办或群众直接投诉举报线索9条，全部及时调查核实，并将调查处理结果第一时间答复投诉举报人，同时抄送蕉岭县卫生健康局，真正做到群众的投诉举报件件有落实，件件有回复。

开启普法宣传新征程 2023年蕉岭县卫生监督所加大法治宣传工作力度，结合职业病防治法宣传周、全民国家安全教育日普法宣传活动、饮用水卫生宣传周等活动，发放各类宣传资料1500余份。利用新闻媒体，形成宣传攻势。利用微信朋友圈、公众号、电子屏等方式，面向社会各界宣传卫生监督所工作动态。强化行政执法人员法治培训。以专题培训、微课堂、观看网络课堂等方式，把学法融入工作中，2023年，蕉岭县卫生监督所组织企业主要负责人及职业卫生管理人员职业卫生线下知识培训1次共67人；卫生监督员参与职业卫生知识培训12人次。把普法工作作为中心重点工作之一，将普法工作融入卫生监督执法全过程中，适时向监管服务对象进行相关的法律法规普法宣传。

（肖超常）

2023年蕉岭县卫生监督所负责人名录

所　长：陈广平

副所长：何增权

蕉岭县疾病预防控制中心

【概述】 2023年，蕉岭县疾病预防控制中心以习近平新时代中国特色社会主义思想为指导，贯彻落实党的二十大精神，结合主题教育，重点加强传染病、寄生虫病、地方病、非传染性疾病等预防和控制，突发公共卫生事件和灾害疫情处置，疫情和公共卫生健康危害因素监测、信息收集和报告。组织实施全县免疫规划接种；开展疾病和水质相关的检验检测工作；指导辖区内各医疗卫生机构开展爱国卫生防病活动；推进蕉岭县疾病预防控制中心迁建项目实施；开展卫生宣传教育，普及卫生防病知识等。

【传染病监测】 2023年，蕉岭县疾病预防控制中心安排人员按要求每天至少2次对蕉岭县的传染病报告进行网络审核，及时发现传染病异常情况并提出防控措施。2023年，蕉岭县报告（按现住址）乙、丙类传染病14种4339例，其中乙类传染病9种2492例，丙类5种1847例，传染病报告率100%。定期开展禽类市场环境监测。2023年，共采集禽类标本20份，上送梅州市疾病预防控制中心进行PCR检测，检测结果均为阴性。开展疟疾防控，各医疗机构定期开展“三热”病人血检工作。开展布病、登革热的病例调查和疫情处置工作，蕉岭县常住文福镇鹤湖村村民钟某在深圳市罗湖区人民医院就诊，检查结果显示布鲁氏杆菌阳性，疾控中心立即组织专业人员对其共同购买羊羔人员钟某欣进行流行病学调查，并抽血进行虎红平板凝集试验，结果为阴性，排除感染布鲁氏菌。开展全县肝吸虫和土源性线虫检测工作，11 月，在全县范围内按东南西北中地理位置，选取新铺镇油坑村、长潭镇堑垣村、蕉城镇城北居委、南磜镇南磜村和广福镇大坝村等 5 个行政村开展检测，每个村监测 200 名，全县共 1000 名居民。采集儿童（4~15 岁）、青年（16~30 岁）、中年（30~55 岁）和老年（55 岁以上）居民的粪便进行检测。经镜检，未发现肝吸虫和钩虫、蛔虫、鞭虫、蛲虫等土源性线虫感染情况。

【艾滋病防控】 2023 年，蕉岭县疾病预防控制中心持续做好艾滋病防治宣传工作，对艾滋病人和 HIV 携带者定期进行病例随访，对病者家属进行定期检查。开展艾滋病自愿咨询检测工作，对辖区医疗机构的检测点进行工作指导，开展自愿咨询检测 3 人次。开展全县的艾滋病防控“一站式服务”工作，各医疗机构共初筛检测 HIV29703 人次，完成率 114.21%。

【慢性非传染病疾病】 2023 年，蕉岭县疾病预防控制中心统筹全县人口死亡报告管理工作，及时发放死亡证书给各医疗机构，规范死因报告工作，及时督促报告单位及时网络报告死亡信息，对报告单位的死因编码和死因链进行审核，年底对医疗机构进行相关工作督导，强调规范死因链填写。蕉岭县疾病预防控制中心作为全县肿瘤登记处，负责在全县收集二级医疗机构住院或门诊诊治的肿瘤新发病例或死亡病例；户籍在本辖区但在异地医疗机构诊断、治疗的肿瘤病例。2023 年全县共上报肿瘤病例 469 例，均已整理下发各乡镇进行随访工作。

【免疫规划】 2023 年，蕉岭县疾病预防控制中心加强全县预防接种服务质量，完善各年龄阶段适龄儿童的免疫规划疫苗和非免疫规划疫苗的接种工作。全县各预防接种门诊保证各预防接种单位免疫规划对象儿童建卡建证率达 100%。全县 2023 年常规儿童免疫规划接种率为 99.8%，完成上级规定达 95%以上的工作指标。开展预防接种查漏补种工作，全县免疫规划疫苗基础免疫接种率均达到 95%，部分加强免疫未达到 95%，其中 3 岁组中 A 群流脑多糖疫苗第 2 剂接种率为 92.41%（1791/1938）。3—5 月，在全县范围内实施常规免疫规划疫苗查漏补种工作。其中流脑 A 群 1 岁组补种率 91.67%（33/36），乙脑 1 岁组补种率 80%（12/15）、3 岁组补种率 93.1%（27/29），白破 7 岁组补种率 96%（24/25），A+C 流脑 7 岁组补种率 93.75%（45/48）。2023 年报告儿童疑似预防接种异常反应病例 20 例，其中报告一般反应病例 16 例和异常反应病例 4 例，异常反应个案中 3 例为过敏性皮疹，1 例为卡介苗淋巴结炎，未发生疫苗接种差错和接种事故。开展脊灰、麻疹病例监测督导。定期对蕉岭县人民医院、蕉岭县中医医院和新铺镇中心卫生院等三家定点监测医院进行脊灰病例主动监测督导，未发现符合报告的脊灰病例和麻疹的病例。3 月、8 月分别对各基层医疗机构开展疾病预防控制工作督导，要求各基层卫生院针对存在的问题及时进行整改，完善相关工作。

【监测检验】 2023 年，蕉岭县疾病预防控制中心开展县辖区内生活饮用水水质卫生监测工作，合计监测各类水样 216 份，合格率 93.06%。对蕉岭县城区市政供水水源（即黄竹坪水库、龙潭水库）水样进行卫生监测，共监测水源水样样品 12 份。接受县供水服务中心委托，共监测出厂水10份，监测末梢水水样55份，合格率100%。监测行政村97个，农村饮水安全工程132个，采集各类水样479份。开展公共场所卫生监测，双随机采集并监测各类公共场所128家次，采集并检验各类样品1032份，合格率92.25%。开展学校卫生相关工作，开展学生健康状况影响因素监测85家次，合格率95.29%；开展学校常见病防治督导与管理，共计1840名学生；继续开展学生因病缺课监测工作，监测范围覆盖全县所有中小学校、托幼机构和特殊学校，合计106所。继续开展地方病防治工作，共监测县内8~10岁儿童200人以及孕妇100人，均符合国家消除地方病的标准要求。全年共报告食源性疾病病例43份，采集各类食品样品48份，均符合要求。开展职业病危害因素监测工作，全年共监测2家用人企业，委托第三方公司对15家用人企业进行了职业病危害因素监测。

【消毒与病媒生物控制】 2023年，蕉岭县疾病预防控制中心开展医疗机构消毒质量监测。监测各类医疗机构125家次，合格率94.40%；采集并检验各项样品567份，合格率91.53%。开展消毒产品供应企业卫生监测。对蕉岭县境内消毒产品供应企业的消毒质量进行卫生监测和评价，共监测3次，采集各类餐饮具样品和针织物样品24份，合格率100%。开展城乡“四害”密度监测。对县辖区内病媒生物（种群密度、消长、侵害情况等）开展监测工作，均符合相关病媒生物控制要求。

【培训和宣传】 2023年，蕉岭县疾病预防控制中心制订和完善各项培训宣传计划和实施方案，组织开展政治学习和业务培训。开展学校常见传染病工作培训，通过对学校常见传染病的类型、防控知识、处置流程等要点开展培训，让学校校医和从事学校传染病防控工作人员掌握学校传染病的报告处置流程，及时处理和控制学校传染病，保护学生安全。组织基层预防接种和防疫人员参加梅州市预防医学会举办的《广东省非免疫规划疫苗接种方案（2023年版）》解读和HPV接种培训、新冠疫情下预防接种规划管理、狂犬病暴露预防处置技巧、门诊规范化建设以及传染病报告和突发公共卫生事件知识等培训共4次。开展县辖区内碘缺乏病监测工作，继续以“5·15”防治碘缺乏病日宣传为契机，开展地方病防治健康教育宣传活动。以2023年《中华人民共和国职业病防治法》宣传周活动为契机，创新宣传方式方法，制定适宜宣传策略，强化蕉岭县重点职业病危害、重点人群和重点行业的职业病防治宣传工作。

【迁建项目建设】 蕉岭县疾病预防控制中心迁建项目是蕉岭县十大民生实事项目，该项目于2022年6月立项，8月正式进入施工建设，总投资5874.63万元。截至2023年12月，完成项目主体工程建设和室内外装修。

（汤　敏）

2023年蕉岭县疾病预防控制中心负责人名录

主　任：郭立强

副主任：钟　毅　许　涛　古尧平　梁奋峰

蕉岭县人民医院

【概况】 2023年，蕉岭县人民医院推进二甲复审，提升医疗服务能力和质量，推进医共体同质管理和协同发展，确保医院各项事业稳定健康发展。全年总诊疗26.85万人次，同比增长12.74%，出院13777人次，同比增长19.53%，业务总收入1.73亿元，同比增长6.17%；病床使用率为68.65%，药品占业务收入比率为26.44%，病人平均住院日为5.66天。

【党建引领】 2023年，蕉岭县人民医院组织召开主题教育动员部署会议，制订主题教育学习计划、工作计划，以工作提醒单、任务通知单的形式督促各支部高质量开展主题教育工作。

发挥领导班子的带头引领作用 以党委会“第一议题”学、理论学习中心组专题学、走进红色教育基地现场感悟学等方式，深入传达学习习近平总书记关于开展好主题教育的系列重要讲话精神，结合实际工作进行深入研讨。

发挥党支部的战斗堡垒作用 依托“三会一课”学习平台，准确传达学习上级主题教育相关精神，按照支部学习计划，有序推进主题教育必读书目、必学内容学习。充分调动党员干部的学习热情，通过邀请党校老师开展理论宣讲，组织老党员到丘逢甲故居、丘成桐祖居、沧海诗廊等教育基地参观学习，依托“学习强国”、学习平台、干部培训网络学院等线上媒体进行“云学习”，让学习教育的“打开方式”更生动、“覆盖范围”更广泛。

【为民服务】

推进“走基层送健康 为民服务践初心”巡回义诊活动 2023年，蕉岭县人民医院全年开展锡林公园站、碧桂园2期站、新铺油坑站等多期义诊，让群众在“家门口”即可享受到优质的医疗服务。

推出“健康服务进机关、进校园”活动 2023年，蕉岭县人民医院成立健康服务小分队，走进县公安局、实验幼儿园、蕉岭中学等多家机关及企事业单位，为全县干部职工及家属送去健康管理指导、医保政策解读、健康问题咨询与诊断等服务，用实际行动打通广大职工看病就医“最后一米”。

联合香港玉清慈善基金会实施蕉岭县“白内障复明工程”行动 2023年，蕉岭县人民医院由香港玉清慈善基金资助困难白内障患者免费的超声乳化手术项目，由医院五官科专家开展白内障筛查，并为家庭困难且适合手术的白内障患者施行复明手术，全年共计施行200例，得到患者、社会、基金会的认可。

开通“就医小助手”服务微信 2023年，蕉岭县人民医院为有就医需要的群众提供线上咨询、预约挂号、医患社群、医保协办等服务，让群众看病就医更便捷高效。

【二甲复审】 2023年，蕉岭县人民医院有组织、有计划、有步骤推进二甲复审迎评工作。

重视组织领导。召开二甲复审冲刺动员大会，邀请广东医科大学附属医院专家作医院评审专题指导，邀请评审专家组开展二甲复审现场指导、强化培训工作，重点查摆医院在管理、医疗、人事、财务、科教研等方面存在的问题，认真做好资料整理、查缺补漏等工作。

重视督导检查 采用班子成员带队、各职能科室联合参与的模式，通过现场提问、查阅资料、现场指导等形式，对科室评审标准解读落实情况、制度建设、资料整理等方面开展全方位、深层次的检查，对督查过程中存在的问题，认真分析原因，现场给予指导和建议，并下发督导通知书督促整改落实。

重视学术培训 结合法律法规、规章制度、技术规范、“三基”知识等内容定期开展全院性学术培训，不断提高医务人员整体素质和医疗水平，规范医务人员医疗行为，保障医疗安全。

【医疗质量】 2023年，蕉岭县人民医院持续深化与广东医科大学附属医院、梅州市人民医院的交流合作。广东医科大学附属医院每月派驻专家到院开展为期一周的帮扶工作，梅州市人民医院每半年派出一轮“组团式”帮扶专家进驻，在上级医院专家的“传、帮、带”下，医院在血管甲状腺乳腺外科、妇科、慢性病管理、康复医学专科等方面取得多项技术突破，胸痛、卒中、创伤、危重孕产妇、危重新生儿五大中心建设稳步推进。

推进改善医疗服务行动　通过现场访谈、查看、发放满意度调查表、电话随访等方式对科室改善医疗服务情况进行定期检查，通过细化检查标准、强化考核实效、严格落实奖惩等方式提升检查的科学性、准确性和有效性。

重视人才招聘引进　通过到广东医科大学、长沙医学院进行校园招聘，引进医学专业人才 4 名；通过急需紧缺人才引进方式，吸纳医学专业人才 3 名；通过事业单位公开招聘方式，吸纳医学专业人才 3 名；通过医院自主招聘方式，吸纳医学专业人才 9 名。全年合计吸纳医生 12 名，为医院发展提供坚实的人才支撑。

【作风建设】

推进作风建设工作　2023 年，蕉岭县人民医院成立医院加强作风建设工作领导小组，制订加强作风建设实施方案，列出加强作风建设的问题清单、责任清单和效果清单，召开医院加强作风建设动员大会暨作风建设警示教育会，组织工作人员签订“九项准则”承诺书及各类目标责任书，开通作风问题投诉受理渠道，不定期深入科室开展作风督查，切实构建起“内外联动实时督查、齐抓共管不留死角”的行风建设格局。

开展“院长走流程”活动　2023 年，蕉岭县人民医院院长带队到窗口、住院、门诊各场所进行全流程体验式督导，以群众身份体验就医流程，深挖就医各环节的痛点、难点和堵点，及时与相关职能科室负责人沟通交流、分析原因，找准问题关键，推动优化整改。

开展纠正医药购销和医疗服务中不正之风专项治理活动　2023 年，蕉岭县人民医院全面强化纠风工作思想体系建设，认真做好高值耗材专项检查及整治“红包”、回扣专项检查，坚决杜绝违纪违法问题。

开展医药领域腐败问题集中整治工作　2023 年，蕉岭县人民医院做好对“关键少数”和关键岗位腐败问题、涉及医保基金使用腐败问题、医务人员违反《医疗机构工作人员廉洁从业九项准则》问题的整治，确保形成高压态势，有效筑牢廉洁防线。

做好日常党风廉政建设工作。2023 年，蕉岭县人民医院结合党员政治理论学习、科室内部交流学习等方式，全面强化医德医风教育；针对干部职工思想、工作、作风上存在的问题，定期开展党员干部谈话提醒工作和敏感岗位人员提醒谈话活动。

【医共体建设】

推进医共体内部同质化管理　2023 年，蕉岭县人民医院成立十大职能管理中心、六大资源共享中心，将医院党委名称由中国共产党蕉岭县人民医院委员会更名为中国共产党蕉岭县人民医院医共体总院委员会，制订医共体财务统一管理实施细则、医共体统一医疗质量管理实施细则、医共体药品及医用耗材统一管理办法、医共体信息网络安全管理制度及医共体信息系统统一管理运行细则等制度规范，让县域医共体更加紧密。

推出医共体联合病房、联合门诊。2023 年，蕉岭县人民医院定期派出内科、外科、妇产科、中医、放射科等专家下沉到基层分院进行坐诊、临床带教、技能培训、病例讨论等工作，指导对常见病、多发病的诊疗、转诊、预防和康复；建立联合门诊、双向转诊微信工作群，打通医共体内上下转诊绿色通道，双向转诊率同比上年提高 10%。

【文化建设】　2023 年，蕉岭县人民医院发挥工会、团委的桥梁纽带作用，为职工搭建交流展示平台，围绕妇女节、青年节、护士节、医师节等重要节点组织开展形式多样的集体活动，增强干部职工凝聚力和向心力。鼓励各科通讯员结合自身专业知识，善用新媒体进行宣传，全年通过公众号发布推文231篇、视频13个，开展线上健康直播3次，宣传医院建设和发展成果，提升医院整体形象。（丘晓婧）

2023年蕉岭县人民医院负责人名录

党委副书记、院长：林　幸（女）
党委副书记：张东文
副院长：彭　刚　林关朋　徐晓楠（女）
纪委书记：傅爱琼（女）

蕉岭县中医医院

【概况】　2023年，蕉岭县中医医院落实党委领导下的院长负责制，坚持公益性导向，全面提升优质高效服务能力，开启医院高质量发展新征程。全年共收治门急诊病人109284人次，同比增长18.7%，收治住院病人6016人次，同比增长25.05%；业务收入5641.54万元，同比增长6.68%。蕉岭县中医医院获评2022年度梅州市药械妆安全监测“先进单位”，针灸康复科获评蕉岭县卫生系统“先进科室”，普外科获评蕉岭县卫生系统“优秀护理集体”。

【坚持党建引领】　2023年，蕉岭县中医医院深化理论武装，全面落实“第一议题”；强化政治建设，严格执行党内组织生活；压实工作责任，持续推动全面从严治党向纵深发展，加强作风建设，集中整治医药购销不正之风，组织开展警示教育，尽快肃清恶劣影响，营造风清气正、干事创业的良好环境。

【落实巡察整改】　2023年，蕉岭县中医医院配合第十四届县委第三轮巡察工作，针对反馈的问题，研究制定问题清单、任务清单、责任清单，推进巡察反馈意见整改落实，共建立健全10项制度、工作机制、方案等。

【推进医疗服务稳步提升】

深化组团式帮扶发展新模式　2023年，蕉岭县中医医院依托帮扶单位番禺区中医院的优质医疗和人才优势，援派专家团队到院开展紧密型帮扶工作，指导骨外科、内科、针灸康复科、皮肤科、麻醉科、急诊科等多学科以及护理业务发展。通过实操指导、授课培训、疑难杂症病例讨论、进修等多种传帮带方式提升医院医护人员整体医疗水平。临床教学培训29场、培训912人次，现场指导181次，手术示教33例，开展疑难病例讨论18次，开展重大手术2台。

省级专家技术帮扶　2023年，蕉岭县中医医院聘请中山大学附属第一医院多学科专家每月到院开展专家门诊、教学查房、疑难病例讨论、学术交流活动。全年开展教学查房30次，学术交流34次，胃肠镜检查668例，重大手术2例。该院腔镜中心在专家帮扶下顺利开展了食管癌根治术、腹腔镜下横结肠肝曲癌根治术、腹腔镜下乙状结肠癌根治术等多项新项目。

开设慢性病管理中心　2023年，蕉岭县中医医院慢性病管理中心以高血压、糖尿病为突破口，按病种及管理等级分标、分片进行强化管理。设立了慢性病综合门诊部，包括高血压诊室、糖尿病诊室、中医诊室、检查室、信息收集区、资料室、慢性病宣教区等。中心引进新型多参数生命体征监测仪，投放至医共体4家分院及部分村卫生站，实时数据可及时输送至总院监测平台，对测量值异常的患者实行干预，对高危类别的慢性病患者提供更专业化更适合的管理治疗。对门诊慢性病人和出院患者进行跟踪随访，提醒定期复查，提高居民慢病预防意识和居民的健康水平和生活质量。

加强紧密型医共体建设　2023年，蕉岭

县中医医院定期举办乡镇卫生院的技术骨干常见病诊断、鉴别诊断和临床诊疗技能培训班。每周安排2次专家下乡坐诊并开展新技术，鼓励分院医务人员和村医免费进修。根据各分院设备配置情况配齐检查检验中心所需硬件设施200万元，实现县域医共体检查检验中心在县域内全域运行。

推广中医适宜技术　2023年，蕉岭县中医医院开设中医护理门诊，开展腕踝针、火龙罐、温通刮痧、铜砭刮痧等适宜护理特色项目，并取得一定的临床效果。

推进“两专科一中心”建设　着力建设针灸康复科、骨伤科2个特色专科和1个适宜技术推广中心。针灸康复科发挥中医中药特色，运用针灸等中医特色技术及现代康复技术致力于中风病、颅脑损伤、脊髓损伤、脊柱相关疾病的康复，突出中医康复建设；骨伤科健全中医骨伤科疾病的诊断规范，开展髋关节膝关节置换术、开窗腰椎间盘摘除术，椎弓钉固定，四肢骨折、脱位切开复位内固定术等技术；适宜技术推广中心确定10类45项适宜在县域推广的常见病多发病中医药适宜技术。建设期间培训师资力量11人，每项技术固定师资不少于3人，定期赴基层医疗卫生机构开展现场指导及技术指导。

（曾艳蕻）

2023年蕉岭县中医医院负责人名录

党委副书记、院长：林辉霞（女）

副院长：杨凯桂（女）　黄德民　钟其正

蕉岭县妇幼保健院

【概况】　2023年，蕉岭县妇幼保健院以党建引领医院发展，发挥公立医院党委的领导作用，落实党委领导下的院长负责制，锚定高质量发展目标，落实落细各项妇幼保健工作，促进优质医疗资源扩容增质，保障人民群众医疗健康服务需求，让人民群众的健康更有“医”靠，切实为“百千万工程”强力赋能。

【优质医疗资源扩容提质】　2023年，蕉岭县妇幼保健院加强与广州医科大学附属肿瘤医院“专科联盟”、深圳市妇幼保健院“对口帮扶”工作联系，补齐妇幼保健医疗服务和管理能力短板。

广州医科大学附属肿瘤医院帮扶工作　2023年11月，蕉岭县妇幼保健计划生育服务中心与广州医科大学附属肿瘤医院乳腺外科专家联合开展远程门诊，服务时间由原来每两周一次变为每周一次。截至2023年12月31日，广州医科大学附属肿瘤医院乳腺专科李洪胜教授团队共到院坐诊22次，为乳腺癌患者制定诊治方案及提供专业的指导249例，在本院进行微创以及开放式手术治疗40例，确诊6例早期乳腺癌患者，其中4例全绿色通道转入广州医科大学附属肿瘤医院手术及放化疗治疗。李洪胜教授团队把蕉岭的乳腺癌术后患者转诊到蕉岭县妇幼保健院进行复查治疗，真正实现双向转诊和推进分级诊疗制度建设工作。

深圳市妇幼保健院帮扶工作　2023年4月，在签订医联体建设和专科联盟建设的基础上，蕉岭县妇幼保健计划生育服务中心与深圳市妇幼保健院签订进一步对口帮扶协议，通过“党建+”开展对口医疗服务帮扶工作，成功开展腹腔镜手术4台，实现蕉岭县妇幼保健院Ⅲ级微创手术零的突破，优化宫颈锥切手术方式和宫腔镜检查手术方式，提高了蕉岭县妇幼保健院的医疗技术水平。2023年5月，深圳市妇幼保健院派出妇产科、中医、超声等四位专家到蕉岭县妇幼保健院驻点开展一年对口帮扶工作，截至2023年12月31日，坐诊4506人次，举办学术讲座9场次，指导培训443人次。特聘治疗不孕不育专家赵德鹏博士到院坐诊7次，截至2023年12

月31日共诊治67人，其中进行B超下输卵管造影15人，进行卵巢囊肿穿刺术4人，子宫内膜搔刮术1人，成功怀孕12人。在更年期专科建设方面，应用系统建立更年期专科档案74份，进行激素补充治疗人数10人，均有追踪随访。

【医疗保健业务】 基于全国出生人口下降的影响，2023年，蕉岭县妇幼保健院住院共669人次，其中孕产保健部住院663人次，比上年同期的730人次减少67人次，增长率为−9.18%。其中，产科总数332人次，比上年同期的430人次减少98人次，增长率为−22.79%；妇科总数331人次，比上年同期252人次，增加79人次，增长率为31.35%。乳腺手术40人次，比上年同期47人次减少7人次，增长率为−14.89%；儿科住院6人次。全院门诊合计27617人次，比上年同期的28413人次减少796人次，增长率−2.80%。其中，妇女保健部门诊7624人次，比上年同期的7208人次，增加416人次，增长率为5.77%；孕产保健部门诊7164人次，比上年同期的9451人次减少2287人次，增长率为−24.20%；儿童保健部门诊11182人次，比上年同期的10859人次增加323人次，增长率为2.97%；中医及专家门诊1355人次，比上年同期的895人次增加460人次，增长率为51.4%；内儿科及E门诊292人次。检验科检查35784人次；超声科8008人次；乳腺钼靶与X线检查1147人次。

【做实做优妇幼保健工作】

推进中医融入妇幼工作 坚持预防为主、防治结合，坚持中西医并重，推动医院全面开展中医药服务。2023年，共治疗10156人次，其中小儿中医治疗2057人次、成人中医治疗5577人次、盆底康复治疗2522人次。

做好孕产妇健康服务管理工作 2023年蕉岭县产妇1086人，活产1104人，建卡率100%，健康管理覆盖率99.7%，系统管理率91.9%，住院分娩率100%，产后访视率97.7%。

做好0~6岁儿童健康服务管理工作 0~6岁儿童12571人，管理12131人，管理率96.5%，新生儿家庭访视率99.5%，低出生体重发生率3.8%；围产儿死亡4例，围产儿死亡率3.6‰，新生儿死亡1例，新生儿死亡率0.9‰；婴儿死亡1例，婴儿死亡率0.9‰；5岁以下儿童死亡3人，5岁以下儿童死亡率2.7‰。完成对县城范围24家托幼机构的体检工作，为5218名儿童进行体检、视力筛查、涂氟等服务，发现视力筛查阳性率为10.5%，龋齿发生率为48.5%。

做好出生缺陷综合防控等民生实事 2023年实施免费婚检808人，婚检率达80.9%，达标。实施健康检查1379人，覆盖率87.1%，达标。全县辖区产妇进行出生缺陷筛查1086人，产前唐氏筛查1017人，筛查率93.6%，无唐氏儿出生，结构畸形筛查1015人，筛查率93.5%，阳性人员均建立专案追踪随访。完成孕前地中海贫血筛查1379人，孕期地中海贫血筛查675人，筛查率为100%，发现重型地中海贫血胎儿2例，已实施终止妊娠，全县无重型地贫儿出生，达到了预期目标。辖区分娩机构活产数934人，新生儿疾病筛查932人，筛查率为99.8%。新生儿听力筛查932人，筛查率99.8%。全县出生缺陷儿发生率90.6/万。

做好农村妇女增补叶酸预防神经管缺陷工作 2023年，增补叶酸预防神经管缺陷1622人，计划怀孕人数1583人，目标人群叶酸服用率100%。

做好适龄妇女“两癌”筛查工作 按照上级文件方案要求，2023年任务数2481人，年底完成2481人，完成率100%，发现宫颈癌前病变（CIN2和CIN3）24例、宫颈癌4例，宫颈癌早诊率96.4%，乳腺癌病例3例，乳腺癌早诊率66.7%，达到预期目标，对阳性个案设立专人专案随访管理。

做好消除艾滋病、梅毒和乙肝母婴传播工作　孕产妇艾滋病、梅毒、乙肝检测1086人，检测率为100%，检出梅毒孕产妇7例、乙肝病毒感染产妇44例，所生婴儿均进行了规范的随访和治疗。

适龄女生人乳头瘤病毒（HPV）疫苗免费接种工作　完成2022年度蕉岭县田家炳实验中学、镇平中学、桂岭中学、特殊学校初一适龄女生共813人的乳头瘤病毒（HPV）疫苗第二针免费接种工作，接种率99.6%。2023年10月，完成2023年度蕉岭县田家炳实验中学、镇平中学、蕉岭县中学、特殊学校初一适龄女生共782人进行HPV疫苗第一针免费接种工作，接种率99.6%。

做好健康科普宣传教育工作　针对基本公共卫生服务、重大公共卫生服务、出生缺陷防控等工作要求，印制孕产妇、妇女和儿童健康教育宣传折页21种11800份；在院内设置活动宣传栏，并利用公众微信平台进行保健知识宣教，加大宣传教育力度；分别为单位女职工举办“两癌”防治及中医保健知识讲座，为中小学女生接种HPV疫苗，举办青春期知识讲座，合计23场次，参加2000多人次，发放宣传资料2700份，切实提高群众的自我保健意识。

【开展义诊活动】　2023年9月，蕉岭县妇幼保健院组织医务人员在广福镇开展“服务百姓健康行动”义诊活动，服务群众200多人次，发放健康知识宣传手册800余份，赠送药品200多份，妇科、产科、儿科、中医科等多学科专家现场坐诊，开展针灸、药物穴位贴敷等免费中医适宜技术体验，妇科检查、白带常规检查、测血压等免费项目检查，以及相关治疗药物赠送。（林剑锋）

2023年蕉岭县妇幼保健院负责人名单

党委书记：黄莉珠（女）

院　长：刘仁淼

副院长：汤秋香（女）　丘李生

　　　　赖映华（女，任至12月）

蕉岭县文化广电旅游体育局

【概况】　2023年，蕉岭县文化广电旅游体育局坚持以习近平新时代中国特色社会主义思想为指导，全面贯彻落实党的二十大精神，围绕“百千万工程”等中心工作以及县委、县政府的重点任务重点项目，推动蕉岭县文化广电旅游事业高质量发展，取得新成效。2023年实现旅游收入5.1亿元，旅游接待71.35万人次，分别同比增长160.44%、142.88%。

【公共文化】

在公共文化服务上拓新路　2023年，蕉岭县文化广电旅游体育局对各行政村文体设施缺项调查摸底，筹集200多万元用于购买图书、音响、舞台搭建等，年底村级综合性文化服务中心提质增效达标率为67%；在2024年公布的2022年度广东省地市、县（市、区）公共文化服务评价结果中，蕉岭县位居粤东西北县域第一；持续推进文化馆、图书馆总分馆制建设，新增3个图书馆服务点和5个文化馆服务点；蕉岭县图书馆在第七次全国县级以上公共图书馆评估定级中被评为国家一级图书馆。

在文艺作品创作上出精品　2023年，蕉岭县文化广电旅游体育局向市局报送15个群文作品，精心选拔2支队伍获得市广场舞大赛银奖，并代表梅州市参加广东省广场舞比赛；选送2首合唱歌曲参加省第十五届“百歌颂中华”歌咏活动（梅州）选拔赛并获得银奖，1首独唱获得铜奖。

在群众文化活动上出精彩　2023年，蕉

岭县文化广电旅游体育局围绕“我们的节日”，全年举办中华经典国学绘本创作大赛、名著文学知识竞答、绘本故事分享会、展览、讲座、文艺下乡、公益培训、进校园等一系列群文活动440余场，受益群众35万多人次。

【文旅融合】

全方位发展文旅产业　2023年，蕉岭县文化广电旅游体育局打造精品线路，“寿乡画廊体验之旅”获得省文旅厅“岭南赏秋—广东秋季自驾精品线路之梅州篇”的推介。打造优质文旅。稳步推进红色东岭旅游区国家AAA级旅游景区创建工作，完成总体规划编制；“卡拉比—丘”数学世界旅游区完成国家AAA级旅游景区复核工作；醉美书院获评全国甲级旅游民宿；广东醉美生态农林发展有限公司刘泓远成功入选国家2023年度乡村文化和旅游带头人。

推进文旅宣传和招商引资　2023年，蕉岭县文化广电旅游体育局多渠道开展文旅宣传，广州地铁站台投放30秒蕉岭宣传视频，“蕉岭文体旅游”微信公众号年内发布文章约200篇，总阅读量8.2万人次。充分抓住省级体育赛事、客商大会契机，举办长寿食品暨名特优农产品展、“寿乡客韵”文艺演出等特色文旅宣传活动，其中省级体育赛事吸引16家媒体和20多名记者参与报道，发布50多篇报道，累计阅读40万人次。开展招商对接工作，外出至珠三角及厦门等地参加宣传推介会及旅博会，并且做好珠海商会、攀登珠峰勇士返乡、客商大会等对接工作。

【文化遗产】　2023年，蕉岭县文化广电旅游体育局持续推进蕉岭县文化遗产保护工作，夯实保护和传承基础。2023年“两馆两居”（谢晋元故居及纪念馆、丘逢甲故居和博物馆）接待各地考察、调研团体19场次，接待游客9.96万人次。

平稳推进文物修缮保护　开展文保单位和革命文物列级申报工作，钟家围屋入选梅州市第九批文物保护单位，林连宗故居入选梅州市第二批革命文物名录。完善文保单位“四有”工作，重点做好黄香铁夫妇墓等25处各级围龙屋和不可移动文物的保护牌、说明牌的制作和安装工作。落实2023年蕉岭县百千万工程重点任务分工“实施一批文物保护工程项目”要求，协助指导路亭古塔修缮工程项目和石寨土楼之郭氏宗祠修缮工程项目。

有序开展非遗传承利用　挖掘、认定非遗代表性项目和传承人，年内新增6个县级非遗代表性项目、新认定4名县级非遗代表性传承人。结合“文化和自然遗产日”、省级体育赛事开幕式、客商大会等重要时间节点，组织非遗展演、传承体验活动共50场以及非遗公益培训班5场，更好地让群众感受非遗魅力。蕉岭三及第登上《老广的味道》栏目，三圳酿粄制作技艺和北磜汉剧登上《梅州非遗》纪录片栏目。

林连宗故居（县文化广电旅游体育局提供）

【体育事业】　蕉岭县文化广电旅游体育局推动构建服务型体育发展模式。2023年，蕉岭县体育场地总面积63.95万平方米，人均体育场地面积达到3.54平方米，位居全市前列。

开展群众体育活动，增强人民体质　2023年举行各类群众体育活动14场，较2022年增长17%，参与5600多人。利用节假日举办春节足球邀请赛、元宵节中国象棋围棋比赛、职工“庆五一”羽毛球和乒乓球比赛、青少年足球联赛、粤东五市老年人气排球邀请赛、重阳节老年人健身技能展演等活动，指导各体育协会举办庆五一“乒协杯”乒乓球俱乐部比赛、“天翔羽训杯”青少年羽毛球选拔赛、庆国庆乒乓球比赛、第三届“篮协杯”夏季篮球赛等，涵盖多个年龄段，推动蕉岭县群众体育和全民健身事业的蓬勃发展。

承办省级体育赛事，展现城市风采 圆满承办2023年广东省航海模型锦标赛和2023年广东省航空模型锦标赛，共有来自全省1542名运动员、100多名裁判及工作人员到蕉岭参赛。有力推动蕉岭县数智航模科技体育运动的发展，蕉岭县组织两支代表队共60名运动员参赛，获得一等奖5人次、二等奖8人次、三等奖23人次的优异成绩。

加强体育社会组织建设，完善服务网络 蕉岭县完善体育社会组织体系，蕉岭县共有体育协会组织19个、体育俱乐部5个。举办2023年蕉岭县三级社会体育指导员培训班暨梅州马拉松蕉岭训练营活动，培训三级社会体育指导员35名。截至2023年年底，蕉岭县社会体育指导员人数为763人，每千人拥有社会体育指导员4.17人。（刘　艳）

2023年蕉岭县文化广电旅游体育局党组成员名录

党组书记：郑康文
党组成员：张荣发（任至8月）
丘兆仕（任至8月）
林剑锋　黄伟良　黄　雄

2023年蕉岭县文化广电旅游体育局负责人名录

局　长：郑康文
副局长：张荣发（任至8月）　黄选文
林剑锋　汤丽芬（9月任职）
黄　雄

蕉岭县社会科学界联合会

【概况】　2023年，蕉岭县社会科学界联合会在县委、县政府的正确领导下，在市社科联和县委宣传部的具体指导下，坚持以习近平新时代中国特色社会主义思想为指导，全面贯彻落实党的二十大精神，推动全县理论武装和社科普及各项工作，为推进“百县千镇万村高质量发展工程”，打造梅州苏区融湾先行区综合示范窗口，奋力推进中国式现代化的蕉岭实践营造良好的氛围环境。

【强化理论武装】　2023年，蕉岭县社会科学界联合会聚合社科理论界力量，加强理论宣传阐释工作。协助县委宣传部做好党委（党组）理论学习中心组列席旁听工作。派员开展十四届县委第三轮、第四轮巡察意识形态工作责任制专项检查和巡察整改工作审核。开展学习贯彻习近平新时代中国特色社会主义思想主题教育。

【加强基地建设】　2023年，蕉岭县社会科学界联合会创造条件，加强指导，深化蕉岭县人文社科普及基地创建，重点加强教育、人文历史、客家文化，开展社科宣传普及活动。9月，邀请省地方志办、省慈善总会和市社科联、市妇联等相关单位领导为蕉岭县首个“广东省社会科学普及基地”文福镇仓海诗廊挂牌，邀请湖南大学李兵教授为当地干部群众作家教家风专题讲座。

【开展课题调研】　2023年，蕉岭县社会科学界联合会围绕苏区融湾、“百县千镇万村高质量发展工程”、大健康产业、乡村振兴、红色文化等主题，广泛发动社科理论骨干开展社科课题调研，撰写调研文章。5月，蕉岭县社科联报送的“关于构建”粤闽赣苏区对接融入粤港澳大湾区振兴发展、共同富裕“蕉岭先行区的研究”市级社科课题胜利结题。6月，向市社科联申报“创新党建引领路径，促进基层治理的提质增效——以蕉岭县基层治理创新为例”和“推进县级图书馆高质量发展探索和思考——以蕉岭县图书馆创新实践为例”2个社科课题，12月，完成该课题的调研、撰写工作。（王文龙）

2023年蕉岭县社会科学界联合会负责人名录

主　席：丘仕松

副主席：张　华　陈振春

社会生活

责任编辑：李幸欣

民　政

蕉岭县民政局

【概况】　2023年，蕉岭县民政局以开展主题教育、作风建设年为契机，聚焦实施党建赋能工程、“百千万工程”等目标任务和民政重点工作，切实履行基本民生保障、基层社会治理、基本社会服务等职责。

【困难群体保障工作】　2023年，蕉岭县民政局落实城乡低保规范化管理，全年新增城乡低保134户336人，清退城乡低保489户927人，全县在册城乡最低生活保障对象共1748户3041人，全年发放最低生活保障资金1429万元，发放临时价格补贴15万元。特困人员供养得到有效保障，全县在册城乡特困供养对象共计1047人，全年发放特困供养金1180万元。全年发放丧葬费补助、日常照料护理费、住院照料护理费427万元。2023年累计实施临时救助313人次，累计支出临时救助金22万元。2023年，全县低保边缘家庭共有263户594人，另有低保边缘家庭成员36人纳入低保。2023年,共救治流浪乞讨人员19人次。

【养老服务工作】　2023年，蕉岭县民政局应对人口老龄化，健全居家、社区、机构相协调的养老服务体系，投入414.7万元推进镇级综合养老服务中心建设、敬老院适老化改造提升、明厨亮灶、公办养老机构智慧用电改造等养老民生实事工程。全县共有养老服务机构9家，总床位581，护理型床位351张，占比60.4%。推进居家适老化改造，对特殊困难老年人逐户调查研判，“一户一策”制订改造计划，满足不同老年人的个性化需求，完成60户改造任务。完善养老服务人才培养渠道，全年共组织养老护理员在岗培训256人次，消防安全等专项能力培训195人次。加强与蕉岭县桂岭职业培训学校联系，开展养老护理员等职业（工种）培训50人次，同时输送3名护理人员参加南粤家政技能比赛。开展养老领域防诈骗主题宣传活动，发放宣传资料200多份，提高老年人识骗防骗意识。

2023年6月27日，蕉岭县镇山公园开展老年人防诈骗知识宣传活动（县民政局提供）

【社区治理服务】 2023年，蕉岭县民政局推广“一个地方说事”，推进城乡社区协商，印发《蕉岭县全面推进城乡社区协商工作方案》，以广福镇广育村为试点，推动全县村（社区）党群服务中心建立村（居）民议事厅建设，完善协商议事制度，指导广育村（社区）有序开展“民主协商，一事一议”，全县110个村（社区）已基本完成议事厅建设。全县8个乡镇已建成社会工作服务站，各村（居）全面建成社会工作服务点共28个，实现社会工作服务站（点）100%覆盖。截至12月，全县共有“双百”社工99人，持证社会工作者占比为46%，引进、培育社会工作专业人才33人。事务岗窗口社工经办服务5571人次，服务岗社工入户走访困难群众和特殊群体16335人次，入户探访率实现100%。推进“幸福家园”村社互助工程，争取黄沙、广育、程官、白马、长隆5个村纳入广东省“幸福家园”工程示范点，共筹集资金100多万元，实施居家养老服务站运营、光伏发电、支持困难群体、幸福饭堂、志愿服务队伍建设及培育乡村振兴人才6个公益项目，有力促进基层治理、乡村振兴。

【社会事务服务】 2023年，蕉岭县民政局在儿童福利保障方面，落实孤儿生活保障金提标工作，推动设立蕉岭县未成年救助保护中心，移交4名集中供养儿童到市儿童福利院，依法依程序做好收养登记，牵头做好农村留守儿童、社会散居孤儿和困境儿童关爱服务工作。全年共开展关爱困境儿童活动12场次。在残疾人福利保障方面，落实残疾人两项补贴提标工作，实现残疾人两项补贴按月审定和发放，落实补贴对象年度资金认定。全县共有3800多名残疾人纳入残疾人两项补贴。在殡葬改革和殡葬服务管理方面，落实殡葬惠民政策，全年遗体火葬数2005具，减轻群众丧葬费负担441.1万元。清明节祭扫期间，与县文明办联合发放丧事简办倡议书，组织开展“知爱感恩·回归自然”主题生态树葬公益活动，免费集体安葬36名逝者，倡导绿色殡葬理念，推行节地生态葬法，树立文明殡葬新风。在婚姻登记方面，提高婚姻登记服务水平，有序开展跨省通办试点工作。全年共办理结婚登记703对、离婚358对、补结（离）登记208对。

【社会组织培育管理】 2023年，蕉岭县民政局做好社会组织登记管理，健全社会组织监督管理体制，培育扶持“幸福家园互助会”等一批兼具公益性、服务性、互助性的社会组织。全年成立社会组织7家、变更23家、注销11家。截至12月，全县共有社会组织272家，其中一般性社会团体212家，民办非企业单位55家，行业协会商会5家。 （邓海妮）

2023年蕉岭县民政局负责人名录

党组书记、局　长：潘依珊

党组成员、副局长：林淑瑜（女）　黄麟胜　张学文

党组成员：黄胜永

蕉岭县应急管理局

【概况】 2023年，蕉岭县应急管理局以习近平新时代中国特色社会主义思想为指导，贯彻

落实习近平总书记关于应急管理的系列重要论述精神，按照县委、县政府的工作部署，履行职责，完成好各项工作任务，保障全县社会总体平安和谐。全县工矿商贸企业未发生生产安全事故，未发生较大及以上安全生产事故，全县无林火热点，全县未发生自然灾害事故。2022年度全县安全生产责任制、消防工作被市考核评为“优秀”；长潭镇堑垣村被应急管理部评为“2021年度全国综合减灾示范社区”，并代表梅州到省应急管理厅参加授牌仪式。

【党建工作】 2023年，蕉岭县应急管理局加强政治理论学习。全年共开展中心组党组（党委）理论学习12次，学习贯彻党的二十届二中全会精神、习近平总书记视察广东重要讲话精神、党的二十大报告、党章、民主集中制等专题研讨会共4次；坚持“第一议题”制度，学习习近平总书记重要讲话和重要指示批示精神；通过“三会一课”、主题党日形式开展集中学习28次。开展主题教育，发放学习材料158册（套）；开展集中研讨5次，上党课3次；成立青年理论学习小组，到县内3处革命遗址开展党性教育；开展“双报到、双服务”37人次。筑牢党建基础，召开支委会12场，支部大会4场，党课4次，主题党日12次，党员志愿活动23次。抓紧抓实宣传思想建设，举办村（社区）防灾减灾知识和应急自救知识等讲座（活动）12场；持之以恒正风肃纪，召开党风廉政建设专题会议；严格落实党内谈话提醒制度；开展廉政机关建设工作。

【安全生产监管】

落实安全生产党政同责规定 2023年，蕉岭县县、镇两级落实安全生产“双主任制”，党委政府主要领导同时担任本级安委会主任，强化安全生产的组织领导；印发《蕉岭县安全生产委员会2023年工作要点》《蕉岭县党政部门及省、市驻蕉有关单位安全生产工作职责》，突出重点，厘清权责，确保安全生产工作有序推进。

推进安全生产 2023年，蕉岭县应急管理局共排查治理隐患5017个，其中市挂牌治理重大隐患22宗，县挂牌治理重点生产安全事故隐患93宗；严抓重大事故隐患专项排查整治2023行动，共排查出重大事故隐患290个，整改率100%。

做好非煤矿山监管 2023年，蕉岭县应急管理局严格落实党政领导安全生产包保责任制，定期研究部署非煤矿山安全生产工作；推行矿山安全生产举报奖励制度，严惩“三违行为”。严格落实科技强安工作，地下矿山均使用凿岩台车作业，露天矿山全部采用中深孔凿岩钻机进行爆破作业，安装边坡在线监测和安全避险“六大系统”，地下矿山使用撬毛台车进行排险作业，提升安全发展质量。定期召开矿山企业安全风险研判会和非煤矿山安全风险会商研判会议，分析研判全县非煤矿山安全风险点、危险源，并制订整改清单。严格监管执法。定期开展矿山检查工作，加大打非治违执法力度。

抓牢安全生产基础工作 2023年，蕉岭县应急管理局整治规范危化品行业，完成对公司系统装置的安全诊断，定期开展烟花爆竹“打非治违”联合执法专项行动，排查治理隐患。精准整治工贸行业，开展机械制造业摸底排查治理，建立一企一档管理，要求企业相关人员持证上岗；强化涉粉企业安全监管，指导帮助涉粉尘企业排查重大事故隐患；持续开展有限空间摸底排查治理工作，深入企业进行一对一帮扶；开展成品油、醇基燃料、城镇燃气、非药品类易制毒、易制爆和使用危险化学品企业的专项治理，联合开展城镇燃气安全整治和易制毒、易制爆危险化学使用企业专项整治。

强化安全生产监管执法 2023年，蕉岭县采用“说理式”执法模式，客观规范记录，对排查出的一般性安全隐患和问题，制定有针对性的整改措施和整改期限，确保既能消除隐患，又能减轻企业压力。实行刚性执法。严格检查各类生产经营单位，百分百排查、整改安全生产隐患，从严从重处罚安全生产违法行为。

【应急指挥】 2023 年，蕉岭县应急管理局完善应急管理体系。建立起共训共练、指挥协同、救援合作的应急救援协同机制；提高应急预案智能化水平，将专项预案上传到“一键通”管理系统；办理企业生产安全事故应急预案备案登记。健全应急救援保障机制，制定《蕉岭县突发事件联合值守工作制度》《蕉岭县应急管理局指挥中心预警“叫应”工作制度》。全面夯实应急管理基础，优化日常应急值守，强化信息报送；全面加强物资储备管理建设工作；全面摸清应急避难场所底数基本情况。

【防汛防旱防风】 2023 年，蕉岭县应急管理局明确三防工作责任，印发《蕉岭县 2023 年党政领导三防工作任务清单》；落实县镇村三级各类责任人共 491 人。紧跟气象信息，累计开展防御会商会 56 次，召开工作调度会 96 次，印发（转发）文件 5328 份，科学研判，优化措施，全力防住“龙舟水”、大暴雨、台风“苏拉”、台风“海葵”、台风“小犬”等自然灾害。累计发送预警短信 289003 条、避险通知书 2808 份。累计派出 288 个工作组 2611 人次深入一线开展检查，共排查防洪工程 784 宗、建筑工地 199 处、山洪地质灾害隐患点 145 处、内涝黑点 99 处、市政园林设施 362 处，排查其他设施场所 1659 处，共处置各类安全隐患 192 处。

【森林防灭火】 2023 年，蕉岭县应急管理局完善防灭火体系，印发《蕉岭县较大以上森林火灾现场应急处置工作指引》《蕉岭县森林火险预警响应机制》。加强宣传教育。出动宣传车 2000 多辆次，电视广播宣传 60 场次，设立森林防火宣传专栏 350 块，悬挂森林防火宣传横幅 600 多条，开展森林防火进校园活动 8 场次，张贴森林防火宣传标语 2000 多份，发放森林防火宣传资料 1 万多份，印发《蕉岭县 2023 年森林防灭火宣传月工作方案》。在全县林区范围内新增 12 个视频监测站点，覆盖面积达 56 万亩，实现全天候自动化监测。加强业务培训。选派业务骨干参加省、市森林防灭火经验交流会、各镇（林场）森林防灭火业务能力培训会、市无人机应用基础培训班。加大经费投入力度。县森林消防大队队员增至 38 人；向各镇下拨 8 套背负式水泵、640 支扑火二号工具等一批物资装备。

【自然灾害防治】 2023 年，蕉岭县应急管理局开展防灾减灾宣传教育活动，印发《蕉岭县 2023 年全国防灾减灾日活动工作方案》，悬挂横幅 120 多条，发放宣传资料 8000 多份，开展各类应急演练 20 多场次，参加演练 6000 多人次。在县桂岭学校举办以“防范灾害风险，护航高质量发展”为主题的蕉岭县防震防火应急演练和防灾减灾宣传活动，共发放宣传图片和小册子 3000 多份；到三圳镇、蕉城镇开展蕉岭县 2023 年防灾、减灾及应急宣传教育系列活动。开展各类安全风险隐患排查整治专项检查 270 次，出动检查 1310 人次，检查排查风险隐患 800 多处，确保环境安全。加强行政村（社区）防灾减灾救灾能力“十个有”建设。 （李承浩）

2023 年中共蕉岭县应急管理局委员会负责人名录

党委书记：林　威

党委委员：徐绍明　陈晓欧　徐锦平　徐　刚　潘　宝

2023 年蕉岭县应急管理局负责人名录

局　长：林　威

副局长：徐绍明　陈晓欧　陈建明　徐锦平　徐　刚

劳动保障·社会保险

蕉岭县人力资源和社会保障局

【概况】 2023年，蕉岭县人力资源和社会保障局坚持以习近平新时代中国特色社会主义思想为指导，贯彻落实省、市、县决策部署，转变工作作风，以打造品质、温暖、特色、幸福、法治的“人社服务”金字品牌为抓手，夯实民生基本盘，托起百姓“稳稳的幸福”。3月，荣获全国“法治人社建设优秀单位”称号。

【就业工作】 2023年，蕉岭县人力资源和社会保障局狠抓就业服务，保障重点群体就业，举办线上线下招聘活动51场次，服务招聘企业338家次，成功就业368人。实现城镇新增就业1503人，城镇失业人员再就业833人，就业困难人员实现就业132人，促进创业254人次。

【社保工作】 2023年，蕉岭县人力资源和社会保障局推进各项社会保险参保工作，企业职工基本养老保险参保31635人，城乡居民基本养老保险参保58241人，失业保险参保21945人，工伤保险参保28769人；企业职工基本养老保险基金征缴收入31257万元，失业保险基金征缴收入912万元，工伤保险基金征缴收入574万元。

【劳动关系】 2023年，蕉岭县人力资源和社会保障局坚持正面引导，持续推进普法进企业、进社区、进公园。全面畅通“信、访、网、电”维权渠道，及时受理投诉举报案件，深入调查核实，依法高效处置，发出劳动保障监察询问通知书35份、限期改正指令书23份、行政处罚（处理）决定书13份，成功处理欠薪投诉案件392宗，涉及1259人金额2310.9万元。坚持调解为主、仲裁为辅的原则，妥善处理劳动人事争议案件227宗，法定审限内结案率100%，调解成功率90.09%。

【“三项工程”】 2023年，蕉岭县人力资源和社会保障局结合“三项工程”（粤菜师傅、广东技工、南粤家政），开展各类职业技能培训1133人次。在粤菜师傅方面，以“蕉岭三及第”等具有寿乡特色非遗客家风味菜烹饪为主，邀请专业烹饪老师进行现场教学，帮助劳动者提高技能水平，拓宽就业创业渠道，擦亮寿乡名片，举办4期厨师技能培训班，培训167人次。弘扬粤菜名厨工匠精神，参与星级“粤菜师傅”评选活动，共评定星级“粤菜师傅”2人。在广东技工方面，围绕绿色发展要求，聚力绿色建材技能所需，推行企业新型学徒制培训，协助1家企业完成培训备案69人。新增评定“乡村工匠”专业人才职称12人，新增认定广东省农村乡土专家18人，开展鹰嘴桃种植、梅花鹿养殖等培训415人次，开展“农村电商”培训146人次。在梅州市首届无人机创新应用技能大赛上，蕉岭县4名年轻选手斩获团体一等奖。在南粤家政方面，坚持市场导向，实施母婴、居家、养老培训项目，提升家政从业人员技能水平，培训306人次。以市级“南粤家政”

技能大赛为契机，以赛促学、以赛促训，推荐12名选手参加广东省第三届“南粤家政”技能大赛梅州市选拔赛，其中1人荣获家政服务员项目二等奖，1人荣获育婴员项目优胜奖。

【人才驿站】 2023年，蕉岭县人力资源和社会保障局发挥乡村振兴人才驿站的载体、平台、阵地作用，全方位打开乡村振兴人才聚集的大门，吸纳更多优秀人才，为蕉岭苏区振兴高质量发展提供强有力的人才保障和智力支持。引进高层次人才进站并登记入库374人，其中县级人才驿站签订长期进站协议专家70人。开展政策宣讲、带货直播、直播带岗等人才活动32场次，共2049人参加线下活动，线上吸引8.09万人次。 （黄斯炜）

2023年蕉岭县人力资源和社会保障局负责人名录

党组书记、局　长：江　斌
党组成员、副局长：罗丽红　李春光
副局长：王建强
党组成员、社会保险基金管理局局长：王军胜
党组成员、公共就业（人才）服务中心主任：祝银清

社会保险基金管理

【概况】 2023年，蕉岭县社保基金累计收入62240.64万元，支出88852.42万元。企业职工养老保险征缴收入31357.68万元，支付待遇52226.57万元；失业保险征缴收入914.04万元，支付待遇676.81万元；工伤保险征缴收入575.94万元，支付待遇680.27万元；机关事业单位养老保险征缴收入19042.53万元，支付待遇27230.66万元；职业年金征缴收入9697.11万元；城乡居民养老保险征缴收入653.34万元，支付待遇8038.11万元。

【党的建设】 2023年，蕉岭县社会保险基金管理局开展主题教育，组织党员、干部、职工认真学习贯彻习近平新时代中国特色社会主义思想。举办7场业务学习，开展支部书记讲党课2次，主要负责人讲党课2次，组织干部职工学习《中国共产党章程》《习近平著作选读》《习近平新时代中国特色社会主义思想专题摘编》等，为推进社保事业高质量发展提供坚强保证。发挥社会保险志愿服务队作用，开展“立足岗位做贡献”“我为群众办实事”“我是党员我带头、我的岗位我负责”等志愿服务活动，让广大党员干部在践行宗旨、服务群众中展现作为、彰显担当。

【高质量发展】 2023年，蕉岭县社会保险基金管理局按照“百千万工程”相关工作部署，推动社会保障力量下沉。

提升社保待遇水平　贯彻落实定额调整、挂钩调整与适当倾斜相结合的办法，充分保障和改善退休人员的生活水平。2023年，蕉岭县机关事业单位退休人员月人均养老金5974.98元，人均月增206.11元，同比增长3.57%；企业职工退休人员月人均养老金1913.45元，人均月增84.48元，同比增长4.58%；城乡居民养老保险基础养老金200元，与2022年相比增加10元，同比增长5.26%；持续推进过渡性养老金重核工作，对按系数法计算的过渡性养老金高于按视同缴费账户法计算的部分，用5年时间逐年过渡到全额发放，2023年完成符合条件8038人的重核发放工作，从2022年发放的50%提高至70%。

加强困难群体兜底保障　贯彻落实好落实社保帮扶相关政策，2023年为蕉岭县符合条件的特殊人群共计2923人代缴，代缴保费35.076万元，巩固拓展脱贫攻坚成果同乡村振兴的有效衔接，逐步缩小城乡待遇差距。

实施社保“镇村通”工程　推进镇村平台服务网点建设，镇级经办机构均设置业务

专窗，粤自助覆盖每个乡镇，可办理城乡居民养老保险养老资格认证等17项城乡养老业务，服务覆盖率已达100%，加快推动社保经办网点进一步向乡村延伸，助力实现社会保险服务城乡一体化。

【社保政策宣传】 2023年，蕉岭县社会保险基金管理局按照兜底线、织密网、建机制的工作要求，拓宽政策宣传渠道，扩大社会保险覆盖面，通过“蕉岭社保”微信公众号、蕉岭融媒体等每周发布社保政策，线上推送社保宣传文章共计157篇，回复群众留言11条；线下组织10余次社保志愿服务进企业、进社区、进镇村活动，积极推动全民参保、应保尽保，2023年累计参保96377人，参保率约为99%。

【实施全民参保计划】 2023年蕉岭县社保扩面情况：全县参加企业职工基本养老保险计划人数31570人，实现参保31635人，完成任务数100.21%；全县参加城乡居民基本养老保险计划人数58240人，实现参保58241人，完成任务数100.00%；全县参加失业保险计划人数21880人，实现参保21945人，完成任务数100.30%；全县参加工伤保险计划人数28730人，实现参保28769人，完成任务数100.14%。

社保征缴情况：企业职工基本养老保险计划征缴收入30680万元，完成征缴约31257万元，完成任务数101.88%；失业保险计划征缴收入600万元，完成征缴912万元，完成任务数152.00%；工伤保险计划征缴收入460万元，完成征缴574万元，完成任务数的124.78%。

【营商环境优化】 2023年，蕉岭县社会保险基金管理局落实省、市县关于全面优化营商环境工作部署，成立蕉岭县社会保险行政审批（公共服务）事项“双百”工作领导小组，提升社保方面一体化政务服务工作。按照县政务服务部门的指导，纳入并完善社保政务服务事项91项共99个实施清单100%实现全流程网办，其中实现一次办事项75项，实现就近办事项67项，实现网办99项；提升线上多渠道申请办件数量，2023年线上线下办件量共计55865件，其中线上办件52050件，网办率达93.17%，以“网上办”代替“折返跑”。

【作风纪律建设】 2023年，蕉岭县社会保险基金管理局按照上级关于加强作风建设的工作部署，成立局加强作风建设工作领导小组，制订《蕉岭县社会保险基金管理局关于加强作风建设的实施方案》并对标对表推进。畅通群众沟通渠道，及时回应和解答企业、群众提出的投诉和咨询，增强政民互动、政企互动。2023年共接到群众来信来访47件，均进行答复。严明纪律规矩要求。开展纪律教育学习月活动，制订《蕉岭县社保局2023年度开展纪律教育学习月工作方案》，组织观看警示教育片《反腐在身边》等，教育引导党员干部拧紧廉洁自律的“总开关”。

【基金安全管理】

强化防控机制 贯彻国家、省基金风险防控工作要求，落实“事前防范、事中核查、事后监管”的风险防控机制，健全完善风险防控制度建设，先后制定《蕉岭县社保局制度汇编》《社会保险风险防控手册》《岗位职责、风险防范措施》等管理制度，将基金风险防控具体到岗位和个人。

清理疑点数据 常态化组织开展社保基金核查，加大对侵害社保基金行为查处力度。自建立数据共享长效机制以来，每月定期对蕉岭县服刑、死亡人员数据进行比对，常态化开展核查违规领取社会保险待遇疑点数据核实，2023年共核实疑点数据988条。

加强警示教育 把基金安全教育作为党风廉政建设的重要事项列入年度考核内容，

把维护基金安全作为局务会、股长会、职工大会的重要内容，逢会必强调，要求全局干部职工提高风险防控和廉洁自律意识，严把政策关、经办关，确保基金安全。（钟 卫）

2023 年蕉岭县社会保险基金管理局负责人名录

局 长：王军胜

副局长：古伟荣（女） 汤惠良

医疗保障

【概况】 2023 年，蕉岭县医疗保障局坚持以人民为中心的发展思想，紧扣推动医疗保障高质量发展的主题，深入开展医保基金监管、医保领域改革、医保经办服务、城乡居民医保征缴和信息化建设等工作，着力在转变工作作风、提高工作效能上下功夫，不断推进医疗保障工作有效平稳运行。

【医疗保障】 2023 年，蕉岭县医疗保障局推进全民参保，健全筹资机制。根据筹资水平与经济社会发展水平相挂钩机制，对在规定时间内缴交城乡居民医保的群众由县财政统筹补助 30 元/人。加大对五类特殊困难群体的保障力度，对纳入本地民政部门管理的特困人员、孤儿、事实无人抚养儿童、低保对象，低保边缘家庭成员，纳入本地乡村振兴部门管理的农村易返贫致贫人口，重度残疾人，农村纯二女户以及退役军人优抚对象等五类人员参加城乡居民医保的个人缴费部分予以全额资助。

“保基本”，均衡适度提高基本医疗保险待遇水平 职工医保基本险、城乡居民医保基本险最高支付限额分别为 15 万元（原职工医保最高支付限额是 11 万元）和 50 万元，统一由基本医疗保险统筹基金支付。2023 年，城乡居民医保基本险报销 37.27 万人次，医保基金支出 15844.77 万元；职工基本医疗保险报销 15.82 万人次，医保基金支出 6197.23 万元；生育津贴支付 187 人，基金支出 319.02 万元。

完善重大疾病医疗保障工作 适当增加医疗保险项目，提高医疗保险保障水平，职工医保补充险、城乡居民医保大病保险最高支付限额分别 55 万元（原职工医保补充险是 30 万元）和 20 万元。2023 年，职工医保补充险报销 64 人次，支付 182.08 万元；城乡居民医保大病保险报销 5186 人次，支付 1268.09 万元。

健全完善基本医疗保险、医疗救助和定点医疗机构的信息共享平台 城乡救助对象在定点医疗机构看病就医时，实现基本医疗保险、城乡医保大病保险、医疗救助的“一站式”结算，进一步减轻城乡困难群众就医压力，保障困难群众有病及时治疗。2023 年，医疗救助享受 11690 人次，发放救助金额 531.63 万元。

推进“门诊医保共济”工作 对职工医保全体参保人员开展普通门诊医保统筹，参保人员在选点医院发生的普通门诊费用纳入医保报销，报销比例在 50%~60%，同时扩大个人账户资金使用范围，由原个人账户限本人使用扩大至参保人员本人及配偶、父母及子女使用。实施门诊共济以来，共受惠 32652 人次，总医疗费用 899.68 万元，统筹报销金额 373.27 万元。

推进基本医疗保险参保覆盖面 2024 年度城乡居民基本医疗保险参保缴费工作截至 2023 年 12 月 31 日，蕉岭县预下达的任务数是 162278 人，参保缴费 15 万人，完成率为 92.23%，位居梅州市第三。

加强基金运行监管 落实日常审核常态化，建立由 20 名骨干力量组成的医保经办队伍，启用医保智能审核系统，加强日常医保费用审核。强化专项治理，制订《蕉岭县 2023 年两定医药机构基金监管巡查工作方案》，根据巡查工作要求对两定医药机构开展现场巡查，对巡查发现的违法违规问题进行处理，及时总结、曝光违法违规案件，对欺诈骗保行为保持高压态势。2023 年，检查定点医疗机构 15 家，定点药店 51 家，蕉岭县中医医院自查自纠主动退回 1.0198 万元，精神病类医院专项检查中蕉岭民康医院退回医保基金 28.7917 万元，并作行政处罚罚款 8.6378 万元；对蕉岭县域内 15 家定点医疗机构 2022 年 1 月至 2022 年 12 月医保基金使用情况进行全面稽核调研，督促医疗机构按照稽核调研指出的问题，进行自查自纠、整改完善，共计退回自查整改医保基金 155.52 万元；对蕉岭县域内 15 家定点医疗机构 2022 年 1 月至 2022 年 12 月医保基金使用情况进行全面稽核，共计稽核扣回医保基金 29.87 万元，扣减结算分值 32528.16 分；对定点药店发出整改通知 21 份，完成整改 21 家。

推动药品和医用耗材采购改革　发挥“互联网+医药”在药品采购中的作用，督促各定点医疗机构按约定采购量做好每年国家组织药品集中采购相关药品工作，推进药品供应价格、质量层次等公开透明，保障药品质量和供应。2023 年，蕉岭县 13 家公立医疗机构药品采购总额为 4962.74 万元，线上采购为 4932.10 万元，线上采购占比为 99.38%；医用耗材采购总金额 3408.78 万元，线上采购率 98.07%。

【医疗保障队伍服务】　2023 年，蕉岭县医疗保障局增强担当意识，履行党风廉政建设“第一责任人”职责，坚持“三重一大”等事项集体研究、民主决策，强化班子内部的相互监督作用。强化党纪党规、警示教育学习，引导干部廉洁自律，守住底线、不越红线。加强作风建设，推动干部作风转变、机关效能加强、医保服务水平持续改进。加强党员干部理论学习，进行交流研讨，增强学习的针对性、实效性和感染力；深入开展调查研究，把调研成果转化为解决问题、促进发展的实际行动；聚焦重点谋划推动发展，以推动高质量发展新成效检验主题教育成果；抓好检视整改落实，逐项整改到位。通过到红色教育基地参观、观看教育片、参加各项培训等学习方式，提高干部职工的综合素质，增强业务经办能力。（谢雪玲）

2023 年蕉岭县医疗保障理局负责人名录

党组书记、局　长：罗建阳
党组成员、副局长：丘　锋（任至 11 月）
曾利霞（11 月任职）
古利红（3 月任职）

蕉岭县长寿文化发展研究中心

【概况】　2023 年蕉岭县有 80~89 岁老人 8340 人，90~99 岁老人 2977 人，100 岁以上老人 71 人（其中男 14 人）。百岁老人占户籍总人口的 31/10 万；80~89 岁老人占户籍总人口的 3.65%；90~99 岁老人占户籍总人口的 13‰；全县人均预期寿命 81.03 岁。

【长寿事业调查研究】　2023 年，蕉岭县长寿文化发展研究中心持续推进蕉岭长寿工作，探索长寿事业发展新路径。摸底长寿老人数据，核准长寿老人各阶段比率，了解长寿老人动态变化；发挥蕉岭县长寿文化研究会“智囊团”的作用，探寻长寿奥秘、总结长寿规律、弘扬长寿文化；对接长寿之乡绿色发展区域合作联盟，深入探讨世界长寿乡独特优势，加强区域合作、抱团发展，加快大健康产业高质量发展；出席国家认证认可行业标准《富硒产品认证技术规范》发布会，前往在全国富硒产业中具有代表性的福建省连城县学习考察；结合蕉岭特色长寿文化、客家文化、地域风情、民俗传说等元素，与广东药科大学医药商学院等高等院校专家谋合作，深耕品牌建设；到世界长寿乡江苏省如皋市学习考察，了解、研究和借鉴如皋长寿事业发展情况，特别是“后长寿乡”经验，扩宽视野，提高水平，为蕉岭县长寿事业可持续发展服务。

【长寿品牌培育】 2023 年，蕉岭县长寿文化发展研究中心通过授权，择优扶强推动一批优质长寿食品企业做强做大，加强对重要长寿品牌资源的扶植、培育、保护及运作，规范使用长寿健康食品商标，保护好长寿养生食品品牌质量，擦亮“世界长寿乡”金字招牌，推动富硒米、水、茶、蜜等绿色食品全面对接大湾区消费市场。现有 30 家企业使用“源自世界长寿乡——中国·梅州·蕉岭”著作权暨图形商标。 （钟福连）

2023 年蕉岭县长寿文化发展研究中心负责人名录

副主任：林文宇　邓　添　张汝桥

蕉岭县公共就业（人才）服务中心

【概况】 2023 年，蕉岭县公共就业（人才）服务中心以高质量发展为牵引，把握民生这条主线，围绕就业创业工作重点，立足本职，服务大局，推进各项工作，确保完成各项目标任务，推动就业工作再迈新台阶。

【就业再就业完成情况】 2023 年，蕉岭县完成城镇新增就业 1503 人，占市下达目标任务数的 107.36%；完成城镇失业人员再就业 833 人，占市下达目标任务数的 104.12%；就业困难人员实现就业 132 人，占市下达目标任务数的 101.5%；全县就业形势基本保持稳定。

【公共就业服务】 2023 年，蕉岭县公共就业（人才）服务中心开展“春风行动”、民营企业服务月、“职引未来”高校毕业生等系列“线上线下”双向招聘活动，同时举办“直播带岗”暖心活动，让求职者足不出户即可享受“云参观”企业、“沉浸式”应聘的优质就业服务。据统计，共举办线上、线下招聘活动 51 场次，服务招聘企业 338 家次，发布就业岗位 4080 人次，招聘活动共吸引 2731 人次求职，达成就业意向 1205 人次，成功就业 368 人。

【就业创业服务】 2023 年，蕉岭县公共就业（人才）服务中心开展招工引才活动。以“人社局长千企行”活动为契机，融合职业指导下基层活动实地走访多家企业，对企业发展面临的困难进行分类梳理，及时、主动、靠前提供用工服务和指导，找准政策落点，帮助企业用好政策、直享政策，加快把惠企政策红利转化为企业发展动能，为企业排忧解难、加油赋能。从拓宽就业渠道、落实政策扶持、释放创业动力、提升就业技能、开发公益性岗位等方面持续发力，为高校毕业生、退役军人、就业困难人员、残疾人等重点群体搭建更加精准、便捷、有效的“家门口”就业创业服务。科学规范使用就业创业专项资金，发挥专项资金的作用，推动各项就业创业政策落地见效。2023 年，市级下达蕉岭县中央就业补助专项资金和省级促进就业创业发展专项资金共合计 493 万元。其中，中央就业创业政策性补贴和服务补助 454 万元，就业见习补贴 20 万元；省级促进就业创业发展专项资金 19 万元。为符合条件的就业创业重点群体发放就业创业专项资金合计 493 万元，支出率 100%。2023 年，市级下达蕉岭县 2022 年普惠金融发展专项资金（创业担保贷款贴息和奖补）0.6万元，蕉岭县筹集创业担保贷款贴息和奖补30万元。发放创业担保贷款9人，合计170万元，贴息资金合计30.03万元，其中2022年普惠金融发展专项资金全部支出，惠及60人。（徐玲玲）

2023年蕉岭县公共就业（人才）服务中心负责人名录

主　任：祝银清（女）

2023年2月10日，副县长陈春妮（左二）到龙门广场2023“春暖梅州”招聘活动现场指导工作（县公共就业（人才）服务中心提供）

蕉岭县关心下一代工作委员会

【概况】 2023年，蕉岭县关心下一代工作委员会坚持把开展主题教育同传承红色基因、助力乡村振兴、关爱留守流动儿童等各项工作结合起来。组织开展形式多样、内容丰富的主题教育宣传活动，通过报刊、宣传栏、微信公众号，发挥媒体融合宣传优势，大力弘扬中华民族孝老敬贤传统美德。聚焦立德树人根本任务，讲好宣传好“五老”故事，讲好传承好家风故事。

【青少年爱国情操培育】 2023年，蕉岭县关心下一代工作委员会加强爱国主义教育。举办“金晖行动”、《敬礼！我的党》百集青少年党课、“戏曲进校园·国粹润童心”中华传统文化教育、灯塔工程系列党史学习教育和爱党爱国教育、2023年青少年“中华魂”（毛泽东伟大精神品格）主题教育宣讲等活动12场，组织青少年阅读《毛泽东伟大精神品格》活动读本，引导全县中小学生自觉树立和践行社会主义核心价值观。联合教育局组织晋元中学100多名师生在国防教育展览馆举行“增强国防意识，厚植爱国情怀”主题宣传活动，引导青少年了解国家安全形势、国防军队建设、拥军优属政策等内容，树立正确的国防意识，激发爱国情怀。加强尊老爱幼教育，开展各类活动，先后组织县人民小学等6所学校近5000名学生持续开展“孝亲敬老 从我做起”等主题活动，引导学生在生活点滴中践行孝道。抓住“元宵节”“重阳节”等重要时间节点，组织17所中小学校的学生到敬老院、幸福院开展文艺演出、清洁洒扫、座谈交流等尊老、敬老、爱老活动。加强法治宣传教育，联合县妇女联合会、蕉城镇社工站到县桂岭学校、县人民小学等学校开展《中华人民共和国未成年人保护法》《中华人民共和国家庭教育促进法》的宣传活动6场次，增强未成年人及家长的法律意识，提高他们辨别是非能力和自我保护能力，为未成年人的健康成长营造良好环境。联合县公安局禁毒大队在文福中心小学等学校开展禁毒开学第一课宣传教育活动3场次，加强青少年禁毒宣传教育，提高青少年识毒、防毒、拒毒能力，增强自我保护意识，共同创建无毒校园。

【青年创业发展服务】 2023年，蕉岭县关心下一代工作委员会围绕培养造就一批“想创业、敢创业、会创业”的新型农民和农村创业带头人，坚持把培训农村青年创业作为关工委的一项重要工作来抓。培训内容专业化，根据蕉岭实际和“三高”农业发展的需要，培训更加专业性、实用性。精心挑选优秀青年人才到省级参加培训，提升能力素质。共选送1人参加2023年广东省农村创业青年高级培训班（第一期），选送1人参加2023年梅州市农村创业青年新媒体营销人才培训专题班，选送3人参加梅州市农村创业青年培训提高班。培训形式多样化，根据培训内容，采取县关工委与有关部门联办的方式，聘请有经验的老农业专家，根据本地的种植特点撰写教材，切实为学员解决在生产和发展中碰到的技术问题，让学员学有所得。

【关爱青少年活动】 2023年，蕉岭县关心下一代工作委员会注重加强阵地建设。发挥在学校建立的24间农村留守儿童“爱心之家”阵地作用，开展学科兴趣小组和文娱活动等，丰富留守儿童课外生活，把关爱留守儿童的工作落到实处。注重关心困难儿童，积极开展扶贫助学、助困、助残、助孤等关爱留守儿童活动25场次，累计发放助学款项7.5万元，惠及留守儿童375名。在“六一”儿童节等节假日期间，县关工委组织人员深入留守困境儿童家中，开展“关爱留守儿童 共建幸福家园”等主题活动12场次，覆盖留守儿童240人，捐款捐物4.8万元，为困境儿童、困难职工子女、十佳最美少年和留守儿童等各类儿童送上节日的祝福和暖心的礼物。注重凝聚社会力量，通过创办镇级“五老工作室”，利用节假日举办“关爱留守儿童，共筑快乐家园”暑期公益课，开设少儿口才、美术、书法、舞蹈、围棋等公益课程，帮助留守儿童度过一个思想有引领、安全有保障、健康有呵护、情感有抚慰、困难有帮助的快乐假期。

【宣传报道工作】 2023年，蕉岭县关心下一代工作委员会宣传报道关心下一代工作，及时向报纸、刊物、电视台投送稿件。其中《南方日报》刊登2篇，《羊城晚报》刊登1篇，《梅州日报》刊登1篇，《秋光·关心下一代》刊登4篇，“广东老区网”刊登5篇，“广东关心下一代”刊登59篇，《源流》杂志刊登3篇，“蕉岭融媒体”刊登3篇，“掌上梅州”刊登1篇，共79篇。（李秀玲）

2023年蕉岭县关心下一代工作委员会负责人名录

主　任：郭定国

副主任：黄远志（兼）　李秀玲　黄秋新

乡镇·省、市驻蕉岭单位

责任编辑：郭佳怡

乡 镇 概 况

蕉城镇

【概况】 蕉城镇位于蕉岭县境中部，东面靠山，西面临河，205国道贯穿全境，地处全县政治、经济、文化中心，是县城所在地、省定中心镇。2023年，蕉城镇下辖11个行政村181个村民小组、4个社区居委会，全镇户籍人口64932人，常住人口104668人。全镇行政区域总面积57.68平方千米，其中森林面积4.8万亩，占比55.2%，耕地面积0.9万亩，占比10.6%。境内有龙安村丝苗米省级现代农业产业园、蜜蜂现代农业产业园，有桂岭新区、长寿新城、奥园商贸中心、金城工业园等新型产城功能区，有镇山国家森林公园、兴化寺、德昭园、滨水公园、石窟河十里画廊、乡建馆等旅游景点，产、景、城相互交融，宜居宜业宜游。

【党建工作】 2023年，蕉城镇加强思想建设。坚持把学习思想作为主线，结合工作实际制定镇党委、两新组织、村（社区）党组织及下属各支部的《主题教育学习安排》，组织好、开展好第二批主题教育，将党的二十大报告、党章和《习近平新时代中国特色社会主义思想专题摘编》等作为必学材料，组织全镇2500多名党员读原著、学原文、悟原理。实施干部能力素质提升行动，通过镇委党校教育平台开展培训4期，覆盖2300余人次，各党组织开展主题党日活动216次，依托远程教育平台培训党员1108人次，办好“百万党员进党校”培训班，夯实基层党组织的思想基础。加强队伍建设，推进32个“书记领航项目”，建立农村党组织、党组织书记和党员“三积分制”，开展11个村“两委”班子届中分析，精准掌握村干部的思想动态和能力表现。组织9名村干部就读干部学历提升大专班，持续改善村“两委”班子学历结构。加强和改进163名流动党员教育管理，并规范发展党员工作，全年新发展党员10名，大专以上学历9人，35岁及以下8人。加强城市基层党建，成立长电小区和桂岭雅苑小区党支部，实现党的组织和党的工作在小区新的突破。有条不紊推行社区“大党委”工作机制，遴选1名优秀新就业群体党员兼任城南社区“大党委”委员，优化社区“大党委”组织架构。深化“双报到、双服务”长效机制，健全机关党员联系服务群众机制，引导激励机关党支部党员在应对急难险重考验中发挥有效作用。加强党风廉政建设，落实细化党风廉政建设主体责任要求，深化党章党规党纪教育，筑牢拒腐防变思想堤坝。与镇属部门、15个村（社区）签订党风廉政建设目标责任书，分解廉政建设任务，细化廉政建设责任。紧盯群众身边腐败和不正之风，加大力度做好村级中小型工程和影响破坏营商环境突出问题专项整治，推动基层作风建设走深走实。

【实体经济】 2023年，蕉城镇全力以赴招商引资，新签约盛塔水泥包装制品制造、名益汽贸新能源汽车产业销售及售后服务、恒胜汽贸新能源汽车城市展厅等多个项目，全年完成实际投资额2.7亿元。培育“四上”企业，对镇域培育数据库43家在库企业落实挂钩联系企业制度，实行“一企一策”，每周召开“四上”企业培育工作推进会，逐一分析、逐一研判、逐一部署企业上规上限措施，2023年完成25家“四上”企业培育任务。发展壮大集体经济，通过实施蕉城镇2023年“红色引擎”赋能村集体经济发展擂台赛项目和蕉城镇乡村产业振兴擂台赛项目、全县率先成立强村公司整合各村资源统一开发、充分利用集体资产屋顶资源发展光伏产业、鼓励各村立足自身资源禀赋“一村一策”探索物业经营和生态休闲等发展模式，实现2023年镇域全部行政村村集体经济收入均达到15万元以上。全力优化营商环境，推进“一网办”“一次办”“掌上办”“帮您办”，实现100%网上受理、网上办结。推行行政执法减免责清单制度和涉企“综合查一次”清单制度，对企业做到有求必应、无事不扰，全力优化镇域营商环境。

【乡村振兴】 2023年，蕉城镇守牢粮食安全底线，落实叟乐村470亩高标准农田建设管护，加快推进陂角村804亩高标准农田建设，核定实际种粮农民一次性补贴面积4740.1亩，推进撂荒耕地复耕复种257.13亩，保证粮食有效供给。探索建设乡村产业社区，以丝苗米省级现代农业产业园和“寿乡画廊”乡村振兴示范带为抓手，以省“百千万工程”典型村龙安村为平台，推进实施农机服务合作社、物流配送站等龙安村乡村产业社区项目，聘请“产业村长”对丝苗米产业延链强链形成集聚集群发展格局，推动实现“镇内有乡村产业社区、社区内有四上企业、村内有产业村长”的生动发展局面。提升人居环境质量，开展人居环境整治提升五年行动，推广运用龙安村“村规民约建房审批承诺保证金机制”管控提升农房风貌，全年拆除危旧弃房114处13145.57平方米，残垣断壁19处849.19平方米，加快宜居宜业和美乡村建设进程。

【宜居建设】 2023年，蕉城镇加快基础设施建设，交付县工人文化宫用地，完成生命通道一期用地征收，全力攻坚生命通道二期用地征收工作，加强“双龙”高铁及国省道改造提升等重大交通基础设施待建设区域内建筑建设等监督管控，横岗村、东山村、叟乐村配合完成东联灌区水利工程建设，提升镇村发展承载力。推进美丽圩镇建设，以文明城市创建为抓手，完成133个无物业小区和70条背街小巷四线整治工作，完善无物业小区消防设施。完成美丽圩镇“七个一”建设。完成东福街、东湖路、湖沟路、环城路背街小巷环境整治提升建设工程。引导广东煌鼎建设有限公司、广东建玖建筑工程有限公司、梅州市德立建设有限公司等企业签订了结对帮扶协议，推进蕉城镇圩镇风貌品质提升项目、蕉城镇龙安村绿化提升工程（绿美蕉岭建设）、蕉城镇龙安村农房风貌管控提升项目、蕉城镇龙安村红三、新一、新二村民小组及周边道路提升改造项目和蕉城镇樟坑村三一组、三二组、四组村民小组周边风貌提升项目等。深化绿美生态建设，开展绿美蕉城行动，完成龙安村罗亚山桥头口袋公园建设、龙安村向阳大坑坝—德善路—三里路主村道绿化工程和陂角村小型休闲公园建设，争取上级资金55万元、发动社会力量募集资金138万元，在全镇各村（社区）的房前屋后、村边路边水边见缝插绿，种植葡萄、桂花树、宫粉紫荆等苗木7020株（条），掀起全民爱绿、植绿、护绿、兴绿新高潮。

【民生事业】 2023年，蕉城镇组织80人参与“南粤家政”工程促进就业创业，推荐8人参与种植养殖培训，促进增收致富。有序推进新建21千米供水管的老旧管网改造工程。开展新时代文明实践活动120场次，推进叟乐村、城郊村等2个村级综合性文化服务中心提质增效，完成蕉岭县“文明寿乡·德润万家”乡风文明建设宣传百村行（蕉城镇）活动，做到民生服务更有质感。完成城乡居民基本医疗保险参保缴费工作，做到服务到位，应保尽保。镇敬老院、康园中心、长者饭堂稳定运行，全面落实低保、特困、残疾、原建档立卡脱贫户等的社会救助、帮扶和兜底保障，人民群众获得感、幸福感、安全感更加充实、更有保障、更加温暖。开展第五次全国经济普查工作，完成清查阶段任务。共核查单位底册2691户，个体户底册2869户；采集单位清查表2265份，个体户清查表7316份。

【基层治理】 2023年，蕉城镇社会大局和谐稳定。推广“六事”乡村治理模式，将龙安村“双积分”工作思路打造成蕉城镇党建引领基层治理示范案例。探索实施“党建+网格化+源头治理”治欠工作模式，完成全市源头治理欠薪工作现场会现场点展示。常态化开展扫黑除恶斗争，纵深推进打击治理电信网络诈骗新型犯罪攻坚战。提升基层治理能力和水平，龙安村、樟坑村成功创建“无信访村”。实施全科网格服务管理，并提质升级为“阳光网格”，全年共计入户走访32879户次，解决群众困难127宗，上报网格事件3523宗，按时办结率100%。安全生产抓牢抓实。全年共发放各类宣传材料15000份，开展“五进”宣传活动10余次。排查各类生产经营单位462家次，发现并督促整改安全隐患255处。重点水域巡查42853次，入户宣传18072户次，劝阻学生远离危险水域66人次，全力筑牢学生防溺水安全防线。食品安全巩固提升，全年办理营业执照业务2449笔、食品经营许可业务716笔，检查食品流通环节经营户、学校食堂、学校周边餐饮单位、学校周边食品销售单位858家次，责令整改338家次。开展农村宴席食品安全保障工作5场次。开展餐饮服务从业人员食安快线手机应用软件全年全覆盖培训考核，覆盖率100%。防汛减灾精准有效，镇村河长开展河道巡查1123次；出动140人次开展2次“清漂”专项行动，清理河道约52千米，清理杂草、杂物、淤泥80多吨。加强“杜苏芮”“苏拉”“海葵”等台风期间防汛防风救灾工作，对地质灾害点、老旧危房、低洼易受浸房屋、削坡建房（风险点）、山塘水库、在建工程等进行安全排查，保障人民群众生命财产安全。

（林文超）

2023年蕉城镇党委、政府负责人名录

党委书记：丘志铭（任至3月）
王裕胜（3月任职）
党委副书记：谢淳晖 曾峻彬 何祥永
陈纪江（挂任）
镇人大主席：黄集运
镇人大副主席：曾子文
党委委员：梁媛仪 徐小珠（任至11月）
汤新运 欧阳文理 黄 剑
陈 科（11月任职）

镇　长：谢淳晖
副镇长：梁媛仪　邓伟峰　徐　乐　林志欣
　　　　罗　婷　李存龙　林　锋
镇综合行政执法办公室主任：徐超锋

新铺镇

【概况】　新铺镇位于蕉岭县最南端，石窟河沿岸，毗邻梅县区、平远县。该镇交通条件优越，天汕高速公路、205国道、332省道横贯全镇；自然资源和物产丰富，具有良好的发展潜力，是著名的水泥之乡、茶果之乡、华侨之乡、文化之乡，是广东省级中心小城镇建设示范点、省级建材专业镇、省教育强镇、省级卫生镇，梅州市平安镇、文化先进镇、生态镇，蕉岭金融生态镇、长寿镇。全镇总面积184.9平方千米，其中耕地面积2.67万亩，林业用地21.3万亩，森林覆盖率达79%，下辖21个村委会及1个社区居委会，户籍人口4.23万人，常住人口2.3万人。2023年，新铺镇坚持以习近平新时代中国特色社会主义思想为指导，坚定不移推进党的二十大决策部署，深入开展主题教育，切实把“百千万工程”作为推进镇域经济社会高质量发展的“头号工程”，凝心聚力、开拓进取、实干快干，各项工作取得新成效，各项事业稳健前行，实现“百千万工程”良好开局、走在前列。11月，新铺镇、同福村入选全省“百千万工程”首批典型镇、典型村名单。

【党建工作】　2023年，新铺镇把握政治方向，纵深推进全面从严治党，执行省委坚决落实“两个维护”十项制度机制，开展主题教育，一体推进理论学习、干事创业、检视整改等重点措施，制定工作计划、学习计划、问题清单、为民办实事清单等“两计划两清单”，组织集中学习、专题研讨和交流研讨等共21次。落实“四下基层”，全年共开展调查研究343次，根据“百千万工程”、党建工作和壮大村集体经济发展等方面撰写研究报告66份。强化基层组织保障，坚持党建引领，率先举办镇级并参加县级2023年村党组织书记“比武打擂”活动，实施46个“书记领航”项目，升级改造北方村党群服务中心；坚持党管人才，全年共发展党员19名，储备后备干部61人。全面落实意识形态工作责任制，全年共召开专题研判会议5次，召开中心组及中心组（扩大）学习会23次，推动意识形态学习教育常态化。保持正风肃纪反腐高压态势，开展党内谈心谈话113次。开展“作风建设年”活动，全面完成“亮诺亮绩亮牌”承诺事项目标任务，开展各类警示教育学习33次，筑牢党员干部思想防线。

【经济发展】　2023年，新铺镇招引为要激活力，成功签约4个项目，完成新铺占比投资额4.19亿元。开展“深蹲点、促四上”活动，新增3家企业上规入库；成立蕉岭县新铺镇新盛强村管理有限责任公司，已与3家企业签订战略合作协议。项目为王重建设。着力抓好项目建设、储备、争取、协调工作，全年共有7个固投项目，完成固投6.3431亿元，超额完成县级下发任务；聚焦绿色建材产业延链扩链，保障总投资8亿元的皇马技改项目顺利建设；加快建设总投资1.64亿元的光伏项目，完成7.3兆瓦并网发电，以绿色光伏助推经济高质量发展。产业为基强动能。聚焦融湾入海，邀请湖南农业大学邹学校院士团队推进千亩辣椒基地建设，争取省台盟支持，推动县人民政府、湖南农业大学、新农人公司、葛林美公司签订共建“蕉岭国家级辣椒产业示范区”合作协议；申报726亩粤港澳大湾区“菜篮子”基地，公示合格。实现所有行政村集体经济收入稳定达到10万元以上，16个村达到15万元以上，3个村达到20万元以上。

【镇村面貌】 2023年，新铺镇人居环境提速赋能，率先推进圩镇14栋裸露农房美化工作；完成镇区生活污水管网建设项目和圩镇“三线”整治改造和提升项目；完成主街道新东路提质改造，在圩镇新建2个停车场，稳步推动圩镇智慧化停车场和10个充电车位建设。美丽圩镇提档升级。完成美丽圩镇“七个一”建设，积极引导企业参与“千企帮千镇，万企兴万村”行动；落实结对企业2家，落实结对帮扶项目2个。绿美生态提质增效。深入推进“三清三拆三整治”工作，全年共拆除破旧泥砖房等共20271平方米，清拆237处（户）。推进绿美生态建设，广泛动员社会力量，策划《充“植”古镇，点“绿”新铺》植树造林活动，共募集社会各界绿美建设资金153万元。2023年，共种植3593株树，完成“四旁”“五边”绿化18.6亩，道路绿化11.37千米。

【改革创新】 2023年，新铺镇深化农村“三块地”集成改革，增耕地促流转。连片集约流转耕地6310亩，引进“新农人”等省级农业龙头企业及市县企业8家，其中同福村耕地已集约耕地906亩，集约率占比87%，同福模式得到推广。开展耕地集聚保护区二期工程建设，推进“EPC+O”模式全覆盖。腾空间促产业。规划60亩同福“产业新村”；启动东陂村集体经营性建设用地入市程序，全力攻坚土地要素。发掘试点经验。打造“百千万工程”全域土地综合整治典型样板，新铺镇打造典型样板信息专报获省、市领导批示。首创“双田长”巡田机制，助推蕉岭县被省自然资源厅作为典型案例推广。

【民生福祉】 2023年，新铺镇基础设施尽善尽美。以“双百”为抓手，在一体化政务服务平台受理办结1418件业务，使用“粤智助”机器为群众自助办理24756件业务，确保件件按时办结，做到办结率100%。推进农村集中供水、污水治理、生活垃圾处理全覆盖，通过水环境污染综合整治，石窟河新铺国考断面水质稳定达标，村庄保洁率、村内道路硬化率、无害化卫生户厕普及率均达100%。民生保障向好向优。全年共完成标记风险消除8户22人，无新纳入的防返贫监测人员。做好社会救助，城乡低保、农村五保全面提标；发挥“双百社工”兜底民生服务作用，共开展22场社区活动。2023年，尖坑村成功创建广东省乡村治理示范村、入选梅州市第二批党建引领基层治理优秀案例，狮山村入选省法治示范村（社区）创建名单。安全保障有力有效。抓好执法动态巡查，对违法违规问题做到早防范、早制止、早处置。全年未发生安全生产事故、无林火热点，三防工作形势平稳向好。（丘佳琦）

2023年新铺镇党委、政府负责人名录

党委书记：王裕胜（任至3月）
　　　　　罗伟春（3月任职）
党委副书记：罗伟春（任至3月）
　　　　　　涂伟文（3月任职）
　　　　　　李　浩（任至3月）
　　　　　　彭　琳（女）
　　　　　　李　俊（6月任职）
　　　　　　丘旭宁（挂任）
镇人大主席：涂伟文（任至3月）
　　　　　　李　浩（4月任职）
镇人大副主席：陈德民
党委委员：黄荣胜　李　钇（10月任职）
　　　　　宋雪丹（女）
　　　　　李　俊（任至6月）
　　　　　陈　科（任至11月）
　　　　　钟　耀　吴　凯（11月任职）
镇　长：罗伟春（任至3月）
　　　　涂伟文（4月任职）
副镇长：黄荣胜　李　钇（10月任职）
　　　　谢胜安　汤　兴
　　　　林　婷（女）　林若文
　　　　林剑湧

长潭镇

【概况】 长潭镇位于蕉岭县石窟河以西，东与蕉城镇隔河相望，西与平远县接壤，南与三圳镇相邻，北与广福镇相邻。全镇总面积91.59平方千米，山明水秀、人文璀璨，下辖11个行政村和1个社区，共177个村（居）民小组，总户数6083户，总人口2.12万人，常住人口3.81万人。2023年，农林牧业总产值28557万元，同比增长5.7%。辖区内有长潭码头、丘成桐国际会议中心、天象馆、若夫公园、白马农业主题公园等蕉岭文旅新地标。先后获“广东省休闲农业与乡村旅游示范镇”“广东省森林小镇”“广东省卫生镇”等荣誉称号。

【党建工作】 2023年，长潭镇牢牢把握主题教育总要求，推动党的创新理论入脑入心、落地生根，镇委党校和村级分教点共开展集中培训83场次。组织村（社区）参加“红色引擎”赋能村集体经济发展擂台赛，以高质量党建助力乡村振兴，长潭镇新泉村谋划的游泳池项目在擂台赛中获得全县第二名。建成堑垣村党群文体广场、麻坑村党群文体广场，推进新建白马村党群服务中心，在各村（社区）主干道建设党建宣传标语标牌，安装“数字乡村”天翼大喇叭智能广播系统58个，打通乡村宣传“最后一公里”，点面结合营造党建氛围。鼓励21名村（社区）干部参加学历提升计划，发展党员11名。

【经济发展】 2023年，长潭镇以头号工程的力度实施“百千万工程”，因地制宜，统筹资源，一体推进镇村建设签约并纳统招商项目1个。培育“四上”企业，实现新增入库“四上”企业2家。由各村（社区）集体出资注册成立长潭镇强村联农管理有限责任公司，通过经营物业管理、城乡风貌管控等获得收益，实现“强村联农”。

【乡村振兴】 2023年，长潭镇发展白马、新泉产业社区，以实施“百千万工程”为统领，按照“产业村长+驻镇帮镇扶村工作队+合作社+基地+农户”的模式，打破村级之间的行政界限，完善资金资源整合、利益联结等机制，借智借力省市场监管局、星海音乐学院等帮扶力量，重点打造“一圈一街一带”乡村产业社区发展新格局。引进梅州市壹嘉公司集约白马村河背小组200多亩连片土地打造成高品质玉米种植示范基地；引进蕉岭润泽生态农业科技有限公司对白马村主题公园进行运营管理，探索打造研学基地；百美村引进“脆蜜金桔”，打造金桔标准化种植示范基地；新泉村成立新盛合作社，种植食用菌、黑木耳等农作物，打造示范基地。

【生态建设】 2023年，长潭镇对村庄建设进行空间规划，完成11个行政村的村庄规划编制工作；以美丽圩镇建设为抓手，完成总长度约1400米的建筑外立面改造、“三线”治理和绿化改造，开展“三清三拆三整治”，拆除乱搭乱建、危旧弃房、残垣断壁约9000平方米，开展“三线”整治约4000米。完成森林质量精准提升工程5603亩、森林抚育4595.2亩，在绿美广东生态建设示范点——若夫公园、浒竹水库环湖栈道实施提质升级项目，种植大红花、银合欢、本地青竹等2500多株树苗。完成长潭“及第街”绿化改造、白马村主入口节点绿化提升改造和桃源路质量公园绿化提升，在白马主题公园周边道路和入园广场处种植三角梅、五彩赤丹茶花等，提升主题公园整体环境，绘就高质量发展生态底色。

【民生福祉】 2023年，长潭镇落实最低生活保障、低保边缘、特困人员救助供养制度，兜牢民生保障底线。积极开展“蕉岭好人”“美丽庭院”等评选活动，2023年共评选“蕉岭好人”2人、“文明家庭”1户、“美丽庭院”2户。成立镇社会工作站和4个社会工作服务点，实现服务站点、困难群体和特殊群体社会工作服务100%覆盖。开展困难学子助学工作，关爱青少年的成长成才，精准帮扶每一个需要的困难学子圆梦大学，经过走访核实，统一公示，6名学子成功申请助学资金。完成7千米西线公路惠民亮化工程、3.51公里村道亮化及标识牌提升项目、1.6千米新泉村榕长路沿 线提升改造、榄核星海大桥、堑垣村党群文体广场、麻坑村党群文体广场等项目建设。（钟 薇）

2023年长潭镇党委政府负责人名录

党委书记：王 辉

党委副书记：邝财华 刘超越（挂任）

古德新 丘怡山

镇人大主席：涂玮球

镇人大副主席：吴春香（女，任至11月）

徐小珠（11月任职）

党委委员：林 鹏 钟 丹（女） 徐召庆

蔡凤秀（女） 饶珂茜（女）

镇 长：邝财华

副镇长：林 鹏 钟文国 何伟强

三圳镇

【概况】 三圳镇地处蕉岭县中南部，距县城10公里，镇域地形以平原、丘陵为主，且地处石窟河谷地中部及天然富硒带,土壤肥沃、水源充足，农业发展基础好，素有“鱼米之乡”美誉。三圳镇具有得天独厚的红色基因，是蕉岭县第一个党支部（中共九岭支部）的诞生地和三山蓝坊肚战斗的发生地，为纪念抗日殉国名将谢晋元将军而命名的晋元中学和晋元大桥均坐落于此。三圳镇全镇面积（含蕉华）95.47平方千米，总人口7943户，25246人，下辖九岭、芳心、招福、福北、顺岭、河西、东岭、台塘、铁西9个村和三圳镇社区、莲塘、北坑、老场4个社区。

【党建工作】 2023年，三圳镇全面增强基层党组织政治功能和组织功能，持续推动党建、人才、意识形态等工作落实落细，努力形成基层党建工作与“百千万工程”融合共促、协同推进的生动局面。凝心铸魂学思想，将学习贯彻习近平新时代中国特色社会主义思想主题教育作为提升党员干部思想政治素质的重要抓手，发挥意识形态工作作用，增强拥护“两个确立”、做到“两个维护”的自觉性。2023年，三圳镇通过党委理论学习中心组、党委扩大会等组织集体学习、集中研讨40余场次，开展主题宣讲50余场次。

头雁领航聚共识。全面实施村（社区）党组织书记“精准画像”，以党建赋能“书记领航项目”和“三积分制”评议工作为主要抓手，着力解决制约产业发展、基层治理、环境整治等方面问题，扩大示范型效应，激发潜力型活力，引导守摊型转变，推动弱化型整改。2023年，三圳镇完成22个“书记领航项目”。党建引领强阵地。按照规范化、标准化建设要求，完成莲塘、顺岭、三圳社区等党群服务中心提升改造项目并投入使用，着力将党群服务中心打造成联系群众、服务群众、凝聚群众的“红色阵地”。依托三圳镇委党校党员教育主阵地作用，用好各村（社区）分教点，深入开展“百万党员进党校”活动，充分发挥九岭党员党性教育基地和东岭革命传统教育基地作用，开好现场教学、特色党课、研讨教学等三个课堂，切实提高党员教育质效。2023年，三圳镇顺岭村分教点成功被评为梅州市星级分教点。

【经济发展】 2023年，三圳镇全力以赴抓实产业发展第一要务、干好招商引资第一要事、提升“四上”企业培育第一支撑力，推进镇域经济实现高质量发展，为“百千万工程”蓄势赋能。抓实特色产业发展。大力发展林下经济、农旅经济、冬种经济，推动食用菌、香水柠檬、烟叶等新型高效作物和芥菜、番茄、苦瓜等预制菜原料稳产扩面，引导富民强村公司联合镇属企业、引进嘉优农业，共同建设现代化咸菜加工厂，合力打造“三圳嘉”咸菜品牌，实现全链条年产值增加约250%；引导镇属企业与客都文旅合作搭建“智游三圳”平台、与太乙崇光合作搭建客家菜预制菜展销直播平台，着力展销三圳镇特色资源产品。抓好招商引资工作。坚持瞄准“三圳所有、三圳所强、三圳所需”，通过“高位推动、全员行动、部门联动”三动发力做好招商引资全过程工作。2023年，三圳镇共对接商会、企业、协会等61家次，实现客家农夫生态园、嘉汉陈电子元器件生产项目2个项目当年签约、动工、投产。抓细“四上”企业培育。建立健全领导班子成员一对一挂钩联系服务企业机制，在加强对年初原有17家“四上”企业指导服务的基础上，持续做好“四上”企业培育工作。2023年，三圳镇客家农夫、开心农场、健态实业、飞翔云、围屋宴、九盛建材6家企业成功入库纳统，超额完成上级下达的“四上”企业培育任务。

【环境面貌】 2023年，蕉岭县三圳镇紧抓被列为市“百千万工程”破题攻坚行动示范镇的重大契机，全面强化乡镇联城带村节点功能，不断释放工业园区活力、激活乡村资源优势，促进城乡融合发展。促进集体经济扩源增收。探索“党组织带头作为主体参与产业发展”模式，选聘2名“产业村长”，带动打造东岭—顺岭—招福食用菌产业带、九岭—芳心—招福农旅融合产业带；鼓励引导各村、社区打破地域界限，合作成立富民强村公司，在参与镇域主导产业发展、全域土地综合整治、农村公共设施管护中共同壮大各村（社区）集体经济。2023年，三圳镇8个村集体经济收入达到15万元以上。助力园区发展提质增效。全面服务蕉岭蕉华高质量融合发展，助力园区基础设施和人居环境优化提升。2023年，三圳镇实施莲塘社区、北坑社区路灯建设，田家炳学校周边道路改造提升，莲塘石三道路提升改造等蕉华片区公共基础设施提升项目5个，完成莲塘、北坑、老场社区“两委”班子设立选举工作。推动全域建设添彩增绿。聚焦“全域净、全域美、全域绿”建设目标，全力做好全域土地综合整治工作，抓紧抓实省典型村建设、“三清三拆”攻坚、美丽圩镇“七个一”建设等任务，推动拆除危旧弃房、残垣断壁等8000多平方米，旱厕46座，全面完成年初县级下达存量清拆任务。加快推进绿美生态建设工作，争取省台盟、热心乡贤、爱心企业等社会各界支持，推进招福村危房清拆地建设绿美小公园项目，完成培鸿乡墅至河堤段、蕉华田家炳中学至205国道段等重点线路改造提升工程，着力畅通“断头路”、拓宽“瓶颈路”、打造“绿美路”；同时，大力发展“庭院绿美经济”，累计发动群众利用房前屋后闲散空地种植香水柠檬3000余株。

三圳镇九岭村夜景（三圳镇提供）

【社会稳定】 2023年，三圳镇以网格为基础，以法治为保障，以服务为载体，着力提升基层治理效能。网格共治聚合力。在大力推广“六事”治理模式、积分制的基础上，创新探索以组建基层治理顾问团、打造红色网格议事站、开展大走访行动为主要内容的“三同治理”新模式。2023年以来，三圳镇及时受理解决群众诉求和网格事项1110余件，推动5个农业基地共600余亩集约土地减租30%~40%，镇和九岭村、芳心村分别获评“全省乡村治理示范镇”“全省乡村治理示范村”。法治护航激活力。发挥“三级”人民调解网络制度和一村（社区）一法律顾问制度作用，开展人民调解工作。2023年以来，共调处各类民事纠纷97宗，调处率100%，解答各类法律咨询120多人次，在蕉岭县2023年国家机关“谁执法谁普法”履职报告评议中获得“优秀”等次。信访保障添动力。践行新时代“枫桥经验”“浦江经验”,全力推进“1+6+N”基层社会治理体系建设，创新探索“围龙屋四步工作法”，争取把矛盾纠纷化解基层萌芽状态。2023年以来，接到信访案件44件，按时处结答复率100%，创建无信访村（社区）8个，占全镇村（社区）总数的61.54%。

【民生福祉】 2023年，三圳镇牢固树立以人民为中心的发展思想，着力实施民生服务大提升行动，为深入实施“百千万工程”提供坚实保障。织密兜底保障网。做好低保、特困供养、低保边缘家庭、残疾人等新申请人员受理、经济状况核对、入户、初审、上报工作。2023年，三圳镇累计发放低保金149.5万元，特困供养金112.1万元，残疾人“两项补贴”131万元。筑牢安全防火墙。推动粮食种植、生产、储备、流通能力持续提升，连年实现粮食播种面积和粮食产量“双稳增”。推进市挂牌督办火灾高风险区域整治工作，建设完善室外消火栓等一批消防设施，整改“三小”场所165家，整治违规住人78处。定期组织对燃气安全、建筑施工、食品安全、文化旅游、交通安全等重点领域开展大排查大整治行动，2023年，三圳镇共出动检查组130余次，检查企业、场所470余家次，排查整治安全隐患50余处。打好民生服务牌。围绕群众反映强烈、长期困扰的道路坑洼破损、自来水供水等问题，争取并配合县级部门实施晋元大道道路提升改造项目、石窟河沿岸灌（排）渠系改造工程、农村供水巩固提升工程（三期）等，切实解决群众急难愁盼问题，全力改善群众生产生活条件。第二批学习贯彻习近平新时代中国特色社会主义思想主题教育期间，累计开展“立足岗位做贡献”66场次，志愿活动75场，办理民生实事58件。

（古鸿雁）

2023年三圳镇党委、政府负责人名录

党 委 书记：徐晓威（3月任职）
党委副书记：徐晓威（任至3月）
　　曾飞锋（挂任）
　　张伟凇　王中强（任至12月）
镇人大主席：凌　凯
镇人大副主席：张新卫
党 委 委员：陈俊亮（10月挂任）　陈志雄
　　罗灵敏　黄欢欢（女）
　　黄施丽（女）
　　林　健（11月任职）
镇　长：徐晓威（任至3月）
副镇长：陈俊亮（10月挂职）
　　陈志雄（11月任职）
　　黄新运　谢源学

文福镇

【概况】 文福镇位于蕉岭县城以北12千米，是近代抗日志士、爱国诗人、教育家——丘逢甲先生的故乡。同时，也是著名的“菲尔兹奖”“马塞尔·格罗斯曼奖”获得者及当代数学大师——丘成桐院士的家乡。天汕高速公路、205国道贯穿全镇，自然资源丰富（石灰石、锰、铅、锌、铁、稀土等丰富的矿产资源)。辖乌土、红星、鹤湖、白湖、长隆、坑头、暗石、逢甲 8 个村委会（142 个村民小组）和 1 个居委会。全镇总人口 21312 人，比上年增长 0.556%，总面积 122 平方千米。全镇耕地面积 667 公顷，森林总面积 6321.17 公顷，其中生态公益林面积 3878.37 公顷，森林覆盖率达 72.06%。

【经济发展】 2023 年，文福镇围绕年度目标任务，推动各项指标平稳发展，全镇工业预计全年总产值 35.43 亿元，农林牧渔业预计总产值实现 2.5 亿元。项目建设如火如荼。深入开展“千名干部挂千企”活动，强化企业服务保障，加快推动重点项目建成投产。2023 年，辖区内固定资产投资项目共 11 个，年度投资总额 3.67 亿元，实际投资额 3.23 亿元，完成投资比例 88%。彭飞全国首个矿山剥离废土资源化利用项目、润兴屠宰场迁建项目正式投产；塔牌固废、恒塔机制砂等项目有序推进。招商引资精准发力。坚持把招商引资作为中心工作，实行班子成员联系企业制度，对企业动态进行重点跟踪服务，及时解决好企业生产经营中的困难，力促签约项目早落地、落地项目早开工、开工项目早投产。镇党政主要负责人带头外出招商 6 批次、对接企业 31 家，在蕉对接企业 61 家次，签约 5 个，协议投资额达 2.521 亿元、完成实际投资额 7610 万元，全面完成年初既定的承诺事项。企业培育抓稳抓实。锁定潜在培育对象 16 家，对条件较成熟并具有一定规模的 5 家企业纳入“四上”企业培育库重点培育、重点扶持，其中蕉岭县嘉源通建筑材料有限责任公司、蕉岭县伍福运输有限公司、蕉岭县有运货物运输有限公司 3 家企业已上规入库。

【镇村面貌】 2023 年，文福镇特色农业实中有新。聘请 4 位“产业村长”和引进中山绿澳公司种植蔬菜带动发展壮大乡村产业，以“龙头公司+合作社+村集体+农户”的发展模式，培育提升辣椒、红宝石青柚、树葡萄等本地品牌，致力打造优质“菜篮子”“果盘子”基地，全镇柚果种植面积 5700 多亩，辣椒、烟叶、树葡萄、脐橙等种植 1500 多亩；举办 2023 文福镇圩日活动暨中秋团圆欢乐节，以圩为媒，搭建交流平台，助推乡村产业发展、农业品牌建设、农民增收增效。乡村面貌焕然一新。推进实施美丽圩镇品质提升工程，初步完成美丽圩镇“七个一”建设，完成白湖村羊岃至君坑河一河两岸环境提升项目（一期）、乌土河红星水和文槐水生态清洁小流域综合治理工程，治理河道总长 20 多公里；持续推进省际廊道美丽乡村示范带建设，对国道和高速公路沿线的农房进行农房风貌提升等工程项目，2022 年以来累计已完成农房风貌提升约 2.7 万平方米，线路改造近 2000 米。绿美建设提颜增质。全面加强城乡绿化美化和重点区域生态保护修复，党员干部、广大群众和热心公益的企业共同参与形成强大合力，高标准开展林木抚育和森林生态景观建设，文福寺后山 130 多亩复绿提升工程稳步推进；对山林、房前屋后、道路、河道两边绿化扩量提质，集资捐种白湖村登山公园、栗树园和长隆村仓海诗廊；推进坑头石场创建绿色矿山工作，已完成验收，矿山生态环境显著改善。粮食安全全面夯实。统筹利用撂荒地复耕复种促进农业生产发展，对各村撂荒地进行“拉网式”摸排登记，鼓励农户自主复耕复种，动员协调种粮大户、农业企业和专业合作社流转撂荒耕地，完成复耕复种面积 505.82 亩；用冬闲期，有序推进文福镇高标准农田建设改造提升项目，将巴掌地、干旱地、撂荒地改造成为宜机宜耕、能排能灌、高产稳产、旱涝保收的高标准农田，改造提升国道沿线 6 个村的高标准农田共 7035 亩。

【乡村振兴】 2023 年，文福镇巩固脱贫攻坚成果，扎实开展防返贫动态监测和帮扶工作，对建档立卡脱贫户以及边缘易致贫人群实施全面动态监测跟踪，全镇现有脱贫户281户477人，其中有劳动力脱贫户78户233人(2022年有劳动力脱贫户年人均收入达9600元以上)、无劳动力203户244人；三类纳入监测对象中有3户9人纳入易返贫致贫户，逐一制订帮扶规划并开展帮扶。全力抓好社会保障，规范救助保障管理工作，做到精准救助、应保尽保，新增低保27人，新增特困16人，新增低收入13人。全面落实就业政策，新增城镇就业168人，就业困难人员实现再就业82人，培训城乡劳动力152人，实现农村劳动力转移累计就业123人次，技能培训127人次，妥善解决拖欠农民工工资4起，就业服务能力不断提升。全力优化公共服务。全面推进“行政审批事项100%网上受理、100%网上办结”，提高“一网通办”平台使用效率，实现政务服务中心“一门式综合服务窗口”服务模式，做到线上线下无差别受理、同标准办理，网上可办事项313项，网办率达100%。全力提升乡风文明，加强文物保护利用，完成抗日救亡团体东区服务队旧址和刘安故居红色革命遗址保护利用项目、路亭古塔修缮工程项目。着力优化文体设施配置，推动镇综合文化站、各村农家书屋等场所提质增效，满足人民日益增长的精神文化需求。

【民生福祉】 2023年，文福镇持续壮大村集体经济，举办镇级“红色引擎”赋能村集体经济发展擂台赛，各村探索发展壮大村集体经济新路子，通过扶持蔬菜和辣椒种植、资源盘活收益、筹资入股企业等方式发展壮大村集体经济，确保5个村集体经济收入达15万元以上。现有红星、白湖、坑头、乌土4个行政村村集体经济收入达15万元。全面推广“六事”模式，推进党建赋能工程，开展“书记领航项目”攻坚行动。制定《蕉岭县文福镇乡村治理积分制实施方案》，乌土示范点实行，其余各村全面铺开；制定《文福镇农村党组织、党组织书记和党员“三积分制”评议方案（试行)》，按照“月度登记、季度通报、年度定级”的方式进行综合考评，充分激发党员队伍活力；规范化运行“四议两公开”制度，抓好基层组织建设和农村财务管理。包案化解信访难题。严格执行党政领导接访制度，积极处理群众关注的热点难点问题，及时妥善化解信访突出矛盾。2023年，处理信访事件22宗，已办结17宗，在办事项5宗，处理“12345”政府服务热线转交办件100件，已办结97件，在办3件。统筹抓好发展和安全。慎终如始抓好防灾减灾、安全生产、社会稳定等各项工作。强化食品安全监管，将食品安全日常检查和专项检查相结合，开展校园食品安全检查、肉制品安全检查等专项行动，2023年，对辖区内食品生产企业、小作坊、餐饮食品销售单位开展检查220家次；开展重点领域安全隐患排查整治，引导企业开展安全生产标准化建设，组织镇村安全巡查员、企业负责人和安全管理员召开安全生产工作会议3次，开展应急知识教育培训和演练活动1次，出动检查3000余人次，排查单位、场所1300余家次，排查整改隐患600余个，全镇安全生产形势持续稳定向好。

【党建工作】 2023年，文福镇把学懂弄通做实习近平新时代中国特色社会主义思想和党的二十大精神作为首要政治任务，结合学习贯彻习近平新时代中国特色社会主义思想主题教育，严格落实“第一议题”、“三会一课”、主题党日等制度，共组织开展集中学习9次、专题研讨3次，党委班子成员深入支部联系点讲党课36场次；大力实施“头雁”工程，各村结合自身实际，从带富能力强的村民、复员退伍军人、返乡大学生等党员中挖掘人才建立党组织书记后备干部队伍共28人。严格党员教育管理。按照发展党员工作程序，严把党员发展入口关，加大入党积极分子培养力度，发展党员 7 名。主题教育期间，组织党员开展志愿服务 18 场次，为群众办实事好事 29 件；结合主题党日、志愿活动组织党员开展“立足岗位作贡献活动”共 11 场次；组织党员开展建言献策活动，让党员深入群众听民意、访民情、提建议，共收集建议 11 条，制定措施 13 条。不断丰富镇委党校党员教育培训载体，增加培训形式，2023 年成功申报梅州市委党校现场教学点、蕉岭县委党校现场教学点。推进全面从严治党。同抓作风建设相结合，持续重点做好春节、“五一”、端午、中秋国庆等节假日干部值班纪律监督，违反中央八项规定精神以及“四风”问题的监督检查，镇纪委联合镇作风建设办公室对镇属各部门、各村（社区）党群服务中心的政务服务效能情况抽查和监督共 11 次。加强专项监督检查，围绕安全生产领域、农村“三资”领域、耕地保护领域以及教育、校园食品安全领域开展专项监督，督促相关职能部门认真履职，强化责任落实。

（温接繁）

2023 年文福镇党委、政府负责人名录

党委书记：陈子建

党委副书记：陈剑峰　黄小倩（女）

　　　　　　涂焱峰　杨海容（挂任）

镇人大主席：汤伟强

镇人大副主席：周满桂（女）

党委委员：刘秀云（女）　李玉梅（女）

　　　　　徐洁茹（女）　张伟增　郑富生

镇　长：陈剑峰

副镇长：刘秀云（女）　徐佛新　黄永军

　　　　徐燊枫　龙清云

广福镇

【概况】　广福镇位于蕉岭县北部，地处闽粤两省交界，距县城 24 公里，毗邻福建省武平县岩前镇、下坝乡、中赤乡，是广东省首批中心镇之一，区位交通便利，205 国道和长深高速公路贯穿全境。全镇总面积 118.7 平方千米，其中耕地面积 760.614 公顷，林业用地面积 6944.1295 公顷，森林覆盖率 79.55%。辖有 10 个村委会和 1 个社区居委会，户籍总人口 14942 人。

【党建工作】　2023 年，广福镇聚焦主题深学笃行，坚持将开展学习贯彻习近平新时代中国特色社会主义思想主题教育作为首要政治任务，紧扣“学思想、强党性、重实践、建新功”总要求，明确“十个一”工作要求，制定落实“两计划两清单”。强基固本筑牢堡垒。借助驻镇帮镇扶村工作队资源优势，以“一支部一主题”为抓手实施党建共建项目，创新实施“5+X”共建模式，全面提升党组织规范化建设水平。依托镇委党校主阵地，创新实施“1+1+N”模式，广育村乡村振兴现场教学点被认定为第一批市委党校教学研究基地。标本兼治涵养正气。始终以过硬的工作举措抓实县委第一巡察组巡察反馈问题整改和省纪委专项督查反馈问题整改，推动全面从严治党向纵深发展。持续加大对群众身边的不正之风和重点领域、关键环节违法违纪案件的查处力度，推动党风政风持续向好。

【经济发展】　2023 年，广福镇坚持把招商引资作为突破口，为镇域经济发展引进新活力。落实招商引资“一把手”工程，构建“双招双引”协同推进的工作机制，主动走出去、积极引进来，对接珠三角等地目标链条企业，全面展示蕉岭发展潜力和广福镇发展优势。2023年，党政领导带队外出招商走访企业40家，在蕉对接企业28家，广东福坤环保建材有限公司、龙岩市环泰电子有限公司、深圳阳明快捷电路科技有限公司等3家企业成功签约，总投资约7.3亿元。狠抓“四上”企业培育，2023年实现3家企业上规入库。

【乡村振兴】 2023年，广福镇坚决把“百千万工程”作为全镇各项工作的总抓手，调动全镇力量和资源确保落地见效。城乡面貌展现新颜。推进农村人居环境整治工作，因地制宜建设“四小园”，全面提升农村人居环境质量。2023年，实现“三清理”存量任务清零，完成“三拆除”共103处面积11258.96平方米。推进美丽圩镇“七个一”建设，持续开展人居环境综合整治，对主街道、背街小巷进行升级打造，完成圩镇主街道“平改坡”和大坝村赤岭桥周边人居环境整治，提升镇区外立面27栋，广福镇文体广场及周边提升改造项目和美丽圩镇客厅项目完工启用。基础设施提档升级。有序推进第二期农村供水“三同五化”改造升级，冷水坑水库管网维护提升和广福镇供水保障工程；推进道路网络建设，实现圩镇主次干道沥青路面全覆盖，11个行政村100%实现主干道路面硬底化；完善农村生活垃圾收运体系，垃圾处理率和村庄保洁覆盖面达100%。村级经济健步前行。落实耕地保护和粮食安全党政同责，充分发挥产业村长产业、资金、市场和信息优势，助推食用菌、鹰嘴桃、百香果、金桔、雷笋等“一村一品”产业提质增效。培育县级产业村长2名、产业家庭农场12户，广育、石峰、豪岭、叶田、乐干、洪才6个村集体经济收入达到15万元以上，其中广育、石峰2个村突破50万元。

【社会事业】 2023年，广福镇社会保障日益完善。做细民政残联工作，依托镇村45个网格，聚焦“一老一小”等特殊群体，落实帮扶救助政策，兜牢基本生活保障底线。医疗服务扎实推进，邀请暨大二院、广州一院等专家团队到镇开展各类义诊及健康指导活动20场次，为辖区1165名65岁以上老年人进行免费体检，完成105名适龄妇女“两癌”筛查。养老服务稳步提升，为全镇高龄、失能、残疾老年人进行居家适老化改造工程，持续健全镇村养老服务网络，依托广育村居家养老服务站为辖区老人实行普惠型、公益性养老，入网服务的对象达到142人。文体生活愈加丰富。依托新时代文明实践站，深化拓展“我们的节日”主题活动，持续开展“感受非遗船灯之美，传承客家传统文化”“传承非遗文化，弘扬龙狮精神”等社会主义核心价值观活动。成功举办2023年全市首站圩日活动，组织开展送戏下乡、广场舞等群众性文化活动40余场。

【平安建设】 2023年，广福镇全年开展安全生产大检查和重大隐患专项整治行动274次，排查重大安全隐患5处，发放限期整改责令书68份，发现和处理安全隐患210处，均已整改完毕。坚持和发展新时代“枫桥经验”，全力推进“1+6+N”基层社会治理工作体系建设，创新实践“党建+全科网格+积分制”管理体制机制，引导“五老”、乡贤理事会、社会团体等积极融入乡村多元善治平台，激发乡村治理新活力。客家围屋定分止争工作法获评全国新时代“枫桥经验”先进典型、第三届广东基层党建创新案例，广育村获评全国民主法治示范村、第三批全国乡村治理示范村。开展矛盾纠纷排查化解，全年综治中心矛盾纠纷调处成功率达100%。开展“八五”普法，强化常态化扫黑除恶法治宣传，扎实推进反邪教、禁毒等工作，严厉打击电信诈骗等违法行为。完善和践行村规民约、居民公约，乡村治理体系和治理能力更加现代化。

（杨　波）

2023年广福镇党委、政府负责人名录

党委书记：陈国政

党委副书记：钟驰鹏　吴国君

　　　　　　裴敬中（挂任）　赖耿斌

镇人大主席：黄锦坤

镇人大副主席：周悦玲

党委委员：罗　丹　杨龙波（10月任职）

　　　　　黄胜均　徐　霞

　　　　　王征霖（任至12月）　黄清萍

镇　长：钟驰鹏

副镇长：罗　丹　杨龙波（挂任，10任职）

　　　　钟　毅　黄欢平

镇综合行政执法办公室主任：曾泓杰

蓝坊镇

【概况】　蓝坊镇位于蕉岭县东部，距县城6公里，全镇占地总面积134.6平方千米，其中耕地面积776公顷，山地面积10319公顷；辖11个村委会和1个居委会，总人口约1.8万人。蓝坊镇因嘉应州第一个进士蓝奎而得名。辖区内有蕉岭新老八景“龙潭飞瀑”“文峰插汉”，长寿生态景点“峰桥溪韵”“青檀古树园”“长寿公园”“红色文化园”等，清道光皇帝御笔、彰显客家妇女高洁坚贞的古建筑“贞节牌坊”，高思“十二联楼”，抗日民族英雄罗福星故居，中国传统古村落大地村等名胜古迹，生态资源丰富，人文底蕴深厚，素有“世界长寿乡中乡”“人间仙境”之美称，是一个融自然风光、人文景观为一体的生态休闲宜居养生小镇。

【党建工作】　2023年，蓝坊镇严格执行省委坚决落实“两个维护”十项制度机制，落实“三会一课”“第一议题”制度、农村基层组织工作条例等。开展主题教育，紧紧围绕主题教育总要求，推动主题教育高标准开局、高效率推进，累计发放学习资料1200多本。发挥镇委党校主阵地作用，开展党员干部教育培训工作，全年开展各类培训24场，以12个村（社区）党校分教点辐射带动全镇790多名党员开展理论学习，打通基层党员教育培训“最后一公里”。镇委党校成功获评2023年第三批市级镇街党校示范点。强化党建引领，实施精准“画像”，全面立体评析17个党支部书记能力素质，常态化推进“补短板、扬特长、促提升”，持续优化村“两委”班子队伍管理，推动党支部建设提档升级。推进党建赋能工程，推行“党组织+”发展模式，完善党建引领产业发展体系，完成蓝坊镇2023年“红色引擎”赋能村集体经济发展擂台赛活动，推动26个“书记领航项目”落地见效。程官村荣获蕉岭县2023年“红色引擎”赋能村集体经济发展擂台赛一等奖。强化作风建设，配合省委巡视工作，充分发挥巡察监督作用，开展纪检监察干部队伍教育整顿，保持正风肃纪反腐高压态势，纪检监察部门立案3件。推进作风建设各项工作，对标对表重点任务清单，各重点部门高频政务服务事项累计办件量3201件，解决群众反映投诉问题线索2条，建成“零投诉”机关。

【产业发展】　2023年，蓝坊镇坚持建强“实力蓝坊”，经济能级攀升新高度。白及品牌更加响亮，引导广东芨萃生物技术有限公司与国药控股股份有限公司开展深度合作，提高白及种植基地规模化、标准化建设水平，搭建恒温育苗大棚6000平方米并培育幼苗300万株。蔬菜链条更加拉伸，持续推动“药食同源”蔬菜产业园项目，促成保利物业粤湾公司与梅州市鲜绿田园现代农业有限公司签订农产品供应生产合作协议，打造种植、深加工、销售一体化的农副食品产业链。开展土地平整、园地基础设施建设和蔬菜加工工厂立项建设等工作，种植有丝苗米、五指毛桃、艾草、指天椒等农产品。果品根基更加稳固，聚焦各村“果产业”，对接县直职能部门，争取各类项目，完善相关产业基础设施配套、电商平台搭建、果品品质提升等，推动程官柚、峰口果、蓝坊李等特色农产品“出圈出彩”。税源经济更加壮大，强化招商引资“一把手工程”，坚持从“投入思维”转向“产出思维”，联情联谊打好“乡贤牌”“暖企牌”，引进“打粮食”项目，外出招商引进项目4个均完成落地，实施“一企一策”，加快增资扩产、技改升级、扩大销售步伐，推动企业早投入、早收益，成功完成“四上”企业破零提质任务，通过“外引内培”，全镇企业纳税额同比增幅达210.49%。

【民生福祉】 2023年，蓝坊镇开展城乡低保对象大排查，落实城乡低保每月排查工作，全镇低保、特困、事实无人抚养儿童等救助对象562人生活得到保障。共有建档立卡脱贫户338户663人，其中有劳力户117户360人，无劳力户221户303人。针对“三类监测对象”5户16人，采用镇党政领导和业务骨干双挂钩形式进行结对帮扶，定期通过电话和入户走访的形式了解监测户家庭情况，及时采取有效帮扶措施，2023年“三类监测对象”在镇村干部帮扶和农户自身努力下共有3户边缘户10人成功消除风险。建设镇级社会福利综合服务中心，推进峰口村长者之家、程官村老年服务中心建设，解决社会养老场所不足的问题，满足老年人的养老需求。健全医疗服务保障，推进“银龄安康行动”，为全镇4450名60周岁以上老年人投保意外伤害保险，并联合蓝坊镇卫生院、梅州爱尔眼科、广东药科大学等机构组织开展巡回义诊活动，累计开展医疗服务活动23场，惠及群众5000余人次。将平安建设各专项工作融入全科网格服务管理，形成《蓝坊镇驻村（社区）工作指引》，常态化推进平安建设。深入宣传普及，开展反电信网络诈骗、禁毒宣传、非法集资等宣传活动41场，村（社区）禁毒踏查12次，做到月踏查、季排查，实现全覆盖、无死角。推进无毒村（社区）创建工作，各村（社区）完善组织架构，成立禁毒队伍，6个村（社区）创建首批“无毒村居”。结合“六事”治理模式，推进“1+6+N”基层社会治理工作体系，创新推广“一网三联”治理模式，发挥网格员、“三代表”、“五老”群体作用，推动多方联动基层治理体系建设，协同化解矛盾纠纷108宗，化解不稳定因素7宗，矛盾纠纷化解成效显著。

【乡村建设】 2023年，蓝坊镇开展农房风貌管控，持续推动“三清三拆三整治”，累计拆除破旧危房、残垣断壁、违章建筑等73处9280.85平方米。整合资源、盘活利用，引导群众充分利用房前屋后闲置土地打造“四小园”等小生态板块，以点带面打造美丽乡村风貌示范带。以服务群众为导向，建设镇级社会福利综合服务中心和峰口村、程官村2个社会福利日间照料服务中心，在圩镇沿街合理增设停车位，加大警力对重点路段、重点区域的巡逻管控力度，推动公共服务提标扩面，打造更高品质宜居宜业和美乡村。聚焦省道334线“一条主线”，实施长寿乡中乡绿美生态廊道提升计划，抢抓“十月小阳春”植树绿化有利时机，推进长寿乡中乡精品游线沿线节点景观提档升级；发动乡贤、企业、团体和群众“自筹自建”，深入开展“五边”绿化和“四旁”植绿，构筑“推窗见绿、出门入园、四季见花”的绿美生态家园，共种植黄杨、桂花树等树种2300余棵，绿化面积约35亩。全面落实古树名木挂牌和日常管护，实现镇域69株古树挂牌率、保护率、管护责任书签订率三个100%，高质量打造青檀古树园绿美广东生态建设示范点。落实林长巡林制度，加大对破坏生态环境行为的执法力度，打击毁林开垦、非法侵占林地、乱砍滥伐林木等违法犯罪行为，立案1宗1人。开展水塘河道清淤行动，开展河道管护认养工作，累计清理河道 20.04 千米。完成部省级撂荒耕地复耕 276 亩、市级撂荒耕地复耕 386.18 亩，在建垦造水田项目 268 亩，耕地恢复 87.32 亩，牢牢守好耕地保护红线。通过广东省卫生镇复审，蝉联“广东省卫生镇”荣誉称号。（张百方）

2023 年蓝坊镇党委、政府负责人名录

党委书记：张　顺（7 月任职）
党委副书记：刘　宇　黄柏运
　　　　　　王征霖（11 月任职）
镇人大主席：何思燕（任至 9 月）
镇人大副主席：古文贤
党委委员：何海英　钟远飞　赖勇维
　　　　　谢富伟（10 月挂任）
　　　　　张　婷（11 月任职）　彭　清
镇　长：张　顺（任至 7 月）
　　　　刘　宇（8 月任职）
副镇长：何海英　曾劲锋　陈　熙
　　　　谢富伟（10 月挂任）
综合行政执法队队长：郭永源

南礤镇

【概况】　南礤镇位于蕉岭县东北部，是革命老区，北部与福建省的武平、上杭两县毗邻，东面与梅县的松源、隆文两镇相连，总面积 173.9 平方千米，其中耕地面积 1.2 万亩，山林面积 21.5 万亩，省道 223 线、县道 045 线南北贯通，镇府驻地距离县城 22 公里。全镇辖 16 个村民委员会，户籍总人口 22004 人。境内山清水秀，森林和水力资源丰富，森林覆盖率高达 89.1%，是蕉岭县木材、烤烟、茶叶、毛竹和冬笋的主要产区之一，素有“粤东竹乡”美誉。2023 年，南礤镇坚持以习近平新时代中国特色社会主义思想为指导，落实省委“1310”具体部署、市委市政府和县委县政府部署要求，把“百千万工程”作为推进镇域经济社会高质量发展的“头号工程”,抓招商、拼产业、强圩镇、促振兴，实现“百千万工程”良好开局、走在前列。

【党建工作】　2023 年，南礤镇聚焦主题教育，基层党建取得新成效。强化政治担当，执行省委坚决落实“两个维护”十项制度机制，落实意识形态工作责任制，守好意识形态、网络意识形态和网络安全主阵地；参与创建全国县级文明城市，全民创文工作氛围日益浓厚。开展主题教育，深刻把握省委“1310”具体部署、实施“百千万工程”的战略考量，落实“四下基层”工作原则,党政领导班子带头开展方针政策宣讲、调查研究、信访接待、现场办公，在以学思想、强党性、重实践、建新功上取得实效。强化党建引领，推进党建赋能工程，指导各村参加“红色引擎”赋能村集体经济发展擂台赛，两支“五村联动”代表队分获二等奖和优秀奖；突出典型示范，将甲华村打造为党建引领乡村治理试点村，以高质量党建助力乡村振兴，所有行政村集体经济收入稳定达到 10 万元以上，其中 9 个村达到 15 万元以上，石寨村达到 40 万元以上。强化作风建设。配合县委巡察工作，发挥政治巡察利剑作用，推进纪检监察干部队伍教育整顿，保持正风肃纪反腐高压态势，持续释放有案必查、知止知畏的强烈信号，以查办案件引领推进党风廉政建设，营造风清气正的政治环境。开展“作风建设年”活动，“双百”工作、“千名干部挂千企”、“一起益企”行动扎实推进，“零投诉”机关、“无信访”单位有效创建，“企业开办一网通办”保持网办率 100%。

【乡村建设】　2023 年，南礤镇聚焦亮点打造，乡村建设取得新成效。深化绿美建设，高标准完成林分优化提升 800 亩、森林抚育提升 2 万亩，打造青年林、巾帼林、桑梓林 3

片主题林，完成镇村“见缝插绿”种植乔木1200株，打造竹海公园为绿美广东生态建设示范点，同时还入选广东省林长绿美园;毛竹产业园获认广东省林业特色产业发展基地，广东健态实业有限公司获评广东省林业龙头企业。深化农房风貌提升，开展“赤膊房”美化整治，推进全域“三清三拆三整治”，镇村人居环境焕然一新，打造干净整洁村16个、美丽宜居村12个；实施精准产业扶持，做实产业帮扶增收，抓好稳岗就业帮扶，建设南磜镇扶贫监测对象政策扶持项目，在蓝源村、插峰村新建茶田50亩，采用“镇建设、村管护、脱贫户收益”的运营模式，镇级牵头建设帮扶产业，依托村级集体经营管理，引导脱贫户参与培育管护，通过劳作获得收益。

【民生福祉】 2023年，南磜镇聚焦城乡融合，民生改善取得新成效。夯基础。加强村道“单改双”扩路建设，蓝源村“单改双”工程全面竣工，左槐、岭背、甲华、石寨“单改双”有序推进。新开辟竹山运输道25公里，行政村快递覆盖率100%，S223线隘罗坪至步上段改建项目完成立项，确保产业发展交通要素保障到位。农村供水普及率稳定达到99%以上，全年空气质量优良率、地表水优于III类水体比例均达100%。补短板。开展“粤菜师傅”“南粤家政”“农村电商”培训3批次72人次，有效提升群众就业。联合南磜镇教育促进会召开2023年度南磜镇奖教奖学表彰大会，为24名优秀学生和贫困学子颁发助学金9600元。镇卫生院、村卫生站全覆盖标准化建设，镇村社会工作服务站点实现全覆盖。保安全。压紧压实安全生产责任，组织开展安全宣传教育培训和防灾救灾、消防应急演练，有效防御台风、洪涝等极端天气和自然灾害，全年未发生较大及以上安全生产事故、无林火热点。（林宣兆）

2023年南磜镇党委、政府负责人名录

党委书记：汤媚萍
党委副书记：林　丰　黄　钢　丘俊鹏
　　　　　　凌传好（挂任）
镇人大主席：李文杰
镇人大副主席：郭裕华
党委委员：赖文曦　蒋虹璐（女）　罗建锋
　　　　　古　祎　徐秋琳（女）
镇　长：林　丰
副镇长：郭苑平（女）　林金山　徐广浩
　　　　朱雪山
镇综合行政执法办公室主任：黄研（11月任职）

省、市驻蕉岭单位

广东粤电长潭发电有限责任公司

【概况】 2023年，广东粤电长潭发电有限责任公司按照集团和水电分公司工作部署，明确发展方向，聚焦新能源发展，落实重点改革工作，安全生产持续稳定。被确定为广东第二批提升职工生活品质服务职工综合体试点单位，2022年度综合考核被水电分公司评为“优秀”，获蕉岭县“平安建设工作先进单位”荣誉称号，综合党群部党支部获集团2022年度“先进党支部”荣誉称号，财务部获集团2022年度财务报告管理工作表扬单位荣誉称号；运营管理部机械班获集团2022年度“优秀班组”荣誉称号；参加水电分公司“舞·美”女工舞蹈比赛获三等奖，参加第一届“水电杯”足球赛获第四名，参加2023年蕉岭县职工庆“五一”羽毛球比赛获第三名。

【经营指标】 2023年，广东粤电长潭发电有限责任公司累计完成发电量1.28亿千瓦时；水库来水总量为14.2亿立方米，同比减少1.6亿立方米；发电水耗10.79立方米/千瓦时；公司实现连续安全生产运行3678天。

【党建工作】 2023年，广东粤电长潭发电有限责任公司贯彻落实党的二十大精神。全面落实党建进章程，理顺治理结构，党委“把方向、管大局、保落实”的领导作用充分发挥。高标准高质量推进主题教育，组织党委班子学习“第一议题”23次、党委理论学习中心组集中学习研讨10次，举办专题读书班7期，开展专题培训5次，加大党务人员业务培训力度，提高党建工作水平，把习近平新时代中国特色社会主义思想转化为坚定理想、锤炼党性和指导实践、推动工作的强大力量，推动学习宣传贯彻党的二十大精神工作走深走实。

深入开展调查研究成果转化 完成调研成果转化运用清单10项、建章立制6项、整改完成查摆问题清单7项，推进2项民生工程，将调查研究突出在成果转化运用上见实效，推动发展突出在落实省委“1310”具体部署上见实效，检视整改突出在解决问题上见实效。

增强基层党组织功能建设 推进完成新一轮基层党建三年行动计划，深化“五强五化”党组织创建。开展党员评星定级、党员先锋队、党员责任区、党员先锋岗、青年先锋岗、技术能手等建设活动。结合新能源大发展工作打造党业融合“党建+四个建设”品牌建设，开展“党建带团建 推动公司新能源高质量发展”五四青年节主题活动，运营党支部联合安生党支部及检修党员组建 “党员先锋队”，保证机组检修项目安全、高质量、高效完成，综合党群部党支部与蕉岭县人民法院人民法庭党支部开展“党建和创”活动，建立地企沟通交流渠道。动态调整党支部组织机构，把好党员发展数量和质量关，提升基层组织战斗力。

抓好宣传思想建设工作 开展主题征文和先进宣传活动，公司公众号发布能量文章115篇，阅读量突破1.5万人次，提高宣传思想工作的影响力、渗透力、战斗力。全面落实意识形态工作责任制，分析思想文化领域突出问题，有针对性地进行引导，牢牢掌握党对意识形态工作的领导权，为推进公司全面发展营造良好的环境。

坚持党管干部、党管人才原则　公开选聘安全总监、纪检部部长、运营管理部副部长各1名，纪检专责、运行副值长、电气班副班长、机械班副班长、消防专责，以及新能源项目管理专责、安全管理主岗、技术管理主岗等共9人，“向日葵”人才库推荐6人，把新时代好干部标准落到实处。

【党风廉政建设】　2023年，广东粤电长潭发电有限责任公司党委履行党风廉政建设主体责任，加强对党风廉政建设和反腐败工作的领导。纪委落实党风廉政建设监督责任，立足职责使命，强化政治担当，充分发挥监督保障执行、促进完善发展作用，有效推进公司贯彻落实全面从严治党战略方针。紧扣国资国企特点，坚持不懈纠“四风”树新风、及时纠治苗头性、倾向性问题，严肃执纪问责，以作风建设新成效为国企改革、安全生产、选人用人、新能源发展、招标采购、资产管理、“三重一大”事项决策保驾护航。推进“四风”突出问题专项整治、违规吃喝问题专项整治、树廉洁家风“十个一”廉洁文化活动等工作，抓好巡视巡察专项整改落实情况“回头看”。把监督落实安全生产责任作为政治监督重要内容，以强监督促强监管，督促相关职能部门严格履行“管行业必须管安全、管业务必须管安全、管生产经营必须管安全”职责，严格落实“一岗双责”要求，切实把安全生产责任盯紧盯牢，推动责任落到实处、监管落到细处，持续释放安全生产领域违纪违法必究、失职失责必问的强烈信号。强化选人用人专项监督工作，严把选人用人政治关、廉洁关。开展新能源建设项目自查自纠，将项目建设与廉洁建设同步推进，完善新能源项目监督工作体系和廉洁风险防控机制，督促各项目建设单位依纪依法合规开展工作。加强内部控制体系建设，强化项目招投标、合同管理、财务管理等方面监督。

【安全生产】

从细从实抓好三防工作，加强应急管理体系建设　加强大坝安全监测维护和水库防汛和度汛管理，严格执行三防调度纪律，紧盯防汛度汛安全和保供水供电，完善应急预案，提升应急管理水平。

深入开展安全风险管控及安全隐患排查整治工作　开展事故隐患专项排查整治2023行动、消防安全专项提升行动、水电站大坝安全提升专项行动，做好第四季度安全防范暨迎接“国考”工作，全年排查问题隐患558项，消除466项，隐患整改完成率83.51%，坚决守牢兜住安全发展底线。加强承包商和委外项目安全管理，紧盯基建项目、危大工程的安全责任和安全措施落实，严格执行“零容忍、严查处、硬考核”要求，规范现场人员作业行为。持续加强新能源新业务领域安全管理体系和能力建设，全方位筑牢安全生产基础。配齐配强安全监管力量，强化施工现场作业安全监管，做好施工作业安全风险辨识，落实有效的风险防控措施。防范电力安全事故的发生。完善标准体系建设，开展标准体系年度审查工作，完成115个管理标准、98个工作标准、95个技术标准检查工作及制定修订工作。做好平安建设（综治工作）工作，落实《反恐重点目标达标建设工作方案》，综合运用人防、物防、技防措施，通过二级反恐重点目标达标验收。

【国企改革】　2023年，广东粤电长潭发电有限责任公司紧盯集团2023年国企改革任务目标，巩固深化国企三年行动成果，持续完善现代企业制度，召开公司股东会、董事会、监事会现场会议，落实党建进章程，制定董事会授权管理办法，不断完善公司治理体制机制。健全干部能上能下、员工能进能出、收入能增能减的市场化机制，巩固提升经理层成员任期制和契约化管理实效。抓实岗位培训取证，落实人才队伍建设。组织开展新员工入职培训、特种作业证书复审考核、职业技能认定、初中级职称评审等95人次，不断提高员工的专业技术水平及综合素质，为深化国企改革打下坚实的人才基础。全面加强合规管理，推进公司合规管理体系建设，有效防控合规风险，配合政府开展长潭水库扩容方案研究，有效应对韩江流域极端干旱天气和梅州市未来经济社会的快速发展需要，提升流域相关区域水安全保障能力。

【新能源发展】 2023年，广东粤电长潭发电有限责任公司围绕集团和水电分公司战略部署，着力推进能源绿色低碳发展，将“立足当地，辐射周边”作为发展方向，积极推进分布式工商业屋顶和农光互补地面光伏项目投资建设。建成并投运建丰粮业公司2.3兆瓦分布式光伏发电项目、蕉岭整县一期3.21兆瓦分布式光伏发电项目、广福建材精化有限公司2.2兆瓦分布式光伏发电项目、梅州市好利时实业有限公司2.27兆瓦分布式光伏发电项目共计容量9.85兆瓦，在建容量5.23兆瓦，推进广东能源蕉岭文福镇长隆村白湖村2×5.9兆瓦大棚分布式复合型光伏项目。

【经营管理】 2023年，广东粤电长潭发电有限责任公司通过对各项经营指标和重大的技改修理工程项目进行预算管理，编制年度营运收支预算、重大资本性支出预算和现金流量预算，加强预算执行情况考核分析，公司年度可控制造费用差异率-2.20%、可控管理费用差异率-5.21%、财务费用差异率-44.43%、资本性支出差异率42.47%，达到良好值水平。开展“两金”管控专项行动，制订“两金”管控专项行动方案，精心组织，明确目标，落实各环节工作责任，提升资产质量和周转效率。落实成本控制专项行动实施方案、工作清单，严控一般性管理费用和非基建费用支出。做好新能源项目融资工作，优化融资结构，不断提升量化风险管理水平，保障新能源项目合同款的融资项目款支付。

【企业文化】 2023年，广东粤电长潭发电有限责任公司深化职工队伍建设改革，增强职工素质、凝聚职工共识、保障职工权益、丰富职工精神文化生活，构建和谐劳动关系。选举产生新一届工会“两委”委员，进一步加强组织建设，推进工会规范有序。坚持职工利益无小事，把竭诚为职工服务作为工作的出发点和落脚点，用心为职工排忧解难。组织节日期间困难职工及拥军优属慰问工作。开展帮扶济困互助活动，为困难职工申请生活救助金和医疗救助金7万余元。发挥女职工委员会作用，关心女职工的身心健康。组织“传承好家训 培育好家风”和“玫瑰书香”系列女职工阅读活动，提高女职工文化生活的品质。举办“两票”“继电保护”“水工大坝观测维护”等形式多样劳动竞赛，表彰技术能手，不断丰富劳动竞赛内涵，提高劳动竞赛实效。丰富职工业余文化生活，促进公司和谐健康发展。组织参加第一届“水电杯”、第五届“能源杯”足球比赛、蕉岭县组织的羽毛球和乒乓球比赛活动，展现公司职工团结拼搏、斗志昂扬、积极向上的精神风貌。 （李科兴）

2023年广东粤电长潭发电有限责任公司

党委书记、执行董事、总经理：骆伟明
党委副书记、纪委书记、工会主席：徐必慷
党委委员、副总经理：邱新明

广东塔牌集团股份有限公司

【概况】 广东塔牌集团股份有限公司是被列为国家水泥工业结构调整重点支持的60家大型企业之一，2023年被评为中国水泥上市公司综合实力排名第14位。

经过多年发展，塔牌集团已建成广东梅州、惠州，福建龙岩三大水泥生产基地，现有水泥生产规模2000万吨，全资和控股子公司13家、参股公司11家、分公司2家，在职员工约2000人。截至2023年12月底，总资产135亿元，净资产120亿元

塔牌集团先后获“全国五一劳动奖状”“全国模范劳动关系和谐企业”“全国质量工作先进单位”“国家守合同重信用企业”“全国建材行业先进集体”“中国建材百强企业”“广东省五一劳动奖状”“改革开放40周年广东省优秀企业”“广东上市公司综合实力10强”“广东上市公司最具盈利能力10强”等荣誉称号。

2023年，广东塔牌集团股份有限公司以习近平生态文明思想为指引，按照国家碳达峰碳中和的部署，全力推进水泥产业的绿色低碳转型和数字智能升级，进一步推进高质量发展；推进新能源项目和生物科技项目建设，实现企业多元化发展。

【生产经营】 2023年，广东塔牌集团股份有限公司实现水泥销量1763.16万吨，较上年同期下降3.46%；实现熟料销量88.80万吨，与上年同期基本持平；实现营业收入55.35亿元，较上年同期下降8.29%；实现归属于上市公司股东的净利润7.42亿元，较上年同期大幅上升178.55%。

塔牌集团万吨生产线（塔牌集团股份有限公司提供）

【荣誉奖项】 2023年，广东塔牌集团股份有限公司坚持诚信经营，不断加强和优化内部控制，持续提高规范运作水平，促进高质量发展。连续五年荣获深交所信息披露考核最高评级A级，荣获中国证券报“第25届上市公司金牛奖”之“金信披奖”，荣登广东省企业联合会、广东省企业家协会发布的“广东企业500强”第327位，荣登广东省工商业联合会发布的“2023广东省制造业民营企业100强”第74位。响应号召，助力乡村振兴，履行企业社会责任，连续4年荣获“广东扶贫济困红棉杯金杯”“梅州扶贫济困金奖”等荣誉。（吴灿哲）

2023年广东塔牌集团股份有限公司负责人名录

董事长：钟朝晖

副董事长：钟剑威

董事、总经理：何坤皇

党委书记、监事会主席、工会主席：李　斌

常务副总经理、党委副书记：徐政雄

董事、副总经理、财务总监、董事会秘书：赖宏飞

副总经理：刘延东　钟华胜

广东梅州蕉华工业园区

【概况】 2023年，广东梅州蕉华工业园区坚持以习近平新时代中国特色社会主义思想为指导，全面深入学习贯彻落实党的二十大精神和习近平总书记视察广东重要讲话、重要指示精神，认真落实省委、市委、县委工作部署，聚焦“百千万工程”和苏区融湾先行区综合示范窗口建设，踔厉奋发，勇毅前行，安全生产、园区建设、招商引资、营商环境等各项工作有序推进。

【主要经济数据】 2023年，广东梅州蕉华工

业园区（含蕉岭集聚地）企业总数130家（规模以上企业49家），园区实现工业总产值66.64亿元，规模以上工业增加值18.81亿元；实现税收总额4.39亿元，同比增长33.67%；完成固定资产投资额25.84亿元，同比增长90.49%，其中工业固定资产投资额13.19亿元，同比增长46.45%；推动18个工业项目入园、18个项目动工建设、19个项目顺利投产。

【党建引领】 2023年，广东梅州蕉华工业园区结合学习贯彻习近平新时代中国特色社会主义思想主题教育，深入实施党建赋能工程，深入学习党的创新理论，制订学习计划，领导班子成员下沉基层一线讲党课20余次、送学15次、送书300多本；选优配强新一届党组织班子，完成园区机关党支部、非公党委等6个党组织的换届选举工作；深入开展调查研究，推动5项调研成果转化；提升党员发展工作质量，引导优秀青年积极向党组织靠拢，2023年共发展5名党员，园区党建工作取得切实成效。

【基础建设】 2023年，广东梅州蕉华工业园区坚持打基础利长远，高标准高质量做好园区规划建设工作，园区水、路、气、电、网、排污等基础设施及产业平台建设日益完善。目前，标准厂房二期主体建筑全面封顶，三期、四期实施项目有序推进；智慧产业平台建设项目首期实施项目完成场地平整80%工作量，二期实施项目按计划有序开展项目施工工作。坚持“以申促建”，申报省级高新区，目前已完成展厅沙盘改造和宣传片提升制作，孵化器有序进入运营孵化阶段，准备考察评审，力争2024年申报成功，打造有利于科技创新和产业集群发展的平台载体。

【招商引资】 2023年，广东梅州蕉华工业园区将招商引资作为改革发展第一抓手、经济工作第一要事，紧盯珠三角地区广州、深圳、佛山、东莞等外溢产业项目，通过中介招商、乡贤招商、以商引商、产业链招商等方式，全力引进更多的“打粮食”项目。2023年，完成招商引资签约项目5个，计划投资总额6.9亿元，预计达产后产值10.6亿元，税收8080.3万元。有较强投资落户意向的在谈项目6个，计划总投资额14.95亿元。

【营商环境】 2023年，广东梅州蕉华工业园区持续对标对表市委、县委关于加强作风建设优化营商环境的工作要求，强化服务意识、提升服务能力、加快服务效率，高质量推动优化园区营商环境。以“事要解决、企业满意”为首要目标，落实县领导直接联系挂钩规上企业制度，园区挂钩领导至少每两周开展走访服务，现场办公，协调县区相关部门解决企业招工用工、用地、融资等方面问题。充分发挥非公党委、园区综合服务中心、“一对一”联系服务企业工作专班作用，落实专班组每周到企业走访的要求，积极对接服务企业，详细了解企业生产经营情况以及企业当前面临的主要困难和存在的问题，构建问题收集、解决、反馈闭环机制，为企业发展提供有力支持。 （薛晓华）

广东梅州蕉华工业园区管理委员会（华侨农场）负责人名录

党委书记：刘鸿涛
党委副书记、主　任、场长：刘裕君
党委副书记、副主任、副场长：丘建安（副书记8月任职）
党委委员、副主任、副场长：张艳辉　钟光庆（任至12月）
党委委员：陈　志　巫志勇　江万军
市管三级调研员：钟济刚
园区四级调研员：赖应安

社会经济统计资料

责任编辑：陈　军

2023 年蕉岭县国民经济和社会发展主要统计指标一览表

表 1

项　目	单　位	2023 年	2022 年	同比增长(%)
一、　年末总人口（户籍）	人	228225	229514	–0.56
城镇人口	人	89368	90252	–0.98
农村人口	人	138857	139262	–0.29
出生人口	人	1355	1454	–6.81
死亡人口	人	1931	1865	3.54
出生率	‰	7.54	7.98	–5.51
死亡率	‰	10.75	10.24	4.98
自然增长率	‰	–3.21	–2.26	42.04
二、生产总值（现价）	万元	187833	1056780	7.60
第一产业	万元	187833	187010	6.03
第二产业	万元	512577	455441	10.74
其中，工业	万元	323850	330045	0.50

续表 1

项　目	单　位	2023 年	2022 年	同比增长（%）
第三产业	万元	443276	414329	4.90
人均 GDP（现价/常住人口）	元/人	63485	58001	8.78
三、来源于蕉岭的财政总收入	万元	155526	125168	24.25
一般公共预算收入	万元	71095	63156	12.57
一般公共预算支出	万元	277364	291224	-4.76
四、金融机构本外币存款余额	万元	1513500	1333422	13.5
住户存款余额	万元	—	1067728	—
金融机构本外币贷款余额	万元	772700	692130	11.7
五、固定资产投资额	万元	—	—	—
城镇投资总额	万元	—	—	—
其中，国有单位投资	万元	—	—	—
房地产企业	万元	—	—	—
民间投资总额	万元	—	—	—
六、社会消费品零售总额	万元	402331	384177	4.52
商品零售	万元	360670	344633	4.42
餐饮收入	万元	41661	39544	5.35
七、在岗职工年平均工资	元/人	—	—	—
城乡居民人均可支配收入	元/人	30136	28295	6.5
其中，农村居民人均可支配收入	元/人	34578	22257	4.7
城镇居民人均可支配收入	元/人	24394	33026	9.6
八、外贸出口总额	万美元	1364.3	1559.36	8.18
出口	万美元	1361.7	1542.43	8.2
实际利用外资	万美元	2.6	2.6	0
九、旅游总收入	万元	51029.53	19593.27	160.44
国内旅游收入	万元	50321.64	19547.21	157.44
十、居民消费价格指数	%	100	101.8	0

续表 1

项　目	单　位	2023 年	2022 年	同比增长(%)
十一、教育	—	—	—	—
在校学生	人	31722	32203	-1
普通高中毕业	人	1217	1082	4.2
考上大专以上	人	1209	972	1.6
本科	人	652	555	1.24
教职工人数	人	2732	3011	-9.27
十二、卫生、体育	—	—	—	—
病床数	张	1104	1108	-0.36
卫生技术人员	人	1442	1366	5.56
执业医师	人	385	371	3.77
执业助理医师	人	145	129	12.4
注册护士	人	584	555	5.23
参加市以上运动会获奖牌数	块	2	0	—
其中，金牌	块	1	0	—
银牌	块	1	0	—
铜牌	块	0	0	0
向省、市输送运动员	人	2	0	0
其中，省	人	0	0	0
市	人	2	0	—

说明：1. 生产总值增长速度按可比价计算，生产总值各项为初步核算数
2. 出生人数、死亡人数、出生率、死亡率和自然增长率数据来源于县卫健局
3. 2011 年开始固定资产投资统计范围是指投资总额在 500 万元及以上
4. 在岗职工年平均工资市局未反馈
5. 财政收支为快报数，年终结算数据未反馈
6. 住户存款余额数据人民银行未反馈

2023年蕉岭县生产总值构成及指数

表2

项　目	生产总值	第一产业	第二产业	第三产业
一、绝对数（万元）	—	—	—	—
2023年	1143686	187833	512577	443276
2022年	1056780	187010	455441	414329
二、构成（%）	—	—	—	—
2023年	100	16.4	44.8	38.8
2022年	100	17.7	43.1	39.2
三、发展速度（上年=100）	107.6	106	110.7	104.9

2023年蕉岭县建筑企业经济概况

表3

项　目	单　位	2023年	2022年	同比增长(%)
一、企业数	个	19	14	35.7
一级	个	2	2	0
二级	个	6	4	50
三级及以下	个	11	8	37.5
二、建筑业总产值	万元	300499	202223	48.6
建筑业增加值	万元	188930	125553	43.3
三、税金总额	万元	—	—	—
四、利润总额	万元	2588	3394	-23.7

2023 年蕉岭县农业总产值及构成情况表

表 4

项　目	单　位	2023 年	2022 年	同比增长(%)
农业总产值	万元	300009	297652	6.7
1. 农业产值	万元	154049	148256	5.1
2. 林业产值	万元	61596	62124	9.6
3. 牧业产值	万元	71728	75021	7.4
4. 渔业产值	万元	6504	6691.68	1.7
5. 农林牧渔服务业	万元	6132	5560	9.8

说明：农业总产值增长速度按可比价计算,因年报数据未反馈，表中数据为快报数据

2023 年蕉岭县主要农产品产量情况表

表 5

项　目	单　位	2023年	2022年	同比增长(%)
一、主要农产品产量	—	—	—	—
粮食	吨	68043	68008	0.05
其中，稻谷	吨	62585	62643	–0.09
花生	吨	5669	5143	10.23
烟叶	吨	1615	1531	5.49
蔬菜	吨	152692	144163	5.92
茶叶	吨	3490	3289	6.11
水果	吨	65024	61334	6.02
水产品	吨	6640	6512	1.97
二、出栏及存栏情况	—	—	—	—
生猪出栏	头	176189	164648	7.01
牛出栏	头	6522	6643	–1.82
山羊出栏	只	28094	26779	4.91
年末生猪存栏	头	68829	72544	–5.12
年末牛存栏	头	4868	4957	–1.8
年末山羊存栏	只	15609	14972	4.25
肉类产量	吨	23208	20886	11.12
其中，猪肉	吨	14231	13186	7.93

2023年蕉岭县全县工业总产值及规模以上增加值完成情况表

表6

项　目	单　位	2023年	2022年	同比增长(%)
一、全县工业增加值（现价）	万元	323850	330045	0.5
其中，规模以上工业	万元	220054	150006	-0.7
二、规模以上工业总产值（现价）	万元	745316	795245	-9.4
三、全县规模以上工业企业数量	个	53	52	1.9

2023年蕉岭县规模以上工业生产经营情况表

表7

指标名称	单　位	2023年	2022年	同比增长(%)
主营业务收入	万元	746952	806466	-8.4
实现利税总额	万元	—	—	—
其中，利润总额	万元	28489	-5467	-643.3
税金	万元	—	—	—
水泥产量	万吨	1612	1647	-2.1
商品混凝土	立方米	412601	216508	92.8
石灰石	吨	16119559	18145149	-15.5
人造板	立方米	—	10439	—
印制电路板	平方米	400569	290355	7.6
规模以上工业发电量	万千瓦时	48381.5	47437.91	2
其中，火电	万千瓦时	34970.54	36908.98	-5.3
水电	万千瓦时	9848.31	9182.4	7.3
全社会用电量	万千瓦时	143506.4	146780.76	-2.2
全工业用电量	万千瓦时	113547.44	118202.01	-3.9
其中，规模以上工业用电量(含发电厂自发自用)	万千瓦时	132511.28	141052.85	-6.1

说明：因年报数据未反馈，表中数据为快报数

2023年蕉岭县居民消费价格和商品零售价格指数一览表

表8

类　别	2023	比上年升降幅度(%) 上年同期为100
一、居民消费价格指数	100	0
1. 食品烟酒	100.6	0.6
2. 衣　着	102.4	2.4
3. 居　住	98.6	–1.4
4. 生活用品及服务	99.3	–0.7
5. 交通和通信	97.7	–2.3
6. 教育文化和娱乐	101.7	1.7
7. 医疗保健	101	1
8. 其　他	102.1	2.1
二、工业生产者出厂价格指数（PPI）	96.5	–2.3

2023年蕉岭县交通、运输、邮电通信情况表

表9

项　目	单　位	2023年	2022年	同比增长(%)
一、公路通车里程	公里	1247.464	1491.84	0.4
其中高速公路通车里程	公里	40.46	40.46	0
公路密度	公里/百平方公里	1.297	155.13	0.39
二、客运量	万人	84.3	33.9	148.67
公路	万人	84.3	33.9	148.67
三、旅客周转量	万人公里	2096.9016	843.21	148.68
公路	万人公里	2096.9016	843.21	148.68
四、货运量	万吨	2501.21	2190.9	7.39
公路	万吨	2501.21	2190.9	7.39
五、货物周转量	万吨公里	132318.39	123240	7.37
公路	万吨公里	132318.39	123240	7.37
六、投入的新能源公交车	辆	50	50	0
城乡公交线路	条	23	24	–4.17
开通公交线路的行政村	个	97	97	0
行政村公交线路覆盖率	%	100	100	0
七、年末固定电话用户	户	22532	24730	–8.89
移动电话用户	户	266835	219177	8
互联网用户	户	144389	137092	5.32

2023 年蕉岭县教育情况表

表 10

项　目	单　位	2023 年	上年同期
考入大专以上人数	人	1209	1190
其中，本科	人	652	644
普通中学在校女生人数	人	3552	3540
小学在校女生人数	人	7058	7025
学龄儿童入学率	%	103.34	102.25
适龄儿童入学率	%	100	100
小学生升学率	%	100	100
初中学生升学率	%	100	100
高中学生升学率	%	69.94	62.15
九年义务教育巩固率	%	100.02	100.12
高中阶段教育毛入学率	%	65.26	50.35
义务教育阶段专任教师本科及以上学历比例	%	89.28	87.45

2023 年蕉岭县各类学校基本情况表(一)

表 11

项　目		学校数量（所）		班数（个）		实际毕业人数（人）		实际招生人数（人）		在校学生数（人）	
		当年	去年同期	当年	去年同期	当年	去年同期	当年	去年同期	当年	去年同期
普通教育	合　计	87	92	914	933	8700	8950	7773	7500	31722	32044
	普通中学	2	2	80	78	1217	1168	1496	12006	3915	3586
	职业中学	1	1	0	0	0	0	0	0	0	0
	初　中	13	13	171	168	2387	2158	2354	2491	7232	7003
	小　学	22	23	415	405	2700	2387	2671	2358	14705	14392
	幼儿园	48	52	239	273	2358	3204	1228	1436	5790	6968
	其中，公立	16	16	93	98	974	1281	449	639	2310	2776
	特殊教育学校	1	1	9	9	38	33	24	15	80	95

2023 年蕉岭县各类学校基本情况表(二)

表 12

项目	毕业班学生数(单位:人)		教职工人数(单位:人)			
	当年	上年同期	合计	其中,专任教师	合计:教育部门办学	合计:社会力量办学
合计	8700	8950	2732	2500	2289	443
普通中学	1217	1168	441	429	441	0
职业中学	0	0	12	12	12	0
初中	2387	2158	668	662	668	0
小学	2700	2387	929	916	929	0
幼儿园	2358	3204	659	461	216	443
其中,公立	974	1281	216	212	216	0
特殊教育学校	38	33	23	20	23	0

表 彰 名 录

责任编辑：张　媛

先 进 集 体

2023 年蕉岭县获国家级先进集体一览表

表 13

单位名称	授称时间	授予单位(会议)	荣誉称号
蕉岭县友邦小学	2023 年 9 月	教育部 中央军委政治工作部	全国国防教育示范学校
梅州市蕉岭县广福镇	2023 年 11 月	中共中央政法委员会	全国新时代“枫桥经验”先进典型
蕉岭县人民检察院未成年人检查工作办公室	2023 年 10 月	中华全国妇女联合会	全国维护妇女儿童权益先进集体
蕉岭县工商业联合会	2024 年 1 月	中华全国工商业联合会	2022—2023 年度全国“五好”县级工商联
蕉岭县林业局	2023 年 1 月	国家林业和草原局	2019–2021 年度全国森林草原防火工作先进单位
蕉岭县人力资源和社会保障局	2023 年 3 月	人力资源社会保障部	法治人社建设优秀单位
蕉岭县图书馆	2023 年 12 月	文化和旅游部	国家一级图书馆
广福镇广育村	2023 年 11 月	农业农村部 中央宣传部 司法部	第三批全国乡村治理示范村

2023年蕉岭县获省级先进集体一览表

表 14

单位名称	授称时间	授予单位（会议）	荣誉称号
蕉岭县林业局	2023年12月	广东省林业局	松材线虫病疫情防控五年攻坚行动先进单位
蕉岭县工商业联合会	2023年10月	广东省工商业联合会	2022—2023年度广东省“五好”县级工商联
蕉岭县人民检察院	2023年1月	广东省人民检察院	广东省十佳行政检察案例
蕉岭县人民检察院第三党支部	2023年8月	广东省人民检察院	全省检察系统党建工作“样板支部”
蕉岭开放大学	2023年4月	广东开放大学	招生宣传作品（视频）获2023年广东开放大学办学体系招生宣传素材征集评比二等奖
蕉岭开放大学	2023年4月	广东开放大学	招生宣传作品（海报）获2023年广东开放大学办学体系招生宣传素材征集评比二等奖
蕉岭县城东学校	2023年6月	广东省教育系统关心下一代工作委员会	2023年“传承经典 筑梦未来”广东省青少年书画活动获“优秀组织单位”
蕉岭县桂岭学校	2023年7月	共青团广东省委员会 广东省教育厅 少先队 广东省工作委员会	广东省少先队红旗大队
蕉岭县田家炳实验中学	2023年7月	广东省委教育工委、广东省教育厅、广东省公安厅	广东省更高水平安全文明校园
蕉岭县蕉岭中学	2023年7月	广东省委教育工委、广东省教育厅、 广东省公安厅	广东省更高水平安全文明校园
蕉岭开放大学	2023年9月	广东开放大学	2022年度基层开放大学绩效考核被评为“优秀等次”
梅州市蕉岭县	2023年9月	广东省人民政府督导室	2022年省对市县级政府履行教育职责评价结果为“优秀”
蕉岭县徐溪初级中学	2023年10月	广东省体育局 广东省教育厅 共青团广东省委员会 少先队广东省工作委员会	2023年“奔跑吧·少年”儿童青少年主题健身暨“粤运动·越健康”线上运动健身活动荣获创意集体三等奖

续表 14

单位名称	授称时间	授予单位（会议）	荣誉称号
蕉岭开放大学	2023年12月	广东开放大学	优秀教务管理集体
蕉岭县自然资源局	2023年8月	广东省人力资源和社会保障厅、广东省自然资源厅	广东省第三次全国国土调查先进集体
蕉岭县三圳镇	2023年7月	广东省统计局	基层统计“7个一”规范化建设先进单位
蕉岭县三圳镇九岭村	2023年11月	广东省“百县千镇万村高质量发展工程”指挥部	广东省“百千万工程”首批典型村
新铺镇狮山村	2023年12月	省委依法治省办、省委农办、省司法厅、省民政厅	广东省“民主法治示范村（社区)"
长潭发电公司运营管理部机械班	2023年4月	广东能源集团	二〇二二年度优秀班组
长潭发电公司综合党群部党支部	2023年6月	广东能源集团	先进党支部
蕉岭县人民法院政治部支部	2023年11月	广东省高级人民法院	全省法院“四强五好”党支部
蕉城镇	2024年1月	广东省统计局	基层统计“7个一”规范化建设先进单位
蕉岭县图书馆	2023年4月	广东省文化和旅游厅、广东省立中山图书馆（广东省古籍保护中心）	“阅读好滋味2023年世界阅读日粤港澳创作比赛”优秀组织奖
蕉岭县图书馆	2023年7月	广东省立中山图书馆（广东省古籍保护中心)、广东图书馆学会	2023“行走粤读”阅读挑战赛优秀组织奖
蕉岭县统计局	2023年7月	广东省统计局	广东省基层统计“7个一”规范化建设先进单位
蕉城镇城东社区	2024年1月	中共广东省委全面依法治省委员会办公室 中共广东省委农村工作领导小组办公室 广东省司法厅 广东省民政厅	2023年广东省“民主法治示范村（社区)”

续表 14

单位名称	授称时间	授予单位（会议）	荣誉称号
蕉城镇龙安村	2024年3月	广东省委农办 广东省委组织部 广东省委宣传部 广东省委政法委 广东省农业农村厅 广东省民族宗教委 广东省司法厅	广东省乡村治理示范村
蕉岭县三圳镇	2024年2月	中共广东省委农村工作领导小组办公室、中共广东省委组织部、中共广东省委宣传部、中共广东省委政法委员会、广东省农业农村厅、广东省民族宗教事务委员会、广东省司法厅	2023年全省乡村治理示范镇
蕉岭县三圳镇芳心村	2024年2月	中共广东省委农村工作领导小组办公室、中共广东省委组织部、中共广东省委宣传部、中共广东省委政法委员会、广东省农业农村厅、广东省民族宗教事务委员会、广东省司法厅	2023年全省乡村治理示范村
蕉岭县三圳镇九岭村	2024年2月	中共广东省委农村工作领导小组办公室、中共广东省委组织部、中共广东省委宣传部、中共广东省委政法委员会、广东省农业农村厅、广东省民族宗教事务委员会、广东省司法厅	2023年全省乡村治理示范村
新铺镇尖坑村	2024年2月	省委农办、省委组织部、省委宣传部、省委政法委、省农业农村厅、省民族宗教委、省司法厅	2023年广东省乡村治理示范村

2023年蕉岭县获市委、市政府表彰先进集体一览表

表15

单位名称	授称时间	授予单位（会议）	荣誉称号
蕉城镇	2024年3月	梅州市“百县千镇万村高质量发展工程”指挥部	梅州市2023年度镇（街）经济高质量发展考核中获评一类镇“优秀”等次
蕉城镇	2024年3月	梅州市森林防灭火指挥部	梅州市“2023年森林防灭火工作表现突出集体”
蕉岭县人民法院执行局	2023年1月	梅州市中级人民法院	“五项重点工作”十大先进集体
蕉岭县人民法院总支部委员会	2023年12月	梅州市委组织部、梅州市机关工委	党建“六面体”品牌获第三届梅州党建工作创新大赛二等奖
国家税务总局蕉岭县税务局团支部	2023年5月	共青团梅州市委员会	2022—2023年度梅州市五四红旗团支部
蕉岭县融媒体中心	2024年3月	中共梅州市委、梅州市人民政府	梅州市三八红旗集体
梅州市生态环境局蕉岭分局	2023年12月	梅州市生态环境局	2023年梅州市环境应急管理业务培训班“无人机驾驶实战比武”第二名
蕉岭县桂岭学校	2023年7月	共青团广东省委员会 广东省教育厅 少先队广东省工作委员会	广东省少先队红旗大队
三圳镇	2023年11月	梅州市“百县千镇万村高质量发展工程”指挥部	梅州市“百千万工程”破题攻坚行动示范镇
蕉岭县人民法院执行局	2023年1月	梅州市中级人民法院	“五项重点工作”十大先进集体
蕉城镇龙安村	2023年7月	梅州市人民政府	梅州市热心消防公益事业先进集体
广东塔牌集团股份有限公司	2023年7月	中共梅州市委 梅州市人民政府	2022年梅州市工业振兴发展贡献奖先进企业

续表 15

单位名称	授称时间	授予单位（会议）	荣誉称号
蕉城镇	2024年3月	梅州市森林防灭火指挥部	梅州市“2023年森林防灭火工作表现突出集体”
蕉城镇武装部	2024年1月	梅州军分区	先进基层武装部
蕉城镇龙安村、樟坑村	2024年2月	梅州市信访工作联席会议	梅州市“无信访村”
蕉岭县融媒体中心	2024年3月	中共梅州市委、梅州市人民政府	梅州市三八红旗集体

先 进 个 人

2023 年蕉岭县获国家级先进个人一览表

表 16

姓名	授称时间	授予单位（会议）	荣誉称号	授称时所在单位及职务
陈延	2023年2月	最高人民检察院	检察荣誉章	蕉岭县人民检察院二级检察官助理
丘晓	2023年2月	最高人民检察院	检察荣誉章	蕉岭县人民检察院第三检察部主任一级检察官
张志敏	2023年9月	司法部	全国模范人民调解员	蕉岭县司法局广福司法所

2023年蕉岭县获省级先进个人一览表

表 17

姓名	授称时间	授予单位（会议）	荣誉称号	授称时所在单位及职务
谢金锋	2023年5月	共青团广东省委员会	广东省优秀共青团干部	蕉岭县人民医院团委组织委员
徐小静	2023年3月	广东省妇女联合会	全省三八红旗手	国家税务总局蕉岭县税务局党委书记、局长
丘新强	2024年1月	广东省生态环境厅	2023年度广东省农村生活污水治理工作突出个人	梅州市生态环境局蕉岭分局党组成员、副局长、一级主办
林巧莲	2023年6月	广东省教育系统 关心下一代工作委员会	2023年“传承经典筑梦未来”广东省青少年书画活动获“优秀组织老师”	蕉岭县城东学校教师
温　媚	2023年7月	中共梅州市委	广东省第十五届“百歌颂中华”歌咏活动（梅州）选拔赛合唱比赛获“银奖”	蕉岭县徐溪初级中学教师
曾碧玉	2023年7月	团省委、省教育厅、省少工委	广东省优秀少先队辅导员	蕉岭县友邦小学德育主任兼少先队总辅导员
赖雪梅	2023年9月	广东开放大学	广东开放大学体系先进教育工作者	蕉岭开放大学教务处主任
谢　欢	2023年10月	广东省教育厅	广东省2023年中小学班主任基本功展示省级二等奖	蕉岭县实验小学教师
黄冬清	2023年10月	广东省教育厅	广东省2023年中小学班主任基本功展示省级二等奖	蕉岭中学教师
徐榆雯	2023年11月	广东省教育厅	第四届广东省中小学青年教师教学能力大赛决赛班主任组二等奖	蕉岭县桂岭学校教师
刘苡伶	2023年12月	广东省总工会 广东省教育厅	第四届广东省中小学青年教师教学能力大赛决赛学前教育组二等奖	蕉岭县润玉幼儿园教师
曾辉苑	2023年12月	广东省总工会 广东省教育厅	第四届广东省中小学青年教师教学能力大赛决赛小学信息技术组三等奖	蕉岭县实验小学教师

续表 17

姓名	授称时间	授予单位（会议）	荣誉称号	授称时所在单位及职务
刘 婕	2023年12月	广东省总工会 广东省教育厅	第四届广东省中小学青年教师教学能力大赛决赛高中化学组二等奖	蕉岭县蕉岭中学教师
谢志锋	2023年6月	广东省人力资源和社会保障厅、广东省农业农村厅	全省粮食生产、撂荒耕地复耕复种先进个人	蕉岭县农业农村局副局长
黄圣兰	2024年2月	中国农业银行股份有限公司	个人消费贷款2023年全国“百强营销王”	中国农业银行蕉岭支行营业室副主任兼客户经理
徐献生	2023年8月	广东省人力资源和社会保障厅、广东省自然资源厅	广东省第三次全国国土调查先进个人	蕉岭县自然资源局、自然资源技术中心主任
钟秋霞	2023年12月	广东省精神文明建设委员会办公室	2023年第四季度”广东好人”	新铺镇黄沙村村民
陈国政	2023年6月	中共广东省委、广东省人民政府	第六届广东省“人民满意的公务员”	广福镇党委书记
陈超雄	2023年2月	广东省公安厅	个人二等功	蕉岭县公安局刑侦大队 副大队长
王良文	2023年8月	广东省人力资源和社会保障厅、广东省审计厅	全省审计机关先进工作者	蕉岭县审计局党组书记、局长
黄亮华	2023年6月	广东能源集团	优秀党务工作者	长潭发电公司综合党群部支部书记
李顺光	2023年6月	广东能源集团	优秀共产党员	长潭发电公司运营管理部部长助理
钟满兰	2023年11月	广东省人力资源和社会保障厅、广东省工商业联合会	全省工商联系统先进工作者	蕉岭县工商业联合会党组成员、秘书长、三级主任科员

2023年蕉岭县获市委、市政府表彰先进个人一览表

表18

姓名	授称时间	授予单位（会议）	荣誉称号	授称时所在单位职务
刘　明	2023年1月	梅州市中级人民法院	梅州法院“十大办案标兵”	蕉岭县人民法院执行局局长
蓝文秀	2023年1月	梅州市中级人民法院	梅州法院“十大调解能手”	蕉岭县人民法院新铺人民法庭庭长
李　强	2023年1月	梅州市中级人民法院	“五项重点工作”十大先进个人	蕉岭县人民法院政治部主任
张彬洛	2023年6月	中共梅州市委政法委	平安卫士	蕉岭县人民法院蓝坊法庭副庭长
黄媚	2023年12月	中共梅州市委政法委	平安卫士	蕉岭县人民法院五级法官助理
徐建英	2023年12月	中共梅州市委组织部、中共梅州市直属机关工作委员会	梅州市第三届党建工作创新大赛三等奖	梅州市生态环境局蕉岭分局综合负责人、高级工程师
钟文苑				梅州市蕉岭生态环境管理服务中心主任、高级工程师
沙国兴				梅州市生态环境局蕉岭分局一级行政执法员
何坤皇	2023年7月	中共梅州市委 梅州市人民政府	2022年梅州市工业振兴发展贡献奖先进个人	广东塔牌集团股份有限公司董事、总经理

主题索引

☆☆☆

说明：

一、本索引采用主题分析方法，款目按汉语拼音字母（同音字按声调）顺序排列。

二、索引款目后的数字表示内容所在的页码，数字后面的拉丁字母（a、b）表示栏别（即版面的左右栏）。

三、同一主题的内容在文中多次出现的，在其款目后用不同的页码标明。

四、本索引对特载、大事记、表彰等篇不作内容主题分析。

☆☆☆

G

H

K

L